社科文献 SSAP 学术文库

|社会政法研究系列|

# 姓名论

AN ANTHROPOLOGICAL STUDY OF
PERSONAL NAMES AND
NAMING

（修订版）

纳日碧力戈 著

社会科学文献出版社
SOCIAL SCIENCES ACADEMIC PRESS (CHINA)

# 出版说明

社会科学文献出版社成立于1985年。三十年来，特别是1998年二次创业以来，秉持"创社科经典，出传世文献"的出版理念和"权威、前沿、原创"的产品定位，社科文献人以专业的精神、用心的态度，在学术出版领域辛勤耕耘，将一个员工不过二十、年最高出书百余种的小社，发展为员工超过三百人、年出书近两千种、广受业界和学界关注，并有一定国际知名度的专业学术出版机构。

"旧书不厌百回读，熟读深思子自知。"经典是人类文化思想精粹的积淀，是文化思想传承的重要载体。作为出版者，也许最大的安慰和骄傲，就是经典能出自自己之手。早在2010年社会科学文献出版社成立二十五周年之际，我们就开始筹划出版社科文献学术文库，全面梳理已出版的学术著作，希望从中选出精品力作，纳入文库，以此回望我们走过的路，作为对自己成长历程的一种纪念。然工作启动后我们方知这实在不是一件容易的事。对于文库入选图书的具体范围、入选标准以及文库的最终目标等，大家多有分歧，多次讨论也难以一致。慎重起见，我们放缓工作节奏，多方征求学界意见，走访业内同仁，围绕上述文库入选标准等反复研讨，终于达成以下共识：

一、社科文献学术文库是学术精品的传播平台。入选文库的图书必须是出版五年以上、对学科发展有重要影响、得到学界广泛认可的精品力作。

二、社科文献学术文库是一个开放的平台。主要呈现社科文献出版社创立以来长期的学术出版积淀，是对我们以往学术出版发展历程与重要学术成果的集中展示。同时，文库也收录外社出版的学术精品。

三、社科文献学术文库遵从学界认识与判断。在遵循一般学术图书基本要求的前提下，文库将严格以学术价值为取舍，以学界专家意见为准绳，入选文库的书目最终都须通过各该学术领域权威学者的审核。

四、社科文献学术文库遵循严格的学术规范。学术规范是学术研究、学术交流和学术传播的基础，只有遵守共同的学术规范才能真正实现学术的交流与传播，学者也才能在此基础上切磋琢磨、砥砺学问，共同推动学术的进步。因而文库要在学术规范上从严要求。

根据以上共识，我们制定了文库操作方案，对入选范围、标准、程序、学术规范等一一做了规定。社科文献学术文库收录当代中国学者的哲学社会科学优秀原创理论著作，分为文史哲、社会政法、经济、国际问题、马克思主义等五个系列。文库以基础理论研究为主，包括专著和主题明确的文集，应用对策研究暂不列入。

多年来，海内外学界为社科文献出版社的成长提供了丰富营养，给予了鼎力支持。社科文献也在努力为学者、学界、学术贡献着力量。在此，学术出版者、学人、学界，已经成为一个学术共同体。我们恳切希望学界同仁和我们一道做好文库出版工作，让经典名篇，"传之其人，通邑大都"，启迪后学，薪火不灭。

社会科学文献出版社
2015年8月

# 社科文献学术文库学术委员会

(以姓氏笔划为序)

| 卜宪群 | 马　敏 | 马怀德 | 王　名 | 王　巍 | 王延中 |
| 王国刚 | 王建朗 | 付子堂 | 邢广程 | 邬书林 | 刘庆柱 |
| 刘树成 | 齐　晔 | 杨　光 | 李　平 | 李　扬 | 李　林 |
| 李　强 | 李友梅 | 李永全 | 李向阳 | 李国强 | 李剑鸣 |
| 李培林 | 李景源 | 邴　正 | 步　平 | 吴大华 | 吴志良 |
| 邱运华 | 张宇燕 | 张异宾 | 张蕴岭 | 陆建德 | 陈光金 |
| 陈春声 | 林文勋 | 卓新平 | 季卫东 | 周　弘 | 房　宁 |
| 赵忠秀 | 郝时远 | 胡正荣 | 俞可平 | 贾庆国 | 贾益民 |
| 钱乘旦 | 徐俊忠 | 高培勇 | 唐绪军 | 黄　平 | 黄群慧 |
| 曹卫东 | 章百家 | 谢寿光 | 谢维和 | 蔡　昉 | 裴长洪 |
| 潘家华 | 薛　澜 | 魏礼群 | 魏后凯 | | |

# 内容提要

本书在理论层面上有所突破，提出连名制中父名与子名的前后位置最初取决于有关语言的名词性修饰语对于中心词的位置的新见解，以及形式与内容、区分与整合是姓名发展的内部规律的新理论。本书材料丰富，论据充足，行文严谨，是国内外不多见的一本专著。本著作在开拓姓名学研究新领域、采用多学科交叉研究方面，不仅填补了空白，也给姓名学确立了学科地位，并独辟了姓名学研究的崭新视野，为诸多姓名现象提供了民族学、人类学、文化学、社会学等多角度的诠释。

作者支持弗雷格等哲学家的观点，认为姓名有所指，也表达意义。当然，这也是社会文化人类学家通过田野民族志得出的结论：姓名是社会分类系统；多次举行的命名仪式标志了人生过程；讳名制既反映信仰，也反映社会权力和社会控制；数目字名、排名制、亲子连名制也往往和"存在相互性"（mutuality of being）或者父子、祖孙血统观念或其构建密切联系，互为因果；双名制和多名制反映族群之间交往的频繁程度，有时也反映在特定环境下隐藏身份的需要。从死者名具有浓厚的宗教色彩，反映特定社群的人观（personhood）、生死观和宇宙观（cosmos）。

　　姓名反映深厚的文化积淀，是社会记忆和历史记忆的载体。从战乱时期的隐姓埋名，到和平时期的扬名四海，姓名忠实地反映时代特征，记录重大的历史事件和政治事件，反映时尚，反映志向，反映爱憎，也反映理想。姓名是博物馆，也是档案馆。

　　固然，姓名用来区分个体或者群体，但是，姓名也用来凝聚社群，团结族人，整合社会。一方面，姓名要受到语言经济原则的制约，即语言交际受人的生理惰性的制约，交际者要使用尽可能简单、省力的姓名；另一方面，随着人口增长和交际范围扩大，重名现象增多，人们为了体现姓名差别，避免重名，就增加姓名的区别特征，即姓名的强调原则。姓名的强调原则是对姓名的经济原则的补充，二者之间不存在对立。

　　在现代国家，姓名被纳入国家的"符号管理体系"当中，姓名具有十足的法律效用，和档案、公证、户籍、护照、签证等联系在一起，得到政府部门、社会团体以及个人的高度重视。在数字化社会，网络技术方便了冒名顶替，也成为社会管理和公共安全重点防范的内容之一。

　　汉字的象形特点及其笔画，形神勾连，阴阳对转，体现了中国文化的特质；汉姓汉名的"五格剖象"、发音洪细、谐音寓意、字形拆合、肥瘦搭配等，是中国文化的一道风景线。

　　本书第五章"欧美姓名研究举要"重点介绍了苏格拉底以来的人名研究，突出介绍西方人类学的人名研究。第六章"中国姓名研究述要"涉及中国自古至今的姓名研究成果，方便姓名研究者查阅。

# Abstract

*An Anthropological Study of Names and Naming* by Naran Bilik made theoretical breakthroughs in onomastic studies. The author points out that the position of patronyms in relation to teknonyms originally depends on the position of noun modifiers in relation to the modified, and that the internal law of onomastic development evolves from interactive relationship between form and content and between distinction and integration. The book is written in a rigorous style, and draws on abundant sources for evidential support. Adopting a cross-disciplinary approach, the author opens up a new horizon for research on this topic. He interprets onomastic practices form the points of view of ethnology, anthropology, cultural studies, and sociology. This piece of scholarship not only is creative but also helps to build a strong disciplinary standing for the study of names and naming.

The author agrees with philosophers such as Gottlob Frege, who believe that proper names have both reference and meaning, an claim supported by ethnographic findings by anthropologists. On this view, personal names are a social classification system in the sense that multiple naming rituals mark stages of human life, onomastic taboos reflect beliefs, social power and social control, numerical names, generational names and patronymic / matronymic names on one hand, and 'mutuality of being'and conceptual generational consanguinity on the other, are closely connected and mutually constructive, double-naming and multiple-naming systems reflect the frequency of interaction between ethnic groups, and sometimes also meet the need to protect one's identity when circumstances demand. Necronymic practice underscores a strong religious tradition and highlights the cultural configuration of personhood and ideas involving afterlife and worldviews.

Names and naming are cultural products that represent a condensation of history and carry loads of social memory. From anonymity in war times to celebrity in peace times, personal names truthfully record and reflect aspects of social trends and historical events. Personal names can serve as a museum and an archive.

Though names are employed to draw a distinction between individuals or between groups, they also rally relatives, unite group members, and integrate society. Names are constrained by the 'principle of parsimony', i. e., interlocutors 'economize' names by making them simple for easy use. However, the 'principle of emphasis' is now much in demand. Due to population growth and expanding scale of communications with its resultant high rate of namesakes, it becomes necessary to increase distinctive features of names to avoid inconveniences. The principle of emphasis complements the principle of parsimony and they form a bond of mutuality.

In modern states, personal names and naming are governed by 'symbolic management systems' and have full legal status. The authorities keep watch over citizens and aliens through notarization, registration, passport control, visa authorization, and so forth. No social organization or individual can afford to ignore such modalities. In a digitized world, web technologies benefit not only law-abiding citizens but also impostors who are major of public security concerns.

Logographic features of Chinese characters and their particular way of stroke combination embody the essence of Chinese culture with yin and yang at its core. The 'five-case graphs' (wuge pouxiang), structure of characters and poetic features form a unique cultural landscape.

Chapter Five 'Highlights of Onomastic Studies in Europe and the US', introduces, major developments of onomastics in Europe and the US with an emphasis on anthropological studies of names and naming. Chapter Six, 'A Brief Introduction to the Study of Personal Names in China', outlines Chinese achievements in this research field both in history and at present. The author hopes that both chapters will be valuable to researchers.

# 目　录

## 第一章　总　论 ......... 001

第一节　姓名的所指和意义 ......... 003
第二节　姓名的指号性质 ......... 018
第三节　姓名与社会分类 ......... 030
第四节　姓名形式有限性与意义无限性 ......... 043
第五节　姓名研究的分类体系 ......... 058

## 第二章　姓名的形式和内容 ......... 072

第一节　姓名的形式 ......... 072
第二节　姓名的内容 ......... 102
第三节　姓名的形式与内容的超民族共性 ......... 133

## 第三章　姓名的整合功能与区分功能 ......... 143

第一节　姓名的经济原则与强调原则 ......... 144

第二节　血缘的区分与整合 ………………………………… 152
第三节　身份的整合与区分 ………………………………… 158
第四节　社会整合中的个体区分 …………………………… 168

# 第四章　姓名的语言相关性辨析 ……………………… 184

第一节　姓名反映的语音、语义和形态特征 ……………… 184
第二节　语言对于连名制模式的制约 ……………………… 197
第三节　双语制与双名制 …………………………………… 204
第四节　方言、地域与姓名特点 …………………………… 212
第五节　社会语义与姓名的互动 …………………………… 221

# 第五章　欧美姓名研究举要 …………………………… 234

第一节　西欧姓名研究 ……………………………………… 234
第二节　美国姓名研究 ……………………………………… 252
第三节　欧美的姓名人类学研究 …………………………… 259

# 第六章　中国姓名研究述要 …………………………… 269

第一节　中国古代姓名观与谱牒学 ………………………… 269
第二节　连名制的研究 ……………………………………… 278
第三节　中国 20 世纪以来的姓名研究 …………………… 291
第四节　中国姓名研究展望 ………………………………… 326

**参考文献** ……………………………………………………… 335

**索　　引** ……………………………………………………… 348

# Contents

**Chapter I  Introduction** / 001
  1. Reference and Meaning of Personal Names / 003
  2. Semiotic Nature of Personal Names / 018
  3. Personal Names and Social Classification / 030
  4. Limited Form and Unlimited Meaning of Personal Names / 043
  5. Classificatory Systems of Onomastic Studies / 058

**Chapter II  Form and Content of Personal Names** / 072
  1. Forms of Personal Names / 072
  2. Contents of Personal Names / 102
  3. Universality of Onomastic Forms and Contents / 133

**Chapter III  Integrative and Distinctive Functions of Personal Names** / 143
  1. Principle of Parsimony and Principle of Emphasis / 144
  2. Consanguineous Distinction and Integration / 152

    3. Identity Integration and Distinction    / 158

    4. Individual Distinction in Social Integration    / 168

**Chapter IV  A Linguistic Study of Personal Names**    / 184

    1. Phonetics, Semantics and Morphology of Personal Names    / 184

    2. Linguistic Constraints on Patronymic and Matronymic Patterns    / 197

    3. Bilingualism and Dual Naming    / 204

    4. Dialects, Locality and Features of Personal Names    / 212

    5. Interaction between Social Semantics and Naming    / 221

**Chapter V  Highlights of Onomastic Studies in Europe and the US**    / 234

    1. Onomastic Studies in Western Europe    / 234

    2. Onomastic Studies in the US    / 252

    3. Anthropological Studies of Names and Naming in Europe and the US    / 259

**Chapter VI  A Brief Introduction to the Study of Personal Names in China**    / 269

    1. Onomastic Theories and Genealogy in Ancient China    / 269

    2. Patronymic and Matronymic Studies    / 278

    3. Onomastic Studies in China since 20th Century    / 291

    4. Outlook of Onomastic Studies in China    / 326

**References**    / 335

**Index**    / 348

# 第一章
# 总　论

　　姓名是分类系统。人类根据实践和认知，给自然世界和主客观世界分类，姓名是这个复杂分类的一个组成部分。姓名是在社会交往中产生的分类系统，和社会实践密不可分，具有丰富的文化底蕴和重要的社会功能。姓名不仅有"物质外壳"，是一种物象，也有社会意义；不仅用来指称，也描述特征。命名和分类是人类区别于一般动物的特点之一，体现了观察、比较、分析和概括的能力。命名活动从具体到抽象，从抽象再到具体，循环往复，是重要的指号过程。人类进行分类是认知的需要：世上万物纷杂，变化万千，令人眼花缭乱；命名和分类把丰富多彩、变幻无穷的世界缩小成为可以把握的规模。[1] 人通过命名得到社会承认，获得社会身份，加入社会群体，成为正式的社会人。大量人类学和民族学材料[2]表明，在人类社会中，姓名并不属

---

[1] S. A. Tyler, "Introduction", in S. A. Tyler (ed.), *Cognitive Anthropology*, New York: Holt, Rinehart and Winston, 1969, p. 7.

[2] 例如，〔法〕列维-斯特劳斯：《野性的思维》，李幼蒸译，商务印书馆，1985；〔德〕麦克斯·缪勒：《比较神话学》，金泽译，上海文艺出版社，1989；袁裕业：《中国古代氏姓制度研究》，商务印书馆，1936；罗常培：《语言与文化》，北京大学出版社，1950；张联芳主编《中国人的姓名》，中国社会科学出版社，1992；马学良：《彝族姓名考源》，载《民族语文教学文集》，四川民族出版社，1988；等等。

于严格意义上的专名，而属于通名与专名的混合物，即它们包含一般概念的因素。① 一般概念具有认知作用，甚至存在于婴儿及动物的原始思想中，例如，狗把猫类当作仇敌，而限于把某一只猫当作仇敌。② 命名的过程也包含"主我"和"客我"的对话，即主观对于客观的认知和投射；无论是给他人命名，还是给自己命名，都涉及设身处地式的"内省"，即把别人想象成另一个"自我"；从某一个角度说，命名是上述两个"自我"之间的对话。这正应了威廉·詹姆士（William James）的说法③："主我"是思维的主体，"客我"是由他人导致的自我反思。命名活动不是纯主观的活动，也不是纯客观的活动，而是"地天通"的活动，要同时涉及形物、心智、交流这三个要素，也不能脱离历史、文化和权力。姓名的人类学研究涉及社会分类、社会记忆、政治操控、经济和政治交易、国家治理，也涉及如何造就和培养社会人。姓名是一种记忆形式，命名是一个记忆过程。由于受到时间和空间的限制，人们的活动范围和活动的时间跨度，只有通过记忆才能扩展和延伸。记忆同样也是社会制度的功能保障，是使社会合法化的手段。④姓名不仅方便了个人记忆，也发展了社会记忆。

人类学始终把命名看作社会行为，命名制与亲属制交织在一起，是新人社会化的组成部分，名字属于命名者，也属于被命名者；命名

---

① 在一些不发达社会，姓名的功能不仅仅是区分个体，而且更主要的是进行和保持社会分类。即便在那些发达社会，姓名的社会分类功能和概括作用，也会曲折地表现出来：姓与名的前后顺序、发音、有时其所使用的词汇意义、其使用规则和使用方法，一般可以区分姓名所有者不同的语言文化背景。对于这个问题，我们将在以后做进一步讨论。

② 〔英〕布拉德雷（F. H. Bradley）:《逻辑原理》第 1 卷，牛津大学出版社，1928，第 2 版，第 36 页。转引自〔美〕托马斯·E. 希尔著《现代认识论》，刘大椿等译，中国人民大学出版社，1989，第 10 页。

③ Harvey A. Farberman, "The Foundations of Symbolic Interaction: James, Cooley, and Mead", in Ken Plummer (ed.), *Symbolic Interactionism*, Vol. II, 1991, p. 58.

④ Paul Connerton, *How Societies Remember*, Cambridge: Cambridge University Press, 1989, p. 3.

不仅把生者联系在一起,也把生者和死者联系在一起,把过去和未来联系在一起。①

## 第一节　姓名的所指和意义

从历史和文化看,姓名不仅仅是代表个体或群体的符号,它还具有丰富的意义。姓名的意义来自社会存在,产生于社会交流,在社会实践中发展变化。

### 一　哲学家对专名的讨论

要讨论姓名的意义,就不能不涉及哲学界的有关争鸣,这是我们研究姓名的第一步。

19世纪英国实证主义哲学家穆勒(John S. Mill)认为,专名只不过是事物的标记,本身无任何意义。他区分"外示"(denotation)和"共示"(connotation),前者表指称,后者表意义。例如,达特茅斯(Dartmouth)可能是由于建在达特河口而得名,但是在该河口被泥沙淤积或者河流改道之后,达特茅斯依旧是达特茅斯,不受影响。② 英国现代语义学家莱昂斯(John Lyons)也持类似观点。③ 与此相反,德国哲学家和逻辑学家弗雷格(Gottlob Frege)则认为,专名既有所指,也表达意义。因而,基于语言专名的指称(bedeuten)对象的功能和表达(ausdrucken)意义的功能,两个专名的所指对象虽同,意

---

① Susan Benson, "Injurious Names: Naming, Disavowal, and Recuperation in Contexts of Slavery and Emancipation", in Gabriele vom Bruck and Barbara Bodenhorn (eds.), *The Anthropology of Names and Naming*, Cambridge: Cambridge University Press, 2006, p. 180.

② John S. Mill, "Systems of Logic", in J. M. Robson (ed.), *Collected Works of John Stuart Mill*, Volume 7, Toronto Buffalo: University of Toronto Press, 1974, p. 33.

③ John Lyons, *Semantics*, Cambridge: Cambridge University Press, 1977.

义却不一定相同；而在两个专名的意义相同时，则其对象必同一。①弗雷格认为，虽然等式 a = b 和 a = a 具有相同的所指，但它们具有不同的认识价值，即不同的意义（sense）；也就是说，a 与 b 所指的客体相同而意义不同。同样道理，人们根据时间把金星分别称为"晨星"（Morning Star）和"暮星"（Evening Star），二者虽然同指金星，但意义有所不同；也可以说，"晨星"等于"暮星"，在经验上是真实的，但是它并非逻辑上的自明之理。②与弗雷格同时代的英国哲学家和逻辑学家罗素（B. Russell）在承认专名有意义的前提下，认为一个词义如果对指某种客体，就是代表着这个客体，从而这个被意指、被代表的客体，就是这个词的意义。同样，"专名的意义即其所指称的客体"③。同样，"专名的意义即其所指称的客体"④。哲学家长期关注事物和专名之间的模糊关系。克拉提鲁斯秉持自然语言观，认为每一个事物都有自己的"正名"⑤，即命名不是任意性的，事物的名字要符合事物的特性或者特征。赫尔墨吉尼斯则持相反观点，认为名与物之间的关系是约定俗成的关系，不存在内部关联。⑥苏格拉底既不同意克拉提鲁斯的观点，也不同意赫尔墨吉尼斯的观点，他指出政治因素在命名活动中所起到的重要作用。苏格拉底反驳赫尔墨吉尼斯关于任何人都有权决定自己名字的说法，说奴隶既不能为自己取名，也不能为主人取名，也就是说并非每个人都有权为自己或者他人

---

① 李幼蒸：《理论符号学导论》，中国社会科学出版社，1993，第 214 ~ 223 页。

② Gottlob Frege, *Funktion und Begriff*. Vortrag, gehalten in der Sitzung vom 9. Januar 1891 der Jenaischen Gesellschaft fur Medizin und Naturwissenschaft. H. Pohle, Jena, Ⅱ, 31. cit. R. B. Barnes, "Personal Names and Social Classification", in David Parkin (ed.), *Semantic Anthropology*, London: Academic Press, INC., 1982, pp. 212, 225 (references).

③ 李幼蒸：《理论符号学导论》，第 216 ~ 217 页。

④ 同上。

⑤ Plato, Cratylus, *The Loeb Classical Library*, Vol. Ⅳ, trans. by HN Fowler, London: W. Weineman, Ltd., p. 7.

⑥ Plato, *Cratylus*, p. 9.

命名。①

可以理解,"纯语言学"或者"狭义语言学"和逻辑学等学科,在对语言材料作形式分析和语法分析时,出于定量的需要,尽可能地排除语言符号所涉及的社会—文化意义。但是,对于人类学和民族学等人文学科来说,语言符号中的社会—文化意义是最重要的研究对象,不仅要注意它们的显性表现,也要发掘和捕捉其中的隐性内涵。

## 二 中国古代战国时期的"名实"之争

中国古人向来重视名实关系。《礼记·祭法》提到:"黄帝正名百物以明民共财。"《周礼·天官·兽人》说:"掌罟田兽,辨其名物。"老子在《道德经》中说:"道可道,非常道。名可名,非常名。无名,天地之始;有名,万物之母。"这里"无名"为原道,属自然;"有名"为形色声之物感物觉。道法自然,本无形色声,但物以载道,以客观世界认知自然世界,兼及"濠梁之辩"的主观世界居中协调。因此,名实关系实在是一个认知过程,充满不确定性,"人们在运用既有的名时必须懂得它有一定的适用限度",要承认名的相对性,它"只能反映事物的现象,不能反映事物的最终本质"②。这符合老子"道生一,一生二,二生三,三生万物"的思想:生出万物的"三"毕竟不是"道","三"生之物"可名",但不是"常名";"道"不可名状,无名,无名即"常名"。我们对于世界的认识,一方面受到本位文化的影响,受到语言习惯的制约;另一方面有触摸自然的亲身感知,植根于形物的存在,始终是一个开放交流的过程。不同的认知

---

① Barbara Bodenhorn and Gabriele vom Bruck, "'Entangled in Histories': An Introduction to the Anthropology of Names and Naming", in Gabriele vom Bruck and Barbara Bodenhorn (eds.), *The Anthropology of Names and Naming*, 2006, p. 5.

② 徐阳春:《先秦名实观散论》,《绍兴师专学报》1992 年第 4 期。

方式和认知内容之间,既存在差异,也存在"部分关联"①,形成"家族相似性",环环相扣,顶针续麻,存在重叠共识。

战国时期的"名实"之争,主要表现为孔子的"正名"说和墨子的"取实予名"说的对立。孔子在《论语》中说:"名不正,则言不顺;言不顺,则事不成;事不成,则礼乐不兴;礼乐不兴,则刑罚不中;故君子名之必可言也,言之必可行也,君子于其言,无所苟而已矣。"他重视的是"名"的稳定性,反对"名"的滥用和误用。"名正言顺"便于管理,属于"有为而治",是入世,这不同于老子"无为而治"的遁世思想。《管子·九守》提出"名生于实"、"循名而督矣"、"按实而定名"和"名实当则治,不当则乱"的论述;也就是说,名词、概念和称谓之类(名)本为客观事物(实)的反映,前者随后者的出现而出现、变化而变化("取名予实");但是,在另一个方面,反映新事物的"名"一经确定,便有"循名责实"的功能,促进"识物"和"成事"。② 公孙龙在其《名实论》中认为:"天地与其所产者,物也。物以物其所物而不过焉,实也。实以实其所实(而)不旷焉,位也。出其所位非位,(而)位其所位焉,正也。"他又说:"夫名,实谓也。知此之非(此)也,知此之不在此也,则不谓也;知彼之非彼也,知彼之不在彼也,则不谓也。"在他看来,世界万物属客观实在,都有各自的位置。名为物称,二者不符,则名不副实,不用;否则,"不当而当,乱也"。公孙龙还在《白马论》中提出"白马非马"的观点,"马者,所命名形也;白者,所以命色也;命色者非命形也,故曰:白马非马",即"马"表形,"白"表色,"白马"为二者结合,因而"白马非马"。他显然否定了通名与类名、一般和个别的关系,混淆了概念的不同层次。赵国的荀

---

① Marilyn Strathern, *Partial Connections* (updated edition), Walnut Creek: Altamira Press, 2004.
② 肖萐父、李锦全主编《中国哲学史》上卷,人民出版社,1982,第181页。

子在《正名》中阐述了名词约定俗成的思想。他认为,"名无固宜","约定俗成为之宜",即名实关系并非原生,而是"约定俗成",根据人们的交流习惯积累而成。名受社会历史习惯制约,一旦社会接受了它,便不由个人任意改动。[①]

## 三 姓名三元观

姓名的构成包括"物象",包括"意义",更离不开交流;交流把物象和意义融为一体,通过命名活动,形成物化的意义过程。如果我们把姓名看作典型的指号系统(semiotic system),就有必要使用皮尔士的三元理论分析它的构成。在皮尔士指号理论中,象似(icon)、标指(index)、象征(symbol)是学界普遍引用的指号三元。[②] 象似表质感,含直觉,与所指对象有相似关系(resemblance),如对声音的模拟;标指是"他指",含因果,与所指对象有顺接关系(contiguity,又译"毗连关系"),如烟和火的关系;象征表约定,含任意,与所指对象有约定俗成关系(convention),如人类语言词汇中的绝大部分,英语把"树木"叫 tree,俄语叫 dereva,韩语叫 namu,蒙古语叫 mod,其中并无因果关系。[③] 总体上看,象似具体,象征抽象,标指居中;象似如"形",象征如"神",标指如"气"。形气神互不割裂,三元交融,是日常生活中的常态。

人类学者大都承认姓名本身的物感物觉,承认其物性;他们承认姓名的社会意义和精神价值;他们也承认命名仪式和姓名使用的"他指"作用,强调其中的过程和协商、不确定的随机性和开放性。将姓名划分为象似、标指、象征三个互有叠加的部分,从姓名本体、姓名

---

① 任继愈主编《中国哲学史》,人民出版社,1973,第 171 页。
② 指号三元也可以翻译成"指号三性"。
③ 关于皮尔士指号理论的介绍,参见纳日碧力戈《语言人类学》,华东理工大学出版社,2010;《从皮尔士三性到形气神三元:指号过程管窥》,《西北民族研究》2012 年第 1 期。

语用、姓名象征三个方面加以观察分析,不失为一种全新的理论探讨。

姓名象似性集中表现在"物性"上,如列维-布留尔认为,人名不仅是分类系统,它还是人本身,它就是人;名字是人格,就像人的眼睛一样。① 在世界各地都存在"以形补形"的象似观念,如我们熟知的"吃核桃补脑"和"吃血肠补血"之类的说法。

> ……那些十分流行的食人风俗以及用人作祭祀的仪式(例如在墨西哥)说明了这一点。心脏、肝脏、肾脏、眼睛、脂肪、骨髓等等都给凭空添上一种能对那些吃它们的人发生这样或那样作用的能力。身体的孔窍、各种排泄物、毛发、指甲屑、胎盘、脐带、血液以及身体的其他液体组成部分,——所有这一切都给派上了某种巫术的用场。②

列维-布留尔引述了格罗特关于中国传统上的偶像崇拜和灵物崇拜的例子:

> 例如,一个年青寡妇能够从她丈夫的泥土塑像那儿受孕生孩子;肖像变成活人;木制的狗可以跑;纸作的如马一类的动物能象活的动物一样行动;一个画家在街上看见了一匹某种颜色的、伤了一条腿的马,就认出了它是自己的作品……从这里很容易转到在中国极为流行的一些风俗,如在死者的坟上供纸糊的兽像,烧纸钱,等等。③

---

① 〔法〕列维-布留尔:《原始思维》,丁由译,商务印书馆,1985,第42~45页。
② 同上书,第30页。
③ 同上书,第38页。

## 第一章 总  论

同样，在一些民族志记述中，人名也是具象、神圣的东西。印第安人把自己的名字看成类似于眼睛或牙齿的身体部分，对其名字的恶用会带来伤害；在西非沿岸的民间信仰中，人名与人体有关，可以借助人名来伤害敌人。①

象似与标指几乎是孪生兄弟，象似中隐含标指，标指离不开象似，如"烟"下有"火"，见烟知火。《汉书》提到汉字六书时提到象形、象事、象意、象声、转注、假借，其中象形、象事、象意、象声都有"象"，即"象似"：象形者，"画成其物"，如"日"、"月"；象事（指事）者，视而可识，如"上"、"下"；象意（会意）者，"比类合谊"，如"武"、"信"；象声（形声）者，取譬相成，如"江"、"河"。象意和象声已经具备足够的标指要素："酒"字，把酿酒器皿"酉"和"水"放到一起，结合成"酒"，有前后逻辑关系；"江"字，把表意形符"氵"和声符"工"放到一起，结合成"江"。此外，象事本身也具有会意、指事的成分。汉字丰富的象似和标指特征，使汉人姓名独具特色。

从目前人类姓名制度的总体发展观察，仅就构成姓名的语言材料来说②，象征相对于象似和标指的比重大，属于主流。这是因为有文字的人类社会绝大多数使用拼音字母，"语料"的约定俗成特点十分突出，相应的姓名语言系统也以约定俗成的象征性为主，词汇意义和社会意义远比词汇的笔画和形体重要得多。例如，蒙古人的名字"巴特尔"，用回鹘式蒙古文拼写也好，用西里尔文拼写也好，用汉字转写也好，对其词汇和社会的意义影响不会太大；欧美人为婴儿取教名，关注的是其中的宗教含义和宗教仪式，字形和发音并不那么重要。当代中国大陆，在全球化和网络化的推动下，大众文化发生了日

---

① 〔法〕列维-布留尔：《原始思维》，第42页。
② 如果考虑"语用"，即姓名在社会中的使用，情况就会变得复杂起来。本书在这个方面也多有涉及，如命名活动中体现的政治权力、亲属制度，等等。

新月异的变化，年青一代的姓名文化也不例外，他们对于姓名意义的重视超过对于形体和音色的重视。

## 四 姓名的社会象征意义

毫无疑问，对于人类学、民族学及其相关学科来说，人类的姓名既有所指，也有意义。法国人类学家列维－斯特劳斯（Lévi-Strauss）认为，神话和仪式的"主要价值就在于把那些曾经（无疑目前仍然如此）恰恰适用于某一类型的发现的残留下来的观察与反省的方式，一直保存至今日"[①]。同样，姓名的传统形式也回溯着我们的先人对于主客观的考察与反省。姓名符号的价值不仅仅在于符号本身，而在于它的意义，在于它本身所属于的系统与其所指系统的对立，亦即名称系统和它所指的事物、现象及其时空背景组成的系统之间的对立。姓名符号在文化深层上反映的是人类对于主观世界和客观世界的调适。这一点在那些所谓"原始的"或者"野蛮的"社会中，表现得最具说服力。人们观察自然界与社会，观察动植物的"拟人化"社会，然后为它们命名。这种命名当然也包括人类的自我命名。这些经过命名编码的语言符号，构成了在这些社会中具有重要功能的专名系统；这些专名系统具有比较稳定的社会意义结构，其中蕴含了特定群体和个人的生命价值、自然观念、信仰核心、亲族角色，等等。姓名系统对于一些不发达社会的认知，有明显的导向作用，即把它前一次命名过程创造或者再确认的价值取向，通过下一次命名过程，在社会和社会成员的记忆中予以传播、充实和强调，进而影响他们的情感和行为。这是一个传授和复制社会价值和社会记忆的重要手段。新生儿初到人间，他首先要经历的文化事项之一，恐怕就是接受命名了；在命名过程中，他也接受了文化定位，通过得到具有严格位置规定的姓名符号

---

① 〔法〕列维－斯特劳斯：《野性的思维》，第22页。

系统中的某一个或者某几个而被社会接纳成为正式成员。被命名者在命名过程中，是形式上的注意中心，是命名事项的起因；而以命名者我代表的社会成员所真正关注的，却不是被命名者，而是在命名过程中体现出来的文化机制和文化结构的合理性。命名为社会提供了一个动员文化意识、号召、响应、记忆、模仿、社会整合、社会控制与社会教育等内容的空间。围绕这个新造或者新用的姓名，与姓名系统对应的文化系统，在前者象征性地代表被命名者进入社会结构的同时，也发生相应的调整，在文化实践者（此处是命名者、被命名者和现场观察的其他社会成员）的实践活动中，体现自身的意义，发展或者保持其在社会成员身上自我复制的机制。对于婴幼儿的命名，表达的是成人尤其是命名者的期待；在命名仪式的后面，是强大的社会习惯势力和体现为习惯法的社会规则。婴幼儿的培养教育及其后天的习得行为，皆沿着大致在命名仪式中体现的文化惯性的方向发展。命名不仅是为个人命名的过程，而且也是为家族姓名系统重新定位的过程，这是列维-斯特劳斯结构主义的重要见解。他在《野性的思维》中指出，在西方社会，一个女人的丈夫死了，她便成为"某某寡妇"，这是由于她在丈夫生前是"某某之妻"，即她用另一个"自我"，也就是她丈夫的自我，来表示自我，这是类似于从子名制的规则。[1] 举皮南人（Penan）[2] 的命名制度为例，当他们的长子出生时，父母实行从子名制，以标志他们与他的关系类型。例如，塔马·阿温（Tama Awing）、提南·阿温（Tinen Awing），意为"阿温父母"。在孩子死后，从子名成为从死者名，如"长子死了"；而在下一个孩子出生时，又转用一个新的从子名。与此并行，若一个孩子的兄弟姐妹都活着，他就保持本名；而一旦在这些兄弟姐妹中有人死去，他就转用从死者

---

[1] 〔法〕列维-斯特劳斯：《野性的思维》，第220页。
[2] 婆罗洲腹地的游牧族群。

名:"兄/姐(弟/妹)死了"。在下一个弟弟或者妹妹出生时,从死者名又被本名代替。这种从名制度的轮替,与整个亲属制度的分布密切关联。孩子的出生,一方面表示了生命的轮回,另一方面标志着父母开始启用从子名制和中止从子名制,也标志着兄弟姐妹恢复本名和停用从死者名。既然新生儿的名字被用来构成父母的从子名,那么,父母就在这个特定意义和形式上"占用"了它,并把它纳入他们自己的名称系统;"因而最后出生者的名字就与兄弟姐妹系列分开了,因为其他兄弟姐妹既不能通过它,也不能通过他们的亡兄或亡姐的名字被确定(既然他不再受'死亡支配',那么似乎是受'生命支配'),他们只能退到唯一对他们敞开的渠道中去:恢复他们自己的名字,这也就是他们的专名。"[①] 从借喻和隐喻的角度看,命名过程是一种社会对话,对话的素材是姓名符号(甚至可以继续划分为语音、音节、音素、音位)和被记忆并通过仪式习俗固着下来的事象(也可以继续划分为义符、义素、义位)。但是,所有这些还不是关键所在,重要的是潜行于整个命名过程中的规则或者"语法"。然而,命名过程也并不仅仅始于和终于社会对话,它还涉及社会及社会成员与自然界的对话,以及表现为"主我"和"客我"的内部对话,即反思。社会及社会成员与自然界的对话,典型地表现为人以花鸟命名,又以人名为花鸟命名,构成不断交流、互动的关系。在世界上,我们至今还能遇到大量用花草、动植物命名的姓名:玫瑰、紫罗兰、牡丹、兰花、鹰、鹤、虎、豹、熊、牛,等等;同时,也有许多民族,例如法国人,为各种鸟取人类的名字,如"皮埃罗"(Pierrot,麻雀)、"马尔果"(Margot,喜鹊)、"雅克"(Jacquot,鹦鹉),等等;澳大利亚土著和美洲印第安人,包括东南亚的达雅克人(Dayak)[②],用人的称谓

---

[①] 〔法〕列维-斯特劳斯:《野性的思维》,第221页。
[②] 生活在加里曼丹地区。

或者名字称呼狗，这是以命名为要素之一的图腾制度。"在维克门坎族①中，狗被称作雅图特（Yatot），意即'拔出……图腾鱼骨'，如果它的主人属鱼骨族的话；但如果它的主人属鬼族，它就被称为欧温（Owun），意为'幽会'。"② 就是这样，人类与动物的界限在人名系统中得到圆融，通过符号手段，动物成为人类的一部分，人类也成为动物界的一部分。

人类的意义在许多土著族群的命名制度中，具有丰富多彩的特点，呈现为类与项、情与理、人与兽、心与形的多重辩证统一。在发达社会中，人名意义的表达转入隐喻、借喻和换喻。然而，这并不意味着姓名在这些社会里就没有意义了。相反，在发达社会里，姓名意义所涉及的范围更加扩大和曲折③，并由于它和不发达社会的姓名意义系统形成对照，而更具有比较研究的价值。

## 五 社会记忆、社会人、社会性别与命名

人类学家曾经研究命名制和文化尤其是亲属制之间的关系，例如贝特森（Gregory Bateson）指出，在新几内亚的塔特穆勒人（Tatmul）社会，命名制是整个文化的理论镜像，反映了文化的方方面面。④ 然而，随着20世纪60年代至70年代盛行的结构—功能主义和结构主义失宠，这种把命名制和其他社会制度综合起来研究的方法不再受欢

---

① Wik Monkan，Wik Munkan，Wik Mungdan，又译维克蒙坎人，约克角半岛的澳大利亚土著。
② [法] 列维-斯特劳斯：《野性的思维》，第189页脚注。
③ 像"张三"、"李四"、"约翰"、"比尔"一类的姓名，当它们和它们的所有者出现在我们的生活实践中时，难免要受到来自具体文化背景的情感、价值、认知、知识等方面的渗透，在某种程度上成为存在于我们直觉和印象里的"类名"或者"参照系"：当"张三"这个名字被提起来时，我们总是倾向于把它归纳成一类表象或者某种形象。
④ Gregory Bates, *Naven: A Survey of the Problems Suggested by a Composite Picture of the Culture of a New Guinea Tribe Drawn from Three Points of View*, Palo Alto, CA: Stanford University Press, p. 228.

迎，以施奈德为代表的人类学家更是号召同行告别亲属制研究，因为这样的研究把"生物学"关系物象化（reify），而生物学本身也受到特定文化的制约。① Maybury-Lewis 等学者是唯一的例外，这些研究亚马孙流域文化的专家试图超越继嗣论和联盟论之间的对立，把目光转向文化，转向人名和命名制，从中探索社会关系如何形成概念并生成的过程。② 巴西中部诸族把命名制和亲属关系作为交替性的社会组织原则，命名制和亲属关系互相强化、互相制衡。③

20 世纪 90 年代，随着生殖技术的发展，学界恢复了对于亲属制的研究兴趣。④ 妇女中将为人母者，以不同方式进行胎教，提前把腹内生命带入社会化过程。妇女在"生育自主话语"的激励下⑤，希望为腹中胎儿甚至死胎命名;⑥ 其他学者也以此为契机，扩大人名和命名研究的领域，继承和发展有关许多文化中命名同时涉及区分个人和

---

① D. Schneider, *American Kinship: A Cultural Account*, Englewood Cliffs, NJ: Prentice-Hall, 1968.

② D. Maybury-Lewis, "Conclusion", in D. Maybury-Lewis ed., *Dialectical Societies: The Géand Bororo of Central Brazil*, Cambridge, MA: Harvard university Press, pp. 311 – 312.

③ Ibid.

④ 前一节已经述及，中国传统文化自古重视命名制与亲属制密切结合，罗常培、凌纯声、杨希枚等对于连名制和以杨希枚为代表的学者对于姓氏古义的跨学科研究，都是把命名制和亲属制结合起来研究的典范，只是英语世界中的命名制和亲属制研究者对此缺乏了解，知之甚少。笔者曾于 1992~1994 年在英国外交部高访基金、剑桥大学三一学院牛顿基金和剑桥大学共同安全委员会的资助下，以高级访问学者（博士后）的身份赴剑桥大学深造，师从卡洛琳·汉弗莱（Caroline Humphrey）教授和斯蒂芬·休-琼斯（Stephen Hugh-Jones）教授，在此期间曾向休-琼斯教授讨教命名制与亲属制结合研究的现状，他回答说这方面尚属空白，然后向笔者推荐了雷蒙德·弗斯和戴维·帕金关于人名研究的论文。笔者回国后结合从英国带来的材料，抓紧修改自己的由马学良教授指导完成并答辩通过的博士论文《关于姓名的语言辨析研究》（1989 年），于 1997 年出版《姓名论》一书（社会科学文献出版社），涉及"亲子连名制"、"姓氏"和"排名制"等与命名制和亲属制有关的讨论，可以看作 20 世纪 90 年代后命名制与亲属制结合研究的"中国表达"。

⑤ D. Meyers, "The Rush to Motherhood Discourse and Women's Autonomy", *Signs*, Vol. 26, No. 3, 2001, pp. 735 – 773, cit., Gabriele vom Bruck and Barbara Bodenhorn eds., *The Anthropology of Names and Naming*, p. 21.

⑥ Gabriele vom Bruck and Barbara Bodenhorn eds., *The Anthropology of Names and Naming*, pp. 20 – 21.

划分群体的原有观点：死者通过命名重新进入生者的世界，成为活态社会记忆，Layne 引用 Laqueur 的观点，把对于流产胎儿的纪念比拟为对于战争死亡者的纪念。①

2001 年美国遭遇"9·11"恐怖袭击，世贸大厦瞬间从地平线上消失，伤亡数字巨大，每天都会公布和更新生者和死者姓名，也有不少生死不明的人。无名无姓地被掩埋是难以接受的；只有在死者的姓名被确认后，亲属才好办理丧事。② 根据形貌和质感的象似记忆会受到种种交流限制。首先，每个人的象似性记忆侧重不同，各有特点，有人偏重视觉记忆，有人侧重听觉记忆，有人兼而有之，也有人更长于味觉、嗅觉或者触觉记忆，为了达成社会记忆上的"重叠共识"，就需要有象征性的姓名，以便把各种具象缩小和统一到可控范围之内。其次，无论是古代还是现代，即便是媒体发达的今天，"验明正身"离不开姓名，类似于"这就是×××"的指认绝不可省略。再次，根据现代司法制度，法庭传讯、庭审宣判、案件存档等也都需要有当事人的真实姓名。最后，在处处体现国家意志的当代文字社会，姓名有固定的拼写和翻译规则，直接和法律、外交、经济、保险、教育、人口和社会管理等挂钩，涉及社会记忆的"国家标准"。

姓名方便社会记忆，也方便控制和改变社会记忆。在川滇蒙古人后裔中广泛流传《改鐵为余记》的木刻版本，大致是说：元末蒙古军队败退川滇，明太祖朱元璋派大军围剿，穷追不舍，元军中有鐵姓者为隐姓埋名，将"鐵"去掉半边，变成"金"，但"金"与"鐵"近，同属金属，仍然容易辨认，就把"金"字底下一横也去掉，变成"余"，这段"改鐵为余"的记载，让川滇蒙古人中的余姓保持自己

---

① Gabriele vom Bruck and Barbara Bodenhorn eds., *The Anthropology of Names and Naming*, pp. 20–21.

② Gabriele vom Bruck and Barbara Bodenhorn (eds.), *The Anthropology of Names and Naming*, p. 1.

是蒙古人后裔的社会记忆。

培养社会人要从婴儿做起,"栽什么树苗结什么果,撒什么种子开什么花";用姓名来承载社会记忆,是各文化中人观(personhood)培养的关键内容。居住在中国西南的傣族实行阶段性多重人名制,一个人从出生到成人要经历多次命名,标志不同的人生阶段和人生事象,形成多重社会记忆。格尔茨认为命名使自然人变成社会人[①]:婴儿通过取名与他人的生活交织在一起[②],命名把他带入社会网络之中,命名者和被命名者从此有了"不解之缘",从此嵌入社会记忆,或者避开社会记忆[③],命名者借助他人(即这个被命名者)表达自己的喜怒哀乐、兴趣追求和价值取向,被命名者也由此开始学习"修身养性"的做人之道。命名过程同样也是社会人观得到再生产、再发展、再创新的过程,命名者和情景被命名者之间的命名与被命名关系,会带上当下社会文化取向的特点,有助于更新"如何做合格社会人"的价值标准。在印度尼西亚的巴厘岛,亲从子名、祖从孙名的制度一次次对夫妻的社会地位重新定义,一次次更新他们的身份。一个人的称呼终生至少变换三次:个人名、从子女名、从孙子女名。[④] 格尔茨指出,从子名表示对于夫妻身份的确认,不是确认他们之间的婚姻,而是确认他们业已生育,是合格夫妻——夫妻通过生育子女、获得孙子女或重孙子女而紧密联系在一起,出嫁到夫家并不算数;只有当了父亲、进入"生育阶层"的男人才有社会地位,未婚男子不能参加村理事会。[⑤] 无子女者和有子女者分属不同阶层:"无子女者是依赖他人的小人物;某某之父是引导社区生活的积极公民;某某之祖父是提供韬

---

[①] 〔美〕克利福德·格尔茨:《文化的解释》,纳日碧力戈等译,上海人民出版社,2000,第418页。
[②] 同上书,第3页。
[③] 如许多文化中实行的匿名制、讳名制。
[④] 〔美〕克利福德·格尔茨:《文化的解释》,第430页。
[⑤] 同上。

略的幕后尊者；某某之曾祖父是半入神界、依赖他人的长者。"① 巴厘岛的从名制不以祖先为参照，而是以子孙为参照，具有"向下看"的文化特质，夫妻因子孙的生育而"不断成长"，生成逆向的社会记忆。

姓名不仅被用来产生和培养社会人，不仅用来"划分阶级"，也用来区分性别。② 在中国封建时代，士大夫阶级不仅有姓氏名字，还有其他多种称号，而平常百姓甚至连正式名字都没有。

名以别男女，这是许多文化中常见的现象。但是，民族志材料中毕竟存在"以名掩性"的个案，即所谓"跨性别人名"的现象。在近代也门王国，王族妇女出生时取闺名，长大时取男名③，其背后的道理是，那些不得看到妇女身体任何部位的男人，也不可以称呼她的闺名，因为闺名是妇女身体的一个组成部分，不可随便违规暴露。④ 妇女可以和那些按照伊斯兰法律不可以与之结婚的男人们（mahram）自由交流，但对于其他男人就有限制了：妇女和他们交流时必须使用自己的男名。根据当地传统说法，闺名就像女人的头发，想它说它会引起这些男人的非分之想；闺名就像凝视的眼光，能够透视女性身体。所以，取男名能够遮蔽女身，既可以表明自己出身名门，又可以和外界交流，还可以保持自己作为女人的社会性别。⑤"跨性别人名"把亲族内外勾连起来，既符合文化规则，也为自己划出一片属于自己的实践空间。虽然女性的闺名平常不出现在族谱中，但在死后却可以出现在墓碑之上，原来对于女身的保护就此结束，禁忌解除。⑥

---

① 〔美〕克利福德·格尔茨：《文化的解释》，第 430 页。
② Gabriele vom Bruck, "Names as Bodily Signs", in Gabriele vom Bruck and Barbara Bodenhorn (eds.), The Anthropology of Names and Naming, pp. 226-250.
③ 如 Sidi Hamid al-Din, Muhammad al-Wazir, Abdullha al-Shami, 等等。
④ Gabriele vom Bruck, "Names as Bodily Signs".
⑤ Ibid.
⑥ Ibid.

## 第二节　姓名的指号性质

姓名作为指号系统，在具有自身特点的同时，也具有一般指号的性质。里奇（Geoffrey Leech）在象征语言层面上对指号意义进行了分类，比较适用于姓名象征意义的研究。同时，皮尔士的指号三性理论弥补了里奇重视心理而忽略物性的缺点，全面揭示了包括姓名在内的指号系统的征象、对象、释象或者象似、标指、象征的三元特性。

### 一　里奇的符号意义类型

里奇著《语义学》[1]，将语言的意义现象划分为七个类型[2]：第一个类型为词的直接指示的意义或者本义，"这是人的知识信息内容的基本单元"；最后一个类型为主题的意义，"即由信息内容被组织的特殊方式所增附的意义"。另外五个类型统称为联想的意义。它们相对于语词的本义或者概念的意义而分别称为引申意义、风格意义、情绪意义、反射意义和搭配意义。里奇的理论模型同样适用于姓名符号，即我们可以对姓名的意义现象，做相应的归类。如同在前面指出的那样，姓名使用的基本语言材料，即词汇或者词组，本身会受到相应语言的语音、语法和语义的严格限定，它们在语言系统中的位置，一方面是在约定俗成的基础上形成的，另一方面是在长期的社会交际中固化的，其本义在文字社会中通过词典一类的权威文字形式，被规定下来。然而，一俟语言材料被加工成为姓名，它们就更多地受到社会文化规则的制约，形成超语言体系，语言材料原有的联想意义，被赋予

---

[1] Geoffrey Leech, *Semantics*, New York: Penguin Books, 1974.
[2] 李幼蒸：《理论符号学导论》，第 291 页。

极为突出的角色。如果按照符号学塔图学派的观点,语言是第一模式系统①,则姓名系统属于其第二模式系统,亦即语言以外的文化系统,但是它不能完全独立于语言。在我们所给出的里奇有关符号主题意义的图中,符号的主题意义,是语言第一模式系统和文化符号第二模式系统区分的最大极限,它相当于现代语言学的话语篇章层次上的组合意义,表达的是文化内涵深层的价值取向。符号主题的意义就是文化意义,它产生于以语言为基础的符号系统。用符号表示的文化单元(姓名、称谓、宗教礼仪、连名制、从妻居制……),依照时空位置在文化系统内的排列和配置,产生了一种结构性取向,一种比较稳定的积淀,这就是符号主题的意义或者文化意义的所在。

表1-1 里奇:七种意义类型

| 1. 概念的意义或sense | | 逻辑的、认知的或者直指的内容 |
|---|---|---|
| 联想意义 | 2. 引申的意义 | 借助语言所指称者传达的东西 |
| | 3. 风格的意义 | 有关语言使用的社会环境所传达的东西 |
| | 4. 情绪的意义 | 有关说者(写者)感情和态度所传达的东西 |
| | 5. 反射的意义 | 借助与同一表达的其他意思的联想所传达的东西 |
| | 6. 搭配的意义 | 通过与在其他词的环境内会出现的诸词的联想所传达的东西 |
| 7. 主题的意义 | | 按秩序和重点来组合信息的方式所产生的意义 |

资料来源:里奇:《语义学》(*Semantics*),1978,第26页,转引自李幼蒸《理论符号学导论》,第292页,有改动。

## 二 姓名的引申意义

姓名的引申意义与姓名的直接意义对立,这与穆勒内涵范畴和外延范畴的对立有相承关系。语言单位的意指作用,有两种基本对立的

---

① 李幼蒸:《理论符号学导论》,第291页。

方式，一是语言结构本身确定的意义，二是根据社会的习惯性心理联想形成的意义。在这两种不同的意指方式中，直接意义或者概念意义与语词直接联系，具有实显性，而引申意义只是在增附条件下出现，具有潜在性。① 然而，在姓名系统中，引申意义的作用常常取代直接意义而具有实显性，或者，毋宁说，二者常常交织在一起，难辨彼此。在那些作为民族学—文化人类学家主要研究对象的土著社会里，随处可以找见这样的实例：姓名既区分个体和群体，也表达丰富的社会意义；有时后者的重要性超过前者，因为个人始终是群体的一员，这种现象在姓名符号系统得到了忠实反映。我们在前面提到的"社会记忆"、"集体记忆"和"结构性失忆"，在具体情景中和社会、个人需求的驱动下，所发生的作用，更增加了姓名引申意义和直接意义的互渗和互动。

在类名和图腾名上表现出的引申意义，颇具典型意义。类名和图腾名的意义，并不在于名字本身的物质构成或者现象，如声音、身势，或者名字所有者的个人特征、特点及其直观的行为，而在于该类名或者图腾名直接所指物所表达的间接引申的社会意义，其中包括与诸多社会事象有关的社会意义，如生老病死、战争、灾荒、迁徙、奇迹，等等，都会成为类名和图腾名的引申意义。需要指出的是，引申意义和直接意义常常是互相转化的，有时引申意义变成了直接意义，有时直接意义又变成了引申意义，或者毋宁说它们是交融在一起的。当引申意义已经成为社会常识甚至是公理的时候，它就成为直接意义；当直接意义随着时光流逝、空间推移而变得模糊，不经过一定的阐释、解读，尤其是联想，就不能达意时，它就成为引申意义。此外，由于姓名"解读者"文化背景的不同，姓名的直接意义和引申意义也会有不同表现。例如，对于一个美洲印第安人来说，他们的类名

---

① 李幼蒸：《理论符号学导论》，第 291 页。

和图腾名的直接意义,大致相当于一个未经过民族学—人类学训练、来自非图腾文化背景的观察者,根据自己的理解而赋予这些名字的引申意义。根据列维-斯特劳斯及其所引用的其他人类学家的报道①,美洲印第安人的易洛魁部落,有专门的氏族名字"看管者",他负责掌握这些名字是否合用。例如,在有孩子降生时,他可以通知孩子的命名人,哪一个名字是"空闲"的。按照加利福尼亚玉罗克族(Yurok)的习俗,孩子的名字要从某一死亡亲属获得,这样,他可能为了这个名字而等待六七年。澳大利亚维克门坎人的专名来自图腾,是具有神圣意义的密传知识,同时它又是习俗、仪式和禁律等事象的组成部分。使这两种情况发生联系的,是通常包括用作称呼词项的亲属词项的名称系统;神圣的名字和世俗的名字在这个系统内并存,而这些名字本身既包括专名,又包括图腾名。此外,姓名的引申意义,也体现在对个人"名分"的结构定位和归类上。如果图腾名是一种类名的话,那么,个人对于图腾名的启用,则是一种文化归类行为,即为个人社会身份规定在其所属的图腾文化系统的位置。上举维克门坎族的人名出于各自的图腾,直接或者间接地意指特定图腾:以澳洲肺鱼为图腾的男子名有"澳洲肺鱼游于水中并看见一人"、"澳洲肺鱼游于其卵周围时摆尾"、"澳洲肺鱼呼吸"、"澳洲肺鱼睁着眼"、"澳洲肺鱼折断一鱼叉"、"澳洲肺鱼吃鱼",等等;以蟹为图腾的女人的名字有"蟹产卵"、"潮水把蟹冲到海里"、"蟹藏在洞里并被掘出",等等。②

## 三 姓名的风格意义

姓名的风格意义近似于语言学上语用环境的意义,其特点在于,

---

① 〔法〕列维-斯特劳斯:《野性的思维》,第207~208页。
② 〔法〕列维-斯特劳斯:《野性的思维》,第197页。

按照文化环境的不同和事件发生的复杂过程，来灵活地进行命名，使姓名适合实际需要，在社会互动中产生特定情景下的意义。

实用性的双名制和多名制广泛见于中国少数民族中。在汉族事实上的优势文化背景下，少数民族不仅需要在政治、经济、教育、科学等方面与汉族认同，而且还在以姓名为代表的个人指称符号上，与后者沟通。他们或者实行个人的汉族—本族双名制或多名制，或者实行不一定是个人的但却是民族范围内的汉族—本族双名制或多名制，或者实行部分个人实行汉族—本族双名制或多名制、部分个人实行本族单名制、另有部分个人实行汉族单名制的个人—社会混合型双名制或多名制。总的说来，双名制或者多名制的使用，主要与适应环境、方便交际有关；在不同场合使用不同的名字，以达到方便社会操作和实用的目的。根据双名制或者多名制原则来选名、命名、释名，本身就是社会活动和心理活动的一部分；这些活动涉及对于具体环境的选择或者估价，对于自己的社会身份的认识，以及对于社会交际方式的确定，等等。中国境内的蒙古族实行了一种我们所说的个人—社会混合型双名制或多名制。他们的命名制主要有以下四种形式。

1. 蒙古名—汉语意译蒙古名：Altan-uul，汉译名金山；Dabhar-bayar，汉译名双喜；Has-bagana，汉译名玉柱；Höh-bars[①]，汉译名青虎；Has-gerel，汉译名玉照；Nasan-urt，汉译名长寿；Düü-daguul，汉译名领弟。

2. 蒙古名—汉语音译蒙古名：Muu-nohoi，汉名毛敖海；Oyuun-gerel，汉名乌云格日勒；Bilig-baatar，汉名毕力格巴特尔；

---

[①] 由于计算机软件的限制，本书用 [ŏ] 表示蒙古语七个元音中的第六个元音；后面还将用 [ŭ] 表示第七个元音，这虽然不同于现行标准蒙古语拉丁化转写方案的相应音标，但表示的音值应该是一样的，谨此说明。

Odon-tuyaa，汉名敖登图雅；Gua，汉名高娃；Otgon-ceceg，汉名敖特根其其格。

3. 蒙古名—汉名：Ulaan-hüü，汉名云泽；Gadaa-meiren，汉名孟青山；Oyuun-gua，汉名满容；Nisne，汉名唐锐；Angcin-hüü，汉名漠南；Mandahuu，汉名白靖雯；Gardi，汉名李晶；Nasan，汉名白培珠。

4. 蒙古名—蒙汉合璧名：Altan-bürged，汉名金雄飞；Songhor，汉名张双福；Naran-bilig，汉名皇明；Baatar，汉名王巴特尔；Irincin，汉名林沉；Onon，汉名毕奥南；Cogzin，汉名乔津。

在城市里，实行双名制或者多名制的蒙古族和其他民族尤其是和汉族交往时，用自己的汉名，以适应汉族占绝大多数、主要使用汉语的社会环境；他们在医院、邮局、商店、书店、铁路等服务部门以及其他社会部门中，也多使用汉名；他们的蒙古名则主要用于家庭内部或者使用蒙古语的语言环境；他们中有些人的蒙古名已经只作为小名使用。

在传统上，汉族文人和汉化的少数民族文人，根据自己的经历和多种活动场合，实行多名制。例如，他们在著书立说、往来于学界时，常用笔名、室号；与亲朋好友交往时，多用诨名、小名；官场上多以官职相称。即便在官员卸职以后，其官名相沿不变，以示尊重。由此看来，姓名的风格意义，不仅表现在随遇而更名相称上，而且也表现在处境变而名称不变上；后者体现的是时差下的匀质的记忆，表示称呼者对于被称呼者往日经历的认同及其情感上的互相沟通。这类风格意义的阐释，取决于特定的文化规则，取决于称呼者和被称呼者之间的互动，取决于他们对于民间知识的运用，有时也取决于一时的社会或者个人的需要。姓名的风格意义，归根结底，产生于具有不同身份、地位和处境的人所进行的社会实践及其阐释。姓名的风格意义的基础，是表现在认知、解释和定义中的社会关系，包括个人与社会、主我与客我的关系。任何对于姓名风格意义的认知、解释和定义，都要涉及特定的社会风俗、特定的社会活动、特定的社会结构，以及建筑在它们之上的社会分类系统。命名既是利他行为，也是利己行为，即命名的目的是在方便交际、维持社会文化的基础上，一方面使自己易于为人所知，另一方面也使自己易于知道别人。姓名风格意义的解释和不同名字的选取，最终要在交际中实现，社会交际和社会实践，是决定姓名风格的首要因素。

## 四 姓名的情绪意义

姓名的情绪意义，是一种个体在社会制约下，借助命名行为的、相对自由的心理表达，因而它主要表达和抒发命名者的情感。在这里，被命名者是被动的或者是非自主的，他只作为"社会材料"，参与了体现为社会实践的命名仪式的构筑。在命名过程中，姓名符号的意义，由命名者根据特定的社会风俗和文化规则来解释。根据杰夫里·M. 怀特（Geoffrey M. White）对于情感的见解[1]，一种由特定的文化习俗构成的情感对话，即交流，具有将对立的情感转变为团结的情感的功能，他将此功能称为"化解"（disentangliing）。[2] 在命名仪式中体现的情感意义，常常具有直接地化解个人情感冲突和隐喻地化解社会结构性冲突的作用。毫无疑问，我们所说的命名仪式表达情感

---

[1] Geoffrey M. White, "Moral Discourse and the Rhetoric of Emotions", in Caterine A. Lutz and Lila Abu-Lughod (eds.), *Language and the Politics of Emotion*, Cambridge: Cambridge University Press, 1990.

[2] 怀特认为，含蓄的语言能够化解争执并在此过程中形成对有关事件的具体看法。社会公认的道德和情感模型，使说者能够表达自己的感情，描写自己的行为和心理，而把有关的其他人隐去不提。这样做有助于群体团结，而在倾诉中情感失衡得到补偿，行为有误者也隐喻性地受到谴责。参见 Geoffrey M. White, "Moral Discourse and the Rhetoric of Emotions".

意义，化解某些冲突的功能，是对于怀特模型的引申和变通，与后者不尽相同。命名者通过命名活动，借助人名在被命名者身上"抒发"与"宣泄"自己的情感，化解自己的某种情感冲突，乃至危机。在中国近代史上，明清两朝的更替，在一些汉族前朝臣民和遗老遗少的心中，造成心理危机与情感冲突，"苟且偷生"、"忍辱负重"与"杀身成仁"、"尽忠守节"、"不事蛮主"的矛盾，使他们给自己取"仇满名"，以此自我安慰。① 朝代的存替，导致情感冲突和社会结构冲突，而这些冲突至少是在部分上，或者是在隐喻意义上，通过新的命名，得到缓解或者化解。前面我们曾经提到皮南人的"从死者名制"：在孩子死后，从子名成为从死者名，取名如"长子死了"；而在下一个孩子出生时，又转用一个新的从子名。与此并行，若一个孩子的兄弟姐妹都活着，他就保持本名；而一旦在这些兄弟姐妹中有人死去，他就转用从死者名："兄/姐（弟/妹）死了"。在下一个弟弟或者妹妹出生时，从死者名又被本名代替。这种从名制度的轮替，化解了因生死事件可能带来的隐喻的结构性冲突：孩子的出生，一方面表示了生命的轮回，另一方面标志了父母开始启用从子名制，即交替性"社会记忆"的启动；而中止从子名制，则标志了兄弟姐妹恢复本名和停用从死者名，亦即"结构性失忆"。既然新生儿的名字被用来构成父母的从子名，那么，父母就在这个特定意义和形式上"占用"了它，并把它纳入他们自己的名称系统。因而最后出生者的名字，也就因为被父母"占用"而与兄弟姐妹系列分开了，导致原有人名系统的失衡；在这种人名系统失衡的状态下，其他兄弟姐妹既不能通过这个新出生者，也不能通过他们的亡兄或亡姐的名字确定自己（既然他不再受"死亡支配"，那么似乎是受"生命支配"，即需要转向另一种人名系统），他们只能恢复他们自己的名字。最近的"生"否定了过去的

---

① 具体的例子我们将在其他章节讨论。

"死",人们开始建立或者恢复对于"生"的记忆,形成对于"死"的忘却,化解了由生死事件造成的情感冲突和结构冲突。命名活动在形式上是独白,即它在表面上是命名者的自我表达;但是,它在隐喻上是对话,即命名者的独白可以转换成为社会对话,是个人与群体、个人与其他人交流的间接表达。一方面,命名者本人是特定社会和文化的产物;另一方面,无可否认,他也是在认知、理解、解释和实践社会和文化的过程中,自我造就的结果。这样,他的种种物质和精神特征,就是社会对话、自我对话、社会实践和心理实践的产物。姓名的情绪意义产生于命名者在命名过程中,在名字上注入的各种感情因素,其中最常出现的是愤世嫉俗、远大抱负、复仇、爱慕、恐惧等心态。人类从自然界的解脱,以其社会属性的增加和越来越受到异化力量控制为基本代价。人类个体既是社会的一员,也是社会的对立面:作为个人,他具有丰富的情感,倾向于以自我为中心;作为社会成员,他要克制情感,服从理性,认同群体和国家。人类个体始终处在这样的矛盾之中。在许多人类学家和民族学家研究的社会中,命名活动也正是直接、间接地表现了化解这些矛盾的努力。莫里斯(Charles Morris)指出[1],通过指号自身的产生方式和种类,可以提供指号生产者本身状态的一些信号。同样,情感一方面可以被意谓,即被指称和描述;另一方面,可以通过其由以产生的各种不同方式,来表达指号生产者的情感。不过,"情感"的意谓,并不一定就是情感过程,就如"人们可以正确地理解一首赞美狗的诗的意谓,而他们本人却并不喜欢狗,在读这首诗的时候并不感情激动,或者甚至并不把这首诗看作是意谓它的作者喜欢狗"[2]。这一点,对于命名者和被命名者也是如此。命名者在命名过程中所采用的表达情感的词汇,并不一定涉及被

---

[1] 〔美〕C. W. 莫里斯:《指号、语言和行为》,罗兰、周易译,上海人民出版社,1989,第83页。

[2] 同上书,第83页。

命名者本人的态度。① 命名行为毕竟是一种使用语言的行为,即语用行为;语用行为本身的符号意义,与语言材料的固有所指,并不完全是一回事。语言材料的所指可以是比较固定的;但是,对于语言材料的灵活运用,即在不同情景下,对它们的不同选择和多种组合,就形成了超越或者相反于语言材料的原有的所指意义。这是对语言材料的二次加工。

## 五 姓名的反射意义和搭配意义

姓名的反射意义和搭配意义,具有互补特点:前者指在同一语言材料中,联想其不同意谓,即从同一语言材料联想其他不同的意义和所指;后者指在同一语境或者类似语境下,对可以出现的不同语言材料的联想。这种反射意义—搭配意义的对立,与索绪尔组合—聚合的概念图式②不无关联,但也并非完全重合:姓名的反射意义产生于不

---

① 也许命名者的自我命名,是一个例外:他在命名过程中,确实表达了我们在直觉意义上的自我情感。然而,倘若仔细推敲,我们就会发现,即便在自我命名中,也有一个"主我"和"客我"的对立,因而,从严格意义上说,命名表达的是"主我"和"客我"对话的结果,即并非完全是我们所理解的那种个人表达。

② "组合"(syntagmatic relation)在索绪尔的《普通语言学教程》中,指以语言的线性特征为基础的词的排列关系,又译为"横组合关系";它总是由两个或两个以上的几个连续单位组成。"聚合"(paradigmatic relation),又称"纵聚合关系"。聚合是一种联想关系(association),它指在话语之外,某些有共同点的词会在人的记忆里集合起来,形成有各种关系的词汇群。组合关系是现场的,以连续单位的构成长度为特征;而聚合关系是不在场的,它把非实际出现的单位组成记忆系列。若从严格的语言学定义出发,那么,在一个句子里,一个词与其他词有组合关系,与可在本句中替换它的词有聚合关系。例如:
I↔gave↔Tracy↔the↔book(我给了特雷西那本书)
　|
passed(传给)
　|　　　　　　　　　　↔ = 组合关系
handed(递给)　　　　　| = 聚合关系
　|
threw(扔给)
参见〔英〕杰克·理查兹等编著《朗曼语言学词典》,刘润清等译,山西教育出版社,1992,第329页;〔瑞士〕索绪尔著《普通语言学教程》,高名凯译,商务印书馆,1982,第170~171页。

同层面、不同语境的意义联想，而组合—聚合概念则要求相对一致的层面和语境；姓名的搭配意义则与索绪尔的聚合概念接近，但前者的使用范围和意义单位，比后者要大得多。姓名的反射意义主要在不同的语用层次上产生：第一层是词语本义；第二层是词语本义的专名化；第三层是根据专名所有者的社会活动及其社会评价，对于专名的再认知和再定义。例如，"雷锋"本来是一个普通的姓名，但是，在后来由于他的社会活动及其政府与社会评价，这个名字已经超出了它的专名意义，超出了其语言材料的第一层和第二层意义。在语词本义的层次上，"雷"和"锋"字大致有如下含义：

雷　　（一）léi《广韵》鲁回切，平灰来。微部。

1. 由带异性电的两块云互相接近时，因放电而发出的强大声音。

2. 比喻迅疾。

3. 一种爆炸性的武器。

4. 通"罍"。古酒器名。

5. 汉侯国名。

6. 雷州的简称。

7. 姓。

（二）lèi《集韵》卢对切，去对来。

1. 通"礌"。古代作战时从高处推下石头，以打击敌人。

2. 击鼓。也作"攂"、"擂"。①

锋　　fēng《广韵》敷容切，平钟敷。东部。

---

① 汉语大字典编辑委员会：《汉语大字典》第六卷，四川辞书出版社、湖北辞书出版社，1989，第4060页。

1. 刀、剑等兵器的尖端。
2. 器物的尖端。
3. 军队的前列。
4. 锐势；势头。
5. 尖锐；锐利。
6. 古农具。
7. 用锋翻地。
8. 地球物理学名词。性质不同的两种气团的狭窄过渡区域。
9. 喻成群。①

"雷"与"锋"在词典中已有释义，似乎确定；当它们组合起来表示一个人名时，其所指更加确定；但是，在它们初次被用于命名时，相对于以后的社会环境和个人经历来说，其意义却又是不确定的。在一定的时间差之后，被命名为"雷锋"的这个人，通过自己的社会活动及其社会评价，不断为这个名字注入新含义。这些新含义在积累到一定程度后，这个名字逐渐演化成类名或者"准公名"，不仅仅是原有意义上的个人名字。毛泽东于1963年发出"向雷锋同志学习"的号召，雷锋的名字已经成为一个时代特征的象征，成为"全心全意为人民服务"、"助人为乐"等道德风尚的缩写。雷锋的名字加入"王杰"、"焦裕禄"、"石传祥"等分类系统中，增加了"爱憎分明"、"艰苦朴素"等含义。同样，"毛泽东"也不再仅仅是一个普通的人名，而是增附了"周恩来"、"朱德"、"刘少奇"等搭配意义的类名。与此相应，"毛泽东思想"也不能从字面上单纯理解为他本人的思想，它也是"老一辈革命家的集体智慧"。

---

① 汉语大字典编辑委员会：《汉语大字典》第六卷，第4210~4211页。

## 第三节　姓名与社会分类

### 一　社会如何分类？

法国社会人类学家爱弥尔·涂尔干和马塞尔·莫斯合著《原始分类》①，认为"人类心灵是从不加分别的状态中发展出来的"，分类观念是一部历史和史前史。他们举出澳洲人、祖尼人、苏人和中国人的例证，强调事物的分类"再现了人的分类"②。也就是说，人类最初的分类是根据自己的社会分类尤其是亲属分类，来对自然万物进行分类；分类也不是人类心智所固有和内生的能力，而是首先基于最熟悉的亲属关系而后天习得的。

> 我们把同一属的各个种说成是由亲属关系联系起来的；我们把某种类别称之为"族"（family）；另外，属（genre）这个词本身原本指的不就是一个亲属（γένος）群体吗？这些事实使我们得出这样的推断：分类图式不是抽象理解的自发产物，而是某一过程的结果，而这个过程是由各种各样的外来因素组成的。③

他们指出，如果从一个侧面说图腾制度是依据自然事物（相关的图腾物种）把人们分成氏族群体，那么，反过来讲，图腾制度也是按照社会群体对自然事物的分类。④ 弗雷泽认为人类依据事先已存在的食物分类来划分出氏族，涂尔干和莫斯反其道而行之，认为人类根据

---

① 〔法〕爱弥尔·涂尔干、马塞尔·莫斯：《原始分类》，汲喆译，上海人民出版社，2000。
② 同上书，第12页。
③ 同上书，第8页。
④ 同上书，第16页。

氏族分类来给自然界分类。① 此外，涂尔干和莫斯还把观念和分类的起源归于情感，"纯粹知性的法则"不会给分类提供依据，分类的对象也不是概念；"事实上，对于那些所谓的原始人来说，一种食物并不是单纯的知识客体，而首先对应的是一种特定的情感态度。"②

尼达姆（Rodney Needham）在肯定涂尔干和莫斯在历史、方法和理论上的重大贡献的同时，也尖锐地批评他们关于社会分类决定符号分类的观点，也批评了他们关于分类的演化序列（如二分先于四分，四分先于八分，等等）。③ 尼达姆在为《原始分类》写的导言中指出：首先，各地的民族志材料并不能支持符号分类源于社会分类的观点；恰恰相反，这些民族志材料都能证明这两种分类往往是不一致的。其次，涂尔干和莫斯把符号分类看作概念的堆砌，属于认知的内容，不涉及认知的能力，换一句话说，符号分类是后天习得的，不是内在的先天能力。但是，尼达姆指出，如果没有人类先天具有的对于空间和时间的认知能力，那么符号分类是不可想象的。尼达姆还认为，人类各种符号分类系统最终符合二元图式。④

涂尔干和莫斯有专章提到中国古代文化中的分类体系，如东青龙、南朱雀、西白虎、北玄武、罗盘八分、金木水火土五行、天干地支和二十四节气等，时空万物、脾性色味共同构成"混杂"符号系统。⑤ 尼达姆用中国古代的这种"混杂"符号分类系统，以其矛攻其盾，反驳符号体系"循序渐进"的演化观，认为：

> 一个社会并不一定非得使用单一的分类模式，而且，在采用两种或更多种分类模式的社会中，即使它们是可以相互还原的，

---

① 同上书，第89页。
② 同上书，第92页。
③ 同上书，第96~141页。
④ 同上书，第121~122页。
⑤ 同上书，第73~78页。

这也并不意味着每一种分类就一定代表着社会范畴的发展过程中的一个历史阶段。①

尼达姆在《符号分类》一书中援引涂尔干的观点说，符号不仅突出象征对象的重要性，还会体现价值，凝聚感情。② 他在书中描述了二分、三分、四分、五分、七分、九分的民族志个案，但是，人类为什么要分类？首先，人类必须要根据意义的重要性排序进行分类，其中涉及实用性，也涉及符号性，如美洲的米沃克人（Miwok），"水"男只能娶"土"女，不能娶"水"女，"水"和"土"的对立也扩展到"男"和"女"，有某种任意性。③ 此外，符号分类也反映了人类对于自然界拟测和想象的倾向，也和权利和义务挂钩，还偶用于临场发挥。④ 在符号分类理论中，除了涂尔干和莫斯的社会决定论，还有霍卡特（A. M. Hocart）的仪式起源说：首先，政府是社会行动的偶然结果，并非必需；那些不具备政府的"简单社会"能够履行所有政府职能，斐济人就是典型的例子，他们不需要我们所理解的政府。那么，在这类政府职能出现之前，这个社会有什么样的组织功能？答案是仪式，即探索生活的符号意义。其次，仪式的作用就是把甲等同于乙，如果不能通过 B 作用于 A，就不存在仪式。⑤

尼达姆和涂尔干、莫斯之间的分歧也反映了人文社会科学中长期存在的"内""外"之争，即人类的认知从何而来，是先天的还是后天的，是"内在的"还是"社会的"。尽管尼达姆在《原始分类》导言中指出列维-斯特劳斯受到涂尔干和莫斯的影响，但列维-斯特劳

---

① 同上书，第 106 页。
② Rodney Needham, *Symbolic Classification*, Santa Monica, California: Goodyear Publishing Company, Inc. , 1979, p. 5.
③ Rodney Needham, *Symbolic Classification*, pp. 17 – 19.
④ Ibid. , pp. 19 – 23.
⑤ Ibid. , pp. 27 – 28.

斯的结构主义思想却和他们的核心观点（即人对自然的分类起源于对社会的分类）有所不同，认为人类的认知能力来自无意识的"深层结构"或心智"语法"，它潜在于心灵而非社会，与生俱来。涂尔干和莫斯认为社会认知先于个体认知，而列维-斯特劳斯认为个体认知先于集体认知。持心智论观点的古迪纳夫和施奈德都认为意义来自人类心智而非外部世界，内在于人类心智；持社会论观点的格尔茨则认为意义来自公共领域，外在于人类心智。

尼达姆还在《符号分类》中列举了"关系常量"（relational constants）：对立，如左右、阴阳；过渡，如范根内普（Arnold van Gennep）的过渡仪式；礼物的符号意义。①

人对于客观外界的分类既有对于人类自身的社会分类的根据，也有对于诸如"空间"与"时间"之类的先天认知的基础；既有对于群体的分类根据，也有对于个人身体的认知基础。社会、文化、自然、概念的分类是一个互动的综合过程，从普遍意义上说，很难有哪一个分类系统会占据优势。不过，从相对意义上说，在具体文化中确实存在基于某种"特质"或者"物象"的分类优势。谢莉·奥尔特纳（Sherry Ortner）引戈弗雷·林哈特（Godfrey Lienhardt）在《神性与经验》②中对于苏丹南部丁卡人以牛分类的讨论，指出牛为丁卡人对于自己经验的认知和分类提供了细致入微的概念范畴，牛的颜色分类被投射到周围世界，从亮度到浓淡都和"牛色"难以分割，离开"牛色"词语，他们就无法描述自己的色觉经验。③

人类姓氏是重要的符号分类，所谓"姓以别婚姻，氏以明贵贱"，说的是"人以群分"。同时，个人名也有区分个体的作用。不过，在

---

① Rodney Needham, *Symbolic Classification*, pp. 30–35.
② Godfrey Lienhardt, *Divinity and Experience*, Oxford: Clarendon Press, 1961.
③ Sherry B. Ortner, "On Key Symbols", *American Anthropologist*, Volume 75, Issue 5, October, 1973.

许多民族志个案中,"群名"和"个人名"并不容易区分,它们总是交融在一起,难分彼此,尤其是亲属称谓也常常起到名字的作用。根据民族志记载,在许多社会中人们用亲属称谓代替个人名来面对面地彼此称呼,如"爸爸"、"舅舅"。

前文曾提到,北美印第安人易洛魁部落有专门看管氏族名字的人,负责掌握这些名字是否合用;澳大利亚维克门坎人的专名从图腾得来,属于神圣的密传知识,也属于习俗、仪式和禁律等事象,用来称谓的亲属词将二者结合起来。神圣的名字和世俗的名字并存于这个系统内,这些名字包括专名,也包括图腾名。

在中国传统上的宗法制度中,名字是重要的符号分类系统。个人名中的辈行用字把整个宗族联系起来,远远超出个人名的意义。春秋时代,取名用伯、仲、叔、季来排行;唐宋时期家谱和族谱出现,字辈开始盛行。兄弟排行以出生年月为序,辈分排行在出生之前就已经排定。1774年,乾隆皇帝为孔子后裔确定了30个辈分字:

希言公彦承　弘闻贞尚行　兴毓传承广
昭宪庆繁祥　令德维垂佑　钦绍念显扬

1920年,衍圣公孔令贻又增加了20个辈分字:

建道敦安定　懋修肇益常　欲文焕景瑞　永锡世绪昌[①]

亲子连名制和从子名制,也以"某某爹"、"爹某某"、"某某娘"、"某某爷"之类的形式,顶针续麻,把个人名和家族名连成一体。姓名的组合,也表现了从个体引申到群体、由项到类,或者相反,由群体意

---

[①] 冯舒、丁菲、殷丽:《中国姓名学全书》,新疆青少年出版社,1998,第45页。

指个体、由类到项，这样一种辩证关系。社会成员因为有了姓氏，而在群体符号和类符号的系统中，具有特定位置，产生符号意义上的归属和认同，而姓的拥有者毕竟要落实到个人，他们彼此之间也要通过符号，来区分地位、身份和义务。这就是公名和私名的重要作用：在一定的群体或者类别内，区分个体或者项。同时，在使用同一语言的区域内，私名容易重复，往往会出现并非属于同一宗室的同名者。这时，与私名连用的姓，就起到了辨私名、别个体的作用。例如，人名中的"张晓义"与"李晓义"、卡罗莱·汉弗雷与卡罗莱·霍兰，等等。

但是，姓的本义和功能，毕竟在于指类而非指项，只是在它与私名组合之后，方才派生出上述的区分个体的作用。

## 二　人名分类与社会管理

再重复一遍，姓名是符号系统，也是分类系统。人名的分类系统服务于社会管理。社会管理者制定姓名的标准形式，以姓名分类体现社会分类，通过姓名分类方便社会治理。在国民社会，姓名标准化是体现国家统一的行政格局、方便交际、增强国家意识的手段之一；它也是推广标准化的官方语言和文字的一个相关部分。在许多非工业化社会，姓名是重要的社会资源，可以做分配和再分配；命名过程是对被命名者进行社会结构归类的过程，也是重复有关社会分层的记忆的过程和社会再教育的过程。如列维-斯特劳斯在《野性的思维》中所言，人名在民族学家和人类学家调查的土著社会中，有两种极端类型：在一种情况下，名字是标识，它规定被命名者属于社会集团中的某一单元，拥有地位（statut）系统中的"生身地位"（statut natal）；在另一种情况下，名字是命名者个人的自由创造，是临场的即兴发挥。"但不管在哪种情况下我们是否能说命名者确是在命名呢？选择似乎只发生于通过为某人制定一个类而识别他，或者假借着给他命名，实则通过他来识别自己这两种活动之间。因此，他根本没有命名：他在为另一个人归类，如果名字是借助另一人的特性给予他的话；或者他为自己归类，如果他自认为无需遵守某规则，而是'自由地'为另一人命名的话，所谓'自由地'，实际上是指凭借他本人特性之意。最通常的情况是他同时采取两种方式。"① 为他人命名，从而为他人分类，也是为自己分类：命名者总是处在与被命名者相对的位置上，他在为被命名者命名时，要具有自己相对的身份、地位，要明确自己在社会结构中的特定位置；正是从这个意义上说，命名者在为被命名者归类的时候，也是在给自己归类或者再归类。在人类文明史上，姓名系统先于个人而存在；新的生命来到世上，就需要从先在的姓名系统的词库中，由具有一定身份的人为他选字取名，为这个新人在文化系统中定位或者归类；同时，命名本身也涉及重复强调命名者以及其他社会成员的现有社会位置，或者借命名来标志其变迁，用来确定他们与被命名者的关系。所以，命名过程既是一种时间和空间意义②上的操作，也是对于社会成员的实际控制。在非洲乌干达部落的卢格巴拉人（Lugbara）中，伊由阿（Ejua）是为男双胞胎预定的名字，伊由卢阿（Ejurua）是为女双胞胎预定的名字，昂地阿（Ondia）是其母原假定不妊的男孩的名字，昂地奴阿（Ondinua）是其母原假定不妊的女孩的名字，贝林（Bileni）是存活的孩子中长子的名字。③ 就像前面提到的那样，易洛魁人的氏族名字看管者扮演重要角色，拥有知识特权，他为新生儿确定可用的"空闲名"。他代表全氏族行事，他的命名行为具有社会控制的力量。苏丹多贡人（Dogon）的命名制度非常严格，个人在社会系统中的位置，要取决于家系结构和神话模式，每个名字都要反映性别、家系、出生顺序，要反映所属兄弟姐妹

---

① 〔法〕列维－斯特劳斯：《野性的思维》，第 205 页。
② 从时间意义上说，命名关系到社会文化由过去到现在、由现在到过去的延续；从空间意义上说，对于生老病死人口姓名的重新配置，直接涉及象征意义在社会结构中的分布。
③ 〔法〕列维－斯特劳斯：《野性的思维》，第 204 页。

集团的定性结构。例如，名字要反映本人是双胞胎，反映"生了一个或者两个女孩之后得到的男孩"，反映"生了一个或者两个男孩之后得到的女孩"，反映"在两个女孩之间出生的男孩"，反映"在两个男孩之间出生的女孩"。① 在某些非工业化社会中，相对于入族礼的各个阶段上的命名制度，也属于有效的社会控制手段。据哈特（Hart）报道②，杜丹皮尔地区的澳大利亚部落为新入族者规定有九个名字，分别与入族礼过程中经历的拔牙、割包皮、祭礼放血仪式相对应；而靠澳大利亚北部的梅尔维尔和巴瑟斯特岛的提维人（Tiwi），按等级给新入族者规定专有人名：15 岁到 20 岁之间的男子有七种名字；10 岁到 21 岁之间的女子也有七种名字。

连名制是一种典型的家族和社会控制形式。举中国唐代彝族统治者南诏家族的谱系为例：

金龙—龙独罗—罗盛—盛罗皮—皮罗阁—阁罗凤—凤加异—异牟寻—寻阁劝—劝龙晟—晟丰佑

一方面，对于研究者来说，这种父子连名制"可以帮助从体质和语言两个方面来断定这个民族里许多分支的亲属关系"，并且可以解决历史上一些"悬而未决的族属问题"；另一方面，对于无文字民族，家族的历代人名"有了这种顶针续麻式的连名制便容易背诵得多了；其次因为容易记忆，每个人便可以把他祖先的名字从始祖到自己都记在心里，借此可以知道凡是能推溯到同一始祖的，都是同族的人，并且从这承先启后的链索，还可以分出世次，像汉人宗谱里的字派一

---

① 〔法〕迪特林（G. Dieterlen）：《（法属苏丹）多贡人的亲属关系和婚姻》，《非洲》1956 年第 26 卷第 2 期。转引自〔法〕列维－斯特劳斯《野性的思维》，第 215 页。
② 〔澳〕哈特：《提维人的人名》，《大洋洲》1930 年第 1 卷第 3 期。转引自列维－斯特劳斯《野性的思维》，第 215～216 页。

样，这在种姓的辨别上是很关重要的"①。

在资本主义社会，劳动异化反映了劳动资料和劳动成果的占有及其分配的严重不均，反映了少数人与多数人之间的两极分化乃至对抗；而姓名则一般地表现为方便交际的工具，但是，它仍然不可避免地带有某种强制意味，这种隐喻性强制的表现之一，是国家政府对于个人身份证、护照以及其他各种证件上用名的规范要求。在工业化、信息化的现代社会，姓名已经成为人的替代物，在极端的情况下，甚至成了人本身。现代化的检索系统，把具体的个人异化为字母和符号：人一旦被命名，他就在某种意义上失去了对它的控制；作为个人社会化的代价，社会"占有"了他的名字，虽然他是名字的所有者。在电子时代，一个人的姓名完全可以超越传统社会的狭小界域，传向世界的各个角落；姓名已经拥有了一个前所未有的空间。以现代化排版印刷系统为标志，多媒体和其他现代技术不仅在空间上，而且在时间上空前地延伸了社会记忆和个人记忆；人类姓名以空前的数量出现在报纸、杂志、广播、电影、电视等媒体上，又以某种公认的标准被排列在联系洪荒远古与无限未来的时间轴上：姓名已经拥有了一个前所未有的时间。正是在这样的背景下，适应标准化、集约化、系统化、全球化和现代化的需求，信息成为主要生产力，进入市场，成为可以进行规模性控制和利用的商品；包括姓名在内的符号已经代替它们所指称的具体对象，逐渐占据和扩大人们原来从面对面社会继承下来的操作空间；符号化的人正在代替具体的人；集中控制正在代替"具体情况具体分析"，法律正在代替感情。作为广义符号一部分的姓名，在现代工业化社会中，正在经历另一种"异化"。然而，我们所主要讨论的姓名异化现象，毕竟还是典型地表现在前资本主义社会或者某些非工业化社会。

---

① 罗常培：《语言与文化》，语文出版社，1989，附录1。

## 三 姓以别婚姻，氏以明贵贱

郑樵《通志·氏族略序》提出姓以别婚姻，氏以明贵贱，氏同姓不同者可通婚，姓同氏不同者不可通婚。汉族的姓名史也是分类史。早在司马迁记载的黄帝时代就已经出现姓与名，姓和氏为"公名"，名和号为"私名"。"公名"属于典型的社会分类体系，它不仅要辨明"血统"和地位，也要指涉相应的社会权利和义务。血亲复仇、同族相助、父业子继，如此等等，都和姓氏联系在一起。更为重要的是，在汉族的传统社会中，最高统治者的家姓就是国姓，百官和百姓要在这样的家国体系中"各得其所"、"各明其位"，不可僭越，他们的姓氏随之加入这个以国姓为顶端的金字塔式符号系统中来，推动家族主义和国家政治水乳交融。所谓"君君、臣臣、父父、子子"，"师徒如父子"、"爱民如子"、"衣食父母"，乃至"国家"、"家国"、"祖国"等，无不反映这一特点：在符号意义上，家族对于民族国家（nation）意识的形成有重要作用，它们是一脉相承的；民族国家是在家族符号结构、家族符号资本的基础上形成的超族群政治—文化体。[1] 姓作为母系社会实体，后演化为家族符号；氏作为政治与地缘群体，后来演化成为虚化的符号；最后，姓与氏合流，统称"姓氏"。姓氏由分到合，由实到虚，忠实记载了古代家族政治和国家政治的合流过程，形成深厚的历史记忆。在中国封建王朝时代，王族家姓作为国姓的地位，皇帝对于臣下赐姓、赐名的特权，臣民对于皇上姓名的禁忌等，是以姓名辨明贵贱的政治分类，是家姓因政治化而脱离血统的活态写照。

在中国汉族和一些少数民族中，其功能表现为修族谱、定亲疏、明义务、传家教、授祖训的排名制，是社会分类的符号资本。名门望

---

[1] 纳日碧力戈：《民族与民族概念再辨正》，《民族研究》1995年第3期。

族尤其重视修撰族谱，依照齿序、德行、性别等标准，对家族成员进行分类，对他们的行为进行规范，维护祖先的道德权威，使家运永昌。当人们把修族谱的原则运用到编撰社会和国家的姓氏汇编时，它就具有了更大范围、更为持久的社会控制力量，也成为统治者争夺社会控制权和社会资本的象征形式。632年，唐太宗诏令以高士廉为首的几个大臣编撰一部全国望族谱系；当皇帝看到山东（今河北、河南、山东一带）"四姓"之一、崔民干的氏族高居第一位，而皇族只居第三位时，不禁勃然大怒，命令重新编撰。结果，重修的《贞观氏族志》把皇族和最高级的官员排在第一位，高祖和太宗的母族排在第二位，崔民干的氏族列在第三位。632年编修的《贞观氏族志》对全国大姓分等排列，武则天皇后的家族因为在当时社会地位较低，而未能列入。为此，高宗于659年下诏另编撰一部200卷的《姓氏录》，武则天和其他皇妃的家族，自然归入第一等级中。其时，入谱者为士族，未入谱者为庶族；士族因其血统"高贵"得以世代做官，自恃清高；士庶之别以族谱为据，"诈冒资荫"之事便时有发生，尤其是儒生在参加科举时，往往诈冒姓氏。唐太宗曾为此敕令诈冒者自首，违者处以极刑。在唐末战乱中衰落的缙绅家族，把朝廷颁发的证明其官爵、后世可据以自称士族的"告敕"出卖给他族，使买者得以假冒望族姓氏，谋求利益。后唐庄宗（923～925年）时，有一次对应考儒生的告敕进行调查，发现1200多人中竟有9/10涂改告敕；明宗长兴初（930年），鸿胪卿柳膺将两件祖先文书卖给他人，大理寺（相当于最高法院）判其死刑。幸得皇上干预，才幸免于死，改判免官、罚铜、终身不得为士人。

　　在中国历史上，王朝统治者每以改姓、削名、追谥，表现其对社会的控制。南朝齐武帝（483～493年）时，巴东王萧子响叛乱，兵败身死后，被削属籍（即登载皇族成员的玉牒），改氏为蛸。隋炀帝大业九年（613年），贵族杨玄感乘农民起义率兵造反，兵败身亡，敕令改其姓为枭。唐垂拱四年（688年），太宗子越王与长子李冲起兵，企图复辟李唐。事败后，武则天诏令削其属籍，改其氏为"虺"。但是，到唐玄宗时，越王贞获正名，谥号"敬"。武则天为了在杀害她的几个异母弟兄以后，有人能继承她父亲的头衔，将自己姐姐的儿子贺兰敏之的姓改为"武"。古代中国的皇家讳名制度，也反映了王朝控制社会的权威：姓名符号成为等级标志，其中一些是皇家的专用符号，苍头黎民不可僭越使用。秦代籍氏改姓席氏，以避西楚霸王项羽字讳籍；汉代渝氏改姓喻氏，以避汉景帝皇后字讳阿渝；三国东吴皇帝孙权父名坚，吴人为避讳同音，读"甄"为"真"（"甄"原读"坚"）。唐人修史时，以三种方式避讳唐高祖李渊及其父李虎的名字：（1）同名者称字，如《晋书》公孙渊称公孙文懿、刘渊称刘元海、褚渊称褚彦回、石虎称石季龙；（2）删去所犯之字，如《梁书》萧渊明改称萧明、萧渊藻改称萧藻，《陈书》韩擒虎称韩擒；（3）以文义改易其字，以其他猛兽代称虎或依次类推，如李叔虎称李叔彪、殷渊源称殷深源、陶渊明称陶泉明、魏广阳王渊称广阳王深。①中国历代追谥先祖不过两三代，但在北魏王朝却无限制。道武帝拓跋珪于386年建国登基后，追尊二十八帝以谥号如表1-2所示。②

表1-2 二十八帝谥号

| 受追谥者<br>（力微以下十四帝）③ | 谥 号 | 受追谥者<br>（力微以上十四帝） | 谥 号 |
| --- | --- | --- | --- |
| 力 微 | 神元皇帝 | 毛 | 成 帝 |
| 沙漠汗 | 文 帝 | 贷 | 节 帝 |
| 悉 鹿 | 章 帝 | 观 | 庄 帝 |
| 绰 | 平 帝 | 楼 | 明 帝 |

---

① （清）赵翼：《廿二史札记》，中国书店出版社，1987，第108页。
② 根据（清）赵翼《廿二史札记》，第185页。
③ 包括平文帝时护驾身亡的太子实。

续表

| 受追谥者<br>（力微以下十四帝） | 谥　号 | 受追谥者<br>（力微以上十四帝） | 谥　号 |
|---|---|---|---|
| 弗 | 思　帝 | 越 | 安　帝 |
| 禄　官 | 昭　帝 | 推寅 | 宣　帝 |
| 猗㐌 | 桓　帝 | 利 | 景　帝 |
| 猗　卢 | 穆　帝 | 俟 | 元　帝 |
| 郁　律 | 太祖平文帝 | 肆 | 和　帝 |
| 贺 | 惠　帝 | 机 | 定　帝 |
| 纥　那 | 炀　帝 | 盖 | 僖　帝 |
| 翳　槐 | 烈　帝 | 侩 | 威　帝 |
| 什翼犍 | 昭　成　帝 | 邻 | 献　帝 |
| 实 | 献　明　帝 | 诘汾 | 圣武帝 |

按照汉族的传统习俗，新出生者须由长辈取名，本名前冠有历世不变的家姓，名字中还要有排行字，人名用字不能犯忌；复杂的命名规则统辖了严格的长幼尊卑的人际关系，维持了稳定的姓名分类系统，最终也帮助巩固了整个社会分类系统。姓族区分血统，辨别婚姻，同时也关涉血统婚姻的权利和义务。实义的氏是间接通过姓族，直接依据身份贵贱来划定的地位集团，它后来发展成为"明贵贱"的标志，并在丧失这一功能后，与符号化的姓合一，彼此混言不分。先是同姓不婚，因为姓在起初是实在的血缘集团；后来出现了同姓婚娶的现象，因为这时姓已经成为虚化的符号，并不一定和家族血缘一致，"因生赐姓"的原则，也不再那么严格。姓与氏在后来的发展中，成为典型的"符号资本"，导致姓氏虚化的原因，是生产力突破家族界限，生产关系与家族关系发生重组，社会动荡和人口迁徙等事件，造成原有地缘关系的破坏。姓与氏从最初的"分工"，到后来的合一，是社会分类逐渐脱离血缘分类，与地缘和业缘结合的过程，当然也是血缘和地缘不再严格对立的过程。古代中国实行的以国为氏、以谥为氏、以官为氏、以居地为氏、以事为氏等命名习俗，都表现了社会分

类的泛化。帝王赐姓制与臣民的避讳改名，是文字异化借人名表现出的极端形式，也表现了姓名分类的政治化和复杂化，其背后是社会发展和社会政治的复杂化。人类创造了语言文字，创造了用语言文字材料构成的姓名，并把人与人的关系"固化"在语言文字和姓名中，使语言文字具备了超语言文字本体的社会意义。在此基础上，姓名产生了"外化"与"异化"的现象。人类创造的姓名越复杂，他们社会选择的余地就越小；他们创造的姓名越多，他们在心理上与自然沟通的能力就越小；他们越想自由地创造姓名，社会规则和政治制度，就显得越专制。人类原始信仰的破坏，生产力的提高，活动范围的扩大，知识的丰富，从而理性的增长，都以越来越多的规章制度、越来越严重的政府控制、越来越强大的自我克制等为代价。正如马克思所说的劳动对象对于工人的异化现象："工人生产得越多，他能够消费的越少；他创造价值越多，他自己越没有价值、越低贱；工人的产品越完美，工人自己越畸形；工人创造的对象越文明，工人自己越野蛮；劳动越有力量，工人越无力；劳动越机巧，工人越愚钝，越成为自然界的奴隶。"[1] 不过，姓名的异化毕竟是一种广义的异化，与劳动的异化尚有很大不同，它们在时代上是有差别的。姓名的异化主要表现在前工业化时代，或者非工业化社会。既然它属于精神异化范畴，那么，它就具有与自己对应的社会生产的基础，即它受到不同时代生产发展程度的制约。

## 第四节 姓名形式有限性与意义无限性

姓名使用的语言材料及其组合构成姓名形式。姓名形式是有限的，而来自社会的姓名意义却是无限的。

---

[1] 《马克思恩格斯全集》第42卷，人民出版社，1979，第92页。

# 一 语言规则和社会习俗对姓名形式的制约

姓名形式是语言材料的组合，要符合特定的语言规则和社会习俗。姓与名的前后顺序、父子连名的顺序，其原生形态取决于相对语言中名词性修饰语相对于它所修饰的中心词的前后位置，而其次生形态则往往受到种种社会因素的制约，有时偏离原生形态，甚至面目全非。在姓名形式中，仅举连名制为例，就有父子连名、母子连名、夫妻连名、舅甥连名、祖孙连名、父（母）从子名、从死者名，等等。在汉字文化圈中，一个人除姓、名、字外，还有别号、室名、谥号、美称，等等。例如，中国五代时期大诗人杨凝式，他生于873年，为癸巳年，因此自号"癸巳人"；北宋石介，其故里在今山东泰安，曾在家乡徂徕山下讲学，故称"徂徕先生"；宋代文学家欧阳修曾任滁州知州，常与客饮，自号醉翁，晚年信佛，又号称"六一居士"；南宋词人辛弃疾常言"人生在勤，当以力田为先"，故有"稼轩"的室名，亦为其别号，称辛稼轩；另有清人林则徐，谥文忠；左宗棠，谥文襄；等等。[1] 汉族传统上的男女人名[2]在音义上有区别，如女名用字通常有以下八类：

  1. 女性字：娘、女、姐、姑、姬、媛、婷、娜；
  2. 花鸟字：花、华、英、梅、桃、莲、凤、燕；
  3. 闺物字：秀、阁、钗、钏、纨、香、黛；
  4. 粉艳字：美、丽、倩、素、青、翠；
  5. 柔景字：月、湄、波、云、雪、雯、春、夏；

---

[1] 张联芳主编《外国人的姓名》，第67~69页。
[2] 徐一青、张鹤仙：《姓名趣谈》，上海文艺出版社，1987，第82~83页。

6. 珍宝字：玉、珊、琼、瑛；

7. 柔情字：爱、惠、喜、怡；

8. 女德字：淑、娴、静、巧、慧。

汉族传统上的男名，则多取英武博大之词，表抱负者如赵济世、钱柱国；表志愿者如孙景贤、李慕圣；表操守者如周宗廉、吴清风；愿长生不老者如郑彭寿、王龟龄；愿升官发财者如冯介官、陈财旺；表博大者如卫长空、沈万里、魏高山；表与众不同者如秦不同、直不疑；等等。

综观世界上各民族的姓名形式，它们的确丰富多彩，变化繁多，但其数量毕竟有限，这是因为构成姓名的语言材料及其组合方式有限，人类交际中也追求经济省力。任何语言的语音音素都是有限的：在有文字的语言中可以用字母表示音素，例如英文的26个字母、俄文的33个字母（其中两个不发音）、蒙古文的29个字母、藏文的30个字母（另有4个元音符号）、景颇文的38个字母。[①] 同样，任何语言的语法规则和词典中词汇的义项，也是有限的，"孤立语"有"孤立语"的语法要求，"屈折语"有"屈折语"的语法要求。俄语的人名中的父名部分用"ov/ev"的所属格形式，法语的姓氏部分前用"de"，英语用"s"表示"某人之子"（例如 Richards = Richardson，Atkins = Atkinson）。人们在交流的时候，能简单就简单，能省力就省力，尤其是在亲人和熟人之间，简短的昵称和绰号常常代替了"尊姓大名"。现在的网络语言，商家把顾客称作"亲"，"亲"取代了"亲爱的顾客"，有英语"dear"的借用，追求新潮，也有迅速拉近距离

---

① 美国人汉森（Hansen）为传教方便，在缅甸八莫景颇族地区，为景颇话设计了拉丁字母拼写方案，有46个单字母和复字母；40年代减到38个；50年代中国民族语文工作者对原有景颇文进行了改进，新方案共有字母23个，声母40个，韵母39个。参见徐悉艰《景颇文》，载中国社会科学院民族研究所、国家民族事务委员会文化宣传司编《中国少数民族文字》，中国藏学出版社，1991。

的情感效用。用汉语拼写外国人的名字，不仅字数多，念起来也拗口，国人就用缩减的办法来称呼那些名字比较长的明星人物，例如把葡萄牙足球队的克里斯蒂亚诺·罗纳尔多（Cristiano Ronaldo）简称为"C罗"，把摩纳哥足球队的詹姆斯·罗德里格斯（James Rodriguez）简称为"J罗"，2000~2002年中国队的洋教练博拉·米卢蒂诺维奇（Bora Milutinovic）是原南斯拉夫人，简称"米卢"，2006~2008年中国国奥队的洋教练是塞尔维亚人拉托米尔·杜伊科维奇（Ratomir Dujkovic），简称"杜伊"。

  姓名的形式虽然有限，但是姓名的意义却是无限的。姓名离开环境无意义，离开运用也无意义；运用把环境和姓名结合起来。姓名必须与其所指者的社会角色和社会活动相结合，才有意义。在那些不发达的土著社会中，普遍流行着因事命名的习俗，其中包括在不同的人生阶段，授予不同的名字；人生阶段是以各种事件划分的，而这些名字似乎也就构成了这些社会中人生阶段的标记或者"缩写"。人类活动为姓名提供了丰富的语义库，而人类活动的无限性，也就规定了姓名社会意义的无限性。婴儿诞生之时，即要接受新名或者重新启用的旧名；他在参加为他举行的成丁礼时，要再次接受命名；他在加入秘密会社时，还要接受命名。用有限的形式来表述无限的意义的过程，贯穿了整体化与非整体化、个体与群体之间的辩证统一关系。在美洲加利福尼亚的米沃克人（Miwok）中，流行世界万物一体、人物相通的图腾观念；他们并不直接用图腾命名，而是用描述图腾的行为或者状态的动词或形容词词干来组成人名：基于动词郝苏斯（hausu-s）的名称郝苏（Hausu）和郝初（Hauchu），分别表示"熊醒时打哈欠和鲑鱼露水面时张口"；进行命名的老人会告诉别人名字意指的动物，被命名者及其亲朋好友知道这些名字的含义，而"来自其他地区的一个米沃克人就不能断定这些名称究竟是指一头熊、一条鲑呢，还是指其他十二种动物之一"①。在上述社会中，部分用来区分个体的人名，出自图腾动物的行为或者状态，因而具有多样性、无限性的倾向；但是，这个社会所拥有的图腾动物以及命名规则却是统一的，为社会成员所共同遵守，并形成区别于其他群体的特征，因而又具有单一性、有限性的意蕴。"现在我只着重指出，系统的相对不确定性，至少潜在地，与重整体化阶段相等：专有名称是通过使物种非整体化和通过抽取物种的某一局部方面而构成的。但由于专门强调抽取作用而使作为此抽取对象的物种成为不确定的，这就暗示一切抽取作用（因此也就是一切命名活动）都具有某种共同性。人们预先断定在差异性深处可推测出某种统一性。也是根据这种观点，个人名称的动力关系来自我们一直在分析的分类系统。它是由同类型的一些方法组成的，而且其方向也是类似的。"② 居住在中国西南边陲的傣族，保持着历时性的多重人名制，即一个人从出生到成人，需要用许多不同的名字，来标志不同的人生阶段和人生事象。根据传统③，傣族平民人家有了孩子以后，男孩称为"岩×"，女孩称为"玉×"；贵族的新生子称为"召×"，意为"主"或者"官"；贵族的新生女称为"喃×"，意为"小姐"、"公主"。傣族乳名有叫"章"字的，"章"字本义"秤，过秤"。孩子出生后即称体重，再取一块与孩子体重相当的盐巴祭鬼，以避免灾祸，求孩子平安长大。按照旧俗，傣童长到八九岁时，要入寺当和尚，一年以后废弃乳名，以僧名代之。若有入寺者还俗，则取还俗名代替僧名，平民在乳名前加"迈"字，意为"新"，表示本人已经入过佛寺；当过五级"督龙"（大佛爷、住持、长老）者，其还俗名不连乳名，称"康朗龙"；当过六级"祜巴"还俗者，称为"康

---

① A. L. Kroeber（克娄伯）:《加利福尼亚印第安人手册》,《美国人种学会社第 78 期通报》, 华盛顿, 1925。转引自〔法〕列维－斯特劳斯著《野性的思维》, 第 198 页。
② 〔法〕列维－斯特劳斯:《野性的思维》, 第 199 页。
③ 岩三:《傣族》, 载张联芳主编《中国人的姓名》。

朗挺"。傣族传统的从子名制也很发达，亲名随子名而变。若长子叫岩温，则父名"波岩温"，其中"波"为"父亲"的意思；母名"咪岩温"，"咪"为"母亲"的意思。平民还要根据长子社会地位和职业的变化，相应改变名字。例如，长子原来叫"岩应"，父名"波岩应"，母名"咪岩应"；在长子入寺得僧名"帕运达"后，则父名变为"波帕运达"，母名为"咪帕运达"。在此基础上，又发展出从孙名制，这是因为，子随孙名，父随子名，止于祖随孙名。如果说，傣族人名的多样性，恰恰表明了傣族基于小乘佛教之上的族群文化机制的统一性，那么，散见于世界其他地方的"叙事性命名"制，同样也表现了类似的对立统一的规律：用多样性寓指统一性，用族内普遍性寓指族外独特性。北美印第安易洛魁人，似乎在氏族名称之外，还有一个特别的人名系统①：他们的名字多用动词加合成名词或者名词后缀形容词组成，例如"在天中央"、"他擎天"、"天外天"、"垂挂的花"、"美丽的花"、"超过花"、"他带来一些消息"、"他承认失败"、"他承认胜利"、"她在家中干活"、"她有两个丈夫"、"两河汇聚处"、"十字路口"等。这些名字主要涉及技术或经济活动、战争与和平、自然现象与天体现象等。居住在非洲乌干达的一个部落卢格巴拉人（Lugbara），通过为幼儿命名寓指婚姻集团之间的结构对立。这些名字多数（约3/4）描述父母某一方的行为或者性格："犯懒"，暗示父母懒惰；"在啤酒杯里"，暗示父亲是酒鬼；"不给"，暗示母亲给她丈夫做的饭很差；等等。其他名字则暗示族内成员的新近死亡，或者描述孩子的特征。这些名字多数贬义地描述父亲甚至母亲（尽管主要由母亲取名），暗示父母一方或者双方的疏忽、道德问题、社会地位低下、物质匮乏；在孩子的名字里，母亲被描绘成女巫、通奸者、无亲友者、穷光蛋和挨饿者。"卢格巴拉人说，这类名字一般不是由母

---

① 〔法〕列维－斯特劳斯：《野性的思维》，第201页。

亲选的而是由祖母（父亲的母亲）选的。由婚姻联结起来的两血族之间潜在的对立说明，母亲通过给婆家儿子取一个羞辱其父亲的名字的办法来为自己在婆家受到的两族对立之害进行报复。它也说明，由很强的感情纽带与孙辈联系在一起的祖母也对称地表示了她对自己儿子的妻子的敌意（米德坦）。然而这种解释似乎未必使人满意，因为正如引证这一资料的作者所说的，祖母也来自另一血族，自己过去也处于和儿媳相同的地位。"[1] 实际上，上述特殊的人名系列与氏族图腾名系列，在美洲印第安霍皮人（Hopi）那里，形成了一种对立统一体，在氏族图腾名系列中，"我所具有的名字不是与用作我所属氏族名祖的动植物的某一形状有关，而是与用作我的命名者的氏族名祖的动植物的某一形状有关"[2]；在上述特殊的人名系列中，命名似乎具有某种任意性，被命名者因为在客观上具备了某种条件（其他人也可能具备这种条件），被赋予这样的名字，它常常表示一种暂时的精神状态。图腾氏族名与非图腾氏族名构成两种对立的极端类型：一方面，作为识别标志的名字，按照既定规则为被命名者做结构上的归位，确定其社会地位；另一方面，名字是命名者的个人自由创造，他通过为别人命名来表达他一时的主观想法。"选择似乎只发生于通过为某人指定一个类而识别他，或者假借着给他命名，实则通过他来识别自己这两种活动之间。因此，他根本没在命名：他在为另一个人归类，如果他自认为无需遵守某规则，而是'自由地'为另一人命名的话，所谓'自由地'，实际上是指凭借他本人之意。最通常的情况是他同时采取两种方式。"[3] 与这样的命名制度相类似，在昆士兰瑟堡地区澳大利亚部落中，每一个人都有三个名字：第一个与被命名者的图腾地方有关，另外两个，图腾所属关系要转到母系，与父亲的图腾有关。这样

---

[1] 〔法〕列维–斯特劳斯：《野性的思维》，第203页。
[2] 同上书，第204页。
[3] 同上书，第205页。

一来，一个以负鼠为个人图腾的女人，有一个名字叫"布梯巴鲁"（Butilbaru），意为某一具体的干河床；她还有另外两个取自父亲所属图腾的名字（例如"鸸鹋"），意为"鸸鹋摇头晃脑"和"老鸸鹋踱来踱去"；一个父亲的图腾为负鼠的儿子，一个名字叫"卡林戈"（Karingo，"一口小泉"），一个名字叫"门迪斑布"（Myndibambu，"胸脯撕裂的负鼠"），最后一个名字是"门华格拉"（Mynwhagala，"上树下树的负鼠"），等等。[①]

## 二 命名与社会记忆

命名制度是社会记忆的一个重要形式，它通过命名者、被命名者、仪式参加者在特定情景下的互动，建立、确定或者复制某种记忆，加强认同，增进凝聚。"具体说到社会记忆，我们也许注意到，过去的形象通常使现存社会秩序合法化。这是一个隐含的规则，即任何社会秩序的参与者，都必须预设一个共同的记忆。"[②] 在前面涉及的诸命名制度中，都包含稳定的命名形式和由环境和事件决定的丰富意义；命名形式和命名意义之间的结构关系要靠社会实践及其记忆确定。在诸如上述美洲印第安霍皮人的例子中，特殊的人名系列与氏族图腾名系列，形成了一种对立统一体：虽然命名活动的社会机制在于社会结构中为个人归类，但是在不同的事件和情景中产生的不同需要，会要求该命名对立统一体中的某一方面被突出和强化，成为社会记忆的对象，而另一方面则被抑制和弱化，形成"结构性失忆"。社会记忆或者集体记忆和结构性失忆构成一个对立统

---

[①] C. Tennant Kelly（吉利）:《昆士兰瑟堡居留地的部族》,《大洋洲》1935 年第 5 卷第 4 期。转引自〔法〕列维-斯特劳斯《野性的思维》，第 204 页脚注。

[②] Paul Connerton, *How Societies Remember*, Cambridge: Cambridge University Press, 1989, p. 3.

第一章 总 论

一体。① 成为符号的命名和阐释随着时间和空间的变化而变化，一组事物可以被重新命名，而事物本身并没有发生变化；相反，事物已经发生变化，而事物的名称却并没有变化。② 事物、人物及其名称的变异，在某种程度上也表现了"事实"与价值的关系及其变异。凯尔文（Kelvin）指出，"事实"和价值镶嵌在社团的历史中；二者都会发生

---

① 最早研究集体记忆的是 Maurice Halbwachs（1877－1945）。他认为，人类的记忆是集体社会行为，每一种集体记忆都有其相应的社会群体和由此社会群体提供的架构，人类的记忆要与此架构相符。社会群体为了强化凝聚，以文物、仪式、文字一类的媒介来重复强调此集体记忆（Maurice Halbwachs, *On Collective Memory*, ed. & trans. by Lewis A. Coser, Chicago：The University of Chicago Press, 1992）。80 年代以来，集体记忆研究有了新的发展，其焦点包括：集体记忆如何被重复强化，用来维系社会群体的凝聚力［Eric Hobsbawn & Terence Ranger（eds.）, *The Invention of Tradition*, Cambridge：Cambridge Unviersity Press, 1983；Michael Billig, "Collective Memory, Ideology and the British Royal Family", in David Middleton & Derek Edwards（eds.）, *Collective Remembering*, London：Sage Publications, 1990］；如何创造或者重组传统，使之适应社会变迁［Barry Schwartz, "The Reconstruction of Abraham Lincoln", in David Middleton & Derek Edwards（eds.）, *Collective Remembering*, London：Sage Publications, 1990；James Fentress & Chris Wickham, *Social Memory*, Oxford：Blackwell Publishers, 1992］；如何通过收集、组织和安排文物和图像来强化集体记忆［Barry Schwartz, "The Social Context of Commemoratin：A Study in Collective Memory", *Social Forces* 61：374－402；Alan Radley, "Artifacts, Memory and a Sense of the Past", in David Middleton & Derek Edwards（eds.）, *Collective Remembering*, London：Sage Publications, 1990］。"结构性失忆"是人类学的研究主体之一。英国人类学家格利弗（P. H. Gulliver）于 50 年代在非洲杰（Jie）族中观察到这样一个现象：为了凝聚群体并作出相应的解释，同一个家庭内的两代人对本家族史的记忆互有差距。例如，父亲的家族史记忆中的远亲，在儿子的记忆里却由于遗忘了一些祖先而成为近亲，因为当时这位亲戚与这个儿子的家庭同在一个游牧单位中，他们彼此互认为近亲。格氏称此为"结构性失忆"。他指出，父亲的记忆不能影响现实，而在父亲死后，儿子的说法将成为"正史"，因为它最适于当前的群体关系（P. H. Gulliver, *The Family Herds：A Study of Two Pastoral Tribes in East Africa, the Jie and Turkana*, London：Routledge & Kegan Paul LTD., 1955）。在此之前，埃文斯－普里查德（Evans-Pritchard）也指出，努尔人（Nuer）的实际谱系与他们认为真实的谱系之间常常存在差距；将某些祖先放在家谱中的重要位置，而忘记另一些祖先，这是家族发展与群体关系再整合的通则［E. E. Evans-Pritchard, *The Nuer*, Oxford：Oxford University Press, 1940（1969）］。有关介绍请参阅王明珂《过去、集体记忆与族群认同：台湾的族群经验》，载"中央研究院"近代史研究所编《认同与国家》，"中央研究院"近代史研究所，1994。

② S. A. Tyler, "Introduction", in S. A. Tyler（ed.）, *Cognitive Anthropology*, New York：Hdt, Rinehart and Winston, 1969, p. 7.

变化，价值可以成为常识性的事实，而一些事实变成了价值。① 举法国人名 Jean Dupont 和 Jean Durand 为例，在与之相关的姓名结构中，这两个姓名中的第二个词项表示类，第一个词项表示个体，这是在大量统计学事实上形成的"价值"。但是，如果我们沿着时间维回溯，在 Jean 出生之前，Dupont 和 Durand 表示的却是个体，他们相应的父名才是类的标志。然而，在结构的制约下，我们似乎只关注代表个体和类的符号的结构位置，而并不考虑它们所指称者在结构之外的生活史。但是，在结构之外，在特定的历史环境、具体的社会活动、社会事件中，我们又会关注个人的命名过程，关注在命名过程中贯穿的文化意义，关注"名正言顺"的问题，这又体现了结构性失忆在不同层面上，根据不同社会和个人需要而发生的作用，以及在这个过程中价值与事实的互相转化。

辛亥革命的领导人孙中山有几十个名字，记录了他复杂的人生经历：幼名"帝象"，学名"孙文"，17 岁时自号"日新"，表达追求进步的抱负；1884 年入基督教改号"逸仙"（"日新"的粤语谐音），后来针砭时弊，鼓吹反清，自称"洪秀全第二"；在反清斗争中，为了隐蔽身份，使用过"陈文"、"杜嘉诺"、"高达生"、"高野长雄"等名。② 孙中山有一次在日本投宿旅店，在场的日本朋友平山周在登记簿上写了日本姓氏"中山"，孙中山又在后面加上"樵"字，从此自称"山野樵夫"，这也是"孙中山"一名的由来。③

已故剑桥大学族群与种族研究员苏珊·本森（Susan Benson）引

---

① P. Kelvin, *The Bases of Social Behaviour: An Approach in Terms of Order and Value*, London: Holt, Rinehart and Winston, 1969; also George Gaskell and Colin Fraser, "The Social Psychological Study of Widespread Beliefs", in Colin Fraser and George Gaskell (eds.), *The Social Psychological Study of Widespread Beliefs*, Oxford: Clarendon Press, 1990, p. 12.
② 何晓明：《中国姓名史》，武汉大学出版社，2012，第 3 页。
③ 同上。

第一章 总　论

用一段学界逸事，指出姓名对于姓名持有者社会记忆的深远影响。[①]
1999 年 4 月密歇根州立大学召开了一场有关"21 世纪美国种族问题"的会议，会上有两位学者发生激烈争论。Manning Marable 提到非裔美国人在过去和现在所遭受的罕见压迫，Dinesh D'Souza 则认为美国的种族不平等被夸大了，非裔美国人需要自强自立。Manning Marable 为了说明问题，就以自己的姓名为例。他的姓氏 Manning 来自曾祖，曾祖是奴隶，9 岁时就被主人卖给一个叫 Marable 的人，而把他卖给别人的那位主人正是他的生身父亲。曾祖姓了主人的姓，原来的骨肉关联被遮蔽，家族的根系被割断，孤零零地，一切都要重新开始。无独有偶，Benson 也说自己的父名原本不是 Benson，而是 Browne。父亲于 1910 年或者 1912 年出生于扎里亚，是本地殖民官员 George Sinclair Browne 和一位富拉尼少女的私生子。父亲 7 岁时就离开母亲到传教士那里受教育，然后到拉各斯，进入那里的寄宿学校，最后在英国读大学。父亲始终拒绝使用他那位英格兰父亲的名字，宁可用一位非洲范特人（Fante）职员（Paa Gabriel Ashford Benson）的姓 Benson——这位范特人职员是他和他那位英格兰父亲之间的联络人。不过，需要指出的是，当时殖民官员和本地女性的私生子是没有生存空间的，这样的事情只能被遮蔽起来，就权当没有发生过。即便在当代，德里达提到"专名政治"（politics of the proper name）依然重要：一方面，姓名把个人分门别类地划入不同的继嗣共同体；另一方面，这样的继嗣共同体并非取决于血统，而是取决于政治。在美国，黑奴解放带来换名运动，被解放的奴隶丢掉奴隶名，换用白人名，从姓名上成为"正常人"。但是，近半个世纪以来，非裔美国人的姓名开始和白人姓名

---

[①] Susan Benson, "Injurious Names: Naming, Disavowal, and Recuperation in Contexts of Slavery and Emancipation", in Gabriele vom Bruck and Barbara Bodenhorn (eds.), *The Anthropology of Names and Naming*, pp. 178–181.

有了差别,既有创新的意愿,也有重新认同非洲和穆斯林姓名的追求。[1]

## 三 姓名形式的时空坐标

由姓名的语言材料构成的表层形式,及其所指的个人、社会、概念和意义,都有各自历时和共时的维度,姓名形式的时空坐标来自所指对象时空坐标的"投射",二者虽然不完全重合,却具有结构意义上的一致性。社会实践和反思,把姓名形式的时空坐标和所指对象的时空坐标联系起来,使这两个坐标体系互相对话和交流,形成特定的文化取向。从一般意义出发,时间和空间融为一体,难分彼此。但是,为了具体分析方便,可以将时间和空间暂时区分开来,把运动看作时间,把结构看作空间。一方面,抽象的时间和空间具有无限性;另一方面,具体的时间和空间要落实到形物之上。姓名所指的个人或者社会,既存在于特定的时空,也参与显现这个时空。人类个体的物质生命是有限的,但它可以通过姓名符号而遗留在后世的记忆中。姓名在某些社会里是集体财产,属于典型的"符号资本"(symbolic capital)[2],其意义并不在于物质的个人,而在于个人的集体抽象,在于社会活动中体现的文化意义和社会规则。值得一提的是,海通(D. E. Hajtun)在其所著《图腾崇拜》一书[3]中提出,图腾名(例如"虎")的承有人与真正的图腾动物无任何共同的东西,因而,他同意

---

[1] Susan Benson, "Injurious Names: Naming, Disavowal, and Recuperation in Contexts of Slavery and Emancipation", in Gabriele vom Bruck and Barbara Bodenhorn (eds.), *The Anthropology of Names and Naming*, pp. 178-181.

[2] Pierre Bourdieu, *Outline of a Theory of Practice*, trans. by Richard Nice, Cambridge: Cambridge Unversity Press, 1977; *Language and Symbolic Power*, trans. by Gino Raymond and Matthew Adamson, Cambridge: Polity Press, 1991.

[3] 〔苏〕海通:《图腾崇拜》,何星亮译,上海文艺出版社,1993。

托卡列夫的观点，即在选择一种具体动物时，起作用的是偶然性。[①]显然，他是在唯经济论的影响下，忽视和误解了图腾、图腾名与土著社会之间的复杂的互动关系。首先，图腾名的承有人可能在直观上与图腾动物没有联系，甚至没有任何共同点，但是，只须进一步分析就可以知道，图腾名的真正拥有者并非一个人，而是一个群体；具有图腾名并接受膜拜的祖先，往往是集体凝聚的核心，而对图腾动物的选择，需要抽取有关意义场的义素，加以符号化处理，其间充满丰富的推理和换喻过程。虎的勇猛、鹰的自由等，都是命名的根据，都可以成为维特根斯坦式的"部分关联"，体现某种与指号理论有关的"标指逻辑"。即便在现代发达社会中，这种人名选择方式仍有很多遗迹，如"命名取义"的命名规则。其次，即便在"原始社会"中，经济基础也并非单方面地向人的思维和概念"做功"，包括图腾观念在内的人类思维形式，也会反作用于经济基础，这是人区别于动物的主观能动性的积极表现；人类对劳动工具的制造，本身也正是思维和物质的结合过程，片面割裂两者的联系，违反辩证法，也不符合事实。

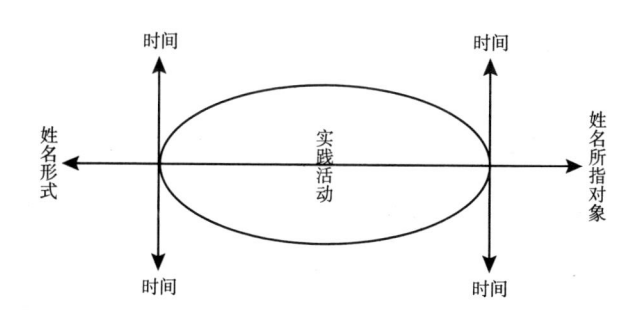

图 1-1　命名过程

---

① 〔苏〕C. A. 托卡列夫、C. P. 托尔斯托夫主编《澳大利亚和大洋洲各民族》，莫斯科，1956，第 226 页；另见〔苏〕海通《图腾崇拜》，第 215 页。

## 四　姓名与社会的结构关系

姓名形式有限而意义无限，这并不意味着意义就是杂乱无章的，处于无序的状态。客观外界在我们认知上所反映出来的结构性，决定了我们对于客观外界的思维方式和摹写的有序性；同时，我们的思维能力与摹写自然的能力的培养，也是按照先人的经验和文化积淀而得到的，并由此"间接地亲知"自然界。姓名结构与社会结构交汇成为姓名—社会结构，这三者的结构关系互相之间多有重合，使姓名与社会紧密地联系在一起。

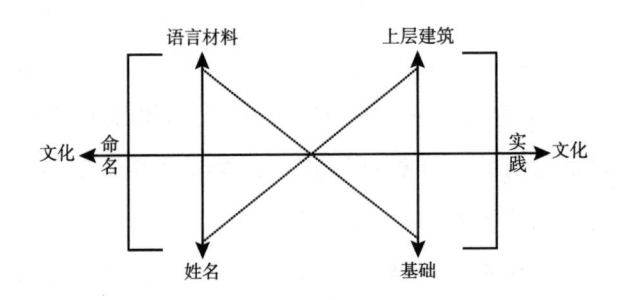

**图1-2　命名结构**

命名是由语言材料变为姓名的过程，中间要通过文化的"过滤"；而基础到上层建筑的联系，又是通过实践来实现的，它同样需要文化的"过滤"。任何思想观念形式，只有在与具体环境结合后才能显效，具体环境检验思想观念。马克思承认，艺术等为代表的文化内容不直接受基础与上层建筑的制约[①]，文化的发展有自己相对独立走向，它有超越政治断代史和经济兴衰史的时间和空间格局，用时髦的人类学术语说，它是社会"语法"，是社会规则，是认知模式。同时，与文化轴线相交叉，语言材料与基础之间、姓名与上层建筑之间，存在隐

---

① Tom Bottomore ed., *A Dictionary of Marxist Thought*, Second edition, Cambridge: Basil Blackwell, 1991, p. 46.

喻关系①，即姓名的发展和变化，通过文化与上层建筑发生符号象征关系；基础的运动轨迹，也会通过文化在语言材料尤其是语义—词汇中留下记忆。这样，姓名—文化—语言材料结构和上层建筑—文化—基础结构，通过文化，通过姓名与上层建筑、语言材料与基础之间的隐喻关系，以及文化对于双方的同轴关系，共同组成一个大结构。这个大结构的形式有限、组合有序，但是其产生的意义，却因人类社会的发展变化而无限丰富。可以说，命名过程就是一个皮尔士指号过程，涉及征象、对象、释象以及象似、标指、象征的交互涉指过程。②

姓名意义的无限性，还可以从两个方面理解。首先，在姓名表达的类概念（如氏族名、图腾名、姓氏）中，这些类项所表达的意义，由于社会的变迁、历史的发展和环境的不同而有所变化，尽管其意义曾经是相对稳定的。这方面的典型例子，是中国古代姓与氏的合流过程。中国先秦赐姓制度与汉唐赐姓制度，具有本质上的不同，代表了姓之古义与今义的不同和演变；换一句话说，先秦赐姓制度与汉唐赐姓制度，分别代表了姓氏并存与姓氏合流的两个阶段。据杨希枚先生

---

① 隐喻（metaphor）原为修辞术语，指用表示物体、现象或概念的词或短语代替另一种，暗示它们之间的相似之处。隐喻主要表示两个主题之间的系统寓指关系；两个主题之间的隐喻关系通过一个主题特征集（set）对另一个主题特征集的选择、强调、抑制和重组来实现。在特定环境下，一个主题引导听者（hearer）联想第二个主题的某些特征，使他构筑相应于前者的平行暗示结（implication-complex），同时引起后者的平行变化。马兰达（Maranda）用"集合"来解释隐喻和转喻：设 A 为第一集合，a 为它的成分之一；B 为第二集合，b 为它的成分之一，则 a/A 和 b/B 构成转喻关系。类推式 a/A = b/B 构成隐喻 a = b 和 A = B 的底层。例如，在"桌腿"一语中，A 集合包括人或动物，成分 a 是腿；B 集合包括桌子，于是，公式 a/A = x/B 中的 x 则为（动物的）"腿"。集合 A 和 B 由于都包含站立物而发生联系。从这个角度说，这些集合互成隐喻关系，而每个集合中的成分互成转喻关系。参见 Janet L. Dolgin, David S. Kemnitzer, and David M. Schneider（eds.）, *Symbolic Anthropology*, New York: Columbia University Press, 1977, "Introduction", p. 25。另见 Thomas A. Sebeok（ed.）, *Encyclopedic Dictionary of Semiotics*, Tom 1, Mouton de Gruyter, 1986, pp. 534 - 549。

② 关于皮尔士三元论或者三性论的较详细介绍，参见纳日碧力戈《从皮尔士三性到形气神三元：指号过程管窥》，《西北民族研究》2012 年第 1 期。

考证①，先秦赐姓制度指"授民"（赐民、赐族属）与当时的"胙土"、"命氏"，同属封建制度三要素，其内容为分民、裂土和建国的分封制，对王公同姓子弟及异姓功臣的赐姓制，以及得姓者保留原姓族并具有实际内容的双轨制。及至汉唐，对于王族的姓名赐予，仅限于异姓功臣，受姓者改从王室族名，属虚化的符号。在今天的许多发达民族中，姓氏仅成为个人及其所出家族的专名，丧失了往日指实的通名意义，人们按照经济利益或其他非血缘利益划分集团；虽然同姓，但因血缘不同而通婚，虽为异姓，但因血缘相同而不通婚，这类现象是现在比较常见的。改姓换氏，随父从母，顾忌不似从前。其次，个人名的获取，在姓氏或者"类名"先定的前提下，亦有相当的自由。公名数量少而私名数量多，公名与社会组织联系，而私名与个人活动联系。个人活动，尤其是个人心理活动，造成了私名选择的不确定性。正是个人私名获取的不确定性，和个人公名（类名）获取的前定性或者确定性，使群体与个人、主观与客观，通过对个人的命名活动而有机结合起来，达致辩证统一的境界。

## 第五节　姓名研究的分类体系

目前，中国大陆上的姓名研究，尚未形成民族学—人类学意义上的理论体系。但是，基于民间知识的分类系统却已经有多年历史，例如以姓、名、讳名、排名、连名、绰号、姓氏考源等为类别的研究体系。不过，这类研究多以介绍知识、描写现象、追溯族源、猎奇以及种种实用主义追求为主旨，还不能把自己完全纳入现代社会科学的景观之中。

中国古代的姓名分类，多根据当时、当朝的社会礼俗，是政治文

---

① 杨希枚：《先秦赐姓制度理论的商榷》，《中央研究院历史语言研究所集刊》1955年第26辑。

化和家族文化象征结构的组成部分。萧遥天认为，这种命名法"是一种由专制制度、宗法制度的主者制定的，这是主观的命名法。凭其主观做准绳，叫大家都跟从，符合标准的便合法，便算文雅；不合标准的便不合法，也斥为鄙俗"①。《左传》所载申的命名五法六规，就是典型例证。他所说的命名五法谈道："名有五，有信、有义、有象、有假、有类。"其中第一条"以名生为信"，指以出生时所带标记为名，如传说唐叔虞出生时，手有类似"虞"字的纹理，故名，强调正统性；第二条"以德命为义"，指按照出生时的吉相命名，以表"天降命于斯人"的期待，如周文王出生时有圣瑞，周太王度其当兴，命名为"昌"；第三条"以类命为象"，指以出生时的外貌特征命名，如孔子出生时头顶凹陷，像他父母曾前往祈祷的尼丘，故得名"丘"，字仲尼；第四条"取于物为假"，指借物命名，如孔子的儿子出生时，有人送鱼，故命名为"鲤"，字"伯鱼"；第五条"取于父为类"，指取表示与父亲生日类同的名字，如鲁桓公的生日与儿子的相同，故儿子取名"同"。申的命名六规主要涉及统治者命名的禁忌，其中的第一条"不以国，以国则废名"，指国君之子不用国取名，否则会因为避讳而放弃国名；第二条"不以官，以官则费职"，指不以官命名，否则会因为避讳而更改官名；第三条"不以山川，以山川则费主"，指不以山川命名，否则会因为避讳而改变所主山川的名字；第四条"不以隐疾"，指不用隐痛疾患命名，以避不祥；第五条"不以畜牲，以畜牲则费祀"，指不以牲畜命名，否则会因为避讳而不能在祭祀活动中杀猪宰羊，导致放弃祭祀；第六条"不以器帛，以器帛为废礼"，指不以圭、璧、帛、锦、豆、彝之类的器帛命名，否则会因为避讳而不能在礼仪中使用它们，导致放弃礼仪。

---

① 张联芳主编《中国人名的研究》，国际文化出版公司，1987，第23~24页。

今人李锡厚对于汉族人名研究的分类框架①，在国内具有一定的代表性：

一、什么是姓和氏

二、姓氏的各种来源

（一）以国为氏，即以国名为姓氏

（二）以谥为氏

（三）以官为氏

（四）以爵为氏

（五）以字为氏

（六）氏于居

（七）氏于志

（八）氏于事，亦即以祖先从事的职事为姓氏

三、姓氏的演变

（一）在政治斗争中产生的姓氏

（二）避讳改姓

（三）姓随音变

（四）因故自行改姓

（五）伴随民族融合的历史进程而产生的姓氏变化

四、姓氏与门第、郡望

五、"通谱"、"认族"与"诈冒资荫"

六、名

七、字

八、小名

九、避讳

---

① 李锡厚：《汉族》，载张联芳主编《中国人的姓名》。

十、用以代替名字的其他称号

十一、女人的名字

十二、劳动人民的名字

十三、艺名

十四、僧尼道士的名字

十五、汉族姓名演变的趋势

萧遥天的《中国人名的研究》采用了纵面、横面的分类研究框架，代表了海外对于以汉族为主的中国人姓名研究的较高水平。他的主要分类框架是：

人名的纵面研究（上篇）

人名的起源

上古的名号

名字与东方图腾崇拜

古籍述殷帝王命名通例

殷帝王以天干命名

殷代命名用干支及其他

春秋的命名法与规条

周秦命字的方法

周秦命字用干支五行

春秋姓名之间加助词

汉人纯用尊老排行名字的殊格

汉代以降，新兴的排行字

汉代以降，名字新兴的美辞

汉代王莽的二名之禁

晋代以降，命字的以名加辞

魏晋六朝二名盛用之字

魏晋六朝称名喜加阿字

南北朝名字的宗教气氛

六朝唐代多名字相同

唐人一言之字的复古

唐人称呼喜标榜排行

唐代以降，命字新兴的美辞

五代人多以彦为名

宋代名字的老态

宋人喜用五行序辈

宋代以降，命字的以名省形

宋元里巷细民无正名

辽金元人名多用奴哥字

金人多加汉名

元代汉人多作蒙古名

人名的横面研究（中篇）

多名制的使用

名字的连贯

名字与姓氏的连贯

名字与声韵

字形离合的名字

回文曲义的名号

名字与字体的变化

名字与影射

名字的暗喻

名字与隐逸逃藏

姓名的假造与顶冒

名字与兄弟的排行

名字与父母的感想

名字与自己的抱负

名字与他人的期许

名字的仰慕与仿效

名字与阶级职业

名字与思想潮流

名字与宗族思想

名字的时尚性与组织性

名字的积极性与消极性

名字与征兆运遇

名字与图谶卜算

名字与梦寐

女名作法的分析

女名使用的问题

男性称郎与女性称娘

男人女名与女人男名

自号作法的分析（叙言）

自号作法的分析（上篇）　　自号超然的托身

自号作法的分析（下篇）　　自号多采的寄意

绰号的研究

尊荣的谥号

僻名与怪名

恶名与丑名

名字与印章

人名的客观研究（下篇）

名字与史事考证

姓名与读书辨伪

姓名的忘失

姓名的省略

姓名的错杂

姓名的传讹

同姓名

同名

同号异趣

后记

从语言学和社会人类学视角，构筑姓名研究理论分类框架的，是英国学者弗思（R. Firth）。[①] 他将姓名研究分为名库（Name Pool）、名框（Name Frame）和名用（Name Use）等三个部分：

一、名库

个人"专"名经常是任意性的

由事件产生的人名

作为名库的普通语言

二、名框

人名中的两性差别

按照出生顺序命名

命名中的地位因素

为社会延续而命名

从父名与从子名

为亲族记忆而命名

---

① R. Firth, "Personal Names", *LSE Quarterly*, Vol. 1, No. 3, 1987.

通过姓氏对社会分类

命名中的一些政治寓意

三、名用

命名作为社会行动

命名作为权力的行使

作为社会宣言的人名

命名的灵活性

人名的符号与神秘特征

命名过程的复杂性

  名库指可供命名者从中选择的姓名汇集；名框指姓名组合的形式；名用则表示对于具体姓名的使用。弗思的框架既照顾到姓名的结构，又照顾到姓名在社会环境下的功能性操作，从而为姓名结构注入活力，有其独到之处。不过，需要强调的是，名库可以通过名用充实、巩固、扩大、缩小，并非一成不变；而名用则以名库的存在为前提。

  从弗思姓名研究的分类框架推演，名用还可以有直述、隐喻、隐晦等内容。命名制的直述，主要表现为诸如在美洲印第安人、蒂科皮亚人（Tikopia）[①] 等族群中流行的描述式人名。这些族群具有基于对超自然力膜拜的完整文化符号体系，在社会成员面对面的互动中，体现一种社会、文化、自然的整合。历史事件、社会活动、行为规则、知识结构、文化模式等，都与人名体系圆融一体，形成充满象征的世界。蒂科皮亚人名 Fana-fakaofo-tangata（意为"炮—使—人—逃—窜"）是一个纪实的名字，它描写蒂科皮亚人在最初与欧洲人接触时，后者发射的炮火使他们惊慌失措、四处逃窜的情形。在努尔人

---

① 太平洋岛屿的土著族群。

(*Nuer*）社会中①，男女在不同的生命阶段上，根据不同的环境使用不同的名字；本名在婴儿出生时授予，而族名则从父母处继承。一道做游戏的男孩用"牛犊名"互相称呼，牛犊是由他们挤奶的母牛生的。但是，在男孩举行成丁礼后，他的父亲或者叔伯会赠给他一头公牛（或者由他阉割的小公牛）；这头被称为 Thak-gareda（"我的成丁礼之牛"）的牛，也就成了他的宠物。他从这头牛的颜色、印记分布特点、犄角形状以及其他特征，得到他的"牛名"（Cotthak）。他也可以在得到一头新牛，或者在原来那头牛死亡甚至在自己愿意时，用新名取代老名，或者二者并用。命名制的隐喻介于直述与隐晦之间，体现后两类的混合特征。汉族也有一些人名是直述式的，与时代特征融合在一起；有些人名是隐晦的，需要掌握背景才能知道其所含意义；有些属于隐喻的，与所指的现象或者事物有系统的象征关系。例如，一些出生于1949年的汉族人，取名"解放"、"建国"，纪念中国共产党的革命胜利和新中国成立；"大跃进"时期又有"跃进"、"铁汉"、"胜天"一类的人名，描述当时大炼钢铁、战天斗地的群众运动。众所周知，中国古代社会的姓名系统，与封建宗法制度息息相关，它被用来指示不同的社会地位、婚姻状况、亲属地位以及其他社会编码；姓名系统和封建社会系统，形成隐喻关系。传统上的同姓不婚、讳名改字等，既是对于封建宗法制度的隐喻，也反映了强大的社会和家族势力，对个人的控制，也反映了在相应文化系统中的位置分配规则。命名制的隐晦性往往表现为，原命名意义被世人或者后人淡忘、忽略，有时他们也因为缺乏足够的背景知识，难以了解原命名的意义。不过，在恢复命名的背景之后，仍然能够加以把握。在许多西方国家，高度工业化、商业化、个人化和信息化的社会格局，使人名倾向

---

① E. E. Evans-Pritchard, *The Position of Women in Primitive Societies and Other Essays in Social Anthropology*, London: Faber & Faber, 1965, pp. 197–204.

于注重区分个体、方便交际,起着"准号码"的作用;人名的原有意义已经变得隐晦,如民众一般并不知道或者不关心,像"大卫"(David,原意为"亲爱的"、"朋友")、"约翰"(John,原意为"耶和华是仁慈的"、"耶和华喜爱")等名字的本义,但这并不妨碍有兴趣的人去了解这些名字的语源。中国人名中,"洁"、"静"、"捷"、"竞"等是高频出现的字,其字表意义明显,似无深究的必要。但是,只要我们设法联系其命名背景,就能"破译"潜藏在底层的隐晦意义。例如,在"无产阶级文化大革命"期间,有一对居于大陆的少数民族姐妹,最初分别称为"洁"、"静",取"不与同流合污"、"出动乱而宁静"的寓意。后来,有人建议说这两个名字有"小资产阶级情调"之意,建议改成"捷"、"竞"为佳,取"敏捷进取、成功报捷"、"竞争"、"自强"的寓意,以顺应时代潮流。其隐晦意义变得昭然若揭。当然,把姓名的意义类分为"直述性"、"隐喻性"、"隐晦性",只是相对的。除了三者在横向上并立的情况外,更多的是三者在纵向上的互相转化;同时,即便在横向上被归类为"直述性"、"隐喻性"、"隐晦性"的姓名意义,其内部也会因层次的不同而产生这三种意义。有的姓名先是直述性的,在时过境迁后,又变成隐喻性的或者隐晦性的;反之亦然。

理查德·奥尔福德(Richard Alford)于1988年出版《命名与身份:命名实践的跨文化研究》(*Naming and Identity: A Cross-Cultural Study of Personal Naming Practices*)①,作者研究《人类关系区域档案》(HRAF)所提供的姓名文化和命名实践,行文遵循如下框架:

第一章 导论

---

① Richard Alford, *Naming and Identity: A Cross-Cultural Study of Personal Naming Practices*, New Haven, Connecticut: HRAF Press, 1988.

第一节　跨文化视野下的命名活动

第二节　跨文化研究的设计

第三节　美国研究的设计

第二章　初次命名的过程

第一节　命名的社会意义

第二节　命名周期

第三节　命名者

第四节　选择的技艺

第五节　命名仪式

第六节　小结

第三章　命名和自我观念：个殊和传承

第一节　人名的组成部分

第二节　人名的意义

第三节　性别类型

第四节　特殊名

第五节　重名

第六节　小结

第四章　后期命名：新出现的身份和身份转变

第一节　绰号

第二节　更名

第三节　从子名制

第四节　小结

第五章　对称和他称：固定的和可协商改变的身份

第一节　规定使用亲属称谓

第二节　讳名和避名

第三节　命名与社会脉络

第四节　小结

第六章　跨文化视野下的美国命名实践
　　　　第一节　导言
　　　　第二节　初次命名的过程
　　　　第三节　命名和自我观念
　　　　第四节　后期命名
　　　　第五节　小结

基于以上诸家的理论分类体系以及姓名系统内部分类，为了对姓名的性质和规律做进一步深入的研究，进而阐明姓名与社会—民族文化的系统联系，我们构筑和遵循了如下姓名研究的框架：

第一章　总论
　　　　第一节　姓名的所指和意义
　　　　第二节　姓名的指号性质
　　　　第三节　姓名与社会分类
　　　　第四节　姓名形式有限性与意义无限性
　　　　第五节　姓名研究的分类体系
第二章　姓名的形式和内容
　　　　第一节　姓名的形式
　　　　第二节　姓名的内容
　　　　第三节　姓名形式与内容的超民族共性
第三章　姓名的整合功能和区分功能
　　　　第一节　姓名的经济原则与强调原则
　　　　第二节　血缘的区分与整合
　　　　第三节　身份的整合与区分
　　　　第四节　社会整合中的个体区分
第四章　姓名的语言相关性辨析

第一节　姓名反映的语音、语义和形态特征
第二节　语言对于连名制模式的制约
第三节　双语制与双名制
第四节　方言、地域与姓名特点
第五节　社会语义与姓名的互动

第五章　欧美姓名研究举要
第一节　西欧姓名研究
第二节　美国姓名研究
第三节　欧美的姓名人类学研究

第六章　中国姓名研究述要
第一节　中国古代姓名观与谱牒学
第二节　连名制研究
第三节　中国二十世纪以来的姓名研究
第四节　中国姓名研究展望

　　根据这个框架，首先可以将姓名划分为形式和内容；形式指语言材料在姓名中的各种组合关系，内容指姓名所反映的社会文化意义。其次，可以将姓名的社会功能划分为区分与整合两类。其中，区分功能指姓名系统对社会和文化的分类作用，整合功能则指姓名在一定的类别内部的认同作用。群体和个人的区分与整合是互相依存的社会现象，在不同的使用环境中，可以互相转化：在群体外是区分，在群体内则是整合；在群体内是整合，但是，对于个人来说，却又是区分。在以上这两对范畴外部以及这两对范畴内部，都存在辩证统一的关系；只有把它们置于具体环境中，只有通过在这些具体环境中的具体社会实践，它们才有意义，研究者、被研究者、局外人才能捕捉到它们的意义。从另一个角度看，姓名的内容也就是姓名的表达，只是前者因处于和形式的对立关系中而不同于后者。此外，民族姓名作为民族语言的专名部分，它不能不受到相应民族语言在语音、语法、语义方面的制约；同时，它更要受到语言使用上的制约。例如，从语法上看，在亲子连名制中，亲名相对于子名的位置，最初必然取决于名词性修饰语相对于被修饰中心词的位置；从语义上看，不同时代、不同民族和不同地区的语词意义的变化，必然制约命名行为和命名过程，并反映在姓名之上；从语音上看，不同民族语言的语音特征也会自然而然地体现在民族姓名上。不同的方言，各种语言禁忌，使民族姓名表现出不同人文特点和形式特点，而双语和双名的对应，也常常见于操双语的民族和族群当中。

从总体上看，姓名的内容决定着姓名的形式，即有什么样的内容就有什么样的形式；同时，姓名的内容又取决于相应的民族文化，而姓名系统也是整个文化系统的一个组成部分。因此，可以说，民族的文化特点决定着姓名形式的特点，即我们在前面已经提到的，文化与姓名的关系，就是整体决定部分的关系。需要再一次强调的是，这里的姓名形式是在广义上使用的，它包括语音、语法、语义，以及语音、语法、语义的各种结构组合。反过来说，姓名形式也对姓名内容有制约作用。这种制约作用表现为，任何民族姓名都必须借助一定的民族语言形式；一旦人们选定某些语言形式，它们就获得一种传承性，不能被轻易改变或者放弃。在社会交际中，这些被选定的语言形式嵌入相应的文化系统中，在人们的社会实践中，随着文化的复制、演变而得到相应的复制、演变，成为社会交际体系中不可缺少的一部分。因此，姓名内容变化引起姓名形式变化，姓名形式也制约着姓名内容的表达。作为姓名系统总体景观的姓名形式与姓名内容，直接影响着姓名的区分功能与整合功能的发展变化。例如，不发达社会的性质，决定着他们的姓名内容充满自然崇拜的意蕴，其姓名形式与社会结构密切关联；他们有的对内仅以亲属相称，对外则使用数量有限的图腾名；他们的姓名具有同时表示血缘、个人、身份的笼统特征，在这当中都贯穿了区分与整合的辩证统一关系。

# 第二章
# 姓名的形式和内容

姓名的民族特点，在结构和意义上主要表现在两个方面：姓名的形式和姓名的内容。姓名形式的民族特点，一方面与相应民族语言的特点有关，即民族语言的特点制约着民族姓名形式，可以从语音、语法、语义，有时甚至可以从文字上加以考察。另一方面，还可以根据相应的文化特质、民间分类知识和各种社会运行功能来解释。姓名是社会的产物、文化的产物，它在积极反映社会内容、反映民族文化和民族历史的同时，也会在不同程度上直接、间接地受到后者的制约。姓名的内容就是符号化的社会内容、文化内容和历史内容。

## 第一节　姓名的形式

姓名的形式有多样性的特点，它不仅表现在一个民族的姓名文化内部，也表现在不同民族的姓名文化之间。姓与名的前后顺序、姓名形式的不同组合规则、排行名、数目字人名、季节命名制、生辰命名制、世代排名制和连名制等，都表现了姓名形式的多种多样。

## 一 姓名形式的多样性

姓名形式的多元必然与文化和语言的多元相应。在世界的诸多族群中，姓名形式庞杂而多变化。民族文化特点构筑了姓名的特点，姓名的特点又构成了民族文化的一部分。毋庸置疑，文化与姓名的关系，就是整体决定部分的关系。研究者对于姓名的分类，往往是他们的观察、思考和分析与被研究者对本土姓名体系解释的互动产物，是"第三种作品"[①]。一方面，研究者、被研究者、局外人，各有不同的视角；另一方面，姓名现象本身又确实丰富多彩。民族文化的多元化与姓名系统内部分类[②]的多样性、复杂性；互相平行、互相重合、互相制约。有的族群具有姓与名并用的形式；有的族群采用只用名、不称姓的形式；有的族群在内部同时采用姓名并用形式和只用名、不称姓的形式；有的族群有连名制、从名制，而其中又有许许多多的差异和变化；有的族群实行单名制，有的实行双名制，也有的实行多名制；有的族群的姓名在不同场合中保持相同的形式，有的则根据不同的场合、事件、目的，采用不同的名字。例如，彝族、佤族、景颇族、基诺族、布朗族、拉祜族、怒族和台湾原住民实行亲子连名制，傣族、德昂族、锡伯族、满族、东乡族以及其他一些民族用数字名。仅就亲子连名制而言，各族又有不同特点，如彝族、基诺族、怒族、佤族、景颇族等实行父子连名制，怒族非婚生子女与舅父连名，布朗族和拉祜族

---

[①] 人类学家在进行田野工作，撰写学术论文时，难以避免地受到自己母语文化的影响，因而带有不同程度的主观色彩。针对这样的情况，"民族科学"（ethno-science）或者"认知人类学"（cognitive anthropology）学派提出"土著观点论"，强调通过耐心细致的语义分析，真实、准确地反映研究对象的分类体系，细致描述他们的世界观。但是，一些人类学家对他们烦琐的"考据"工作提出批评，说这种试图反映本土世界观的语义分析，仍然属于研究者头脑里的产物，土著并不具有如此复杂的语义模式。当然，过分强调本土观点或者非本土观点，都是不可取的。实事求是地说，人类学家的研究工作，应当是兼顾本土观点和非本土观点的"第三种作品"。

[②] 我们姑且把它看作研究者的分类体系与被研究者的分类体系互相作用的"第三种作品"。

实行母子连名制,等等。即便在同一个民族内部,亲子连名制也各有特点:台湾原住民中的赛夏人有独连父名的父子连名制;阿美人和泰雅人有兼连父名和母名的亲子连名制,其中泰雅人偏于父子连名、阿美人偏于母子连名;布农人(布嫩人)还有连父名兼连祖名的三代连名制。[1] 如果做进一步划分,还可以根据亲名相对于子名的位置,发现有亲名前连与亲名后连两类亲子连名制;亲名前连型有彝族、景颇族、拉祜族、佤族等,亲名后连型则见于萨斯特人(赛夏人)、泰雅人和布农人等。所有这些,都表现了姓名系统内部分类的多样性和复杂性。

根据斯蒂芬·威尔逊(Stephen Wilson)的研究[2],公元前古罗马人一般实行三名制,如 Gaius Julius Caesar(凯撒)、Marcus Tullius Cicero(西塞罗)、Quintus Horatius Flaccus(弗拉库斯)。罗马三名制中的第一部分叫做 praenomen,是个人名;第二部分叫做 nomen 或者 gentilicium,标志持名者的氏族或者亲族;第三部分叫做 cognomen,是绰号或者别号,或者后来获得,或者由房支继承。[3] 西塞罗的官名更加复杂:Marcus Tullius Marci filius Cornelia Cicero,其中 Marcus 是他的父名,Cornelia 是他的部落名。这种多名制既要反映父子、祖孙关系,也要反映个人所属的部落或者选区。[4] 到了罗马帝国时代(公元前 27 年~公元 1453 年),罗马人名两极分化,占人口多数的平民使用单名,即个人名,而贵族的名字却比过去更长。自从 11 世纪开始,欧洲普遍出现双名制,先是在个人名后面增加另一个名字,久而久之,这个新增加的名字就变成了姓。在法国,贵族阶层最先使用两个名字,到 1300 年,巴黎的多数纳税人使用双名。12 世纪时苏格兰

---

[1] 杨希枚:《联名与姓氏制度的研究》,《中央研究院历史语言研究所集刊》1957 年第 28 辑。
[2] Stephen Wilson, *The Means of Naming: A Social and Cultural History of Personal Naming in Western Europe*, London and New York: Routledge, 1988.
[3] Ibid, p.4.
[4] Ibid.

低地的居民最先使用双名，爱尔兰也大致是在这个时代使用双名。在意大利，8世纪就有人使用双名，随后人数逐渐增加。欧洲的姓来源较广，可以来自绰号、个人名、地名和职业。欧洲人的第二个名字成为固定的姓，在各地区情况有所不同，但都有一个逐渐发展成形的过程。例如，11世纪时先有少数法国人有姓，主要限于南方，到14世纪时姓氏得到普及。在英国，一些诺曼贵族到1066年时已经有姓，12世纪时大地主们开始有姓，到13世纪末，城市居民基本都有了姓。意大利的情况也大致相同，先是贵族有姓，然后是城市居民。

## 二　中国少数民族的姓名形式

有学者根据姓氏的有无，将中国少数民族的姓名形式分为以下四类。

1. 有姓有名，姓先名后。采用这种形式的有回族、白族、羌族、毛南族、京族、壮族、满族、朝鲜族、布依族、广东连南瑶族、东乡族、仫佬族、仡佬族、黎族、达斡尔族、侗族、土家族、阿昌族、畲族、撒拉族、土族、保安族、水族、鄂伦春族、鄂温克族、云南永宁纳西族、锡伯族等。例如，回族人名马连良，马是姓，连良是名；满族人名爱新觉罗·溥仪，爱新觉罗是姓，溥仪是名；达斡尔族人名索其顺，索是姓，其顺是名，其中索是达斡尔姓"索多尔"的音译；云南永宁纳西族人名木差·扎石，木差是相当于汉族姓氏的家名，扎石是名。

2. 有名无姓，分为只有一个名和连名制两类。只有一个名的有傣族、蒙古族、裕固族、藏族、门巴族、布朗族、拉祜族、高山族①、普米族等。蒙古族由于有名无姓，故常在名字之前加"大"、"中"、"小"一类的词，来区别同名，如大明其克、小明

---

① 即台湾原住民。

其克。云南省布朗山上的布朗族，男子多称艾（男性专用字）某某、女子多称依（女子专用字）某某；当过佛爷还俗的，还在名字前加"康朗"二字。

3. 有姓无名：有德昂族、傈僳族、贵州台江苗族、贡山独龙族等。德昂族的名字通常由姓氏加长幼次序产生，如李老大、李老二、何老大、何老二。贡山独龙族以地名为姓，以排行为名，如"孟起"、"孟不拉"、"孟敦"，其中"孟"是地名，"起"、"不拉"、"敦"是排行，意为老大、老二、老三。

4. 连名制。实行连名制的少数民族，除俄罗斯族、广东连南瑶族、历史上的白族有姓外，其他均无姓。其连名制的类型大致可以分为：（1）"父名·本名"或者"本名·父名"；（2）"母名·本名"或者"本名·母名"；（3）"舅名·甥名"；（4）"夫名·妻名"或者"妻名·夫名"；（5）"小名·大名"；（6）"本名·父名·部落名"；（7）"本名·父名·祖名"；（8）"家族名·支名·父名·本名"；（9）"家族名·父名·母名·爱称·排行"；（10）"本名·父名·姓"。①

以上分类似多有可商榷之处。以有无姓氏来做划分标准，有些例证并不可靠，这是因为姓氏的产生有一个历史过程，有一个由实向虚的过渡，而且存在有姓不称用的现象，需要对各民族的姓氏作一番深入研究。此外，还存在对于姓的理解与定义问题，例如英语里就没有与汉语"姓"字对应的单词，只有各种组合起来的"名"（names），与汉语"姓"勉强对应的是"patronymicname"和"familyname"，意为"父名"、"父系的名字"和"家族名"。仅举上面被归入"有名无姓"类的蒙古族人名为例，传统蒙古族人名，虽然在字面上多不反映

---

① 范玉梅：《我国少数民族的人名》，《民族研究》1981年第5期。

姓氏，但这并不等于无姓。①

---

① 钱大昕先生言："三代以上，男子未有系姓于名者。汉武帝元鼎四年，封姬嘉为周子南君，此男子冠姓于名之始。"（钱大昕：《十驾斋养新录》卷十二，上海书店出版社，1983，第266页。）可见，古代中国的夏商周三代亦有此俗。此外，早在13世纪的蒙古文献中，就已经出现与姓族有关的词：obog、yasutan。Obog的另一种形式是omog，系由 - b - 与 - m - 的对转所致，符合蒙古语的音变规律；obog为突厥词omaq、omag、obaq、obag的同义同源词（符拉基米尔佐夫：《蒙古社会制度史》，刘荣焌译，中国社会科学出版社，1980，第74页脚注）。据拉施特主编《史集》载，蒙古人祖先最初遭到其他部落洗劫，只剩下两男两女，遁入山林；两男之名分别为捏古斯（Nugus）和乞颜（Kian）。而后，他们的后人形成一个单独的"斡巴黑"（aubaq）。"斡巴黑"指属于某支和某氏族的人，即相当于古代中国的"姓"。又据13世纪成书的《蒙古秘史》第11节载：

都蛙·锁豁儿 阿合亦纳 朵儿边 可兀秃 不列额。帖堆 阿塔剌 都蛙·锁豁儿 阿合亦纳 兀该 孛儿罢。都蛙·锁豁儿兀该孛鲁（黑）撒讷 豁亦讷。朵儿边 可兀惕 亦讷 朵奔·蔑儿干 阿巴 合余安 兀鲁合 兀禄 孛勒罕 朵蓝只剌周 合合察周 格周 耨兀罢。朵儿边 斡孛黑坛 孛勒周。朵儿边 亦儿坚 贴迭 孛勒罢。

译文（额尔登尼等）：

朵奔蔑儿干的哥哥，都蛙锁豁儿。有四子同住的中间。都蛙锁豁儿死了。他的四个孩儿将叔叔朵奔蔑儿干不做叔叔看，撇下了他，自分离去了，做了朵儿边姓。

文中的"斡孛黑"，即译文中的姓，也是原文旁注的对译词。与此相关的yasutan，词根为yasu-，原义"骨"，其后加指人词缀-tan，构成指称"血族"的词，表示"骨头来自父亲，肌肉受于母亲"，为共同祖先的父系血缘集团。朝鲜语的kyoroi、日语的kabane、彝语的vudu等，都有"血统"、"宗族"、"身份"的复合意义。与姓族有关的蒙古词，还有urug（兀鲁黑）、xuda两词。Urug指"后裔"、"本姓族的子孙"，相对于jad（扎惕，外族人）而言。同一兀鲁黑的人，不限于某个姓族；但凡有同宗共祖、彼此有血缘关系的人，都自认是同一兀鲁黑的成员。Xuda一词现指男亲家，xudagai指女亲家，xudagai-obog指异姓。古代蒙古社会，存在姓族外婚习惯，一个姓族的人，都要从另一个姓族婚娶，婚嫁双方互称huda（亲家）。如据《史集》载，属孛儿只斤氏的蒙哥汗的皇后忽秃黑台哈敦，出自亦乞剌思姓族，而她的祖父孛秃和父亲忽勒带，都从孛儿只斤氏姓族娶亲；斡勒思讷惕姓族的泰出娶孛儿只斤氏、成吉思汗的幼女阿勒伦为妻，他的儿子木真拜娶孛儿只斤氏姓族蒙哥汗的女儿失邻为妻，失邻死后，又续娶她的妹妹必赤合；而斡勒思讷惕姓族的月伦兀真，嫁给孛儿只斤姓族的也速该把阿秃儿，她就是成吉思汗的生母。可见，孛儿只斤姓族，与亦乞剌惕姓族、斡勒思讷惕姓族互成"忽答"关系。这足可以证明，蒙古人自古非常重视姓族血缘关系，并以此为纽带组成血族，维系群体，区分婚姻，界划牧地。蒙古人不仅有作为实体的姓族，也有后来虚化的姓族符号，即现代意义上的"姓"，只是他们中的许多人或者习惯于称名不系姓，或者由于时代久远而忘记了自己的姓氏。清代朝廷禁止满、蒙旗人效法汉人命名，并要求保持其姓氏的民族特色。奕赓《管见所及》（转引自石继昌《漫谈旗人姓名》，载《学林漫录》，中华书局，1980）载：

（转下页注）

著名史籍《蒙古秘史》①、《史集》③ 和《元史》，都记载了蒙古人以氏族、部落为名的情况，以及蒙古人的姓族，如速不台为兀良合人、雪不台为兀良罕人、拜延八都鲁为扎剌台人、速哥为怯列人、伯颜为八邻部人等。《元史》中有的地方还专门标出蒙古人的姓与名，如"特薛禅，姓孛斯忽儿"（卷一一八，第2915页）。有的蒙古人按照字义将其姓氏译成汉姓：锡拉特（黄）译成黄姓；查干（白）译成白姓；阿拉坦（金）译成金姓；明安或者明干（千）译成千姓或取其谐音"钱"。有的蒙古人取其姓氏第一音节的汉字谐音，或者近似音，作为汉姓，如孛尔只斤氏汉姓作"包"、"宝"或者"鲍"；毕力格汉姓作"毕"；奇诺斯、乞颜汉姓作"齐"或者"奇"；克烈汉姓作"何"或者"贺"；等等。此外，一些蒙古族知识分子也有称名系姓的习惯，如纳·赛音朝克图、巴·布林贝赫、芒·牧林、孛·吉日格勒等。另有一些蒙古族直接使用汉姓、汉名，形成蒙汉双名制或者单纯的汉姓、汉名。可见，把蒙古族归入"有名无姓"类，是不确切的。

从"姓以别婚姻，氏以明贵贱"的功能来看，对于一个族群来说，姓氏也并非可有可无，至少他们需要有相当于"姓"的族群符号，来区别婚姻集体，保证"种"的正常繁衍。有没有姓氏是一回事，有姓氏而不称用，是另一回事。观察和研究少数民族姓名，应多取局内观察、主位观察、客位观察、他位观察③相结合的方法，而不

---

（接上页注①）乾隆二十五年谕：八旗满洲、蒙古皆有姓氏，乃历年既久，多有弃置本姓沿汉姓者。即如牛呼钮（钮古录）氏或变称为郎姓，即使指上一字为称，亦当曰牛，岂可直呼为郎，同于汉姓乎？姓氏者乃满洲之根本，所关甚为紧要，今若不整饬，因循日久，必各将本姓遗忘，不复有知者。

这也从一个侧面证明了，蒙古族现代意义上的姓氏的存在和重要，及其变迁的过程。
① 额尔登泰、乌云达赉校勘本，内蒙古人民出版社，1980。
② 余大钧、周建奇译本，第一卷第一、二分册，商务印书馆，1980。
③ 这里指以第三者的眼光，去观察和理解研究对象。

应取单纯文化本位的立场。

上举分类中,有一种"有姓无名"的情况,这也似乎是牵强的。在像"李老大"、"李老二"一类的人名中,"老大"、"老二"应当看作数字名,同样起到区分个体的作用,这在其他许多民族中也是常见的。① 再者,将基诺族"依赛·沙耶"一类的大名、小名连称,看作连名制,也不妥。基诺族的连名制当与此无关②,不如把它看作复合名或者双词名。

因此,上举有关中国少数民族人名的形式,似应重新划分为以下几种类型为妥。

1. 姓名兼称制,如回族、白族、羌族、毛南族、京族、壮族、满族、朝鲜族、布依族等民族。其特点是姓与名兼用,且以汉族的姓名风格占优势。根据姓与名相对的前后位置,可以分为姓+名式和名+姓式等两种。

2. 称名免姓制,如普米族、拉祜族、高山族等民族。这些族群虽然称名不系姓,但他们并不缺乏具有姓氏功能的名称,如拉祜族的父子连名和母子连名,即带有姓氏符号"别婚姻"、"辨世系"的功能;下面我们还将讨论的连名制可以演变成为姓氏制度,也属于此类。③

3. 姓名兼称与称名免姓并存制,如蒙古族、藏族以及其他一些民族的姓名制度。在这些民族中,部分人姓与名兼用,部分人只称名不称姓。例如在传统上,藏族贵族称姓,而平民不称姓;一些藏族人采用汉姓、汉名。严格说来,这样的并存制,普遍存在于中国多数少数民族中。蒙古族也是如此,像成吉思汗黄金家族孛尔只斤氏举世闻

---

① 例如,中国古代夏商朝国君的"干支"名"孔甲"、"报丁"、"帝太庚"之类的名字,总不能说成是"有姓无名"吧? 此外,即便是现代汉族中,也有不少"张三"、"李四"、"王五"一类的名字。

② 杜玉亭:《基诺族》,载张联芳主编《中国人的姓名》。

③ 杨希枚:《联名与姓氏制度的研究》。

名,但一般平民过去则仅有单名,辅以部落来源。

4. 连名制,如怒族、佤族、哈尼族、景颇族、基诺族等民族。在这些民族中,具有比较丰富的连名制形式,如父子连名、母子连名、夫妻连名、舅甥连名,等等。

## 三 汉族的传统姓名形式

传统汉族姓名,在历史长河中形成了独特的文化符号体系。汉族的姓名体系大致包括姓氏、名、字、小名、讳名、别号、室号、官号、故里号、庙号、谥号等。不过,时至今日,汉族姓名体系中的成分,有的已经少用,有的已经弃用,有的也发生了极大变化,不可与古代姓名制度强作比附。

汉唐之前的姓氏与汉唐后的姓氏有本质不同。汉唐之前,姓与氏是通名或者类名,具有实在的指称对象。先秦之时,姓字有子嗣、族属、属民的意思;氏字意指政治——地缘集团。到了汉唐,姓与氏虚化为符号,互相合流,混言不分[1],与各种指代某一家族、群体的名称组合成为现在意义上的姓氏专名。因此,"姓氏"实际上已经成为偏义复词,主指姓,而"氏"的意义附着在"姓"的意义上,甚至消失。[2] 古代的姓对于一个家族来说,是唯一的(汉唐以后的"赐姓"除外)[3]

---

[1] 杨希枚:《姓字古义析证》,载《中央研究院历史语言研究所集刊》1951年第23辑;《先秦赐姓制度理论的商榷》,载《中央研究院历史语言研究所集刊》1955年第26辑。

[2] 汪泽树:《姓氏·名号·别称》,四川人民出版社,1993,第1页。

[3] 对于夏商周三代的"赐姓"制度,及其相关的"百姓"本义,国内学者有不同解释:古代和现代的多数学者认为这只是一种政治待遇,"百姓"的意思是"百官"、"贵族";所赐予的是与汉唐或者现代意义上的姓接近的符号(《楚语·韦注》、《左传·杜注》、孔颖达《禹贡·正义》、郭沫若《中国古代社会研究》、柳诒征《中国古代文化史》、徐俊元等《贵姓何来》,等等)。而杨希枚先生则认为,"百姓"应该理解为"群姓万姓"或者"万民兆民";当时的姓是实体而非符号,故所赐予的并非符号,而是"子民",是具体的人口,只有这样才能解释本来用来严格区分婚姻的"姓"何以能够被君王赐予他人[杨希枚:《姓字古义析证》、《〈左传〉"因生以赐姓"解与"无骇卒"故事的分析》(《中央研究院院刊》1954年第1辑)]。这里采用杨希枚先生的观点。

维系世系的纽带；而氏就不一定了，祖孙、父子、兄弟不必同氏，一个人可以改氏，也可以同时有几个氏，如西周齐国国君吕尚，姓姜，名望，字尚（一说子牙），因其祖同大禹治水有功，封于吕，取氏为"吕"。又因周文王曾封尚为太师，亦称"师尚父"。晋国的士会，既以其世官"士"为氏，又以其采邑"范"为氏；此外，又以其另一个采邑"随"为氏。氏的来源较多，有以国、以爵、以官、以谥、以邑、以姓、以字、以族为氏者。迄今为止，中国古今姓氏有6300多个。[1] 东汉末年应劭撰写的《风俗通义·姓氏篇》收录姓氏约500个，其中有复姓160个，约占总数的32%；到北宋《百家姓》（作者佚名）时，在其所收录的约500个姓氏中，复姓只有60个，约占总数的12%；现在，汉族使用的姓氏有3000多个，复姓也只有250个，仅为总数的8.1%。[2]

中国古代夏商两朝人名，多出自"干支"、方位词或者形状词，如孔甲、武丁、盘庚、王亥、上甲微、报丁、报乙、报丙、主壬、主癸、外丙、中丙、太甲、太庚、小甲、少戊、中丁、外壬、南庚、小辛、小乙、太丁、祖丁、庚丁、沃丁、阳甲、祖乙、祖辛，等等。按照周代的礼仪，"幼名冠字，五十以伯仲，死谥，周道也"[3]。周人出生三个月，要受到父母命名；到二十岁时，又要举行成丁礼，即"冠礼"，取字。名为少小所用，字为个人在社会中的正式称号。人到五十，不以字、而以伯仲之类的排行名相称。汉代以后，人名又时兴排行字，以元、长、次、幼、稚、少等字，表示长幼次序。

赵壹字元叔，张劭字元伯，疏源字元流，李膺字元礼，高干字元才，张俭字元节，曹节字元伟，陈登字元龙；司马相如字长

---

[1] 慕容翊：《中国古今姓氏辞典》，黑龙江人民出版社，1985，"前言"。
[2] 汪泽树：《姓氏·名号·别名》，第44页。
[3] 《礼记·檀弓（上）》。

· 081 ·

卿，夏侯胜字长公，路温舒字长君，韦贤字长孺，陈群字长文，孙邵字长绪，林尊字长宾；盖宽饶字次公，江充字次倩，严延年字次卿，楼望字次子，周章字次叔；郭宪字幼简，管宁字幼安，马谡字幼常，董和字幼宰，周泰字幼平，陆侃字幼节，孙静字幼台，谢玄字幼度；裴瑜字稚瑛，匡衡字稚圭，张奋字稚通，傅喜字稚游，孙程字稚卿，葛洪字稚川；任安字少卿，董宣字少平，贡禹字少翁，魏朗字少英，毛义字少节。①

汉代人名多用单字，如刘备、关羽、张飞、曹操、孙权、姜维、钟会等；及至唐代，双字名者逐渐多了起来。魏晋六朝的双字名多用"之"字，如琅琊王氏第六代到第十代的人名中有：

晏之、允之、羲之、颐之、胡之、耆之、羡之、彭之、彪之、翘之、玄之、凝之、徽之、操之、献之、茂之、随之、伟之、越之、临之、望之、陋之、肇之、桢之、静之、裕之、镇之、弘之、韶之、纳之、泰之、悦之、标之、升之、唯之、圭之、秀之、延之、兴之、邃之等。②

古代中国人的名与字之间存在意义上的关联，并非随意。王引之《春秋名字解诂》归纳了名与字连贯的五种方法。

1. "同训"，即名与字之间可以互相解释。例如，诸葛亮字孔明，法正字孝直，张辽字文远，马超字孟起，其中的亮与明、正与直、辽与远、超与起，互为同义或者近义。

---

① 萧遥天：《中国人名的研究》，第 40~42 页。
② 同上书，第 56~58 页。

2. "对文",即名与字互为反义。例如,韩愈字退之,黄损字益之,徐退字进之。其中"愈"和"退"、"损"和"益"、"退"和"进",互为反义。

3. "连义",即由名的意义联想到字的意义。例如,关羽字云长,萧鉴字宣彻,周瑜字公瑾:由"羽"联想到"云";由"鉴"联想到镜子的明亮;由"瑜"联想到另一种玉"瑾"。

4. "指实",即由名的意义联想表示实体的字。例如,赵云字子龙,陆云字士龙,黄清芬字菊田,卢见曾字抱孙:由"云"联想到云里的"龙";由"清芬"联想到发出芬芳味道的"菊花";由"见曾"联想到抱孙。

5. "辨物",即用字来为名归类。例如,范泰衡字宗山,蔡琬字季玉,卢翻字仲翔:"泰"、"衡"都是山;"琬"是一种玉;"翻"是飞翔的一个动作。

传统汉族人名中的小名、讳名、别号、官号、故里号、庙号、谥号等,也是在不同场合下,出于不同目的而使用的形式。小名是一个人出生后不久取的名字,具有顺口、随意、记事的特点。例如,汉朝人司马相如小名"犬子";晋朝人王修小名"狗子";唐朝人李百药以他的小名"百药"著称于世,只因为他小时候多病,故取小名"百药";北宋人王安石小名"獾郎",只因为他出生时,遇獾入室,以小名记之。讳名是在封建制度下国法、家法的一个组成部分。国君之名、祖上之名、长辈之名,皆在避讳之列。齐桓公名白,为了避讳,以"皓"代之,故有以"皓首"代"白头"之说;汉淮南王名"长",其子在撰写《淮南子》时,为了避讳,遇"长"皆写作"修";唐朝诗人李贺本来要参加进士科考试,但因为他的父亲名叫晋肃,而"晋"与进士的"进"音同,有人指责他犯讳,迫使他放弃考试。古代文人骚客,多取别号自娱,有的人甚至拥有数十上百的别号，以表达、寄托或者描述其志趣、希望、业绩、癖好、收藏、形貌、疾患、居室、处境、心态，等等。例如，诸葛亮，以其所居卧龙岗自称"卧龙先生"，又以其封武乡侯，称诸葛武侯；杜甫以所居地杜陵自号"杜陵布衣"，又以其曾任工部员外郎，被称为"杜工部"；唐朝文人陆龟蒙，仕途失意，避居松江甫里，自号涪翁、渔父、江上丈人，同时他还以江湖散人、天随子、甫里先生等知名于世；清代学者钱大昕，室名"潜研堂"；历史学家陈寅恪，室名"寒柳堂"、"金明馆"；哲学家冯友兰，室名"三松堂"；唐代文学家柳宗元，祖籍河东（今山西运城境内），故称"柳河东"；清末湖广总督张之洞，祖籍河北南皮，故称"张南皮"；周桓公出生时肩上有黑记，故取名"黑肩"，晋成公出生时臀部有黑记，故取名"黑臀"。① 皇帝多以庙号称，如"高祖"、"太宗"；皇帝亦可以年号称，如"万历"、"康熙"、"乾隆"；帝王、大臣、贵族死有谥号，表示朝廷对他们生前事迹的评价，如西周的"文王"、"武王"，宋神宗谥号为"神宗绍天法古运德建功英文烈武钦仁圣孝皇帝"，清代曾国藩谥"文正"，左宗棠谥"文襄"，等等。在汉族姓名体系中，绰号不同于一般名、字、号，多为自取、自定、自认，"而绰号则由别人凭其认识音像所加，不一定为自己所满意与承认"②。例如，中国古典名著《水浒传》里的宋江因其侠义而得绰号"及时雨"；李逵因其粗莽急性而称"黑旋风"；张顺因其水性好而称"浪里白条"。又如唐朝酷吏来俊臣绰号"肉雷"；宋代皇帝宋仁宗因不喜欢穿鞋袜而称"赤脚大仙"。

## 四 排行名

排行名，是姓名形式一个重要类别，它广泛见于许多族群之中，

---

① 徐一青、张鹤仙：《姓名趣谈》，第91页。
② 萧遥天：《中国人名的研究》，第96页。

并与其他姓名形式并存、互补。例如，在封建社会里，普通汉族妇女无正规名字，未出嫁前，称"大女"、"二女"、"三女"，"大姐"、"二姐"、"三姐"之类；出嫁后，依照丈夫行第，称"大嫂"、"二嫂"、"三嫂"，"大娘"、"二娘"、"三娘"之类。① 其实，汉族百姓男子中，也通行排行名，例如，"韩老六"、"王老八"、"冯老二"、"张老七"，等等。傈僳族人一般有两个名字，除了通常的个人名外，还有排行名；这种排行名具有预定的结构性，即在一个人出生之前，就已经有一个排行名"等待"着他。傈僳族的男女排行名有八个，都是双音节；第九个男孩叫"恰波"（意为"箭囊"），第九个女孩叫"亚玛"（意为"筘"，织布机零件），见表2-1。

表2-1 傈僳族排行名

| 男性排行名 |  |  | 女性排行名 |  |  |
| --- | --- | --- | --- | --- | --- |
| 排行 | 汉字译音 | 新傈僳文 | 排行 | 汉字译音 | 新傈僳文 |
| 老大 | 阿普 | atpo | 老大 | 阿娜 | atnx |
| 老二 | 阿德 | atddel | 老二 | 阿妮 | atni |
| 老三 | 阿克 | atki | 老三 | 阿恰 | atqa |
| 老四 | 阿车 | atcei | 老四 | 阿都 | atddul |
| 老五 | 阿底 | atdir | 老五 | 阿哭 | atkut |
| 老六 | 阿友 | atyoq | 老六 | 阿其 | atqi |
| 老七 | 阿盖 | atgait | 老七 | 阿达 | atda |
| 老八 | 阿皮 | atpi | 老八 | 阿阁 | atggel② |

佤族也有类似取排行名的习俗。佤族人名分两部分，第一部分为排行名，第二部分为生辰名。第一部分表示性别，并且如上举傈僳族一样两性各有不同的排行序列：男性排行依次为"艾"（老大）、"尼"（老二）、"沙姆"（老三）、"赛"（老四）、"奥"（老五）、"洛

---

① 李锡厚：《汉族》，载张联芳主编《中国人的姓名》。
② 陈嘉瑛：《傈僳族》，载张联芳主编《中国人的姓名》。

克"（老六）、"加特"（老七）、"伯特"（老八）；女性排行依次为"叶"（老大）、"依"（老二）、"阿姆"（老三）、"欧克"（老四）、"雅特"（老五）、"佛"（老六）、"依普"（老七）、"午"（老八）。第二部分取自"甲乙丙丁"一类的天干。根据佤族的历法，每天都有一个固定的可供取人名的日期名，即甲日、乙日、丙日等，十天为一个周期，循环使用。这样，出生在甲日的人，其名字的第二部分，必然称为"甲"；出生在庚日的人，其名字的第二部分，必然叫"庚"。①

## 五　数目字人名

发达的数概念，是人类独有的思维形式之一。原始人类往往先从自己身边最直观的存在物发展出基数概念，用具有典型意义的集合来代表数字。例如，鸟翼可以代表二，苜蓿叶代表三，兽足代表四，自己的手指代表五。② 人们在对某一个集合进行计数时，就自然而然地涉及排列顺序，于是产生了序数概念。例如，一个人在用手指计算某一个集合时，他就要依次伸屈手指。在分音节的有声语言产生后，声音代替了具体形象，导致数字的抽象化。数字的功能不仅在于计数，还在于表达特定时代的社会心理。在许多民族中，都有以数目字命名的习俗，数目字人名成为其传统姓名的一个形式。

古代中国的人名不乏出自数目者，如唐朝诗人李白又称"李十二"、李商隐又称"李十六"、韩愈又称"韩十八"、刘禹锡又称"刘十九"、白居易又称"白二十二"，等等。一般说来，数字名的来源，大致有以下几种。

1. 以生辰命名。例如，九月三日出生的人取名"九三"，十

---

① 李道勇：《佤族》，载张联芳主编《中国人的姓名》。
② 〔美〕丹齐克：《数：科学的语言》，苏仲湘译，商务印书馆，1985，第6页。

月五日出生的人取名十五。

2. 以父母年龄之和数命名。例如，夫年二十四，妇年二十二，生子取其和数名为"四十六"；夫年三十，妇年二十六，生子取其和数名为"五十六"。

3. 以祖父母年寿命名。例如，祖父或者祖名在孙子出生时年寿七十三，则孙名"七十三"。

4. 以行第命名。如"大虎"、"二虎"、"三虎"，"大丫"、"二丫"、"三丫"，以及前举古代的"伯仲叔季"的排行命名法。①

类似的名字还有：明太祖朱元璋的五世祖名"仲八"，曾祖名"四九"，祖名"初一"，父名"五四"；开平王常遇春曾祖名"四三"，祖名"重五"，父名"六六"；汤和曾祖名"五一"，祖名"六一"，父名"七一"。② 过去的满族儿童多以祖父母的年寿命名，如"得喜"（四十）、"尼音珠"（六十）、"那丹珠"（七十）、"扎昆珠"（八十）、"乌云珠"（九十），等等。③ 在蒙古族中，至今仍有"达楞古日布"（七十三）、"达兰泰"（七十）、"多罗岱"（七）、"乃颜"（八十）、"台本台"一类的数字名。蒙古族还有一种富有特点的古老数字名，它们出自"九"数。如《蒙古秘史》记载了如下人名：

也松格（Yesungge，第 183 节）

也速干（Yesugan，第 155 节）

也速迭儿（Yesuder，第 274 节）

也孙帖额（Yesunte 抗，第 230 节）

---

① 洪金富：《数目字人名说》，《中央研究院历史语言研究所集刊》1987 年第 58 辑。
② 徐一青、张鹤仙：《姓名趣谈》，第 78~79 页。
③ 福格：《听雨丛谈》，中华书局，1997；奕赓：《佳梦轩丛著·清语人名译汉》，北京古籍出版社，1994。

这些人名都有共同的词根 yesu（九）。蒙古族习俗尚"九"数，以"九"为极数。《蒙古秘史》第 103 节记载成吉思汗在不儿罕山对日九跪；第 203 节、第 211 节和第 214 节，记载成吉思汗嘉奖失吉忽秃忽、者勒蔑、勃勒兀勒夫妇等，九次犯罪不罚。1227 年夏，成吉思汗在西夏赐姚里氏河西俘人九口。蒙古族的古代徽帜为九白纛。有一首古老的蒙古族婚礼歌唱道：

从全牛开始，

九九八十一件聘礼；

平民百姓的规矩，

五九四十五件聘礼；

随旗蒙古的规矩，

从全酒开始，

三九二十七件聘礼。①

日本人的传统命名法也讲究名字笔画数的阴阳搭配，是一种隐喻的数目字人名模式。以日本人名"中村武子"为例，"中村"为家姓，不可变更；"武子"为本名，选择时要倍加注意。根据日本的"姓名学"，"中村武子"由四个汉字组成，其笔画分别为 4（阴）、7（阳）、8（阴）、3（阳）②，按五行对转分别为火、金、水、金，然后将这些汉字的笔画数分别相加，第一字和第四字相加，最后求出四个字的和，把所有数字相加起来得 66，为一阳数，属于吉数。③ 在古代希伯来文和希腊文中，每个字母除了表音以外，还可以表数。构成一

---

① 策·哈斯毕力格图采录：《鄂尔多斯婚礼》，中国民间文艺出版社，1983。
② 偶数为阴，奇数为阳。
③ Thoms Crump, *The Anthropology of Numbers*, Cambridge: Cambridge University Press, 1990, pp. 55–57.

个词的各字母所代表数的总和，就是这个词的数。这些字母既表音又表数的作用，构成了当时所谓"字数术"（Gematria）的基础。这种"字数术"不仅用来注释《圣经》，还用于人名的隐喻。例如，《圣经》里的亚伯拉罕（Abraham）带领318名奴隶，援救他的兄弟以利沙（Eliasar），希伯来文的"以利沙"所代表的数字之和，正好等于318。① 在希腊史诗《伊利亚特》中，三位英雄的名字帕特洛克罗斯（Patroclus）、赫克托（Hector）和阿基里斯（Achilles）数字之和，分别为87、1225和1276。② 由于阿基里斯的数字之和最大，他在三人中独占鳌头。③

## 六 季节与属相命名制

贵州巫脚交④苗族，实行季节命名制："……凡春夏两季出生的，男孩取名为田、塘、桥、菌、金、银、铜等，女孩取名为花、田、开、果、菌、菜、谷子等；在秋冬两季出生的，男孩取名为橙子、岩石、房子、宝物、鼓、冷等，女孩取名为水、竹、贵重、宝物、泉水、年、滑等。都表示了出生的季节。"⑤

拉祜族的人名形式中，有反映性别与生年属相的，见表2-2。

表2-2 拉祜族的属相名称与人名

| 属相名称 | | 拉祜族人名 | |
| --- | --- | --- | --- |
| 拉祜语 | 汉义 | 男名 | 女名 |
| 发 | 鼠 | 扎发 | 娜发 |
| 努 | 牛 | 扎努 | 娜努 |

---

① 〔美〕T. 丹齐克：《数：科学的语言》，第32页。
② 〔美〕T. 丹齐克：《数：科学的语言》，第32页。
③ 帕特洛克罗斯与特洛伊主将赫克托交战，被赫克托所杀。阿基里斯上阵，杀赫克托以报仇。
④ 原文如此。"巫脚交"，疑为"巫脚"之误，在贵州台溪。
⑤ 徐一青、张鹤仙：《姓名趣谈》，第80页。

续表

| 属相名称 | | 拉祜族人名 | |
|---|---|---|---|
| 拉祜语 | 汉义 | 男名 | 女名 |
| 拉 | 虎 | 扎拉 | 娜拉 |
| 妥拉 | 兔 | 扎妥 | 娜妥 |
| 倮 | 龙 | 扎龙 | 娜龙 |
| 斯 | 蛇 | 扎斯 | 娜斯 |
| 母 | 马 | 扎马 | 娜马 |
| 约 | 绵羊 | 扎约 | 娜约 |
| 莫 | 猴 | 扎莫 | 娜莫 |
| 阿 | 鸡 | 扎阿 | 娜阿 |
| 丕 | 狗 | 扎丕 | 娜丕 |
| 瓦 | 猪 | 扎瓦 | 娜瓦① |

## 七 生辰命名制

藏族以生辰为孩子命名，纪念其出生日期，如"次松"（藏历初三出生者）、"次杰"（藏历八日出生者）、"觉阿"（藏历十五出生者）、"巴桑"（星期五出生者）、"拉巴"（星期三出生者）、"尼玛"（星期日出生者）、"南冈"（藏历月末出生者）等。②

非洲西海岸的阿散蒂人、芳人实行生辰命名制，一个星期的每一天，都可以成为一个相应的男孩或者女孩的名字：星期一出生的，男称"库乔"，女称"朱巴"；星期二出生的，男称"库贝赫"，女称"贝内巴"；星期三出生的，男称"库阿利"，女称"库巴"；星期日出生的，男称"库阿希"，女称"库阿舍巴"。③ 缅甸人把缅文的33个字母与星象占卜法对应地分成八组，分别代表八大星象的日曜（星期日）、月曜（星期一）、火曜（星期二）、水曜（星期三上午）、罗

---

① 和即仁：《拉祜族》，载张联芳主编《中国人的姓名》。
② 王贵：《藏族人名研究》，民族出版社，1991，第43~44页。
③ 徐一青、张鹤仙：《姓名趣谈》，第80~81页。

睺（星期三下午）、木曜（星期四）、金曜（星期五）、土曜（星期六）。命名时，根据孩子出生的那一天，取代表对应星象的字母拼成一个字，作为名字的第一个字，再后接适宜的名字：以 A 字起头的名字 Aung Myint（昂敏，意为"胜利、高大"）、Aye Maung（埃貌，意为"凉爽/稳重、年轻人"）、Aan Phwe（安披，意为"令人震惊者"），表明名字拥有人是星期日出生的；以 K 起头的名字 Kyi Hlain（基莱，意为"清澈、丰富"）、Kyin Hla（金拉，意为"可爱、美丽"）、Khyit Wei（漆威，意为"亲爱、洋溢"）、Kyaw Shwe（觉瑞，意为"著名、赤金"），表明名字拥有人是星期一出生的。[1]

## 八　世代排名制

汉族和受汉族影响的其他一些民族或者族群，有典型的世代排名制。在中国，大约从北宋开始，形成按照字辈取名的"世代排名制"：凡同宗同辈者，皆用一个固定的字或者偏旁取名；不同辈分使用不同的字或者偏旁，世代相传。例如，孔子家族使用 50 个字来排列世代：

　　希言公彦承　宏闻贞尚衍
　　兴毓传继广　昭宪庆繁祥
　　令德维垂佑　钦绍念显扬
　　建道敦安定　懋修肇益常
　　裕文焕景瑞　永锡世绪昌

毛泽东的名字，也是严格按照其族谱取的。据 1941 年编的《毛氏族谱》载：

---

[1] 李谋、姚秉彦：《缅甸人的姓名》，载张联芳主编《外国人的姓名》。

震房竹溪客卿派下系表（第二十派）

毛贻昌（顺生）：子三。长：泽东。

闳中肆外，国尔忘家。

字咏芝，行三。清光绪十九年癸

巳十一月十九日辰生。

《毛氏族谱》始修于乾隆二年（1737年），从第七代起有了固定谱系，再加上光绪七年（1881年）二次修谱续订的谱系，合起来，成一首五言诗：

立显荣朝士，文方运际祥；
祖恩贻泽远，世代永承昌；
孝友传家本，忠良振国光；
起元敦圣学，风雅列明章。①

毛泽东的辈分在诗的第三句"祖恩贻泽远"的"泽"字上，第十四辈。"毛泽东"的"东"字，也是有根据的。古俗以东南西北对春夏秋冬、伯仲叔季。毛泽东虽然排行老三，但在兄弟中居长，故取"东"字，以表"老大"之意。②

南宋朱熹的父亲名"松"，子名"塾"，孙名"鉴"，曾孙名"潜"，按照顺序取"木、火、土、金、水"的偏旁，正应了五行相生的寓意。古代越南封建王朝的帝王世系，也多以五行偏旁的字命名，以象征五行之德。例如，黎龙钺、黎龙银、黎龙镜、黎龙铤表"金"德；郑检、郑松、郑桩、郑柞、郑根、郑杠表"木"德；阮

---

① 转引自江建高《毛泽东的名字及其来历考》，《楚风》1991年第1期。
② 江建高：《毛泽东的名字及其来历考》。

淦、阮潢、阮福源、阮福濒表"水"德；陈暄、陈昊、陈晃、陈旺象征"火"德。① 清代皇室的命名制，有"无字辈"和"有字辈"之分。自康熙皇帝的字辈起，近支宗室命名时，不仅上一字依照"允、弘、永、绵、奕、载、溥、毓、恒、启"等辈字排列，下一个字还要用特定偏旁："允"字辈下一个字用"礻"旁，如"允祥"、"允礼"；"弘"字辈下一个字用"日"旁，如"弘昕"、"弘晓"；"载"字辈下一个字用"水"旁，如"载润"、"载洵"；"溥"字辈下一个字用"人"旁，如"溥伟"、"溥伦"；等等。无字辈则属于远支，命名不排字。

广西罗城仫佬族的排名制，多用五言诗。排字辈时，长者和有名望的人一道吟诗作赋，选最佳者用之。到字辈轮完时，再重新作诗排字辈；族内分出去的支系可以另排字辈。② 例如，银姓仫佬族四"冬"的字辈是：

文章亨道法，老大聚恩廷，济佩如良玉，安敦应景星，
邦家恒盛富，有则兆咸宁，运启昌隆会，立朝万代兴，
期岁宜守素，光显贵明经，致重维三品，怀奇自耀灵。

八"冬"从十六代以后重新排的字辈是：

家世联芳美，繁荣巨富昌，华丰增广茂，万代永发长；
学业必显著，金玉积满箱，风起仰尚日，福禄可吉祥；
月恩常护佑，全族定兆康，善义泽良浩，寿享如泰山。③

---

① 李克明：《越南人的姓名》，载张联芳主编《外国人的姓名》。
② 蔡萌：《怎样起名·姓名趣谈》，华夏出版社，1988，第33~34页。
③ 仫佬族习惯上同姓聚居，姓内再分"冬"，相当于亚姓。

## 九　连名制

连名制是广泛存在于世界各地的一种文化现象，就其长辈名相对于晚辈名的位置而言，可分为两大基本类型：长辈名前连型、长辈名后连型。粗略地说，汉藏语系藏缅语族、阿尔泰语系等，属于长辈名前连型；南岛语系印度尼西亚语族、南亚语系孟—高棉语族佤—德昂语支、汉藏语系苗瑶语族[①]、欧洲诸族、近东诸族、非洲民族和巴布亚人[②]，则属于长辈名后连型。下举两种类型的连名制为例，见表2-3、表2-4。

表2-3　亲名前连型的连名制

| | |
|---|---|
| 汉藏语系藏缅语族 | 模阿奇一→奇阿红二→阿红德三→德富灼四→灼窝模五→窝模求六→求阿怒七→怒阿卢八→卢阿士九→士阿磨十→阿磨德十一（彝族）[③]<br>（董）伽罗尤→三廊→廊眉→眉聚→□锭→□赐→□□→德普→普明→明详→详义→详福→义明→明连→连义、连福→福温→温明→明寿（白族）[④]<br>毛母伦→母伦贡→贡麻布→布阿昌→昌佐标→佐标得→得木荣→木荣飘→飘碧央→央伦勒→勒等遮→遮刚佑→刚佑九→九冲车→冲车约→约奥钉→钉洛峨→洛峨张→张鲍→鲍奴→奴佣→佣登→登陆→陆格→格程→程六→六仲→仲崩→崩昌→昌克→克姜→姜宗→宗烧（景颇族）[⑤] |
| 阿尔泰语系 | Altan-ubilig → Bilig-unbatu → Batu-inhurca → Hurca-inbatur → Batur-unmaduhu → Manduhu-innason→Nason-uDorji→Dorji-indab？iltu（蒙古族）<br>雅通→通亲┬通具→具实→实具→具守<br>　　　　　└通光→通有→有房→有忠→忠显（日本）[⑥] |

---

[①]　在贵州省紫云、安顺、镇宁等县居住的苗族，实行被称为"正推顺连法"的父子连名制，其形式为AB-BC-CD-DE……参见胡起望《苗族》，载张联芳主编《中国人的姓名》。
[②]　杨希枚：《联名与姓氏制度的研究》。
[③]　马学良：《彝族姓名考源》，载马学良《民族语文教学文集》，四川人民出版社，1988。
[④]　张锡禄：《白族姓名初探》，《民族学研究》第5辑，民族出版社，1983。
[⑤]　徐悉艰：《景颇族》，载张联芳主编《中国人的姓名》。
[⑥]　语言学界有人将日本语归入阿尔泰语系，但也有不同意见。我们倾向于暂时把它归入阿尔泰语系。所引材料出自三省堂编《模范最新世界年表·附录·诸氏系图》，转引自杨希枚《联名与姓氏制度的研究》。杨希枚先生称古代日本的这种连名制为"父子兼祖孙的间歇性连名制"，同前。

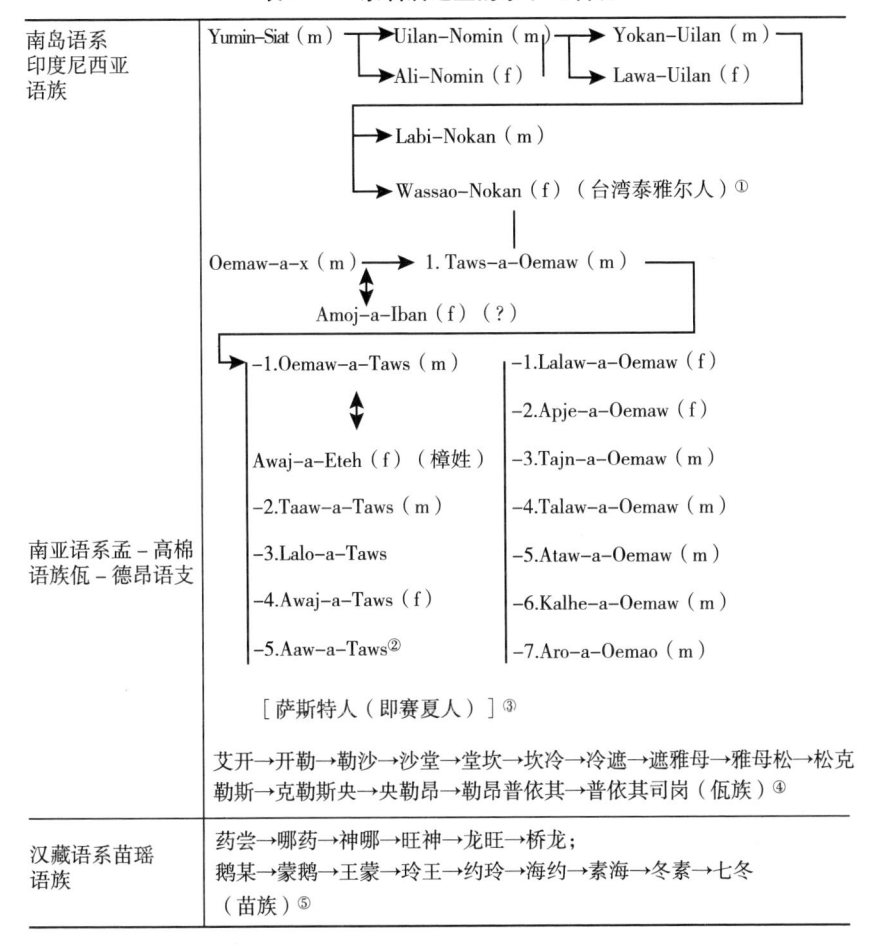

## 表 2-4　亲名后连型的亲子连名制

| 南岛语系<br>印度尼西亚<br>语族 | Yumin-Siat（m）→ Uilan-Nomin（m）→ Yokan-Uilan（m）<br>　　　　　　↳ Ali-Nomin（f）　　↳ Lawa-Uilan（f）<br>　　　　　↳ Labi-Nokan（m）<br>　　　　　↳ Wassao-Nokan（f）（台湾泰雅尔人）① |
|---|---|
| 南亚语系孟-高棉<br>语族佤-德昂语支 | Oemaw-a-x（m）　→　1. Taws-a-Oemaw（m）<br>　Amoj-a-Iban（f）（?）<br>↳ -1.Oemaw-a-Taws（m）　　-1.Lalaw-a-Oemaw（f）<br>　　↕　　　　　　　　　　　-2.Apje-a-Oemaw（f）<br>　Awaj-a-Eteh（f）（樟姓）　-3.Tajn-a-Oemaw（m）<br>　-2.Taaw-a-Taws（m）　　　-4.Talaw-a-Oemaw（m）<br>　-3.Lalo-a-Taws　　　　　　-5.Ataw-a-Oemaw（m）<br>　-4.Awaj-a-Taws（f）　　　　-6.Kalhe-a-Oemaw（m）<br>　-5.Aaw-a-Taws②　　　　　 -7.Aro-a-Oemao（m）<br>　　　［萨斯特人（即赛夏人）］③<br>艾开→开勒→勒沙→沙堂→堂坎→坎冷→冷遮→遮雅母→雅母松→松克勒斯→克勒斯央→央勒昂→勒昂普依其→普依其司岗（佤族）④ |
| 汉藏语系苗瑶<br>语族 | 药尝→哪药→神哪→旺神→龙旺→桥龙；<br>鹅某→蒙鹅→王蒙→玲王→约玲→海约→素海→冬素→七冬<br>（苗族）⑤ |

---

① 芮逸夫：《瑞岩泰雅族的亲子联名制与保儸么些的父子联名制比观》，载芮逸夫《中国民族及文化论稿》，台湾大学人类学系，1972。"父母的呼名拼音第一字母用 Y 的，子女一律改用 N，是他们读音上的通例，如 Yumin 作 Nomin, Yokan 作 Nokan, Yabo 作 Nabo, Yaui 作 Naui, Yawai 作 Nawai 等等。"（芮逸夫原注）引文中，原来用符号表示性别；我们在这里用英文字母"m"表示男性，用"f"表示女性。此外，我们用"↔"表示婚姻关系，下同。谨此说明——引者注
② "Aawa"中的［Aa-］之间原有喉塞音符号，略去。
③ 节引自杨希枚《台湾赛夏族的个人命名制》，《中央研究院院刊》1956 年第 3 辑。
④ 李道勇：《佤族》，载张联芳主编《中国人的姓名》。
⑤ 胡起望：《苗族》，载张联芳主编《中国人的姓名》。

续表

| | |
|---|---|
| 欧洲诸族、近东诸族、非洲民族和巴布亚人① | Neil-x→John-Neilson→Simon-Johnson→John-Simpson（英）<br><br>Cleinias-x→Alcibiades-ó-Cleinias（m）（希腊）<br><br>Richard-Ap-x→Evan-Ap-Richard（m）（威尔士）<br><br>David-Ben-x→Solomon-Ben-David（m）（希伯来）<br><br>Esra-Ibn-x→Abraham-Ibn-Esra（m）（阿拉伯）<br><br>Marasoi-Arap-Kopokoii（m）→Turukat-Arap-Marasoii（m）（南迪②）<br><br>Pitia-Lugar→Mode-Pitia（m）（巴里③）<br><br>Kunan-Wafuru→Erisu-Kunan（m）（巴布亚） |

连名制是一种复杂的人名形式，除了上举的亲子连名制外，尚有其他多种类型的连名制，它们既是相关文化系统的产物，也是这些文化的有机构成，是基本的文化特质之一。连名制不仅在不同民族之间有不同类型，而且在同一个民族内部，也会因为某种原因，存在变体甚至反例。民族的历史远不如文化那般久远；民族形成的历史，就是各种文化因素交融、发展、变化的历史；处于民族格局中的文化特质，并不总是以匀质形态分布，异质文化因素几乎存在于每一个民族文化当中。

台湾原住民的连名制，虽然都属于亲名后连型，但其中又存在重要不同：萨斯特人实行独连父名的父子连名制；泰雅尔人有的实行子连父名、女连母名，有的实行子连母名、女连父名，有的既可连父名，也可连母名；阿眉斯人有的实行女连母名、子连父名或子连父名再连母名。④ 唐代六诏、古代彝族和纳西族的父子连名制，具有三种组合形式。

---

① 有关材料引自或者转引自杨希枚《联名与姓氏制度的研究》。
② Nandi，东非尼洛特人的南迪族支系。
③ Bari，苏丹土著族群。
④ 凌纯声：《东南亚的父子连名制》，载凌纯声《中国边疆民族与环太平洋文化》，台湾联经出版事业公司，1979。

1. 三字连名，下分三类：

（1）ABC－CDE－EFG，前一字为父名，后二字为己名。例如水西安氏世系中的"希母遮—遮公道—道母仪"，南诏世系中的"凤伽异—异牟寻—寻阁劝"。

（2）ABC－CBD－DBE，第一字为父名，第二字不变，第三字为己名。例如水西安氏世系中的"切亚宗—宗亚仪—仪亚祭"。

（3）ABC－BCD－DEF－FGH，前一字为父名，后二字为己名（第一代）；前二字为父名，后一字为己名（第二代）；前一字为父名，后二字为己名。凌纯声先生称这种形式为"祖孙同式"或者"隔代同式"。例如水西安氏世系中的"祭迫能—迫能道—道母仪—母仪尺"，摩梭（指今日纳西族先民）洪水后世系中的"糯笨培—笨培禺—禺高岑—高岑"。

2. 四字连名，下分两类：

（1）ABCD－CDEF－EFGH，前二字为父名，后二字为己名。例如水西安氏世系中的"阿更阿文—阿文洛南—洛南阿磋"，丽江木氏世系中的"阳音都谷—都谷刺具—刺具普蒙"。

（2）ABAC－ACAD－ADAE，第一、第三字不变，子名第二字为父名第四字，第四字为己名。例如丽江木氏世系中的"牟具牟西—牟西牟磋—牟磋牟乐"，水西安氏世系中的"阿义阿洛—阿洛阿冬"。

3. 二字连名：AB－BC－CD，前一字为父名，后一字为己名。例如蒙隽诏世系中的"阳照—照源—源罗"。①

古代摩梭人②、古代的水西安氏、南诏的先世、台湾大南澳的泰

---

① 凌纯声：《东南亚的父子连名制》。
② 余庆远《维西见闻录》云："么些无姓氏，以祖名末一字，父名末一字，加一字为名。"

· 097 ·

雅尔人①、新疆哈萨克族、贵州黎平滚董乡平茶村的瑶族②、贵州台江苗族③，实行祖孙三代连名制。例如，贵州台江苗族的三代连名制采用的形式为"己名+父名+祖父名"，即CBA–DCB–EDC–FED：

吉记保→羊吉记→木羊吉→公木羊→勇公木→记勇公→相记勇→赖相记→缴赖相→尤缴赖→勇尤缴→双勇尤→保双勇→勇保双→瑞勇保④

云南碧江的怒族兼有三种连名制：母子连名制、舅甥连名制、父子连名制。例如碧江县知子罗村怒族老人背诵的家谱：

茂英充→充足人→阿都都→都沙布→沙布必→必那沙→那沙以→以纳比→纳比欢→欢米滋→米滋报→报以简→以简聘→聘狂兰→狂兰得→兰得报→报息辽→息辽咸→咸幸求→求卫桑→桑喝洛→喝洛希→希麻奴→麻奴白→白夸寿→夸寿丁→丁拉马→拉马独→独拉里→拉里瓜→瓜西亚→西亚杯→杯红姊→红姊吐→吐南亚→南亚巧→巧炳苏→苏机宽→宽宽阿→阿林林→林普怎→怎劳莽→劳莽丁→丁劳巧→巧咸楚→楚拉怀→怀楚巧→……⑤

有的学者认为，在上面的连名制谱系中，第一代为女始祖，第二代为母子连名，"第三代可能是舅甥连名"，其后主要为父子连名。⑥

除了连名制，在许多民族当中，还实行或者实行过从名制。从名

---

① 杨希枚：《联名与姓氏制度的研究》。
② 胡起望：《瑶族》，载张联芳《中国人的姓名》。
③ 有关水西安氏和南诏先世的三代连名制，见凌纯声《东南亚的父子连名制》。
④ 胡起望：《苗族》，载张联芳主编《中国人的姓名》。
⑤ 节选自《怒族简史》编写组《怒族简史》，云南人民出版社，1987，第89页。
⑥ 范玉梅：《怒族》，载张联芳主编《中国人的姓名》。

制一般分为从子名亲制和从亲名子制。① 从子名亲制，又称亲从子名制或者亲从子称制，指不直接称呼一个人的本名，而根据其子女的名字称"某之父"或者"某之母"的现象。从亲名子制，亦称反从子名亲制，指根据某人父亲或者母亲的名字称其为"某之子"或者"某之女"的现象。关于从子名亲制，杨希枚先生曾援引日本移川子之藏记载的台湾雅美人的谱系加以描述。② 在所引的移川子之藏的两个谱系共60个人名中，有10个属于从子名亲制：

Shiapun-Managat（m）（＝Shi-apu-no-Managat＝"Managat之祖父"；Shi，冠词；Apu，"祖"；no，属格冠词）

Shiapun-Ranrok（m）（＝Shi-apu-no-Ranrok＝"Ranrok之祖父"）

Shiapun-Ratonan（m）（＝Shi-apu-no-Ratonan＝"Ratonan之祖父"）

Shiapun-Kakaruman（m）（＝Shi-apu-no-Kakaruman＝"Kakaruman之祖父"）

Shiaman-Jagarit（m）（＝Shi-ama-no-Jagarit＝"Jagarit之父"；ama，"父"）

Shiaman-Matorok（m）（＝Shi-ama-no-Matorok＝"Matorok之父"）

Shiaman-Mamurus（m）（＝Shi-ama-no-Mamurus＝"Mamurus之父"）

Shiaman-Makaras（m）（＝Shi-ama-no-Makaras＝"Manoyo之父"）

---

① 杨希枚：《从名制与亲子联名制的演变关系》，《中央研究院历史语言研究所集刊外刊》，1961。
② 杨希枚：《从名制与亲子联名制的演变关系》。

  Shina-no-Manoyo（f）　（＝Shi-ina-no-Manoyo＝"Manoyo 之母"；ina，母）

  Shina-Gnit（f）（＝Shi-ina-no-Gnit＝"Gnit 之母"）①

  英文的"patronymy"，希腊文作"patronymikas"，拉丁文作"patonimicum"，法文作"patronymique"，德文作"patronymishc"，直接的字面意思是"父亲的名字"，普遍的意思是"父系的名字"或者相当于我们所说的"父姓"、"族名"。

  罗维指出："我们的家族是从父姓的（patronymic），子女从父之姓，妻亦从夫姓。这样，一个男子和他的儿子孙子（由男性的后嗣所生的男性后嗣），以及他们的妻和未嫁的女儿，便全体从其他亲属分别出来，称之为斯密家或白朗家。"②

  西文的"patronymy"系列，原指在祖名或者父名的前面或者后面，加前缀或者后缀，得到的族名或者姓。例如"MacDonald"，指"Donald"的儿子；"Ivanovich"，指"Ivan"的儿子。③ 这样，词缀 Mac-、-vich 便是从亲名子制的功能性标记。古代的希腊人、罗马人、希伯来人、埃及人、叙利亚人、巴比伦人、波斯人、阿拉伯人、威尔士人、爱尔兰人、丹麦人、西班牙人、葡萄牙人、德意志人、意大利人、俄罗斯人，原来也没有现代意义上的姓氏或族名，而是从父名、祖名接加词缀或其他语音、语法单位来合成个人名字。例如希腊人名"Phocion"（"Phocus 之子"）、"Theophrastus"（"Theodorus 之子"）、"Aeacides"（"Aeacus 之子"），希伯来人名"Solomon Ben David"（"David 之子 Solomon"），阿拉伯人名"Abraham Ibn Esra"（"Esra 之子 Abraham"），等等，也是例证。

---

 ① 《台湾高砂族系统所属の研究》第二册"资料篇"，No. 308，No. 309。
 ② 〔美〕罗维著《初民社会》，吕叔湘译，商务印书馆，1935，第 75~76 页。
 ③ Webster, *Third New International Dictionary*, 1976, p.1656.

表2-5　西人源于父或母的姓氏

| Addison | Nixon | Stevenson | MacMonnies | Pritchard | Fitz-Henry |
|---|---|---|---|---|---|
| Anderson | Paulson | StevensThomson | McAddo | Priestson | Fitz-Hugh |
| Andrews | Robertson | Williamson | McCash | Probart | Fitz- |
| Jameson James | Roberts | Williams | McMahon | Proger | JamesFitz- |
| Johnson | Robinson | Wills | McCulloch | Probyn | John |
| Jones | Sanderson | MacArthur | McCutcheon | Prothero | Fitz-Maurice |
| Madison | Sandeson | MacCowell | McKinley | Powell | Fitz-Patrick |
| Mendelsohn | Simpson | MacGrath | McPherson | Pumphrey | Fitz-Payn |
| Mawson | Sims | MacKenson | Aplin | Fitz-Charles | Fitz-Simon |
| Nansen | Simmonson | Mackenzie | Price | Fitz-Gerald | Fitz-Water |
| O'Connell | Stephens | Cartez | Prickard | Fitz-Gibbon | Fitz-William |
|  | O'Connor |  | Gonzlaez | Pavlovitch | Mickiewicz |
|  |  |  |  |  | Pavlovna① |

此外，古代中国春秋时代也存在从亲名子制。郑樵《通志·氏族略》言："凡诸侯之子称公子，公子之子称公孙……如郑穆公之子曰公子（字子驷），其子曰公孙夏……宋桓公之子曰公子目夷，字子鱼，其子曰公孙友……鲁孝公之子曰公子展……此诸侯之子也。"其中的"王子"、"王孙"、"公孙"、"某子"、"某孙"之类的形式，"这无疑是从亲名子制"；郑樵把这种形式称为"复姓"，而实际上它们不过是"从亲而名的名字，很可能既不是姓，也不是氏"②。

从亲名子制、从子名亲制和亲子连名制，"均广泛地分布于世界许多古代文明民族及现代原始民族社会"；"前二者往往同时或分别与后者伴存于同一社会"；从名制可以演变成为亲子连名制，但是，中间一般有伴生现象。③ 例如外国人名"John-Anderson"、"Kipoo-arap-Kimining"、"Mohamed-ben-Hassen"、"Abrahem-ibn-Esra"一类的名

---

① 杨希枚：《从名制与亲子联名制的演变关系》。
② 同上。
③ 同上。

字，就采用了"某之子某"的形式，既有从亲名子制、亲子连名制的原生痕迹，也是原始姓氏的模型。据学者们研究，台湾原住民中的泰雅尔人、属于藏缅语族的彝族、19世纪的印度人、新几内亚的巴布亚人、婆罗洲的土著，具有与亲子连名制并存的从子名亲制；古代中国人、古代西方诸族、东非肯尼亚的多罗博人（Dorobo）具有与亲子连名制并存的从亲名子制；古代巴比伦人、阿拉伯人、东非的马赛人（Masai），有亲子连名制与从子名亲制、从亲名子制并存的现象。[1] 例如，古代中国有所谓"以王父字为氏"或者"以王父或父的名或字为氏"的命名制度，亦即"父子兼祖孙的连名制"。[2]

## 第二节 姓名的内容

姓名是社会的产物，它反映特定历史阶段上的文化和心理，同时它也反映民族关系和文化接触。姓名的内容是社会与历史内容的一部分。

### 一 姓名反映社会、历史、权力和心理的内容

作为文化形式之一的姓名，具有丰富的文化内涵，反映了生动的社会—历史—心理的内容。

姓名随着社会的发展而发展、变化而变化；同时，姓名的发展和变化，也是社会发展和变化的一部分。以文字、口传、记忆的形式流传于世的姓名，在每一个历史阶段上，都有自己的主题特征；在每一个主题特征中，都包含着特定的符号组合形式，以及丰富的联想内容。姓名在社会实践和社会历史中，始终都具有制度意义、知识意

---

[1] 杨希枚：《从名制与亲子联名制的演变关系》。
[2] 杨希枚：《联名与姓氏制度的研究》。

义、情感意义或者象征意义、隐喻意义。姓名体系在人的实践中形成和存在，姓名的意义也要在实践中体现。姓名的本质是信息交流或者说是社会成员互相作用的形式之一和"主我"与"客我"的对话。姓名依靠人们的记忆和忘却，依靠帮助人们记忆和忘却的文字和印刷术，乃至多媒体和其他各种现代化信息交流手段，建立起一座"博物馆"；人们在这座"博物馆"内，去体验再现的社会记忆和社会忘却，感受社会结构的力量，寻找自己的社会位置，温习过去的历史，通过别人的心灵发现自己的心灵。当然，姓名作为一个体系，作为社会交流的手段和社会控制的体现，它是超越个人的"异化"力量，即它有一种超越个人的历史性主题。作为一个整体，姓名体系并不在乎个人的感受和情感，它是社会历史主流的一部分。

人类学研究姓名多从文化、历史、权力入手，这三个方面互相密不可分，研究者在对它们逐一分析的同时，也要能够综合起来研究，把它们始终看成一个整体。将文化、历史、权力三分，只是为了方便观察、分析和研究，是权宜之计，本身是一种研究风格，属于探究者共同体的"非物质文化遗产"，是文化的产物，是历史的产物，也是权力的产物。文化不是一个匀质的静物，不是封闭的圈，也不是社会平均共享的精神和物质的要素。文化要接受阶级、种族和族群的格式化，文化研究要随时回答："由谁？""如何？""在何种条件下？"[1] 这是福柯和葛兰西等经典作家提出的时代问题，我们无法回避，也不能回避。

文化是人类学的关键词，人类所从事的一切都已经被文化过滤，人类的行为是文化行为，人类的思维是文化的思维，人类的存在是文化的存在。当然，文化的存在是一个丰富多彩的实践过程，有不确定的现实性，也有稳定的主观感觉。

---

[1] Nicholas B. Dirks, Geoff Eley, and Sherry B. Ortner, "Introduction", in Nicholas B. Dirks, Geoff Eley, and Sherry B. Ortner (eds.), *Culture/Power/History: A Reader in Contemporary Social Theory*, Pinceton, New Jersey: Princeton University Press, 1994, pp. 3–45.

历史有被创造的一面，也有本质化的延续性。如何理解这样一种变幻莫测和稳定可知之间的紧张关系？也许可以借用玛丽莲·斯特拉森（Marilyn Stratern）的"部分关联"说①来解释：每一个历史事件，每一个过程，都有自己的独特性，但这些独特性之间并不彼此绝缘，而是部分关联，形成维特根斯坦式的"家族相似性"，历史的两端似无关联，但整个过程，即布罗代尔的"长时段历史"，却变现出环环相扣的锁链。

姓名作为人类符号生活的重要组成部分，当然要反映社会、历史、权力和心理的内容。

## 二 人名的历史观察

据研究，汉族的人名②在不同历史时代，有不同的命名风格，体现了不同的主题意义，本身构成了汉族人名的历史内容，见表2-6。

---

① Marilyn Strathern, *Partial Connections* (updated edition), Walnut Creek: ALTAMIRA Press, 2004.

② 萧遥天先生的研究，也涉及历史上的北方一些少数民族，只是缺乏严格的考据；有些属于附会、杜撰之说，故略而不用。例如，《中国人名的研究》第81~83页有"辽金元人名多用奴哥字"一节，以"奴"、"哥"字为贱，言："原来辽、金、元以柚木民族人中原，战斗力有余，而文化程度浅薄，所能接受的华夏文化也是一些民间的糟粕，命名用汉语的，便充满了草莽气氛，有名猪狗、狗狗、七斤、八斤。以哥、奴字和他相较，算是文绉绉了。"

且不提上述文字中的"种见"之狭隘，单举其所列后加汉字"哥"的几个蒙古名，就足见如何望文生义，如"帖木哥"、"特木哥"、"蒙哥"等蒙古名，并非如萧先生所言为"外族原语而加汉语哥字"，而是蒙古语对音。"帖木哥"、"特木哥"同为 Temüge 的对音；Temüge 系由词根 temür（意为"铁"）加后缀 -ge 而成。成吉思汗本名 Temüjü（temür + jin > temüjin），即"铁木真"，成吉思汗的季弟名"帖木格"（temür + ge > temüge），其妹名"帖木仑"（temür + lün > temülün）。上面的"帖木格"，与萧先生所举的"帖木哥"、"铁木哥"同名。元宪宗之名"蒙哥"，是蒙古语 mongked 的对音，意为"永恒"。把对音汉字的本义作为原名的本义，注定要出错误。此外，对音用的同音汉字可以有多个，使对音者在用字时，表达其褒贬之意。如赵翼《廿二史札记·补遗》言："我满洲与蒙古，一字一音，即尽其一字一音之义，从无一音而有两字以至数字；唯汉字则一音有多至数字者。于是以汉字译清字者，得以意为爱憎，每取恶字以示见贬，不但于异国异字用之，即于同一汉文，颇有用是为抑扬者矣。……金史成于汉人之手，于音译既未谙习，且复任情毁誉，动以丑字肆其诋訾，如乌珠之必书兀术之类，不可枚举。"

表 2-6 汉族命名风格的历史演进

| 时代 | 风格特征 | 例子 |
| --- | --- | --- |
| 殷代 | 以干支命名 | 报丙、主壬、天乙、武丁、父甲、父丁、父癸、父丁、弓父庚、午、卯、侯、伯 |
| 周秦 | 名、字多用干支五行，或单以天干或兼用干支相配 | 白丙，字乙；石癸，字甲父；壬夫，字子辛；夏戊，字丁；午，字子庚；印癸，字子柳 |
| 汉代及汉代以降 | 人名常用尊老字；新兴美辞：卿、君、侯、郎、士、孔、大、巨、曼、灵、玄、叔、德、惠、孝、慈 | 路长君、贾季君、王仲卿、郭翁伯、陈孟公、黄次公、张元伯、马翁叔、庆孝公、杜君公、杨子孙、周公瑾、卫仲郎、孔君鱼、王巨君、张孟侯、孙郎、陆士龙、曹彦士、陈孔璋、周大明、索巨秀、王灵龟、严曼才、刘玄德、卫叔宝、张翼德、张惠恕、边孝先、荀慈明、顾元叹 |
| 晋代以降 | 命字的以名加辞 | 谢安，字安石；颜延之，字延年；元恭，字显恭；郭显，字季显；苏绰，字令绰；杨达，字士达 |
| 魏晋六朝 | 二名盛用"之"字，称名喜加阿字 | 孔遥之、孔琳之、褚秀之、褚淡之、褚裕之、刘虑之、刘式之。司马恢之、司马让之、贾弼之；曹操，小名阿瞒；周谟，小名阿奴 |
| 南北朝 | 名字的宗教气氛 | 钟葵、夜叉、宋金刚、迦叶、高力士① |
| 唐代及唐代以降 | 一言之字的复古；标榜排行；新兴美辞：己、予、臣…… | 房玄龄，字乔；邢ംപ弼，字辅；张德，字文；张曙称张十二功曹；白居易称白二十二舍人；钱载，字子予；裴贽，字敬臣 |
| 五代 | 多以彦为名 | 王彦章、刘彦瑶、史彦超、姚彦晖 |
| 宋代 | 名字的老态，喜用五行序辈 | 胡唐老、王同老、赵学老、徐荣叟、汤莘叟、家坤翁、王吉甫；秦桧—秦炜；朱松—朱熹 |
| 元代 | 汉人多作蒙古名 | 贾塔尔珲、张巴图、刘哈喇布哈、杨朵尔济、迈里古斯、塔失不花② |

在 13 世纪蒙古族共同体形成之前，蒙古地区曾经是诸多民族活动的场所。公元前 3 世纪末，匈奴人在这里建立了自己的国家，后来为鲜卑人所替代。继而出现在蒙古高原上的，是突厥语族各部落。突厥汗国在 552 年建立后，其可汗加强了对契丹人、室韦—达怛人的统治。此时，中亚的粟特人、内地的汉人等，也进入此地。回鹘汗国于

---

① 原文如此。
② 萧遥天：《中国人名的研究》。

840年为黠戛斯人所推翻，西迁甘肃、新疆；同时，契丹人远征外蒙古高原，遂使大量室韦—达怛人乘虚而入，外蒙古高原开始了蒙古化的过程。辽金时代，蒙古高原各部被称为阻卜。突厥化对于蒙古人产生了深远影响。蒙古历史文化典籍《蒙古秘史》（亦称《元朝秘史》）中的人名和称号，就生动地反映了蒙古人以突厥化倾向为主，与其他民族发生接触的历史过程的一个侧面。在这一类人名中，最显著的是一些已经成为人名一部分的称号，见表2-7。

表2-7 古代蒙古人的称号名

| 称号 | 拉丁文转写 | 语言 | 原词义 |
| --- | --- | --- | --- |
| 合罕 | Qahan | 突厥语 | 大可汗；皇帝 |
| 罕 | Qan | 突厥语 | 小可汗；诸侯 |
| 亦纳勒 | Inal | 突厥语 | 皇帝、汗 |
| 亦纳勒赤 | Inalchi | 突厥语 | 王公 |
| 别乞 | Beki | 突厥语 | 高级军官；长老、元老；公主 |
| 土敦 | Tudun | 突厥语 | 监察官 |
| 想昆 | Senggün | 汉语 | 将军 |
| 忽里 | Quri | 汉语 | "护理"（代理官） |
| 兀真 | Ujin | 汉语 | 夫人 |
| 敢不 | Gambou | 藏语 | 国王 |

《蒙古秘史》中以"合罕"、"罕"字附缀本名的例子较多，如成吉思合罕（汗）、巴塔赤罕、塔扬罕、古出鲁克罕等。"别乞"，是古代蒙古人授予长子的称号。例如，主儿乞（Jürki）的忽秃黑秃·主儿乞（Hutuhtu-jürki）的长子撒察·别乞（Sacha-beki），篾儿乞惕（Merkid）氏的脱黑阿·别乞（Tohto'a-beki）和他的长子托古斯·别乞（Tügüs-beki），孛儿只斤（Borjigid）氏的捏坤太子（Nekün taiishi）的长子忽察儿·别乞（Huchar-beki），斡亦剌惕（Oirad）部首领忽都合·别乞（Huduga-beki），朵儿边（Dorben）氏的合只温·别乞（Haji'un-beki），客列亦惕（Kereid）部的必勒格·别乞（Bilgebeki），等等。又据《蒙古秘史》记载，在以孛端察儿的后裔组成的孛儿只斤氏族中，兀孙（Usun）老人是成吉思汗时代最年长者，成吉思汗授予他"别乞"官衔，可以骑白马、着白衣，坐在众人之上。"别乞"这个突厥词在古代蒙古语里，还有"大祭司"的含义，因而是特别盛行萨满教的"森林百姓"篾儿乞惕和斡亦剌惕诸部的首领，拥有"别乞"的称号。①

"土敦"，就是中国史书上的"吐屯"。据《隋书·契丹传》记载，蒙古所由以起源的室韦分五部，突厥常以三吐屯总领之。又《太平广记》卷210引唐御史台记言，"突厥谓御史为吐屯"，因此，"吐屯"是监察官。② "想昆"又作"桑昆"，是汉语"将军"的对音；辽金时代译作"相温"、"详隐"、"详衮"，元代译作"桑昆"，清代满语作Jianggün，现代蒙古语作Jangjun。显然，汉语"将军"一词，是分两个时期借入蒙古语的：13世纪以前通过回鹘文借入，作Senggüm；一个是近代借入的，作Jangjun。

菲律宾人名的历史发展变化，也比较典型地说明了民族关系在姓名上的反映。③ 早期的菲律宾人名多质朴无华，名字的范围主要涉及妇女分娩时的环境、当时发生的事情或新生儿的生理特征。例如，遇到难产时，孩子取名"马利瓦格"（Maliwag），意为"迟到"；分娩时有敌人路过，则取名"古巴顿"（Gubaton），意为"敌人来的时候"。在过去时代，菲律宾家庭内部的辈分和排行称谓，多出自汉语闽南方言，反映了当时菲律宾与中国的密切联系。如大哥称为"桑科"（Sangko），大姐称为"阿特"（Ate）或者"阿切"（Atse），二

---

① 原始宗教与部落首领的"神人合一"，也曾存在于印第安部落。恩格斯在《家庭、私有制和国家的起源》中写道："在易洛魁人的每年六个宗教节日期间，各个氏族的酋长和军事首领，由于他们的职位，都被列在'信仰守护人'以内，而执行祭司的职能。"（《马克思恩格斯全集》第21卷，人民出版社，1965，第102页）

② 额尔登泰等：《〈蒙古秘史〉词汇选释》，内蒙古人民出版社，1980，第224页。

③ 斐玉珠：《菲律宾人的姓名》，载张联芳主编《外国人的姓名》。

姐为"迪切"（Ditse），三姐为"三西"（Sansi），姐夫为夏霍（Siyaho），嫂子为"因索"（Inso），等等。然而，自17世纪西班牙殖民者占领菲律宾后，菲律宾人名开始出现"西班牙名+菲律宾姓"的形式，例如"胡安·马苏隆"（Juan Masulong，"Masulong"在菲律宾语中意为"前进"）、"唐胡安·巴纳尔"（Don Juan Banal，"Don"是西班牙尊称；"Banal"在菲律宾语中意为"神圣"）。到了18世纪，菲律宾开始出现完全西班牙化的姓名，例如一些作家的名字："佩德罗·苏亚雷斯·奥索里奥"（Pedro Suarez Ossorio）、"莫德斯托·圣蒂亚哥"（Modesto Santiago）、"维森特·加西亚"（Vicente Garcia）、"罗曼·安赫莱斯"（Roman Angeles）、"何塞·德拉·克鲁斯"（Jose Dela Cruz），等等。1849年11月11日，西班牙驻菲律宾总督下令强迫所有菲律宾人改用西班牙姓。在他公布的法令上，附有上千西班牙姓氏，供菲律宾人选用。由于姓册是按照字母排列的页逐村供人选择的，这样就产生了同镇或者同村的人，多使用同一个字母起首的西班牙姓氏的情况，例如以A起首的姓："亚历杭德里诺"（Alejiandrino）、"阿方索"（Alfonso）、"阿尔门德拉斯"（Almendras）；以B起首的姓："巴尔多梅罗"（Baldomerro）、"巴尔多米诺"（Baldomino）、"巴尔塔萨"（Baltazar）等。1896年菲律宾爆发了反西班牙大革命，1898年6月12日宣告独立；同年又被美国占领。菲律宾获得独立后，人们取名不再严格按照西班牙命名模式了。受洗礼者取名时，可以用同义的菲律宾语或者英语来代替西班牙语教名，例如，用菲律宾语的名字"卢瓦尔哈蒂"（Lualhati，意为"光荣"）、"比图因"（Bituin，意为"星"）、"宁宁"（Ningning，意为"光辉"），来分别代替西班牙语教名"格洛里亚"（Gloria，意为"光荣"）、"埃斯特雷利亚"（Estella，意为"星"）、"克拉拉"（Clara，意为"光辉"）。有的菲律宾人宁愿使用英语名或者英语爱称，也不愿意使用同源的西班牙语名或者西班牙语爱称，如叫英语名"费迪南德"（Ferdinand），不叫西班牙语名"费尔南多"（Fernando）；叫英语爱称"乔"（Joe），不叫西班牙语爱称"何塞"（Jose）；叫英语爱称"皮特"（Pete），不叫西班牙语爱称"佩德罗"（Pedro）。

过去的姓名往往会滞后于社会文化的发展，成为一种历史的回忆，它可以帮助人们追溯历史上包括生态环境、生活方式、生产方式，以及其他一些社会和自然的特征。

在满族勃兴之初的努尔哈赤时代，人们多以动植物或者动植物相关部分命名。"这说明满族（女真）社会尚处于渔猎生产时期，或者渔猎在社会经济中还占有相当重要的位置。"[1] 如清太祖名努尔哈赤，意为"野猪皮"；庄亲王舒尔哈齐，意为"二岁野猪皮"；通达郡王雅尔哈齐，意为"豹子皮"；舒尔哈齐之子阿敏，意为"后鞍鞒"；其子温简贝子固尔玛珲，意为"兔子"。

同样，世居中国东北部的达斡尔族、鄂温克族、鄂伦春族、赫哲族的传统人名，也反映了当时当地的生态特征和生活特点。例如，达斡尔人名彻尔图意为"江里旋涡处"，纳齐穆意为"冬天积鱼的深水坑"，鄂漠尔托意为"鞍子"；鄂温克人名别道格库为一种鸟的名字，较劳意为"石头"，玛兰代意为"木槌"；鄂伦春人名银嘎意为"花"，查拉帮克意为"白桦"，蒙坤保意为"小鱼"，托恩托元意为"鹌鹑"，期那赫意为"喜鹊"，翁布鲁意为"山里红"，乌拉仁银嘎汗意为"小红花"；赫哲人名喀尔楚克他意为"水桂花"，给卡尔意为"未阉的小马"，讨绕意为"尺蠖虫"等。[2]

不仅人的名字能够反映自然生态、生产和生活方式，人的姓氏也同样能够反映这些方面的内容。例如，匈牙利人的姓氏，不仅反映地理特征，也反映过去生产分工乃至民族交往的情况：玛特劳为山名，

---

[1] 赵志强：《满族》，载张联芳主编《中国人的姓名》。
[2] 赵志强：《达斡尔族》，刘翠兰：《鄂温克族》、《鄂伦春族》，范玉梅：《赫哲族》，载张联芳主编《中国人的姓名》。

多瑙为河名，西盖蒂意为"岛上的"，埃尔代伊意为"森林边的"，基什保陶基意为"小溪边的"，米萨洛什意为"屠夫"，豪拉斯意为"渔夫"，卡达尔意为"木桶匠"，沃达斯意为"猎人"，卢道什意为"牧鹅人"，绍波意为"裁缝"，波尔贝伊意为"理发师"，科瓦奇意为"铁匠"，考多纳意为"当兵的"，特勒克意为"土耳其人"，内梅特意为"德国人"，罗马意为"罗马尼亚人"，俄罗斯意为"俄罗斯人"，兰捷尔意为"波兰人"，捷赫意为"捷克人"。①西班牙人的姓氏在这方面更是独具特色（见表2-8）。

表2-8 西班牙姓氏对自然生态环境和职业的反映

| 类别 | 姓氏 | 汉译 | 含义 | 姓氏 | 汉译 | 含义 |
|---|---|---|---|---|---|---|
| 植物 | Navos<br>Maiz<br>Trigo | 纳沃斯<br>迈斯<br>特里戈 | 萝卜<br>玉米<br>小麦 | Nuez<br>Pino<br>Olmo | 努埃斯<br>皮诺<br>奥尔莫 | 核桃<br>松树<br>榆树 |
| 动物 | Lobo<br>Mono<br>Aguila | 洛沃<br>莫诺<br>阿吉拉 | 狼<br>猴子<br>老鹰 | Leon<br>Toro<br>Gallo | 莱昂<br>托罗<br>加略 | 狮子<br>公牛<br>公鸡 |
| 自然<br>地理环境 | Sol<br>Rios<br>Lago<br>Sierra | 索尔<br>里奥斯<br>拉戈<br>谢拉 | 太阳<br>河流<br>湖泊<br>山脉 | Luna<br>Cuevas<br>Arroyo<br>Cerro | 卢纳<br>奎瓦斯<br>阿罗约<br>塞罗 | 月亮<br>山洞<br>小溪<br>山岗 |
| 职业 | Herrero<br>Tejero<br>Barbero | 埃雷罗<br>特赫罗<br>巴尔维罗 | 铁匠<br>砖瓦工<br>理发师 | Zapatero<br>Verdugo<br>Molinero | 萨帕特罗<br>贝尔杜戈<br>莫利内罗 | 鞋匠<br>刽子手<br>磨坊主② |

姓名的风格及其主题意义，不仅在古代的不同时代有不同取向，即便在现代也不乏这种生动的例证。例如，1983年6月5日《讽刺与幽默》刊载的广为引用的现代汉族人名变化情况（见表2-9）。

---

① 师敬：《匈牙利人的姓名》，载张联芳主编《外国人的姓名》。
② 任景玉：《西班牙人的姓名》，载张联芳主编《外国人的姓名》。

表2-9 汉族人名与时代

| 出生时间 | 姓名 |
| --- | --- |
| 1948年以前 | 贾得宝、孙发财、姚有禄、庞天佑 |
| 1949~1950年 | 郑解放、叶南下、秦建国、白天明 |
| 1951~1953年 | 司卫国、邓援朝、朱抗美、靳停战 |
| 1954~1957年 | 刘建设、申互助、童和平、时志方 |
| 1958~1959年 | 孟跃进、潘胜天、戴红花、王铁汉 |
| 1960~1963年 | 任坚强、冯抗洪、齐移山、赵向党 |
| 1964~1965年 | 高学锋、钱志农、艾学雷、方永进 |
| 1966~1975年 | 董文革、张爱武、房永红、邢卫兵 |

## 三 人名与文化接触

文化的传播和接触，导致民族之间姓名的借用。政治、经济、人口、地理等因素，都可以带来文化的传播和接触。

实用性的双名制和多名制，反映了民族互动、文化接触、语言交融的社会和历史背景。在多数民族或者主体民族事实上的优势文化背景下，少数民族或者弱势民族，不仅需要在政治、经济、教育、科学等方面与前者认同，而且还在以姓名为代表的个人指称符号上，与之沟通。少数民族或者弱势民族，或者实行个人的他族—本族双名制或多名制，或者实行不一定是个人的但却是民族范围内的他族—本族双名制或多名制，或者部分个人实行他族—本族双名制或多名制、部分个人实行本族单名制、另有部分个人实行他族单名制。总的说来，双名制或者多名制的使用，主要与适应环境、方便交际有关；在不同场合使用不同的名字，以达到方便社会操作和实用的目的。根据双名制或者多名制原则来选名、命名、释名，本身就是社会活动和心理活动的一部分；这些活动涉及对于具体环境的选择或者估价，对于自己的社会身份的认识，以及对于社会交际方式的确定，等等。

在中国历史上，金人灭辽进入中原之后，学习汉文、汉语，取汉名、随汉俗。据赵翼《廿二史札记·金一人二名》载，金太祖本名阿固达，汉名旻；太宗本名乌奇迈，汉名晟；熙宗本名哈喇（合剌），汉名亶；海陵王本名都古噜讷（迪古乃），汉名亮；世宗本名乌禄，汉名雍；章宗本名玛达格（麻达葛），汉名璟；宣宗本名乌达布（吾睹），汉名珣；哀宗本名宁嘉苏（宁甲速），汉名守绪；乌页（乌也），汉名勖；舍音（斜也），汉名杲；萨哈（撒改），汉名思敬；尼堪（粘没喝、粘罕），汉名宗翰；斡里雅布，汉名宗望；额尔衮（讹鲁观），汉名宗峻；鄂尔多（讹里朵），汉名宗辅；斡布（斡本），汉名宗干；乌珠（兀术），汉名宗弼；摩罗欢（谋良虎），汉名宗雄；阿里布（阿鲁补），汉名宗敏；托卜嘉（塔不也），汉名宗亨；乌者，汉名布萨宗义；撒曷辇，汉名赫舍哩志宁；罗索（娄室），汉名赫舍哩良弼；干鲁古，汉名唐括安礼；移敌列，汉名伊喇慥（移剌慥）；阿散，汉名富察世杰；呼沙呼（胡沙虎），汉名赫舍哩执中；窊合山，汉名阿勒根彦忠。

在中国历史上，除了少数民族汉化的历史主流外，也存在部分汉族"少数民族化"的历史现象。据研究，在历史上北方民族活动地区，从匈奴到突厥，都曾同化过汉人，而辽金统治填平了民族鸿沟，为后来的民族融合创造了条件。① 在蒙古国时期，那些以被掳、投拜、签军、充当质子和士宦、征聘、迁民等方式聚合形成的"北上汉人"②，经历了不同程度的蒙古化过程。他们所使用的蒙古名，正说明了这样的社会历史事实。据《元史》卷一六九本传载，原河北大兴人贾昔剌，先事金朝，后投奔蒙古拖雷麾下，为汗廷御厨，深得信任，

---

① 毕奥南：《蒙古国时期北上"汉人"的蒙古化趋势》，中央民族学院硕士论文，打印稿，1990。

② 蒙古国时期的"汉人"概念是独特的，即它不仅包括一般意义上的汉族，还包括金国的契丹人、女真人、高丽人、渤海人，因为他们都主要地采纳了汉地中原文化。

因其须黄,赐蒙古名"昔刺"(意为"黄"),其汉名反而失传。贾昔刺之后亦事蒙古朝廷,且多以蒙古名行世。①

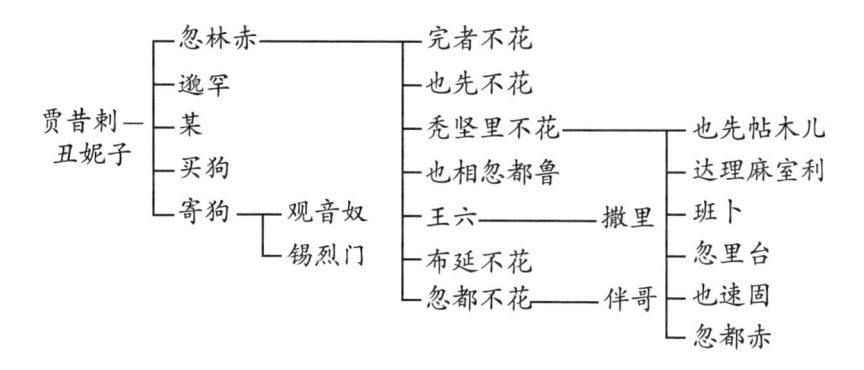

```
              ┌忽林赤──────┬完者不花
              │            ├也先不花
贾昔刺─       ├逸罕        ├秃坚里不花──────┬也先帖木儿
丑妮子        │某          ├也相忽都鲁       ├达理麻室利
              │买狗        ├王六────────撒里 ├班卜
              └寄狗┬观音奴 ├布延不花         ├忽里台
                   └锡烈门 └忽都不花────伴哥 ├也速固
                                              └忽都赤
```

石天麟14岁时随父由汉地北上朝觐,留居蒙古汗廷,后终身担任断事官,娶蒙妇,子女多取蒙古名。

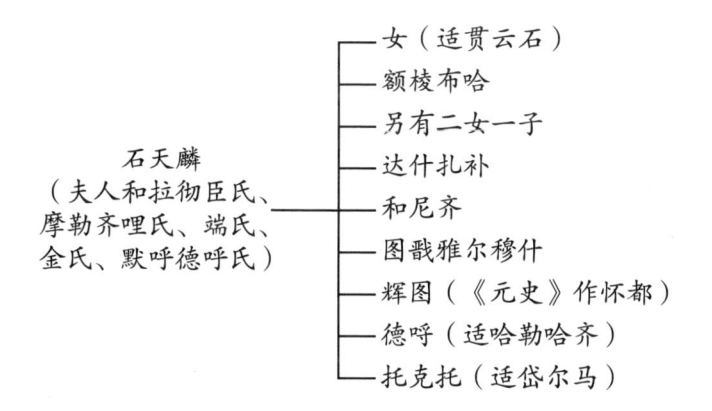

```
                    ┌女(适贯云石)
                    ├额棱布哈
                    ├另有二女一子
石天麟              ├达什扎补
(夫人和拉彻臣氏、   ├和尼齐
摩勒齐哩氏、端氏、  ├图戬雅尔穆什
金氏、默呼德呼氏)  ├辉图(《元史》作怀都)
                    ├德呼(适哈勒哈齐)
                    └托克托(适岱尔马)
```

中国历史上汉人取少数民族名的现象,主要是出于政治认同的需要,以迎合少数民族统治者。据《广西岑氏族谱》载,这一支岑氏家族原居南阳,其族谱称其祖先为周文王异母耀之子渠,后迁湖北、四川、浙江、广东、广西、贵州,其中广西一支从第八世到第十世用蒙古名。

---

① 以下贾昔刺和石天麟的世系图,参见毕奥南《蒙古国时期北上"汉人"的蒙古化趋势》。

| | | |
|---|---|---|
| 八世 | 帖木儿 | 长子 |
| | 阿剌兰 | 次子 |
| | 怒木罕 | 三子 |
| | 阿剌辛 | 四子 |
| | 不花也先 | 五子 |
| 九世 | 野先 | 帖木儿之子 |
| 十世 | 伯颜 | 野先之子 |

查其年代，这第八代到第十代的人，恰好生活在元代，足见他们取蒙古名是为了适应当时的政治环境。

高丽王朝在与蒙古全面接触之前，一直崇尚和实行汉族的衣冠制度，对于游牧民族文化怀有农业社会的传统优越感，高丽太祖遗训言："唯我东方，旧慕唐风，衣冠礼乐，悉尊其制，……契丹禽兽之国，风俗不同，言语亦异，慎弗效焉！"① 然而，自从蒙古忽必烈汗征服汉地，建立元朝以后，高丽已经处于内外交困之中：自1231年起，蒙古屡次入侵高丽，而从1270年左右始，高丽本身也陷于兵燹乱世。在这样的形势下，高丽王室不得不主动向蒙古请求臣附联姻。② 自1274年至1349年，共有九位蒙古公主下嫁高丽王室。③ 蒙古公主在高丽朝中，参与政事，享有极高的地位；同时，"王室间的联姻使两国关系从宗藩转变为亲族"④。此间高丽王室的蒙古化达到高潮，其标志⑤除了通血缘、易服发、行胡礼、奏胡乐、嗜狩猎以外，尚有用蒙古名（见表2-10）。

---

① 《高丽史》卷二，第26页下。转引自萧启庆《元代史新探》，新文丰出版公司，1983，第249页。
② 萧启庆：《元代史新探》，第234页。
③ 同上书，第238页"高丽王室蒙古后妃表"。
④ 同上书，第253页。
⑤ 同上书，第250~252页。

表2-10　高丽王室的蒙古名

| 名　主 | 蒙古名 | 拉丁转写 |
| --- | --- | --- |
| 忠宣王 | 益智礼普化 | Ijir Bukha |
| 忠肃王 | 阿剌忒纳失里 | Aratnashiiri |
| 忠惠王 | 普塔失里 | Putashiri |
| 忠穆王 | 八秃麻·朵尔只 | Batma Dorji |
| 忠定王 | 迷思监·朵尔只 | Chosgen Dorji |
| 恭愍王 | 伯颜·帖木儿 | Bayan Temur |
| 沈　王 | 完泽秃 | Oljeitu |
| 沈王孙 | 笃朵·不花 | To(gh)to Bukha |
| 沈王孙 | 帖古·不花 | Tegu(s) Bukha |

17世纪中叶，清军入关后，满族成为统治民族，许多汉族官民追随满俗，改名更姓，加入旗籍。称名不举姓是满蒙习俗，汉族则极重姓氏，虽在秦汉有称名不系姓的习惯，但绝不放弃。然而，清代汉军子弟更名易姓者，却不在少数；他们随满俗，称名不系姓，以本名第一字为"姓"。镶红旗洛翰（亦称劳翰），本刘姓，汉族，为了保护太祖努尔哈赤，他徒手搏敌，四指伤残，太祖赐其姓"觉罗"。"刘氏自洛翰始，掩其汉姓，随从满俗，相传六世，代代称号而不举姓。顺治年间，其后裔相继为额苏、恒禄、邓保、辽志等。"① 又如正蓝旗王国祚为天聪年间归顺的汉军，至孙辈时，依据满俗，只称名不系姓，顺次为阿玉锡、性桂、德清、怀仁；正白旗汉军魏氏改名绥恩后，其后代称名随满俗，至曾孙辈，分别称为五十一、清泰、清宁、五保柱、吉庆。② 据统计，《八旗满洲氏族通谱》所载满洲旗分内的汉姓旗有23个，其中13个随满俗不举汉姓，占56.5%；满洲所属旗分内另有汉姓旗131个，共510人，其中在五世内不称汉姓者268人，占52.5%；附满洲内的汉族63户，其中按满俗不称姓者62户，占

---

① 滕绍箴：《清代八旗子弟》，华侨出版社，1989，第32页。
② 滕绍箴：《清代八旗子弟》，第32页。

98.4%；附满洲旗分内的抚顺汉族共91户，在五世内不称姓者，占49户。①

现居内蒙古自治区呼伦贝尔盟根河市敖鲁古雅鄂温克民族乡的鄂温克族猎民，原居该盟额尔古纳右旗位于中俄界河额尔古纳河畔的奇乾乡。鄂温克族猎民与居住在俄罗斯联邦萨哈共和国的埃文基人，有着历史渊源关系。自沙俄统治扩张到西伯利亚后，他们即受到俄罗斯文化的强烈影响，至今保留了很多"俄化"特点。老一代鄂温克族猎民，除了本族语外，既能说汉语，也能说俄语；既信仰萨满教，也信仰东正教；他们吃自己烤的"列巴"，饮用红茶熬制的鹿奶茶；他们曾经在坟墓上立十字架，还普遍采用俄罗斯名。表2–11是敖鲁古雅鄂温克族猎民索罗共氏族的部分系谱②，其中大多数为俄罗斯名。

如果说，早期鄂温克族猎民的名字，是以俄罗斯化为主的话，那么，到了最近二三十年，他们使用的汉名逐渐增加，形成与俄罗斯名并存的个人—社会混合型双名制或多名制。这从一个侧面反映了鄂温克族猎民在不同时期与不同民族接触的历史内容。例如，在卡尔他昆氏族谱系中，祖辈人名几乎全部是俄罗斯名，到了后来，汉名数量有所增加，并且在双名使用者当中成为大名，而俄罗斯名成为小名；此外，还出现了两个日本名：何梅子、郝太郎（见表2–12）。

藏传佛教在蒙古地区的传播，使蒙古人大量使用藏名、梵名。在蒙古建国早期，藏传佛教红教派代表最先接受蒙古可汗的邀请，前往

---

① 滕绍箴：《清代八旗子弟》，第34页。
② 作者于1994年六七月间，参加了由郝时远研究员主持的中国社会科学院"院长基金"项目"'驯鹿之乡'敖鲁古雅鄂温克族猎民现状研究"。在调查期间，我们在乡文化站抄得一份《敖鲁古雅鄂温克族四大族谱》，此处所引用的，就是其中一部分。表中第一列为谱系里的第一代祖先，大约生活在19世纪中叶到20世纪初。表中用箭头表示"代"；竖排的方框（其间无箭头）表示兄弟姐妹关系（只涉及方框中的某一个人），方框内为配偶关系，其中有人经历过两次婚姻；括号内的"索"、"古"、"卡"为族姓，来源于原族姓的第一个音节读音；括号内另有表示民族、性别、去向的文字，原表格并未对此作规范化处理，有待进一步考证。

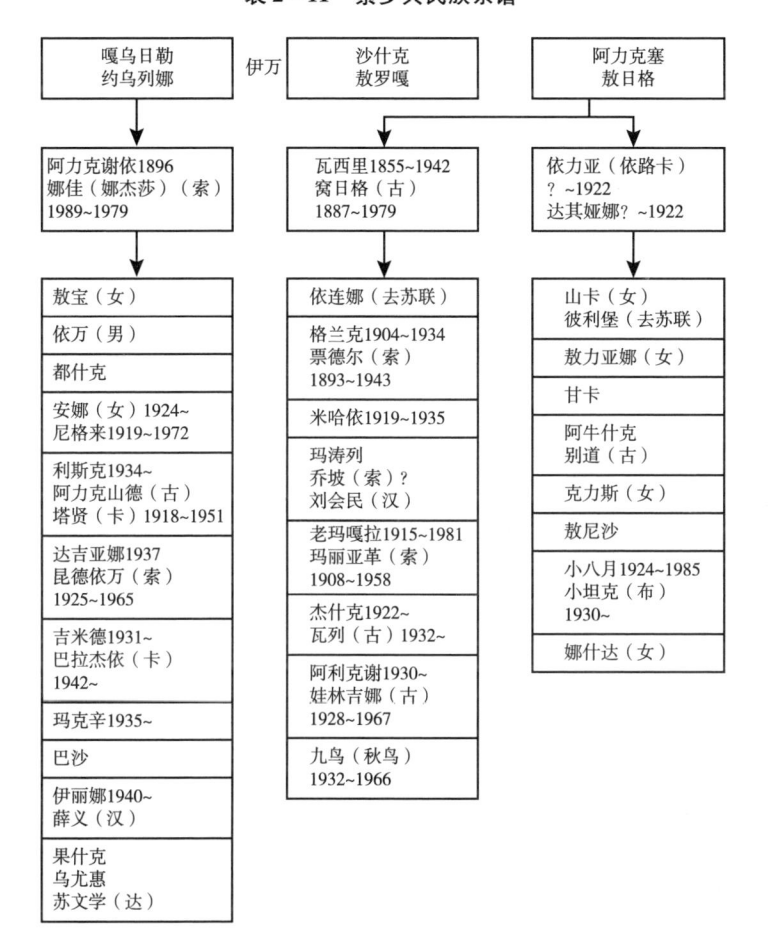

## 表2-11 索罗共氏族系谱

| 嘎乌日勒 约乌列娜 | 伊万 沙什克 敖罗嘎 | 阿力克塞 敖日格 |
|---|---|---|
| 阿力克谢依1896 娜佳（娜杰莎）（索）1989~1979 | 瓦西里1855~1942 窝日格（古）1887~1979 | 依力亚（依路卡）?~1922 达其娅娜?~1922 |
| 敖宝（女） | 依连娜（去苏联） | 山卡（女）彼利堡（去苏联） |
| 依万（男） | 格兰克1904~1934 票德尔（索）1893~1943 | 敖力亚娜（女） |
| 都什克 | 米哈依1919~1935 | 甘卡 |
| 安娜（女）1924~ 尼格来1919~1972 | 玛涛列 乔坡（索）? 刘会民（汉） | 阿牛什克 别道（古） |
| 利斯克1934~ 阿力克山德（古）塔贤（卡）1918~1951 | 老玛嘎拉1915~1981 玛丽亚革（索）1908~1958 | 克力斯（女） |
| 达吉亚娜1937 昆德依万（索）1925~1965 | 杰什克1922~ 瓦列（古）1932~ | 敖尼沙 |
| 吉米德1931~ 巴拉杰依（卡）1942~ | 阿利克谢1930~ 娃林吉娜（古）1928~1967 | 小八月1924~1985 小坦克（布）1930~ |
| 玛克辛1935~ | 九鸟（秋鸟）1932~1966 | 娜什达（女） |
| 巴沙 | | |
| 伊丽娜1940~ 薛义（汉） | | |
| 果什克 乌尤惠 苏文学（达） | | |

传教，其中最有名的八思巴甚至升任国师。后来，黄帽派兴起，大规模传入蒙古地区。16世纪，蒙古土默特部俺答汗迎接达赖三世入蒙古传教，蒙古受戒者多达千人，喇嘛教鼎盛。这时的蒙古人多请喇嘛取藏名。例如，据乾隆二十三年（1758年）编印的一份旗无牲畜贫困户调查簿，在入簿登记的621人中，有藏名290个，占46.7%；蒙藏合璧名18个，占2.9%；藏名与蒙藏合璧名合计308人，占49.6%；蒙古名181个，占29.2%。又据1911年喀尔喀土谢图汗盟的旗镇台吉名单，在341个成年人中，藏名229个，占67.2%；蒙藏合璧名28

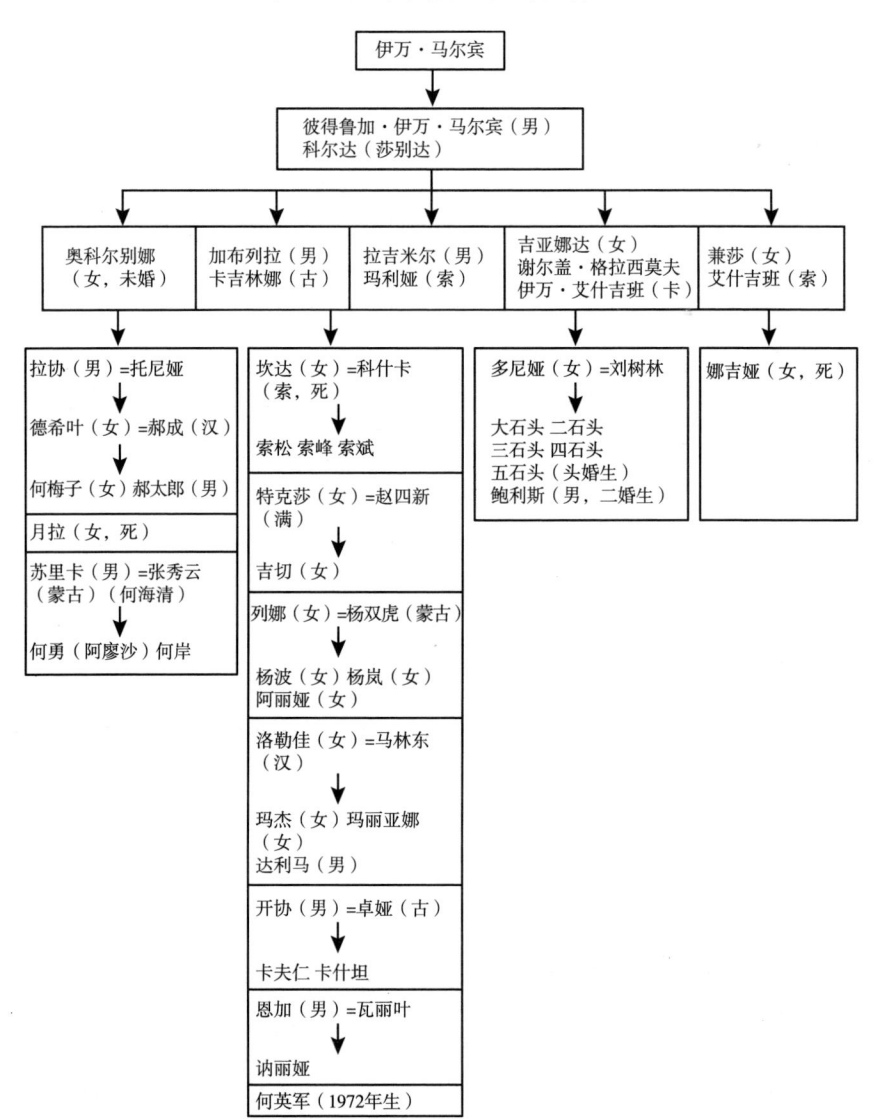

## 表2-12 卡尔他昆氏族部分谱系

```
伊万·马尔宾
    ↓
彼得鲁加·伊万·马尔宾（男）
科尔达（莎别达）
```

| 奥科尔别娜（女，未婚） | 加布列拉（男）卡吉林娜（古） | 拉吉米尔（男）玛利娅（索） | 吉亚娜达（女）谢尔盖·格拉西莫夫 伊万·艾什吉班（卡） | 兼莎（女）艾什吉班（索） |
|---|---|---|---|---|
| 拉协（男）=托尼娅 ↓ 德希叶（女）=郝成（汉） ↓ 何梅子（女）郝太郎（男） 月拉（女，死） 苏里卡（男）=张秀云（蒙古）（何海清） ↓ 何勇（阿廖沙）何岸 | 坎达（女）=科什卡（索，死） ↓ 索松 索峰 索斌 特克莎（女）=赵四新（满） ↓ 吉切（女） 列娜（女）=杨双虎（蒙古） 杨波（女）杨岚（女） 阿丽娅（女） 洛勒佳（女）=马林东（汉） ↓ 玛杰（女）玛丽亚娜（女） 达利马（男） 开协（男）=卓娅（古） ↓ 卡夫仁 卡什坦 恩加（男）=瓦丽叶 ↓ 讷丽娅 何英军（1972年生） | 多尼娅（女）=刘树林 ↓ 大石头 二石头 三石头 四石头 五石头（头婚生） 鲍利斯（男，二婚生） | 娜吉娅（女，死） |

个，占8.2%；藏名、蒙藏合璧名合计257个，占75.4%；蒙古名42个，占12.3%。蒙古族的藏名（包括随藏名一道传入的梵名），在内容上可以分为如下几类：

1. 神、圣物、保护神之名：札米杨（智慧神）、彦吉玛（诗神）、道拉金（绿色救星）、汗达（飞天仙女）；

2. 经名或者书名：赞巴丹（意为"第八千"，文学作品《八千首诗》之名）、孙杜依（经名）；

3. 蒙古文佛教哲理的名字：召东依（勤奋的）、苏得巴（忍耐）、毛龙（祝福）；

4. 含义好的名字：嘎尔旦（幸福）、策仁（长寿）、索德淖尼尔（行善）；

5. 星期名：米格玛拉（一周的第二天，火日）、拉哈格巴（一周的第三天，水日）；

6. 其他名：贺尔罗（轮子）、拉勒迪（剑）、宁布（心）、那慕凯（苍天）。[①]

## 四 征服、权力与姓名

战争冲突导致的新权力格局，市场经济的冲击，信息革命的巨大影响，政治理念、时尚、情感、审美以及其他方面的因素，都会造成姓名的同化或者变化。古代族际战争频仍，被征服者被迫改名换姓，向征服者看齐。征服者也会向被征服者赐姓，以示绥远归化，炫耀胜利。根据张鸿翔《明外族赐姓考》记载，明代初兴，有蒙古人、女真人（满洲人）和回鹘人或降或俘，明廷大事赐姓、赐名、授职之举，"以泯种见"，"造成有明华夷同化之端"，受赐者106人（见表2-13）。

---

[①] 有关材料转引自赞巴拉苏荣《蒙古人的姓名》，《蒙古学情报与资料》1988年第3期。

表 2-13　明代部分少数民族受赐姓名表

| 本名 | 赐姓名 | 族属 | 授职 | 授职年份 |
|---|---|---|---|---|
| 火你赤,亦称齐和 | 霍庄 | 蒙古 | 翰林蒙古编修 | 洪武九年 |
| 观音保 | 李观 | 蒙古 | 金齿指挥使 | 洪武十六年 |
| 伦都尔灰 | 柴秉诚 | 蒙古 | 右军都督佥事 | 永乐三年 |
| 保柱,亦称巴珠 | 杨效诚 | 蒙古 | 指挥佥事 | 永乐三年 |
| 丑驴,亦称绰罗 | 李贤 | 蒙古 | 燕府纪善 | 洪武二十一年 |
| 把都帖木儿,亦称巴图特睦尔 | 吴允诚 | 蒙古 | 右军都督佥事 | 永乐三年 |
| 满束儿灰,亦称玛勒苏尔叶 | 柴志诚 | 蒙古 | 都指挥同知 | 永乐四年 |
| 伯帖木儿,亦称拜帖木儿 | 柴志敬 | 蒙古 | 指挥使 | 永乐四年 |
| 祖住不花,亦称祖准不哈 | 柴永谦 | 蒙古 | 庄浪卫指挥佥事 | 永乐四年 |
| 阿儿剌台,亦称阿尔拉卜台 | 杨汝诚 | 蒙古 | 凉州卫都指挥佥事 | 永乐四年 |
| 麻子帖木儿,亦称默色特穆尔 | 王麒 | 女真 | 后军都督同知 | 永乐年间 |
| 阿哈出 | 李诚善 | 女真 |  | 永乐年间 |
| 哈铭 | 杨铭 | 回鹘 | 锦衣卫指挥佥事 | 天顺元年 |
| 写亦虎仙 | 朱虎仙 | 回鹘 | 锦衣指挥 | 正德年间 |
| 米儿马黑麻 | 朱黑麻 | 回鹘 |  | 正德年间① |

征服者并不总是要求同化被征服者,他们也常常有意保持被征服者的他者地位,这同样反映在被征服者的名字之上。从 18 世纪初到 19 世纪末被英国人推翻,非洲阿赞德王国一直进行大规模的军事征服,带回大量的俘虏,称为 nnonkofo,他们作为奴隶,或者生活在奴隶主家中,或者聚居在奴隶村。普通的阿赞德人出生时获得"魂名"（soul name）,本地语言称 kradin,属于生辰名: Adwoa（周一生的女孩）、Kwadwo（周一生的男孩）、Kwame（周六出生的男孩）、Ama（周六出生的女孩）。这些婴儿还会获得和出生时的境况或者家庭状况有关的名字: 孪生子分别叫 Ata Panyin 和 Ata Kuma, Tawia 是双胞胎之后出生的孩子, Adiyea 表示"你悲伤",指孩子从小失去亲人。②

---

① 张鸿翔:《明外族赐姓考》,《辅仁学志》1932 年第 3 卷第 2 期。
② Susan Benson, "Injurious Names: Naming, Disavowal, and Recuperation in Contexts of Slavery and Emancipation", in Gabriele vom Bruck and Barbara Bodenhorn (eds.), *The Anthropology of Names and Naming*, pp. 185–186.

孩子在出生后第八天获得本名，成为正式社会成员。虽然孩子跟随母系，母方家族提供最重要的经济来源和遗产，但给他（她）起本名的人却是他（她）的父亲或者父亲族系的人。此外，本名之外还有他号，如"国家的捍卫者"、"大个子"，主要描述外貌、脾性和成就。比较起来，奴隶的名字就没有这样丰富多彩了，既没有"魂名"，也没有"本名"。奴隶们有专门的"应答名"（answer names），当主人呼唤时，奴隶只能用"应答名"回答。例如，主人呼唤科菲（Kofi），科菲用自己的"应答名"回答：Biako eya（"孤独是令人伤心的"），或 Ade nyina wo Nyame so（"一切都和上帝同在"），或 Barima ena（"英雄难得"）。[1]

## 五　人名与社会心理

姓名同样也可以反映一定时代的民族心理。民族心理是一个复杂的综合体，它存在于一定的社会环境中，以社会与个人的互相作用，历史上沿袭下来的风俗习惯、社会记忆、社会认知以及社会运动为背景。姓名对于民族心理的反映，也是对于各种社会因素互动的反映，这是因为民族心理必然要受到社会历史和社会结构的制约。在许多不发达社会中，姓名以及围绕姓名产生的社会活动，在不同程度上影响着民族个人心理的形成，即民族姓名不单纯是一个反映社会心理的符号形式，而且在特定历史时期内，还是一个影响个人心理形成的文化特质之一，这一点可以通过大量民族学材料，尤其是一些具有典型民族学意义的命名仪式，清楚地看到。姓名的意义和姓名文化的核心，是命名、记忆和运用。姓名形式和姓名文化是在命名、记忆和运用中产生、存在和传承的。对于那些姓名体系具有重要社会功能的族群来

---

[1] Susan Benson, "Injurious Names: Naming, Disavowal, and Recuperation in Contexts of Slavery and Emancipation", in Gabriele vom Bruck and Barbara Bodenhorn (eds.), *The Anthropology of Names and Naming*, p. 187.

说，命名是一种动员，是一种维系，也是一种教育：在命名过程中，族群成员以自己的社会活动和心理活动，表现社会的结构、传统的权威；强调群体和个人的义务，联络感情，交流信息。同时，命名活动也是对社会行为方式、分类知识、文化观念等方面的再现和调适，是新旧势力矛盾、对抗的过程。总之，一个民族在历史上形成的各种特点会积淀在民族心理中，而民族姓名则不同程度地反映这种积淀，并通过命名和姓名使用，有力地影响着个人民族心理的培养。

封建时代的汉族排名制和系谱，表现了一个宗法制度的类别，以及相应的宗法心理。无论是民族还是国家，都在符号结构和符号资本方面，与家族存在隐喻的对应关系或者借用关系。① 民族是在家族符号结构和符号资本的基础上形成的超族群政治—文化体。② 家族既然有着如此重要的意义，那么，作为家族符号结构成分的中国封建时代的排名制和系谱的重要性，也就可想而知了。

排名和系谱密切相关，以系谱统排名，以排名作系谱。中国古代，至少在司马迁以前，便有记述氏族世系的书籍。《史记·太史公自序》言："维三代尚矣，年纪不可考，盖取之谱牒旧闻。"谱牒，最初指专门记录帝王诸侯世系的史籍。魏晋时代，特重门第，设官分职，必稽系谱，系谱成为地主门阀自我再生、自我保持的手段。北魏时代，按门第高低列次为选举格，称"方司格"。宋代以后，私人修

---

① 符号结构，指事物、现象与事物以及现象之间存在的系统性象征关系、类比关系或者指称关系。"符号资本"（symboliccapital）是法国社会学家和人类学家伯尔杜（Pierre Bourdieu）使用的术语，指在特定社会环境里用来产生社会效应并由此获取经济，政治和其他方面利益的符号或符号现象，主要表现为特权和荣誉。在一些土著社会里流行的夸富宴（potlatch）、联姻、礼品交换仪式等，便是这样的符号或符号现象，其目的往往在于换取经济和政治资本。符号资本是信誉经济（good-faitheconomy）的基础，是隐蔽的经济和政治谋略，而不是什么"无私奉献"。在那些物质生产不发达的社会，经济考虑与感情、人情交织在一起，以"人情债"代替"经济债"，符号资本和经济资本不断互相转换。说好话、握手、议论他人、诅咒、发誓，等等，都会成为人们有意无意地积累符号资本的手段。

② 纳日碧力戈：《民族与民族概念再辨正》，《民族研究》1995年第3期。

谱之风大盛，谱书驳杂，如家谱、族谱、世谱、宗谱、家乘、祖谱、合谱，等等。旧时，如我们在前面已经提到，汉族社会实行"行辈排名制"：同姓同宗同辈的人，名字中必有一字或者一个偏旁甚至一个寓意相同。有的家谱规定了五言诗四句二十字，依世排名，周而复始，象征香火不断、转生轮回。同姓同宗的人，见了名字就知道排辈，也就知道自己的相对社会地位和行为规范。系谱是施加在姓名上的社会控制。在封建社会，从系谱中除名，是一个严重的事件和惩罚；即便在人死后，把死者从族谱中除名，其效果无异于鞭尸；通过对姓名符号的控制，发挥社会记忆和结构性健忘的功能，达到维持正统的目的。当然，从系谱中除名，也是一种广义的命名，因为它实际上是在向社会宣布取消某人的家族成员的资格，被除名者在原家族中也就成了"无名氏"，而"无名氏"也是"名"。他的名字就是"无名氏"或者"被除名那位"，或者其他。宋代苏洵在《苏氏宗谱》中说："观吾之谱者，孝弟之心，可以油然而生矣。情见于亲，亲见于服，……无服则情尽，情尽则喜不庆，忧不吊，喜不庆忧不吊则涂人也。"

家谱以有关族名的记载为中心，其内容包括一定的序列形式、恩荣记录、宅居故里、祠堂墓冢、家训，等等。查《武林邵氏族谱》，有寡妇多人，因"守节"不嫁而获旨旌奖，恩准入祠，谱上有名，被定为宗法楷模。她们是：旌奖节孝阶公侧室陈太宜人，计守节22年；旌奖节孝五叔父林公侧室胡孺人，计守节28年；旌奖节孝六叔母陈太宜人，计守节57年；旌奖节孝林宜人，计守节33年；旌奖未婚守节孝郡母吴宜人，计守节12年；旌奖节孝郑孺人，计守节10年。

这种文字形式上的褒奖，说明了中国封建时代妇女的依附地位：只有清心寡欲、放弃春华，才能在族谱上扬名。系谱是体现宗法的符号手段之一，就是用文字的语义场来表达；这个语义场可以用"承先、启后、继业、兴宗、亲爱"等十个字概括：

1. 承先，如绍祖、继祖、孝先、敬祖
2. 启后，如广嗣、延嗣、裕孙、蕃孙
3. 继业，如绍箕、绍裘、绳武、克武
4. 兴宗，如显祖、亮祖、光宗、延族
5. 亲爱，如怀祖、念祖、怡孙、悦孙①

具体的例子，如三国刘先，字始宗；刘兆，字近世；滕胤，字承嗣；陆胤，字敬宗；陶谦，字恭祖。晋代王弼，字辅嗣。后唐马胤孙，字庆先。后魏卢度世之孙道将，字祖业；道裕，字宁祖；道虔，字庆祖。宋代钱端祖，孙名象祖。清代袁枚，孙名祖先。等等。汉族的世代排名制，以文字形式来象征和确定亲属结构上的长幼尊卑、上下有序。例如，南宋名儒朱熹家族第16到第35代的字辈为："一、守、三、志、长、惟、以、有、必、香、恒、从、谦、受、益、家、积、善、能、昌"；现代著名诗人萧三的族谱上的字辈为一首五言诗：

自嗣宜百世，福庆永昌宁；
常守仁又礼，智信绍贻经；
克俭师先训，效伦启后型。②

在少数民族中，也有类似的但具有自己特点的族谱制度。鄂温克族传统上的"毛昆会议"（家族大会）中，最引人注目的内容是"毛昆达仁"或者"毛昆达西仁"，它是一种对家族成员的审判会。查巴奇（今阿荣旗查巴奇鄂温克民族乡）杜拉尔氏毛昆（家族）的两个成员，为了争女人而出了人命，一个打死了另一个。毛昆达（家族

---

① 萧遥天：《中国人名的研究》，第153~154页。
② 王泉根：《华夏姓名面面观》，广西人民出版社，1988，第119页。

长）召集毛昆老人开会，决定将杀人者从家谱中除名，令其改姓，交地方官流放远地。过去，从家谱中除名，对于鄂温克族来说，几乎等于判处死刑。①

## 六　人名与信仰

姓名反映的重要社会内容之一，是民族的信仰。信仰可以通过各种民间形式如传说、巫咒、仪式等来表达，而姓名以及命名活动，也属于这样的民间形式。在原始社会或者不发达的前阶级社会，由于生产力低下，生存环境恶劣，人们主要靠亲知和想象来认知世界，其观察简单而直接；在他们的语言中，表达一般概念的名词少，多为有关具体现象的描述词。在这样的社会中，人名和族名多出自和他们的生活和生产密切相关的天象、动植物、血缘关系，或者其他自然物和自然现象。如麦克斯·缪勒指出，在神话产生的时代，每一个词都是笨重和复杂的，具有远超出字面意义的丰富内涵。希腊神话中的专名充满了感情色彩，本身就是神话的缩写。在赫西俄德的作品里，Nyx（黑夜）被称为 Moros（命运之神）和黑色的 Ker（毁灭）的母亲，她也是 Thanatos（死亡）、Hypnos（睡眠）和 Oneiroi（梦）之乡的母亲。此外，她还被称为 Momos（责备）、悲伤的 Oizys（苦恼）和 Hesperides（众星）的母亲。Nyx 还生了 Nemesis（复仇）、Apate（欺诈）、Philotes（淫欲）、有害的 Geras（老年）和才智过人的 Eris（竞争）等后代。天神尤拉诺斯（Uranos）覆盖一切，他在夜里伸向四方，拥抱大地。Uranos 对应于梵语的 Varuna，词根为 Var-（覆盖），Varuna（伐楼拿）在《吠陀经》里也是天神名，且专司黑夜。② 泰勒认为，"野蛮人"的世界给一切现象加上人格化的色彩，使之任性倜

---

① 乌热尔图主编《鄂温克风情》，海拉尔文化出版社，1993，第30页。
② 〔德〕麦克斯·缪勒：《比较神话学》，金泽译，上海文艺出版社，1989，第68～84页。

倦,就像超自然的神灵。① 然而,这是一种从原因到结果的理性归纳,是一种发达社会的认知模式,还不能圆满地解释"原始人"的实际需要,列维-布留尔说得好:"神话、葬礼仪式、土地崇拜仪式、感应巫术不像是为了合理解释的需要而产生的;它们是原始人对集体需要、对集体情感的回答,在他们那里,这些需要和情感要比上述的合理解释的需要要威严得多、强大得多、深刻得多。"②

我们同意列维-布留尔的观点,即"原始人"对于世界的解释,建立在集体表象之上,它不是我们现代意义上纯智力活动的结果,而是情感、运动和理性、主观和客观的"互渗"。在"原始人"看来,任何再现的形象符号,都与它们所指原型的本性、属性和生命存在"互渗"关系。③"集体表象",是自然族群有关社会情感、直观现象、运动、生存需求的观念形态异化,属于天人合一的思维逻辑。如麦克斯·缪勒所言,人类思维对于原因的思虑,和对于原因的发明,同样迫切。④"原始人"不自觉地发明了万物运动与存在的原因,并以集体表象统辖之;在极端的情况下,"集体表象"就成了万物运动与存在的原因本身。图腾社会的成员相信,每一个氏族都与特定的动植物,或者其他自然物、自然现象有密切关系,并且把氏族图腾作为本氏族的保护者加以崇拜,绝不相害。他们以图腾名为族徽,自认是该图腾的后代。这方面的例子,泛见于世界上一些民族的古代和现代。非洲贝川那人,以鳄鱼、水牛、象、豪猪、狮子、藤,作为本族图腾。北美印第安易洛魁人塞讷卡部落的 8 个氏族,都以动物名为族号:狼、熊、龟、海狸、鹿、鹬、苍鹭、鹰。在欧洲,古希腊阿喀亭人、米尔米东人、阿菲欧琴人,习惯用熊、蚁、蛇等为名;古罗马军

---

① 〔英〕泰勒:《原始文化》(*Primitive Culture*),第 4 版,第 108~109 页。转引自列维-布留尔《原始思维》,第 17 页。
② 〔法〕列维-布留尔:《原始思维》,第 17 页。
③ 〔法〕列维-布留尔:《原始思维》,第 72~73 页。
④ 〔德〕麦克斯·缪勒:《比较神话学》,第 85 页。

旗上描绘着狼、马、野猪、鹰、牛5个氏族图腾。在亚洲，印度科耳人鄂腊翁部和孟达部，以鳗、隼、鸦、苍鹭等为图腾；萨摩亚的一些氏族，以海鳗、海胆、鸥、枭和鸽为图腾；雅库特、吉尔吉斯、布里亚特人，则以熊、犬、鹄为图腾。①

查阅彝文经籍所记录的彝族先民的谱系，第一代祖先的名字，总要冠以动植物或者自然现象的表征，其后便是按照父子连名传递的各代人名。据研究，彝族古代曾实行过图腾制度，这可以从许多由古代氏族图腾转化来的现代彝族姓氏反映出来，例如云南武定彝族氏族名称和现代的姓氏（见表2-14）。

哈萨克（Kazak）这个族称，有人认为是"白天鹅"的意思；②也有人认为是"大胆、勇敢、自由"的意思。③但是，联系到这个族称背后的原始崇拜性质，这个词的原义似乎应当是"白天鹅"，而"大胆、勇敢、自由"等，应当是派生意义。如此，二者并不矛盾。据哈萨克传说，有一位名叫卡勒恰哈德尔的年轻首领，一次战败负伤，独自在炎热的戈壁上行走，饥渴交加，体力不支。这时，天空忽然裂开一个空隙，有一只白色雌天鹅飞下来，为他滴一滴口涎，把他带到海边。卡勒恰哈德尔立即恢复体力，那只天鹅也脱羽化作佳人，与他婚配，并生下一个男孩，取名"Kazak"，以示纪念。哈萨克语"kaz"为"天鹅"之意，"ak"意为"白"，合称"白天鹅"。历史上，哈萨克人多以"哈孜"（kaz，天鹅）为部落名和地名，如"哈孜部落"（"天鹅"部落）、"哈孜湖"（"天鹅"湖，即巴尔喀什湖）、"哈孜"城（"天鹅"城）等。传说中的白天鹅，是母系象征，暗指着哈萨克妇女在历史上的重要地位，也表明天鹅是哈萨克人的原始信仰对象。哈萨克人传统上把天鹅视为圣鸟，禁止捕杀，民间巫婆头插

---

① 徐一青、张鹤仙：《姓名趣谈》，第6~7页。
② 我们把族称看作广义的、原生的姓氏。
③ 《哈萨克族简史》编写组：《哈萨克族简史》，新疆人民出版社，1987。

表 2-14　云南武定彝族氏族名称

| 氏族名称 | 译意 | 假借汉姓 | 备注 |
| --- | --- | --- | --- |
| 都卑普 | 蜂族 | 张 | |
| 对素普 | 鸟族 | 张 | |
| 薄以鲁普 | 虎族 | 张 | |
| 阿鲁普 | 獐族 | 张 | |
| 那普 | 黑族 | 张 | |
| 周卑族 | 歧路族 | 李 | |
| 斥普 | 梨族 | 李 | |
| 地哈勺普 | 鼠族 | 李 | |
| 趣巢普 | 侍臣族 | 李 | 以先祖随侍土司得名 |
| 都普 | 蜂族 | 王、钱 | |
| 阿奴普 | 猴族 | 朱 | |
| 独普 | 独族 | 申 | |
| 普除普 | 布族 | 普 | |
| 察普 | 草名族 | 杨 | |
| 阿勒普 | 帝赐族 | 凤 | 即凤土司族名，先祖以功，明代赐姓凤，后以乱改姓那 |
| 女馁普 | 黄牛族 | 黄 | |
| 阿基普 | 白族 | 不详 | |
| 以塔卑竹普 | 水族 | 不详 | |
| 地阿勺普 | 凤族 | 不详 | |
| 不勒以支普 | 蛇族 | 不详 | |
| 卢丝普 | 龙族 | 龙 | |
| 包模普 | 光明族 | 山 | |
| 德普 | 地族 | 李 | |
| 白木普 | 山族 | 山、沙 | |
| 丝古普 | 神名族 | 李、余 | |
| 阿木柏普 | 酒壶族 | 壶① | |

天鹅毛，以示崇拜；人们还把死去的天鹅挂在毡房木栅上，把天鹅毛插在儿童胸前。汉文史籍也有类似记载。据《周书·突厥传》，突厥祖先伊质泥师都，娶二妻，生四男，其一变为白鸿，为哈萨克人

---

① 马学良：《彝族姓名考源》，载《民族语文教学文集》，四川民族出版社，1988；另见马学良《彝族》，载张联芳主编《中国人的姓名》。

祖先。① 哈萨克语 "kaz" 一词，除 "天鹅" 之意外，另有 "自主"、"自由行动" 的意思，如 kazdangkaolewkazdangdaw（轻盈地走起来）、kazdangdatew（自由地朝前走）；《暾欲谷碑》和《阙特勤碑》，均有 kazolan 一词，表示 "奋斗"、"努力"、"取得" 等意义，后又由天鹅飞翔的自由自在貌，引申出 "自主"、"自由"、"大胆" 等意义。②

中国古代北方民族多以 "腾格里"（tegri，"天"）一词为帝王称号，表达了一种天人合一的观念。据《汉书·匈奴传》载："单于姓氏，其国称之曰'撑犁孤涂单于'。匈奴谓天为'撑犁'，谓子为'孤挛鞮涂'，单于者，广大之貌也，言其象天单于然也。""撑"，拟音 cheng；"犁"，拟音 liei；"撑犁"（chengliei），八思巴文作 dengri，现代蒙古语作 tegri（天）。"撑犁孤涂" 意为 "天子"，是一种原始崇拜。蒙古史籍《蒙古秘史》（第21节）提到，成吉思汗的女祖阿阑·豁阿，称其感光而生之子，为 "显是天的儿子"。《蒙古秘史》中晃豁塔歹人蒙力克的第四个儿子阔阔出是萨满，号 "帖卜·腾格里"（Teb Tengri），自诩为替天行道的神巫。蒙古人对天的崇拜，还可以追溯到突厥人那里去。据《伽可汗碑》载，突厥大汗自称 "天生突厥 伽可汗"。回纥可汗多在名号前加 "登里"，也表示对天的崇拜。突厥乌古斯汗之子中，有三人名字是 "坤"（kun，太阳）、"爱"（ai，月亮）、"余勒都斯"（yulduz，星星）。乌古斯可汗的母亲叫 "阿依汗"（"月亮可汗"），而在民间故事《阿芙拉特可汗的九个女儿》中，指挥战争的小公主，亦名 "阿依汗"。以天体为汗名，把万民对自然物的崇拜移植到统治者身上，这显然表现了类似于 "君权神授" 的观念。蒙古族英雄史诗《纳仁汗传奇》的主人号称 "纳仁"，意为 "太阳"（naran）。据《蒙古秘史》（第63节）载，当铁木真（成吉思

---

① （唐）令狐德等撰《周书》第2册，中华书局，1971，第908页。
② 《哈萨克族简史》编写组：《哈萨克族简史》。

汗）的父亲领着他前往舅舅斡勒忽讷惕处定亲时，遇上翁吉拉氏德薛禅，后者说："我昨天梦见一个白海青。两手拿着日月。飞来我手上立。……原来你今日将这儿子来应了我的梦。必是你乞颜人氏的吉兆。"该书（第103节）还记载，成吉思汗曾迫于篾儿乞惕人追杀，遁入肯特山，得免于难。他于是"向日，挂其带于颈，悬其冠于手腕，以手椎膺，对日九跪，酒奠而祷祝焉"。其实，太阳崇拜的例子，在世界各地的民族中多有所见，如罗马人、英格兰人、印第安人、威尔士人、苏格兰人、巴比伦人、希伯来人、希腊人、萨莫耶德人、阿卡德人、阿拉伯人、叙利亚人、迦南人、古印度人、埃及人、波斯人、拉普兰人、芬兰人、斯堪的那维亚人、阿兹特克人、墨西哥人、中国人等，以至于19世纪的著名学者麦克斯·缪勒认为，神话的核心和神的原始观念起源于太阳。①

除了天崇拜以外，古代中国北方民族还盛行狼崇拜。据《蒙古秘史》载，蒙古族祖先为"天生一个苍色的狼"，狼一词，蒙古文作chino（对音为"赤那"）。书中另有一个名叫"不里·勃阔"的人，"不里"即突厥语buri（狼），"勃阔"为蒙古语boko（力士），"不里·勃阔"合称"狼力士"。据考，"布里亚特"（Buriad）这个族名，也是源自buriy一词。② 蒙古族传统上禁说Chino（狼），据说是因为蒙古祖先受天命而生，名叫Burt Chino（孛儿帖·赤那）的缘故。内蒙古察哈尔地区把狼称为tegri-innohai（天狗）、hamagutu（长疥的）、buhaldai（稻草堆）、hudegen-nunohai（野狗）、hudege-inebugen（野叟）、gaihal（怪物）；鄂尔多斯地区称为hegere-in yaguma（野东西）、huhe nohai（青狗）、modon segultu（木尾巴的）、shira nidutu（黄眼珠的）；布里亚特地区称为urtu segultu（长尾巴的）、nooson

---

① 《比较神话学》，第7页。
② 楚伦巴根：《与蒙古族族源有关的一些匈奴词新解》，《内蒙古社会科学》1986年第5期。

tologaitu（毛头的）、huiten shinjitu（寒冷相的）；科尔沁地区称为 yeh amat（大嘴）、abugai（先生）、shiljiljegur（游荡者）、ulimal（嚎叫的）等。① 据《黄金史纲》载，成吉思汗于征西夏途中，"传令大狩，行围于杭爱汗山，敕言：'若有苍狼、花鹿入围，不许杀戮……'。果有苍狼花鹿入围，而放走未杀"②。蒙古人对狼的崇拜与匈奴、突厥的狼图腾崇拜，颇有神似之处。狼图腾崇拜当与游牧民族所处的自然环境有关。一方面，狼害是游牧生产的最大威胁；另一方面，狼在草原上成群结队，机警灵活，迁徙无常，又为游牧民族所推崇。正是这样一种恐惧与崇敬的复杂心理，与祖先崇拜、君主崇拜相结合，形成了中国古代游牧民族原始信仰的基础。姓名上反映的原始信仰，除了相应民族的社会存在条件和方式外，还有他们的思维特点和观念特征。信奉图腾的不发达民族，善于对他们所崇拜的动植物或其他自然物做形象化的移情，使之人格化或者人形化。列维－斯特劳斯在《野性的思维》中谈到动物社会与人类社会的各种同喻关系时指出："……鸟和狗都与人类社会直接相关，这或者是因为它们通过自己的社会生活（人把这种生活看作是对人的社会生活的模仿）表示出了这种关系，或者是因为它们并没有自己的社会生活而是作为我们人的社会生活的一部分。""家畜象狗一样组成人类社会的一部分，但似乎是以非社会性方式组成的，因为它们邻近于物体。最后，赛马象鸟一样构成了一个与人类社会脱离开的社群，又象家畜一样欠缺固有的社会性。""因此，如果鸟是隐喻的人，而狗是换喻的人，那么家畜可看作是换喻的非人，而赛马可看作是隐喻的非人：家畜是邻近性的，只因为缺乏相似性；赛马是相似的，只因为欠缺邻近性。这两类中的每一类都为另两类中的每一类提供了'逆象'，另外两类本身则存在于对称的

---

① 索特那木道尔吉：《蒙古族的人名禁忌习俗》，《内蒙古师大学报》（哲学社会科学版）1986年第3期。
② 朱风、贾敬颜：《汉译蒙古黄金史纲》，内蒙古人民出版社，1988，第27页。

关系中。"①②

人类姓名反映的动物崇拜，建立在原始的时空观念之上。在原始思维中，某些动植物和其他自然物与人类在时间和空间上的接近，使前者有可能成为社会或者个人的图腾。动植物或者自然物与人类在时空上的接近，使后者有某种认同感和亲近感，但作为自然界一部分的前者，仍然带有某种人类所不能理解的超自然力，因此它们又是神秘和陌生的。"空间的接近也象时间的接近一样是一种互渗，甚至有过之，因为原逻辑思维对空间的确定比对时间的确定更注意。"③ 一些不发达族群，把时间关系和位置关系并列起来，把它们"想象成由于接近而来的互渗"。例如，美洲霍皮人（Hopi），把两个不同地点发生的事件，按照相对于自己所在位置的距离划分时间先后：离自己近的那个地方发生的事，一定要比离自己远的那个地方发生的事在时间上靠前。④ 在初民感觉中，自然物与自己在时空上的接近，使他们更容易观察和解释他们与他们所崇拜的动物之间，在肉体和心理上的相似性。例如，在托列斯海峡的岛民中，有这样一种意识：食火鸡族、鳄鱼族、蛇族、鲨鱼族、锤形鱼族等是好斗者，犁头鳐族、鹞鱼族、胭脂鱼族等是和平者。⑤ "在齐佩瓦族中鱼族人以长寿著名，往往头发纤细而稀疏，而一切秃顶的人都被认为是来自这个民族。相反，熊族人的特征是又长又粗又厚的黑发，年龄增长也永不花白，性情暴躁好斗。鹤族人有清脆响亮的声音，部落的演说家们都出自这一氏族。"⑥

---

① 引文中加重号为原作者所加。——引者注
② 〔法〕列维-斯特劳斯：《野性的思维》，第 236 页。
③ 〔法〕列维-布留尔：《原始思维》，第 276~277 页。
④ Lee Whorf, "An American Indian Model of Universe", in *Language, Thought and Reality*, Cambridge: MIT, 1956.
⑤ G. E. Frazer（G. E. 弗雷泽）, *Totemism and Exogamy*（《图腾制与族外婚》）, London, 1910, Vol. II, pp. 3~9, 转引自列维-斯特劳斯《野性的思维》，第 132 页。
⑥ 〔法〕列维-斯特劳斯：《野性的思维》，第 132 页。

## 第三节　姓名的形式与内容的超民族共性

各民族的姓名形式与内容具有不同的民族特点，同时也存在许多共性，例如它们都要遵守一定的符号规则和社会交际规律。

### 一　姓名的形式与内容在互动中的共性

姓名的形式与内容，在各个民族当中都有不同的特征和使用方式。但是，它们在更高层面上，在人们的社会活动中，却具有广泛的超民族共性，都无一例外地受到对立统一规律的制约，都离不开形式与内容的互相作用。无论是哪一个民族的姓名，都存在内容决定形式、形式制约内容的共性；同时，内容在一定的条件下，会转化成为形式，而形式也会变成内容。对于姓名形式与姓名内容的定位，只能在社会实践和具体的文化结构中才能实现。姓名形式与姓名内容首先是社会认知的对象，即它们是客观存在的现象；其次，它们是社会阐释的对象，即它们要被纳入由分类知识确定的框架之中；再次，它们是实践对象，即它们只有通过命名活动，才能存在；最后，它们是记忆对象，即它们是社会和个人心理复制的一个模板。

### 二　姓名内容对姓名形式的作用

在许多文化中，姓名是社会礼仪的一部分，与人的行为规范密切相关。"因事命名"，即根据不同的事件加以分类命名，表现了姓名内容对姓名形式发生作用的超民族共性。我们在第一节所举皮南人的命名制度，比较典型地说明了姓名内容对姓名形式的决定性作用。当他们的长子出生时，父母实行从子名制，以标志前者与后者的关系类型，例如，塔马·阿温、提南·阿温，意为"阿温父母"；在孩子死后，从子名成为从死者名，如"长子死了"；而在下一个孩子出生时，又转用一个新的从子名。与此并行，若一个孩子的兄弟姐妹都活着，他就保持本名；而一旦在这些兄弟姐妹中有人死去，他就转用从死者名："兄/姐（弟/妹）死了"。在下一个弟弟或者妹妹出生时，从死者名又被本名代替。这种从名制度的轮替，反映着整个亲属制度的具体运作。孩子的出生，在表示生命的轮回的同时，也标志了父母开始启用从子名制和中止从子名制，以及兄弟姐妹恢复本名和停用从死者名。既然新生儿的名字被用来构成父母的从子名，那么，父母就在这个特定意义和形式上"占用"了它，并把它纳入他们自己的名称系统。由于最后出生者的名字与兄弟姐妹分开，因而其他兄弟姐妹既不能通过它，也不能通过他们的亡兄或亡姐的名字被确定（既然他不再受"死亡支配"，那么似乎是受"生命支配"），他们就只能恢复他们自己的名字，这也就是他们的专名。① 同样，在佤族的命名制中，男性和女性的排行名都从一排到八；若有第九个孩子诞生，其排行一是再从头循环，二是如果男性排行或女性排行中有夭亡者，后面出生的孩子有的则用递补的办法：假使老二夭亡，出生的老三取名老二；有的则把夭亡孩子的排行空出来。② 基诺族的命名制以父子连名为主，但父子连名的环节常被打断，其主要原因有以下几种：

1. 孩子久病不愈。请来治病的巫师有时卜卦认为是名字不吉，因而病孩就与巫师的通称"不勒胞"（或者"白腊胞"）连名，据信巫师的名字可以震慑恶魔。云南西双版纳基诺乡亚诺寨的基诺族，如果在孩子出生之后或者在为孩子取名时父母生病，即请巫师占卜，孩子不连父名而连巫师名。在扎果寨，若孩子病到3岁仍然不愈，就不与父亲连名，而与寨名（"果"）连名。

---

① 〔法〕列维－斯特劳斯：《野性的思维》，第221页。
② 李道勇：《佤族》，载张联芳主编《中国人的姓名》。

毛娥寨是巫师送鬼时唯一念不到的寨子，若本寨孩子久病不愈，就由其父在村边一条有小沟的路上搭一便桥，谁先踩过桥谁就可以当"保爷"。他被请到家里给孩子取新名，送孩子一双筷子、一个碗，隔年又送一套衣服和一只手镯，如四年后孩子存活下来，父亲就领他拜"保爷"，送上两双筷子、两个碗、一套衣服、一只手镯。据说，更名后就可以除去病魔缠绕。

2. 孩子连续夭折。在基诺族的心目中，布朗族（基诺语称其为"破"）在历史上起到过重要作用，他们巫师的法力大，于是用布朗族的族名"破"给孩子取名，以驱邪祈寿。例如基诺族人名"破什"、"破舍"等。

3. 传统禁忌。按照古俗，分娩一个月之内忌外人进产房，但有时外寨外族人踏门破忌。如果发生这类事情，就让违禁的外人给孩子命名，以借助外来生命的佑护。

4. 在扎果寨，生在路上的孩子不与父亲连名，而与路（基诺语称"牙"）连名。

5. 分娩时若脐带缠绕在肩上，按照传统是"丕嫫"女神命的名，不能与父亲连名。这样生的孩子，名字前面要冠以"沙"，意为"无父"。

6. 母系制遗存。巴亚寨有这样一个传说：英雄少雪一次率众出征来犯之敌，敌人的血把他的手和握的刀凝结在一起，无法分开，他只好操刀而卧，一旦爬起来就要杀人，他在凯旋途中大呼要杀死全部姑娘。后来，他的敌人知道用刀杀不死他，就用藤篾绞杀了他。英雄的名字"少雪"，"雪"是本名，"少"是"无父"的意思。

7. 非婚生子女，只能与母亲的兄弟连名，即舅甥连名。[①]

---

[①] 杜玉亭：《基诺族》，载张联芳主编《中国人名的研究》。

在台湾萨斯特人的个人命名制中，除了父子连名制以外，尚有诸如假名、绰号之类的人名形式，其中假名主要是用来祛病祓灾，避免鬼神作祟。① 萨斯特人惧怕与收获有关的矮神"大阿爷"（taaj）和由被猎头（malakum）身死者转成的无首恶鬼（haboen），相信它们会因为人类的侵犯而进行报复，尤其是与触犯神灵者同名的婴儿，很容易成为报复对象。如果已经命名的婴儿夜间啼哭，体弱多病时，就需要对他另行命名：巫婆先做占卜，再选择一个身体健康、未经蛇咬的小孩，依其名而命名。这样，换了名字的婴儿就不再被误认为是触犯神灵者的后代，也就不受其害了。正如在许多传统社会中，人名被认为与人类肉体、精神一体的观念一样②，萨斯特人的假名起源于求生观念。

作为姓名的社会内容，命名过程是一种"社会对话"，这种"对话"应当理解为人与人、人与自然、人的"主我"与"客我"之间的广义"对话"；"对话"所采用的姓名符号组合，就是姓名形式。贯穿于命名过程前后、被记忆并通过仪式习俗固着和重现的事象，是姓名形式和姓名内容的重合点。姓名形式因为指称了某个或者某些具体事象，而激发人的记忆和想象；同时，也正因为姓名形式指称了具体事象，也就以虚幻的方式成为事象本身。不同的姓名形式代表不同的姓名内容；姓名形式以有限的数量，对丰富的姓名内容进行分类，从而与社会结构对应起来，并成为社会结构的一部分。在台湾原住民中，泰雅尔人以实行父子连名制为原则，但是，在出现以下三种情况时，则实行母子连名制：父亲在子女出生之前死去，而母亲有再嫁的意图；父亲入赘母亲家；父母离异，子女归母亲所有。③ 台湾原住民的萨斯特人，存在一种为了表示尊敬而改变人名中某一音节的习惯。

---

① 杨希枚：《台湾赛夏族的个人命名制》。
② 〔英〕詹姆斯·乔治·弗雷泽：《金枝》，徐育新等译，中国民间文艺出版社，1987，第362~387页。
③ 凌纯声：《东南亚的父子连名制》。

不过，这仅仅限于少数以元音 a、o 或者 æ 开始的名字，其变化的方法就是在元音前面加半元音 j，例如：

原音名　Awaj(f) Omin(m) Okan(m) Obaj(m) Oemaw(m)
变音名　Jawaj Jomon Jokan Jobaj Joemaw[①]

## 三　讳名制对姓名的制约

讳名制是重要的社会制度内容，也是回避习俗的一个类别。功能主义学派认为，回避关系表达了由社会和亲属结构产生的紧张状态，即它是一种表达和转移政治冲突的机制；结构主义学派则超越回避关系本身，把它置于更为广阔的背景下：回避关系和其他社会关系共同构成了亲属态度和亲属行为的结构，只有在这样的结构中去研究回避关系，才更加具有意义；回避关系的存在，与其说是由于社会关系本身所固有的紧张性，倒不如说是由于它和其他社会关系所形成的对立。[②] 其实，讳名制与其他回避制度一样，是对于社会成员互相之间的行为进行调节使之规范化的一种手段，是社会"复制"、社会教育和社会记忆的重要机制之一。在古代高加索地区、澳大利亚土著、加拿大东北的内陆海湾、南美洲的巴塔戈尼亚、美洲印第安人、北美沙漠地区的土阿瑞格人、哥伦比亚希拉人、西伯利亚的萨莫耶德人、印度南部的托达人、北亚蒙古人、日本的阿伊努人、东非的阿康巴人和南迪人、菲律宾的廷圭恩人，以及孟加拉湾东南部尼科巴群岛、婆罗洲、马达加斯加、澳大利亚塔斯马尼亚等地区和族群当中，都存在对死者姓名的禁忌风俗。[③] 在澳大利亚的土著族群中，无论是男人，还是

---

①　杨希枚:《台湾赛夏族的个人命名制》。
②　Charlotte Seynour-Smith, *Macmillan Dictionary of Anthropology*（《麦克米兰人类学辞典》），Londonand Basingstoke: Macmillan Press, 1986, p. 20.
③　〔英〕弗雷泽:《金枝》，第 372～379 页。

女人，在他们死后，任何人都不能再提到他们的名字，这是要严格遵守的习俗之一，因为提他们的名字是对神圣观念的违犯，会触怒鬼魂。

……有一次，奥尔德菲尔德先生曾经大声说出一位死者的名字，吓得一位当地土人慌忙逃走好几天都不敢露面。后来再遇见时，那位土人狠狠地埋怨他的莽撞。奥尔菲尔德先生补充说："我也无法诱使他说出一个已死者的名字，因为如他说了就会把自己置于邪神恶魔的魔力之下。"维克多利亚土人极少谈起死人，更从来不提死人的名字；当提到死者时总是用压抑的嗓音说"逝去的人"或"那不在人世的可怜人"。他们认为，如果谈起死者时说出名字来就会激起"考依特－吉尔"（Couit-gil）（死者鬼魂）的愤恨。死者的鬼魂总是在地球上徘徊留连很长时间然后才永远离开，走向西下的夕阳里去。我们还听说在默里河①下游的一些部落中，如果有人死亡了，人们总是"小心避讳不说死者名字。万一不得不说时，也必须轻声悄语，轻微到他们认为鬼魂听不到他们的声音的程度"。在澳大利亚中部的一些部落中，在死者刚刚逝去、亲友哀悼期间，任何人不得说出死者的名字，如果一定不得不说时，也只能轻轻悄语，生怕惊扰了死者在附近徘徊的幽灵而苦恼不安。假如幽灵听见有人说他的名字，便会认为亲人们对他的哀悼不够尽心，因为若真心悼念的话，就不应提到他的名字了。这样的无情冷漠使逝去的鬼魂非常愤慨，于是就将在梦寐中困扰他们。②

在封建社会，讳名制是政治控制的手段，具有鲜明的政治内容。

---

① 在澳大利亚东南部，从澳大利亚阿尔卑斯山流入印度洋，全长1596英里。——原注
② 〔英〕弗雷泽：《金枝》，第372~373页。

古代中国的皇家讳名制度，反映了王朝控制社会的权威：姓名符号成为等级标志，其中一些是皇家的专用符号，一般的平民百姓禁止使用。例如，秦代籍氏改姓席氏，以避西楚霸王项羽字讳籍；汉代渝氏改姓喻氏，以避汉景帝皇后字讳阿渝；三国东吴皇帝孙权父名坚，吴人为避讳同音，读"甄"为"真"（"甄"原读"坚"）；等等。此外，在中国封建时代，还存在一种讳名制的曲折形式，它超越了皇家专用姓名符号的垄断和禁忌，扩大到了寻常百姓的姓名，如当朝皇帝对于属民名字的字数加以限制，以体现其绝对权威。例如①，汉代王莽在辅政之时，便笃信周礼，实行二名之禁。王莽的长孙王宗，自作身披天子衣冠的肖像，刻了三枚铜印，并与其舅合谋，企图继承祖父的大统。事情败露后，王宗自杀，并恢复他原来已经改成单名的双名，以示罪谴。这种单名之俗在《后汉书》、《三国志》的人名中就有体现，单名占90%以上。

清中叶至清末，满族在汉族文化的影响下，名字的汉化程度进一步提高，以致维护"满洲旧道"的清统治者，谕令满族人禁止效仿汉人用三字名。乾隆帝认为，"满族人取三字为名（满语即三个音节），除有满语意思易于理解者外，与汉人姓名无异，这是不成体统的，决不可行。因此，他不仅多次谕令八旗满洲、蒙古等人遵行，而且还为一些官员改过名"②。以下引两段文献材料说明之：

> 乾隆四十八年六月二十七日谕：现任甘肃永安营游击广明福系正黄蒙古旗人。旗人而名广明福者，好像汉姓人名，甚不顺眼。若系旗人，名明福、广福俱可，何必名曰广明福。将此，著交满蒙八旗，嗣后旗人内似此命名如汉人者，永行禁止之处，遍

---

① 萧遥天：《中国人名的研究》，第53~54页。
② 赵志强：《满族》，载张联芳主编《中国人的姓名》。

行晓谕可也。①

上谕：镶黄满洲旗带领引见人内，有盛京补放防御之骁骑校名章宝珠者。章宝珠系满洲旗人，此名之起，甚汉人气，竟如汉军旗人矣。昔屡次谕禁，而该将军、副都统等仍未予改正，乃疏忽未留意。除将章宝珠改为宝珠外，林宁等著训斥施行。仍通谕八旗、各省一体遵行。②

由于清帝谕令满蒙旗人以双名行世，禁用三字名，故清代满蒙人多作双名，如历任伊犁将军的名字（见表2-15）。

表2-15 清代历任伊犁将军名字

| 名 称 | 拉丁注音 | 语 种 | 名 称 | 拉丁注音 | 语 种 |
|---|---|---|---|---|---|
| 明 瑞 | mingrui③ | 汉 | 依特顺保 | teishumboo | 满 |
| 阿 贵 | agui | 汉 | 奕山 | ishan | 汉 |
| 伊勒图 | iletu | 满 | 关福 | guwanfu | 汉 |
| 永 贵 | yunggui | 汉 | 布颜泰 | buyantai | 蒙 |
| 增 海 | dzenghai | 汉 | 萨迎阿 | saingga | 满 |
| 舒赫德 | shuhede | 汉 | 札拉芬泰 | jalafuntai | 满 |
| 明 亮 | mingliyang | 汉 | 常青 | cangcing | 汉 |
| 奎 林 | kuiln | 汉 | 明绪 | mingsioi | 汉 |
| 保 宁 | booning | 汉 | 荣全 | rungciowan | 汉 |
| 永 保 | yungboo | 汉 | 金顺 | ginshuwen | 汉 |
| 松 筠 | sungyun | 汉 | 锡伦 | silun | 汉 |
| 晋 昌 | jincang | 汉 | 色楞额 | selengge | 满 |
| 长 龄 | cangling | 汉 | 长庚 | canggeng | 汉 |
| 庆 详 | kingsiyang | 汉 | 马亮 | maliyang | 汉 |
| 德英阿 | deingga | 满 | 广福 | guwangfu | 汉 |
| 玉 麟 | ioilin | 汉 | 志锐 | zhirui | 汉④ |

---

① 宫中满文《朱批奏折》，保成奏折。赵志强：《满族》，载张联芳主编《中国人的姓名》。
② 《归化城土默特左旗档》内政类，职官项。转引自赵志强《满族》，载张联芳主编《中国人的姓名》。
③ 原文作mingshui，属于方音，从标准改之。以下zhirui同此。
④ 赵志强：《满族》，载张联芳主编《中国人的姓名》。原表格中的说明文字"罗马注音"改为"拉丁注音"，另修改了几处印刷错误。——引者注

## 四　姓名形式对姓名内容的反作用

姓名所反映的社会内容在很大程度上决定了姓名形式，而一俟姓名形式被确定下来，它们就成为社会规则的一部分，对于姓名内容发生反作用。在各民族的姓名文化中，普遍存在姓名形式对姓名内容的反作用。例如，讳名制与其他回避制度一样，其产生是为了对于社会成员互相之间的行为进行调节使之规范化，以便有助于社会"复制"、社会教育和社会记忆；一旦讳名形式确立下来，就要据以对姓名所反映的社会内容进行分类和控制，对社会活动的方式进行规定。例如，上刚果的班加拉人在捕鱼时，暂时把本名隐去，谁也不能提。不管他的真名是什么，人们都不加区别地称他为"姆威尔"。"因为河里布满精灵，名字让它们听了去，会被用来作祟，使渔人一无所获；即使捕到鱼出卖时，也仍要讳名，否则精灵们会记住他的真名，坏了他的生意，卖不了好价，因此，渔人完全可以让那些因为叫他真名，而使他受损失的人以较好的价钱买下他的鱼作为补偿。"[①]

在印度南部，人们认为妻子若把丈夫的名字泄露出去，就会使他早逝；沿海达雅克人男子若称岳母、岳父的名字，会引起神灵震怒。在阿尔福尔人那里，岳父的名字若叫"卡拉拉"，他的女婿就不得用马的通称"卡瓦罗"，因为"卡拉拉"与"卡瓦罗"发音近似，而改用乘骑（sasakajan）一词代替；若岳母名叫 Dalu（槟榔），则改用"红嘴"一词称槟榔。巴那圭的阿比波尼人为了讳名，常常要造出大量新词语。[②]

讳名成为一种民俗制度或者政治制度之后，异化成为超个人的社会力量，不仅成为解释和认识现实的根据之一，而且，在需要的时候，还可以用来想象和制造"事实"：一个人只要取得使用某一个姓氏或者专名的

---

① 〔英〕弗雷泽：《金枝》，第368页。
② 同上书，第370、376页。

权力，他就有了这个姓氏或者专名所代表的"血统"，如中国历史上屡屡出现的冒名的例子，以及从族谱除名而断绝血缘关系的惩罚之举。孔子说，"名不正则言不顺"，名字往往占据了事实的位置，以名定实，而非以实定名。触犯帝王讳名制，比触犯了天神地灵还严重，社会对人制约的严格程度，超过了自然。这样的例子在中外禁俗中，并不少见。例如，在罗马尼亚加勒王国时代，臣民说国王姓名要被处以极刑；中非巴希玛人在国王死后，停止使用他的名字，若他的名字恰好是一个动物名，那就要给这个动物另取新名；在暹罗，任何人说国王的真名，都要被投入监狱。①

我们在前面曾提到，封建社会的讳名制是政治控制的手段，具有鲜明的政治内容；古代中国的皇家讳名制度，就反映了王朝控制社会的权威：姓名符号成为等级标志，其中一些是皇家的专用符号，一般的平民百姓禁止使用。

清雍正年间，礼部侍郎查嗣庭任江西考官，取《诗经》"维民维止"一句为试题。不料，有人告他试题第一字"维"是"雍"字无头，第四字"止"为"正"字缺首，是暗喻雍正皇帝脑袋搬家，结果，查嗣庭遭到戮尸枭首之惩；乾隆年间，广西学政内阁学士胡中藻，用《易经》爻象说，以"乾三爻不象龙"为试题，不意试题第一字"乾"、末一字"龙"与"乾隆"同字和同音，有人告他攻击圣上，说"乾"与"龙"（隆）被分开，且又"不象龙（隆）"，暗示当朝皇帝分尸断首，结果这位学政遭到满门抄斩。② 在古代中国，帝王讳名制使某些文字成为孤家寡人的垄断物，例如，在宋代，百姓不得用龙、天、君、王、帝、上、圣、皇等有王霸寓意的字为名。周代讳名的"六避"之规，即"不以国、不以官、不以山川、不以隐疾、不以牲畜、不以器帛"等，则说明了中国古代讳名制起源的古老。

---

① 〔英〕弗雷泽：《金枝》，第379~383页。
② 徐一青、张鹤仙：《姓名趣谈》，第117~118页。

# 第三章
# 姓名的整合功能与区分功能

任何民族的姓名,不论其特点如何,都具有对内整合和对外区分的功能。姓名的整合与区分功能既涉及社会分类、民间知识、行为规则、交际、信息传递等应用方面,也涉及想象、创造和记忆等心理活动及其表达方面。在姓名表达的整合与区分心态的最底层,潜伏着人类作为社会动物的本能。但是,姓名所反映的这种人类整合与区分的动物本能,已经演化成为社会和文化的衍生物,已经不能和最初引发它的原始冲动强为比拟;政治、经济、审美和情感的维度,造就了限制这些本能的社会框架。无论是姓还是名,其首要功能是区分个体或者群体;随着社会发展阶段的不同,环境的不同和交际需求的不同,姓名的区分对象和区分层次也会有所不同。在原始社会,姓名不分,区分的对象主要是群体;在现代社会,随着文明程度的提高和社会分工的复杂化,姓名区分个体的比重增加。大致说来,姓名的区分层次可以分为三种:个体区分、身份区分、血缘区分。在现代化社会,个体区分是最基本的;身份区分包括族属、阶级、财产、信仰、态度等方面;血缘区分涉及父子、母子、父母双亲、婚姻、血族等社会认知因素。姓名区分身份和血缘的功能,随着时代的发展而具有不同特征。它们在传统社会中所起的作用比较重要，而在现代化社会中却并非如此。值得注意的是，即便在传统社会，姓名身份区分功能和血缘区分功能之间的关系，也会随着时代不同而发生调整和变化。在前阶级时代，个人的族属和血统观念是没有差别的，个人利益与血缘关系紧密联系，姓名区分身份和血缘的功能并未分化；在阶级时代，地缘关系动摇甚至取代了血缘关系，姓名区分身份和血缘的功能彼此分离。

## 第一节　姓名的经济原则与强调原则

人们为了方便，常常用简称来指谓亲朋好友或者熟人。同时，他们也出于种种社会或个人需要，通过增减自己的姓名的字数或数量，达到强调自我的目的。

### 一　姓名的经济原则

根据马尔丁内（A. Martinet）的观点，语言运转的基本原理是语言经济原则。他认为，促使语言发展的内部力量，可以归结为人的交际和表达需要，与人在生理（体力）和精神（智力）上的自然惰性之间的冲突。[①] 我们认为，姓名的整合与区分功能，在相当大的程度上，受到语言经济原则的制约：人本身固有的惰性倾向，要求在姓名称谓中尽可能省力，用好记、好念的姓名来辅助交际，数量要少，用起来简单，以达到整合与区分的目的。同时，随着人口的增长，社会交际范围的扩大，信息传递的便捷和范围的扩大，为了避免重名，就需要注重差别，强调姓名的区别特征。一方面要便捷、省力，另一方面要区分、不重复，这样的矛盾推动着姓名发展变化。

---

① 冯志伟：《现代语言学流派》，陕西人民出版社，1987，第135页。

第三章　姓名的整合功能与区分功能

在原始社会，由于社会生产力低下，自然条件差，人口增长慢，人的寿命短，各族群之间的来往不很频繁，社会分化，从而语言对此分化的反映形式都不发达，一般的语言环境与特殊的社会环境互相渗透。与此相应，初民的人名简单质朴，既被用来区分血族，也被用来区分个体，并在与外族交往时，主要用来表明族属。在族内甚至没有称名的习惯，仅用几个固定用词彼此称呼。摩尔根在《古代社会》中谈到印第安人名字时说，在北美易洛魁奥马哈人的鸠鹰氏族中，除了对外共同使用的名字鸠鹰外，还有以下个人名字：

男孩：

阿－希塞－那达，意为"长翼"

格拉－当－诺－彻，意为"在空中颉颃之鹰"

内斯－塔塞－卡，意为"白眼鸟"

女孩：

美－塔－娜，意为"黎明时的啼鸟"

拉－塔－娜，意为"鸟卵"①

摩尔根在同一本书中还提到，在图兰式亲属制中，人们在正式应酬的时候，彼此用亲属称谓相称，而从不用名字；如果他们之间并没有亲属关系，则称"我的朋友"。②陈国钧在《台湾土著社会生育习俗》中说，台湾赛夏人（萨斯特人）有两套名字，一套专门用于和外族交往，为氏族之名；另一套为本民族的专用个人名，如 tantauwazai（今赵姓）氏族，男孩名有 taro、itea、taiy 等，女孩名有 awai、para、ruwa、rorau 等。③

---

① 〔美〕摩尔根：《古代社会》，商务印书馆，1977，第 85 页注 15。
② 同上书，第 77 页。
③ 转引自徐一青、张鹤仙《姓名趣谈》，第 72 页。

这些人名既用来区别氏族成员个体，也用来表明他的族属，这种一名多用的特点，也体现了经济原则。不过，这一类经济原则，是建立在一种不自觉的和自然的基础之上，在其中起主导作用的是顺从自然的社会惰性。在这样的历史阶段上，人们还不可能怀有更多的改造客观世界的期望，而是指望与自然界保持一种"心灵"沟通与对话。人名承担的符号意义，凝聚了感情与道德义务，与物质世界的科学分类，还有相当一段距离。在有限范围内的面对面交际，也使人满足于人名的经济用法，而不会把如何有利于信息交流这个问题，单独分离出来加以考虑。与原始社会人名上表现出来的非自觉性经济原则相比较，现代社会的姓名则基于改造自然、改造社会、利于信息交流的自觉要求，向简单、规范、省力的方向过渡。现代工业化社会对集约化、标准化、国际化的要求，也自然而然地通过信息处理的相应发展，体现到姓名上来。例如，姓名拼写正字法、外国人名的标准对译、有时对于姓名字数的限定①、姓名缩写规则、姓与名前后顺序的固定排列等，都体现了经济、准确、规范、高效的原则。

中国古代的复姓比现代多，像司马、公孙、诸葛、慕容、宇文、尉迟、呼延、令狐、长孙、欧阳等，都是常用的。但是，时至今日，许多复姓已经简化成为单姓，这是中国姓氏或者汉化姓氏②演变的一个特点（见表3-1）。③

---

① 例如，汉族姓名，在许多情况下，为了方便计算机程序设定并实现经济、准确、规范、高效，其字数限定在2~4字。这对于一些少数民族的汉译名就显得不大实用：在遇到多于4个字的少数民族人名时，就只能减少字数，如"呼格吉勒图"简化为"呼格吉勒"，"阿拉坦其其格"简化为"其其格"等。

② 在中国历史上，有许多少数民族的姓氏演变成为汉族姓氏，例如上举的慕容、宇文、尉迟、呼延等，就是古代鲜卑人的姓氏。

③ 据统计，在5600个汉姓中，原有2000多个复姓、100多个三字姓，现在复姓只有100多个，三字姓消失。

表 3-1 古代复姓的简化

| 古代复姓 | 简化后的单姓 | 古代复姓 | 简化后的单姓 |
| --- | --- | --- | --- |
| 司马 | 司、马 | 谷梁 | 谷、梁 |
| 欧阳 | 欧、阳 | 司徒 | 司 |
| 诸葛 | 诸、葛 | 公伯 | 伯 |
| 孟孙 | 孟、孙 | 乐正 | 乐 |
| 步叔 | 步 | 东郭 | 郭 |
| 咸丘 | 丘 | 俟奴 | 俟 |
| 俟几 | 几 | 可单 | 单 |
| 茂眷 | 茂 | 闾丘 | 丘 |
| 卢蒲 | 卢 | 钟离 | 钟 |
| 即墨 | 即 | 淳于 | 于 |
| 左丘 | 左、丘 | | |

## 二 姓名的强调原则

姓名的强调原则是对于姓名的经济原则的补充。姓名作为符号，其意义随着社会的发展而不断得到丰富，其区分功能也不仅仅限于内容，而是根据时空环境的不同具有不同的指称作用。姓名的社会意义和区分功能，只能来源于具体的历史环境及其在具体历史环境中的运用。没有具体历史环境和相关运用的姓名，是没有社会意义和缺乏区别功能的。在某些高度仪式化的场合，例如国际会议、官方庆典、名人追悼会、授勋仪式等，当事人的官衔、职称、职务、荣誉称号、追认称号等，突出强调，绝不省略。在涉及触犯刑律的案件中，甚至别名、绰号、笔名、曾用名、化名等，也在强调之列。语言的语音、语法、语义和语用等手段，被用来强调和突出姓名，使姓名复杂化、特殊化，一方面满足社会的、阶级和阶层的、群体的某种需要；另一方面满足命名者或被命名者的感情需要、审美需要和现实需要。

在封建时代，封建帝王在通过讳名制突出自己姓名的重要性以及专制性的同时，还利用各种附加的名号来达到这样的目的。封建帝王的名号有的长而又长，充满阿谀奉承之词，既强调了一国之主的特殊地位，也表达了臣下对他的敬畏、服从。明世宗贪生怕死，他在骄奢淫逸之余，还沉醉于左术仙道，为自己加了长达85字的称号：

灵霄上清统雷元阳妙一飞元真君九天宏教善济生灵掌阴阳功过大道思仁紫极仙翁一阳真人元虚玄应开化状魔忠孝皇帝太上大罗天仙极长生圣智昭灵统三元证应玉虚总掌五雷大真人玄都境万寿帝君①

不仅帝王有各种称号，宰相大臣也有复杂的称号，个别人甚至超过帝王。根据陶宗仪《辍耕录》记载，元代宰相伯颜拥有245个字的头衔：

元德上辅广忠宣义正节振武佐运功臣太师开府仪同三司奏王答则军中书右丞相上柱国录军国重事监修国史兼彻考院侍正昭功万户府部总使虎符威武阿速卫亲军都指挥使司达鲁花赤忠翊侍卫亲军都指挥使奎章阁大学士领学士院知经筵事太史院宣政院事也可千户哈必陈千户达鲁花赤宣忠斡罗思扈卫亲军都指挥使司达鲁花赤提调回回汉人司天监群牧监广惠司内使府左都威卫使司事钦察亲军都指挥使司事官相都总管府领太禧宗禋院兼都典制神御殿事中政院事宣镇侍御亲军都指挥使司达鲁花赤提调宗人蒙古侍卫亲军都指挥使司提调哈喇赤也不干察儿领隆祥使司事

姓名的强调原则不仅以长度体现，还以怪名奇字来体现。强调的目的是突出差别，因而标新立异便是重要手段。三国时代的吴景帝孙

---

① 蔡萌：《怎样起名·姓名趣谈》，华夏出版社，1988，第20页。

休，为使自己的儿子有与众不同的名字，便造冷僻字给他们取名：太子名"罤"（音如湾），字"茼"（音如迄）；次子名"霂"（音如觥），字"羿"（音如碛）；次子名"䫆"，字"昷"（音如举）；次子名"㝱"（音如褒），字"燊"（音如拥）。① 唐代女皇武则天，为了宣传自己若日月之辉，永悬在天并使万民共仰、千代同瞻，把自己的名字改为曌（音如照）。

西方国家有些人为出"风头"，标新立异，竞相加长自己的名字，以创世界之最。例如，一位德国人将自己的名字加长到 740 个字母，其中名 150 个字母，姓 590 个字母，这种强调原则的作用，自然超出了一般的常规。有一位 1882 年 12 月 19 日出生的英国小姐佩帕，拥有 25 个教名，连姓氏号等有 26 个词：

Ann Bertha Cecilia Diana Emily Fanny Gertrude Hypatia Inez Jane Kate Louisa Xenophen Maud Nora Orphelia Quince Rebecca Starkey Teresa Ulysis Venus Winifred Yetty Zeus Pepper[2]

另一位 1967 年 2 月在美国夏威夷出生的一个女孩，有一个长达 94 个字母的名字：

Napuamahalaonaonekwawehiwehionakuahiweanenawawakehoonkakehoaalekeeaonanainananiakeao'-Hawaiiakawao[3]

这个名字出自一段祝颂词，大意是"群山深谷中之竞艳群花的香气开始弥漫着整个夏威夷之上空"。这种由祝颂词造的长名，并不限

---

① 徐一青、杨鹤仙：《姓名趣谈》，第 94~95 页。
② 蔡萌：《怎样起名·姓名趣谈》，第 50~51 页。
③ 同上书，第 51 页。

· 149 ·

于以上提到的国家和地区，像缅甸、马来西亚等国家，也有类似的长名。例如，古代缅甸蒲甘王朝国王江喜陀（Kyan Zit Tha）的尊号是 Sri Tribhuwanadityadhammaraj（悉利达利布瓦那蒂也耶达玛罗阇，意为吉祥三界众生威名远震之德君）；东吁王朝皇帝勃因囊（Buyinnaung）的尊号是 Sri Tribhuwanaditayapawarapanditathudhammarajamahadipati（悉利达利布瓦那蒂达耶巴瓦耶班蒂达杜达玛罗阇摩诃蒂巴蒂，意为吉祥三界众生威名远震、崇高、博学、英明君主、伟大统帅）。在马来西亚，国家元首和苏丹的名字后面要加祷词，如国家元首阿哈马德·沙·宾·阿布·巴卡尔（Ahmad Syah Ibni Abu Bakar）的名字在加祷词和尊称后成为：

Duli Yang Maha Mulia Tuanku Haji Ahmad Syah Ali Mustain Billah Ibni Almarhum Sultan Abu Bakar Riayatuddin Ali Muadzam Syah

在这个名字中，Haji 指他去过麦加朝圣；Ahmad 是他的本名；Syah 指他是皇族正统子孙；Ali Mustain Billah 意为他得到主的恩赐；Ibni（即 bin）意为他是某某的儿子；Almarhum 是已故的意思；Sultan 指君主或者统治者；Abu Bakar 是人名；Riayatuddin Ali Muadzam 意为得到保佑。这样，全名意为"愿真主赐福于阿哈马德殿下，愿真主保佑苏丹阿布巴卡尔殿下"①。

## 三 姓名的经济原则和强调原则的关系

姓名的经济原则和强调原则的关系，是由人的社会实践决定的，

---

① 李谋、姚秉彦：《缅甸人的姓名》，李文忠：《马来西亚人的姓名》，载张联芳主编《外国人的姓名》。

第三章　姓名的整合功能与区分功能

在一定的条件下，它们可以互相转化。促成姓名的经济原则和强调原则之间对立、互转的主要原因，是社会发展和社会实践中产生的交际需要。正是由于社会环境和条件的不断变化、人类创造性活动的不断发展，姓名的所指及其所寓含的社会意义也不断发生变化，姓名的功能也变得丰富多彩。我们一再地强调，姓名的意义在于运用。姓名的使用，把姓名与社会环境紧紧联系在一起。无论是姓名的经济原则还是强调原则，都不能无视具体环境的时间性特征，它们只有随着环境的变化而发生变通，才能存在和发展。例如，缅甸人原以二字名居多，近年来倾向于加长到四个字，这是为了消除同名率高、增强区分能力而产生的现象。为了区别同名，缅甸人常在名字前后缀加籍贯，以强调区别，如两个同称"盛温"（Seinwin，意为"明亮钻石"）的人，如果他们的籍贯分别是兴实塔和东枝，则可以分别称为"兴实塔吴盛温"和"东枝吴盛温"。① 又如非洲豪萨人的称名习俗，一般情况下只称本名，如哈米杜·阿达穆·卡杜纳，可简称为哈米杜，省去父名阿达穆和出生地名卡杜纳；但是，如果遇到另一位哈米杜，为了强调互相区别，则可分别称为哈米杜·卡杜纳、哈米杜·索科托，即一位是卡杜纳市的哈米杜，另一位是索科托市的哈米杜；有时，也可以根据年龄大小或者身材高矮，分别称为大哈米杜、小哈米杜，高个子哈米杜、矮个子哈米杜。② 再举前面提到的"出风头"的长名为例，如果每次交际都要把全名如数使用，一定会带来很多麻烦，这时，姓名的经济原则就要起作用：那位拥有多达740个字母姓名的德国人，只好把自己的姓氏缩写成 Mr. Wolfe + 590, Senior（Senior 表示同名的父子或者兄弟中的长者）；那位拥有26个词长名的佩帕小姐，因为她的名字起首字母是按 A、B、C 排列的，有人为她把名字简化

---

① 李谋、姚秉彦：《缅甸人的姓名》，李文忠：《马来西亚人的姓名》，载张联芳主编《外国人的姓名》。
② 张世华、安永玉：《豪萨人的姓名》，载张联芳主编《中国人的姓名》。

· 151 ·

作Dawn N. Lee，其中"N."是那段祝颂词的缩写。属于满族和蒙古族的清代宗室以及满洲、蒙古旗人，原各有自己民族的姓氏，但是，由于这些姓氏在汉译之后往往长达数字，不便称呼，于是就出现了以名为姓的情况，原来的民族姓氏，除了填写履历时注明外，反不为人所用。例如，清末直隶总督满洲端方，本姓托活络，但以"端制军"、"端午帅"称世，死后加谥号称"端忠敏公"，"端"具有姓的功能。云贵总督蒙古锡良，本姓巴禹特，但人称"锡制军"、"锡清弼"、"锡清帅"，死后加谥号称"锡文诚公"，"锡"起到了姓的作用。①

总之，姓名的经济原则和强调原则相互对立统一，它们在各个社会形态中都会发生作用，只是其特点不同罢了。对于姓名的经济原则和强调原则，我们将在下面做进一步讨论。

## 第二节　血缘的区分与整合

在许多非工业化社会，姓名是人们用来区分血缘关系的一个重要手段。姓名在对外区分拟制血缘的同时，对内起到整合群体的作用。姓名的区分与整合处于对立统一的关系之中。

### 一　从姓名形式看整合与区分

姓名区分与整合血缘的功能，需要通过一定的语言形式来体现。在不同民族中，由于社会文化和心理的差异，这种用来表达血缘区分和整合的形式也有不同，在这方面最显著的例子，莫过于英美人名和汉族姓名之间的鲜明对照。汉族在历史上有过专门区分血缘的姓，它直到现在都具有丰富的象征意义；英美人没有

---

① 石继昌：《漫谈旗人姓名》，载《学林漫录》（初集），中华书局，1980。

相当于汉语"姓"的专门词语,只能用 patronymic name(父名)、family name(族名)、surname(赘名)等词组来表达其中的一些义项。不过,英美人传统上的父子连名制,也可以起到标志血缘的作用。据专家研究①,亲子连名制是姓氏制度由以产生的重要来源之一。

台湾萨斯特人有社群、社和姓族,以及相应的社群名、社名和姓族名,其中的姓族名无疑是用来区分血缘的。但是,萨斯特人除了需要区分族属的情况外,通常并不称用社群名、社名或者族群名,即称名不举姓。在中国古代的先秦时期,男子也有不称姓的习惯。② 这说明姓名整合与区分的作用,并不总是同态、匀质的。对外称姓是为了区分基于血缘观念的不同群体,在区分"观念血缘"③ 的同时,也产生对内整合的作用,正是在这样的意义上,整合与区分之间存在对立统一的关系。

居于中国西南的独龙族,过去存在氏族和家族组织,婚姻实行称为"伯惹"的对偶婚制,即:在固定的婚姻集团中,甲氏族一群兄弟与乙氏族一群姐妹,可以同时或者先后结成配偶关系。其突出特点是,甲氏族每一个成年男子可以娶乙氏族每一个女子,但是乙氏族成年男子不能娶甲氏族成年女子,而必须娶丙氏族成年女子,以防止"血倒流",这就形成了单向环状联系婚。独龙语把两个通婚集团的男子称为"楞拉"(意为"丈夫"、"男子"),女子均称为"濮玛"(意为"妻子"、"女人")。至于哪些氏族之间可以通婚,则取决于家族名或者姓。因此,根据族名形成若干个婚姻集团(见表3-2)。④

---

① 杨希枚:《联名与姓氏制度的研究》。
② 杨希枚:《台湾赛夏人的个人命名制》。
③ 指非生物学意义上的、观念上的或者社会学意义上的血缘关系。
④ 《独龙族简史》编写组:《独龙族简史》,云南人民出版社,1986,第86、87页。

表 3-2　独龙族的九个婚姻集团

| 通婚男子家族 | 可通婚的女子家族 |
|---|---|
| 孔当家族 | 学哇当、布卡王、木千王、弄拉、孔千、肯顶、 |
| 学切家族 | 白丽、肯顶、顶更、哥梅、室门、木千图、麻必里、先久当、新达冷 |
| 迪朗梅家族 | 白丽、克尔总、齐达姆、勒姆勒姆、迪朗、丁更、同更、学切 |
| 龙元家族 | 白丽、车根、迪给、冷木当、先久当、麻必里 |
| 求底家族 | 白丽、布莱、巴贝、顶更、迪朗、龙总 |
| 迪朗家族 | 迪朗梅、龙总、顶更、求底、白丽 |
| 龙总家族 | 求底、迪朗、同更、麻必里、先久当 |
| 哨朗家族 | 己坡、拉片、莫利念、莫棒、迪朗 |
| 莫利念家族 | 哨朗、雅米、克尔总、莫朗当、衣朗勇① |

景颇族的"姑爷种"和"丈人种",也充分体现了姓氏区分血缘从而区分婚姻的作用。现代景颇族社会按照姓氏划分姑家和舅家,姑家男子可以娶舅家女子为妻,但是舅家男子不能娶姑家女子为妻;与此相应,在景颇族亲属称谓里,"札"同指舅父和岳父,"尼"同指舅母和岳母。云南梁河县芒东区邦歪寨景颇族的婚姻,要根据"丈人种"(舅家)与"姑爷种"(姑家)的姓氏对应关系(见表 3-3)。

表 3-3　邦歪寨景颇族的姓氏婚姻关系

| 丈人种 | 姑爷种 |
|---|---|
| 石 | 金 |
| 雷 | 孔、波罗孔、金、囊 |
| 孔 | 石 |
| 金 | 排、雷、孔 |
| 排 | 孔、雷 |
| 波罗孔 | 石 |
| 囊 | 石、排、雷 |
| 张 | 孔 |
| 孙 | 囊、金石 |
| 何 | 孔 |
| 普 | 金② |

---

① 《独龙族简史》,第 86、87 页。
② 徐悉艰:《景颇族》,载张联芳主编《中国人的姓名》。

类似的环状联系婚也存在于彝族、瑶族、布依族当中，只是按照他们的习俗，舅家优先娶姑家女，姑家不得娶舅家女，这与景颇族的通婚方向正好相反。其实，以姓氏区分婚姻的习俗，存在于几乎所有的古代族群之中，中国历史上"姓以别婚姻"的说法和民间同姓不婚的习俗，即是一例。

## 二 亚姓制度

一些少数民族，受自然环境或者社会环境的限制，氏族外通婚有时候遇到困难，"种的繁衍"受到威胁，人们只好求助于"分姓"的办法，把原有氏族一分为二，形成新的通婚集团。在这个过程中，重要的似乎不是血缘本身，而是族名或者姓氏。这是姓氏的重新定义、重新认知、重新记忆。这种分出来的姓，称为"亚姓"。

贵州黎平县的侗族，有比较发达的亚姓制度。[①] 三龙乡罗寨的人，对外多称吴姓，内部则分为四个亚姓，即兜仰、兜淌、兜拱、宋讲，汉语分别对译为何、汤、龚、张。历史上，随着本寨人口繁衍，实际婚姻受阻，于是他们举行隆重的分姓仪式，在同姓内部划出四个可以互相通婚的亚姓。竹坪村的侗族原姓吴，后由于人口繁衍，分出世系群，各称为"银登"（jenldens）、"阳拍"（yanghpeep）、"阳大"（yanghdav）、"翁岑"（ongsjenh）等。有墓碑铭文证明，这些世系之间可以互相通婚，但尚未放弃共同的吴姓。[②]

中国瑶族的"亚姓"制度，是瑶族社会内部的基本组织制度[③]，既是祭祖单位，也是族外婚单位。瑶族对外分姓，对内分亚姓；他们

---

[①] 有关材料为宇晓引用向零、万斗云等人的调查，参见《亚姓现象的跨文化比较研究》，《贵州民族研究》1994年第2期。
[②] 邓敏文：《竹坪村志略述》，参见宇晓《亚姓现象的跨文化比较研究》。
[③] 毛振林：《瑶族的姓名与命名》，《民族文化》1987年第5期。

居住分散，村与村之间交通阻塞，通婚不便，较少与外族通婚。这样，在同一个村子里聚族而居的瑶族为了克服通婚不便，只能把姓进一步划分成亚姓，并严格规定，亚姓之间可以开亲，亚姓内部不得通婚。这便是一种"姓族内婚，亚姓外婚"的婚姻制度。同样，云南金平芒人在氏族内部以红、黑、灰三色分族，不同颜色之间可以通婚，同色不婚。

　　亚姓的产生，实际上就是通过社会再命名和再定义产生的礼俗形变，是以"结构性健忘"为前提的"社会再记忆"、社会复制的变异现象。因为"名不正则言不顺"，所以"正名"的重要性超过了"取实"，成为影响深远的社会规则之一。据《论语》载，姬姓的鲁国国君鲁昭公，从同为姬姓的吴国娶妻，为了不触犯周朝礼法，避免非议，这位按理应称为吴姬的吴国女子，改称吴孟子。由于鲁昭公与吴孟子系同姓婚娶，故吴孟子死后，《春秋》并不记载她的姓；不发讣告，不称夫人，安葬后免去到祖庙哭号的礼规，吊唁时孔子脱丧服下拜。同姓相婚，隐姓以"正名"的做法，标志了延续数代的"同姓不婚"制已经开始在社会记忆中松动，在以后的社会变动和一系列社会事件中，越来越多地成为"结构性健忘"的对象，到了现代社会，同姓相婚，已不再是咄咄怪事了。①

　　分姓裂族意味着要打破原有的同姓不婚的原则，这并非一件易事；亚姓的产生，似乎都要通过一定的仪式才能实现，有时还要乞灵于鬼神。例如，在中国北方的通古斯人，礼俗在他们社会生活中，对于人的行为具有重要约束和规范作用。由于通古斯人内部男女比例失调，婚姻不利，故分姓裂族成为必然。于是，他们举行仪式，向"布嘎"（buga, buka）神献一头驯鹿或者牡牛作为牺牲，祈求神意，若得到肯定的回答，就可以将原姓族一分为二；同时，姓族神灵也要由

---

① 汪泽树：《姓氏·名号·别称》，四川人民出版社，1993，第12页。

萨满分开,这样就形成了"老姓族内婚、新姓族外婚"的新婚制。①通古斯人玛阿卡基尔姓族、玛纳基尔姓族、吴查特坎姓族、毕拉尔千卡尔基尔姓族和杜宁肯姓族,都有过类似经历,新分出的姓族,大都采用在世的人们所能追忆的直系祖先的名字命名。②

## 三 姓氏的象征力量

原始社会的人们,把事物和它们的名称视为同一,不加区别,因而血缘和婚姻问题被归结为姓氏问题。姓氏是否相同,是婚姻标准,这就是"同姓不婚"的原则;如果族外婚发生问题,那就举行仪式,将原姓氏进一步划分,先以可以互相通婚的"亚姓"的地位出现,然后演变成为独立的姓族。这样,姓氏便具有超自然的实践意义和社会象征力量,在它的底层有神灵的支持或者世俗政治的作用。在一些非工业化社会,姓氏本身也是图腾符号,是群体认同的标志。与此同时,即便在许多正在向工业化转型的不发达社会,过去凝聚在姓氏上的血缘观念,仍然固着在社会记忆中,在某种程度上发生作用,在过渡时期依旧是划分利益集团的简便和现成的标准。

据报道,在江西省贵溪与浙赣铁路并行的320国道旁,有一个高家村,村里曾经住着一户杨姓人家,户主名叫杨春茂。由于他们是异姓,在该村宗族势力逼迫下,一家三代人被迫住进村外一个山洞里达三年之久。

> 杨春茂今年58岁,他两岁时随母改嫁来到高家村,现有子孙三代近20口人。但是,这个大家庭长期受到封建宗族排外思想的歧视。1992年1月,杨家经政府批准盖房子,高家村某些人

---

① 史禄国:《北方通古斯人的社会组织》,赵复兴译,内蒙古人民出版社,1984,第325~326页。

② 史禄国:《北方通古斯人的社会组织》,第326~327页。

趁夜间将其墙基挖掉，使其无法施工；同年7月，杨春茂再次破土动工，准备在紧靠他原有房屋北边建房，该村村民又以"那是青龙脉，盖房会给全村带来灾祸"为借口，不准其动工。此后，杨家养在笼里的鸡莫名其妙地被毒死；种在地里的蔬菜被锄掉；油菜、红花草也被人放牛吃掉，甚至有人深更半夜放火烧杨家的住宅，并声言："杨春茂是外姓人，要把他全家赶出村庄。"

这样，1992年12月24日，杨家被迫住进远离高家村2公里外一个当地人叫"吕相岩"的山洞。记者于5月4日实地采访了这家人，只见洞的外首垒着残缺的泥块，洞顶不少鸟兽作窝，靠崖壁排着几张床铺，还有牛栏、猪栏、灶和铁锅。牛栏、猪栏与床仅用芝麻秆、破木板、松枝筑起的齐腰高的篱笆隔开，食用水全靠一个桶子接岩壁滴水。

记者从高家村干部那里了解到，杨春茂一家一直安分守己，搬到山洞去后，依然缴纳公粮和各种摊派。

杨家一事被当地新闻媒介披露后，鹰潭市于4月11日作出批示，要作为一起典型的宗族排外事件尽快查处。4月19日滨江乡政府也为杨家在320国道不远的一块坡地上丈量了一块宅基。[①]

虽然这是一个极端的例子，但是足可说明姓氏在人类社会某一阶段上的象征意义和实践力量。

## 第三节　身份的整合与区分

姓名不仅用来区分和整合血缘，而且用来区分和整合身份。姓名

---

[①] 华朝熙：《宗族势力何其猖狂外姓老人一家被迫入住山洞》，《科技日报》1995年5月9日，转引自《文摘报》1995年6月1日，第11版。

随着社会的发展而发展，其中包括姓名的社会功能从"别婚姻"到"明贵贱"的过渡。

## 一　姓氏区分身份的功能

姓名对于社会成员的身份具有整合与区分的双重功能，在对外的时候，它是整合的；在对内的时候，它又是区分的：这同样也表现了对立统一的规律。在前阶级社会，姓名区分身份的功能和区分血缘的功能交织在一起，但它主要用来标志特定的社会义务和权利，同时也用来记录重要事件以及有关这些事件的分类。例如，我们曾提到皮南人的命名制度中从死者名与从子名的轮替：长子出生时，父母实行从子名制，以标志他们与他的关系类型；在孩子死后，从子名成为从死者名；而在下一个孩子出生时，又转用一个新的从子名。与此并行，若孩子的兄弟姐妹都活着，他就保持本名；而一旦在这些兄弟姐妹中有人死去，他就转用从死者名；在下一个弟弟或者妹妹出生时，从死者名又被本名代替。这种从名制度的轮替，反映了整个亲属制度的具体运作。

在北美印第安人社会中，广义的姓名主要用来区分不同氏族的成员，它们主要用于"外交"；对内则多用固定称谓彼此称呼。他们的名字通常出自一套本氏族专有的名字，同一部落的其他氏族不能使用，这些名字表示"取名人的氏族对于同一部落中其他氏族的关系"[1]；同时，这些名字本身就代表氏族的种种权力。在北美印第安人社会，人名区分身份的作用是如此关键，以致"个人不能决定改变名字的问题"，因为这是女系亲属和酋长的特权。即使那些有特权支配某种名字的人，例如有权支配亡父名字的长子，虽然可以把这个名字提供给其他氏族的朋友，但是，一旦这个得名人死去，这个名字立即

---

[1] 马克思：《摩尔根〈古代社会〉一书摘要》，人民出版社，1965，第82页。

收归原氏族公有。

　　在阶级社会，"氏以明贵贱"，是姓名重要的社会功能，它是社会发展到一定阶段后，社会分化、分层所产生的符号现象之一，是社会不平等的一个标志。封建时代的姓名具有阶级特点，它突出家族和代表家族的个人，既是政治控制的手段，也具有礼仪模式和行为规范的意蕴。姓名在封建社会是标志等级的重要符号，也是封建制度的一个结构性成分。

　　中国先秦时代的姓主要是用来区分不同血缘，限制和规范婚媾行为，而氏的功能则主要是区分不同身份，即区分不同的家庭出身和社会地位。贵族有氏而平民无氏。例如，屈原先祖出自古帝颛顼，后代中有一个名叫"鬻熊"的博才多艺的人，周文王和周武王都拜他为师，他的后代就以"鬻"为氏。"鬻熊"的后代中有一个叫熊瑕的受封屈邑，他以邑为氏，称屈氏，屈原的姓就是由此而来。"鬻"和"熊"由于其历史渊源，而成为标志贵族身份的符号。夏、商、周三代之后，姓氏合二而一，"姓以别婚姻，氏以明贵贱"的功能，逐渐丧失了实在的意义，在姓氏合称当中虚化成为政治操作的象征符号。作为原有姓氏的补充，郡望也被用来区分身份的高低。中古时期的中国，特重郡望，因为战国以来人口流动，姓氏混同，单凭姓氏已无法辨别是否同族，故在姓氏前又冠以郡望，以区别宗支。例如，唐代张氏有43望，王氏有32望，同姓不同望，则如同异姓。[①] 即便在同姓同族之中，由于经济地位、社会地位的差别，亦有高低之分，称为"第其房望"。例如，号称"东崔"的博陵崔氏，在北魏时期地位上不如号称"西崔"的同族清河崔氏，以至于"北魏高阳王雍元妃死后，更纳博陵崔显妹，并受到宠爱，世宗则以'东崔'地寒望劣，不

---

[①] 李锡厚：《汉族》，载张联芳主编《中国人的姓名》。

表示同意"①。

在藏族的封建社会时期,具有现代姓氏某些功能的家族名或者房名,是贵族使用的特权符号,平民并不冠用这样的家族名。称为"古扎"的旧西藏贵族,作为封建社会的三大领主之一,他们主要来自原西藏地方政府、班禅拉丈和萨迦法王的属下,曾受封于元、明、清各代中央政府以及达赖、班禅等大活佛,拥有世袭的社会地位、庄园、农奴和家族名(参见表3-4)。

表3-4 西藏部分贵族的家族名

| 家族名 | 本名 | 说明 |
| --- | --- | --- |
| 桑 颇 | 才旺仁增 | "桑颇"为拉萨原大贵族桑颇的家族名 |
| 先喀娃 | 居美多吉 | "先喀娃"是拉萨原大贵族先喀娃的家族名 |
| 噶雪巴 | 曲结尼玛 | "噶雪巴"是拉萨原大贵族噶雪巴的家族名 |
| 团 康 | 格桑德吉 | "团康"是日喀则原贵族团康的家族名 |
| 强果娃 | 丹增贡布 | "强果娃"是后藏萨迦法王下属的原小贵族强果娃的家族名② |

如果说,在藏族封建社会,贵族以其"有姓"而区分于平民的"无姓",并以此表示其身份的特殊,以及相对于非贵族成员人名的贵族姓名阶级整合性,那么,在日本,皇室成员的无姓,也同样使自己从非皇室成员区分开来,强调了其身份的高贵及其对外的整合性。据日本《皇室典范》规定,现在的皇室成员,包括天皇、皇后、皇子、皇弟及其妃子和子女,都有名无姓;皇室男性成员的名字都带"仁"字,女性成员都带"子"字,这在明治天皇《皇子女降诞诸式》里已有明文规定。例如,明治天皇睦仁、大正天皇嘉仁、昭和天皇裕仁、现在位天皇明仁和皇太子德仁,皇妹成子、和子、厚子、贵子,

---

① 李锡厚:《汉族》,载张联芳主编《中国人的姓名》。
② 王贵:《藏族人名研究》,民族出版社,1991,第1~2页。

皇女清子等。①

　　印度的种姓制度表现了血统、地位、权力以及姓名符号，在占有和分配方面的极端不平等。"种姓"，亦称为"瓦尔纳"（Varana），意为"肤色"。根据瓦尔纳制度，社会上的人按照职业，分为四个瓦尔纳，即"婆罗门"、"刹帝利"、"吠舍"和"首陀罗"。据《梨俱吠陀》记载，婆罗门出自梵天（Brahm）之口，专司祭祀、掌握和传授知识，地位最高。刹帝利自梵天两臂生出，专掌王权，当兵打仗，地位次于婆罗门。吠舍由梵天大腿生出，其任务是经营商业和农业，属第三等级。首陀罗从梵天脚上生出，专为以上三种人服务，各种工匠艺人属于这个等级，社会地位在这四个等级中最低。种姓虽然不是姓本身，但与姓有密切关系。例如，婆罗门种姓范围内的姓，大多用吠陀、经典、主神或者与尊贵有关的词语；刹帝利种姓范围的姓，一般都同武器或者与表示权威、英勇的词有关；吠舍种姓范围的姓，多与市场、财富有关；首陀罗种姓的人一般无姓，只能使用诸如木匠、鞋匠、陶匠、皮匠、铁匠、织布匠、渔民、水夫、清洁工、种菜人、搓绳人、养猪人、酿酒人等词来表示身份。②

表 3-5　印度的种姓与姓

| 种姓 | 姓 | 拉丁文转写 | 含义 |
| --- | --- | --- | --- |
| 婆罗门 | 堆维迪 | Dvedi | 精通两部《吠陀经》的人 |
|  | 蒂利维迪 | Trivedi | 精通三部《吠陀经》的人 |
|  | 贾杜尔维迪 | Chaturvedi | 精通四部《吠陀经》的人 |
|  | 夏斯特里 | Shastri | 精通经典的人 |
|  | 瓦吉巴依 | Vajpei | 举行过苏摩酒大祭的人 |
|  | 阿戈尼豪德利 | Agnihotri | 往祭坛的火中撒供品的人 |
|  | 乔希 | Joshi | 星相家、天文学家 |
|  | 马哈巴德拉 | Mahapatra | 主持葬礼并享用供品的人 |

---

①　唐全发、唐景莉编《中外姓氏名号趣闻》，广西民族出版社，1989，第 234~235 页。
②　刘国楠、李家骅：《印度人的姓名》，载张联芳主编《外国人的姓名》。

续表

| 种姓 | 姓 | 拉丁文转写 | 含义 |
|---|---|---|---|
| 刹帝利 | 辛哈 | Sinha | 雄狮 |
| | 多摩尔 | Tomr | 拿长矛的人 |
| | 柯德利 | Khatri | 拿武器的人 |
| | 乔杜里 | Chodhri | 首领 |
| | 罗义 | Ray | 国王、首领 |
| | 拉陀尔 | Rathor | 拉贾斯坦王族的后代 |
| 吠舍 | 尼戈摩 | Nigm | 市场 |
| | 斯里瓦斯特沃 | Shirivastva | 有钱的人、富有的人 |
| | 古布塔 | Gupta | 把东西隐藏起来的人 |

印度人另有种姓、族姓、家姓之分，同姓内部也分高低贵贱，不同种姓或者同种姓但贵贱不同者，不通婚。

## 二 名字与贵贱

在封建时代的中国，与社会地位和经济地位上反映出来的贫富、贵贱差别相应，士大夫阶级对姓名符号资源享有垄断权力，除了姓氏名字以外，尚有其他多种称号，而作为象征性的社会区别，老百姓甚至连取正式名字的资格都没有，这就是清人俞樾《春在堂随笔》卷五所言："元制庶人无职者不许取名，而以行第及父母年龄合计为名。"例如，在宋、元及清代平民中，以排行次第为名者如李大、熊二、阎二、刘二、尹二、张三、李四、周三、董小七、刘十二等。[①] 如果说封建社会的被统治阶级，在名字上表现得"贫穷"的话，那么同时代女子的名字则更是"一贫如洗"了。首先，由于古代女子在家从父，出嫁从夫，无独立地位，在"男女授受不亲"思想的影响下，女名不得出闺门，唯有涉及婚姻大事，才可让对方知道；女子出嫁后，夫家

---

① （宋）洪迈《夷坚志》和韦庆远《清代奴婢制度》引清内务府奏销档。参见李锡厚《汉族》，载张联芳主编《中国人的姓名》。

对她的闺名秘而不宣。其次，古代女子出嫁称姓不称名，是避免同姓婚媾的一个措施；出嫁的女子以姓氏当名，直到近现代仍有所谓陈张氏、郑李氏、梁洪氏的称法。女子如果需要进一步识别，就在姓上加国名、族名，如夏姬、褒姒；加地向，如东施、西施；加谥号，如文姜、敬姜；加排行，如少姜、叔嬴。① 总的来说，在传统的中国社会，女子出嫁前，按照排行称为大女、二女、三女、四女或者大姐、二姐、三姐、四姐；出嫁后又依照丈夫排行称大嫂、二嫂；年长后称大娘、二娘；等等。② 在中国历史上，在女名方面值得一提的是，唐代女子多称"娘"，前加数目字排行，如俞樾《春在堂随笔》所列唐开成五年（836年）《往生碑》女名有：徐十一娘、吕三娘、陈卅一娘、梁十一娘、郑大娘、高二娘、许三娘、宋十四娘、徐十二娘、徐三娘、朱十二娘、方二娘、姜三娘、沈十一娘、郑三娘、邵六娘、胡二娘、梅十二娘、张八娘、施十一娘、刘一娘、周三娘、黄二娘、王三娘、叶四娘、吴卅娘、江十一娘、黄三娘。③

作为传统藏族命名制度的要素之一，被选定为活佛的转世灵童和准备当喇嘛的儿童，入寺前有俗名，入寺后，由寺庙堪布（主寺喇嘛）另取法名。如：

十三世达赖喇嘛，出家前的俗名为"洛桑塔凯"，选为灵童出家后，取法名"土登嘉措"；

十四世达赖喇嘛，出家前的俗名为"拉木顿珠"，选为灵童出家后，取法名"丹增嘉措"；

十世班禅额尔德尼，出家前的俗名为"贡布才旦"，选为灵童出家后，取法名"确吉坚赞"；

---

① 萧遥天：《中国人名的研究》，第171页。
② 李锡厚：《汉族》，载张联芳主编《中国人的姓名》。
③ 萧遥天：《中国人名的研究》，第176页。

昌都某一幼童，出家前的俗名为"雍忠嘎瓦"，入寺当喇嘛后，取法名"帕巴列登"。①

## 三 名字与身份转换

我们前面曾经提到，居住在中国西南边陲的傣族，保持着历时性的多重人名制，即一个人从出生到成人，需要用许多不同的名字，来标志不同的人生阶段和人生事象。其实，傣族的多名制在标志不同的人生阶段和人生事象同时，也标志了个人在不同人生阶段上身份的变化，区分了其不同的社会地位。根据传统，傣族平民人家有了孩子以后，男孩称为"岩×"，女孩称为"玉×"。贵族的新生子称为"召×"，意为"主"或者"官"；贵族的新生女称为"喃×"，意为"小姐"、"公主"。傣族乳名有叫"章"字的，"章"字本义"秤，过秤"。孩子出生后即称体重，再取一块与孩子体重相当的盐巴祭鬼，以避免灾祸，求孩子平安长大。按照旧俗，傣童长到八九岁时，要入寺当和尚，一年以后废弃乳名，以僧名代之。若有入寺者还俗，则取还俗名代替僧名，平民在乳名前加"迈"字，意为"新"，表示本人已经入过佛寺；当过五级"督龙"（大佛爷、主持、长老）者，其还俗名不连乳名，称"康朗龙"；当过六级"祜巴"还俗者，称为"康朗挺"。②

## 四 名字与职业

在中国古代和近现代文学家、艺术家当中，流行用"笔名"、"艺名"来自我区分，表示学识、见地、志趣、修养，从而也突出了自己

---

① 王贵：《藏族人名研究》，第37页。
② 岩三：《傣族》，载张联芳主编《中国人的姓名》。

的身份。例如，周树人，笔名鲁迅；郭开贞，笔名郭沫若；沈德鸿，笔名茅盾；李尧棠，笔名巴金；舒庆春，笔名老舍；万家宝，笔名曹禺。① 在北宋末年，在开封表演武打的，有掉刀蛮牌董十五、没困驼、风僧哥；表演杂戏的，有刘乔、河北子、帛遂、达眼五重明、乔骆驼儿、李敦；表演驯兽的有刘百禽。② 在南宋的临安城，演史艺人有乔万卷、武书生、许贡士、张解元、刘进士、周八官儿；表演杂剧的，有江鱼头、眼里乔、卓郎妇、金鱼儿、银鱼儿、胡小俏、小橘皮、自来俏；表演角的，有撞倒山、曹铁拳、韩铜柱、严铁条、董急快。③ 别号，也是自古以来中国姓名文化中的重要特色。如《颜氏家训》云："古者名以正体，字以表德。"别号也有言志、叙事、纪实、表意、抒情的功能（参见表3-6）。

表3-6 名人别号小览

| 朝代 | 姓名 | 别号 | 字 | 朝代 | 姓名 | 别号 | 字 |
|---|---|---|---|---|---|---|---|
| 西周 | 吕尚 | 姜太公 | 子牙 | 明 | 宋濂 | 潜溪 | 景濂 |
| 战国 | 赵胜 | 平原君 |  | 明 | 方孝孺 | 正学先生 | 希直 |
| 战国 | 魏无忌 | 信陵君 |  | 明 | 商辂 | 素庵 | 弘载 |
| 战国 | 范雎 | 应侯 | 叔 | 明 | 曾铣 | 石塘 | 子重 |
| 战国 | 黄歇 | 春申君 |  | 明 | 严世蕃 | 东楼 |  |
| 战国 | 田文 | 孟尝君 |  | 明 | 杨继盛 | 椒山 | 仲芳 |
| 西汉 | 王嫱 | 明君或明妃 | 明昭 | 明 | 海瑞 | 刚峰 | 汝贤 |
| 东汉 | 徐雅 | 南州高士 | 孺子 | 明 | 戚继光 | 南塘 | 元敬 |
| 三国 | 曹髦 | 高贵乡公 | 彦士 | 明 | 李时珍 | 濒湖 | 东壁 |
| 三国 | 吕先 | 飞将 | 奉先 | 唐 | 李建成 | 隐太子 |  |
| 三国 | 许褚 | 虎痴 | 仲康 | 唐 | 褚遂良 | 褚河南 | 登善 |
| 三国 | 钟繇 | 钟太傅 | 元常 | 唐 | 姚崇 | 姚宋 | 元崇 |
| 三国 | 诸葛亮 | 卧龙 | 孔明 | 唐 | 颜真卿 | 颜鲁公 | 清臣 |
| 三国 | 庞统 | 凤雏 | 士元 | 五代 | 冯道 | 长乐老 | 可道 |

---

① 蔡萌：《怎样起名·姓名趣谈》，第96页。
② 《东京梦华录》卷五，转引自李锡厚《汉族》，载张联芳主编《中国人的姓名》。
③ 李锡厚：《汉族》，载张联芳主编《中国人的姓名》。

续表

| 朝代 | 姓名 | 别号 | 字 | 朝代 | 姓名 | 别号 | 字 |
|---|---|---|---|---|---|---|---|
| 宋 | 杨业 | 无敌 |  | 明 | 赵南星 | 侪鹤 | 梦白 |
| 宋 | 杨延昭 | 杨六郎 |  | 明 | 顾宪成 | 东林先生、泾阳先生 | 叔时 |
| 宋 | 种放 | 云溪醉侯 | 明逸 | 清 | 傅维鳞 | 歉斋 | 掌雷 |
| 宋 | 司马光 | 涑水先生 | 君实 | 清 | 查继佐 | 马斋 | 伊璜 |
| 宋 | 王安石 | 半山公 | 介甫 | 清 | 魏裔介 | 贞庵 | 石生 |
| 宋 | 张顺 | 矮张 |  | 清 | 魏象枢 | 庸斋 | 环溪 |
| 宋 | 张贵 | 竹园张 |  | 清 | 徐乾学 | 健庵 | 原一 |
| 宋 | 文天祥 | 文山 | 履善 | 清 | 徐元文 | 立斋 | 公肃 |
| 宋 | 谢枋得 | 叠山 | 君直 | 清 | 陈潢 | 省斋 | 天一 |
| 元 | 廉希宪 | 廉孟子 | 善甫 | 清 | 张英 | 乐圃 | 敦复 |
| 元 | 刘国杰 | 刘二霸都 | 国家 | 清 | 李光池 | 榕树 | 晋卿 |
| 元 | 苏天爵 | 滋溪 | 伯修 | 清 | 张伯行 | 敬庵 | 孝先 |
| 元 | 卜颜帖木儿 | 花马平章 | 珍卿 | 清 | 杨名时 | 凝斋 | 宾实 |
| 元 | 欧阳玄 | 圭斋 | 原功 | 清 | 吕留良 | 晚村 | 用晦 |
| 元 | 刘秉忠 | 藏春散人 | 仲晦 | 清 | 洪承畴 | 亨九 | 彦演 |
| 元 | 许衡 | 鲁斋 | 仲平 | 清 | 黄宗羲 | 南雷 | 太冲 |
| 元 | 虞集 | 邵庵生生 | 伯生 | 清 | 吴炎 | 赤民 | 赤溟 |
| 明 | 杨涟 | 大洪 | 文孺 | 清 | 李长庚 | 西岩 | 超人 |
| 明 | 左光斗 | 浮丘 | 遗直 | 清 | 刘清 | 朗渠松斋 | 天一 |
| 明 | 李万庆 | 射塌天 |  | 清 | 那彦成 | 绎堂 | 韶九 |
| 明 | 黄道周 | 石斋 | 幼平 | 清 | 朱方旦 | 尔枚 |  |
| 明 | 史可法 | 道邻 | 宪之 | 清 | 李绂 | 穆堂 | 巨来 |
| 明 | 张煌言 | 苍水 | 玄著 | 清 | 刘统勋 | 尔钝 | 延清 |
| 明 | 诸胤锡 | 牧游 | 锡君 | 清 | 傅恒 | 春知 |  |
| 明 | 瞿式耜 | 稼轩 | 起田 | 清 | 刘纶 | 绳庵 | 春涵 |
| 明 | 钱肃乐 | 止亭 | 希声 | 清 | 梁国治 | 瑶峰 | 阶平 |
| 明 | 陈子龙 | 大樽 | 卧子 | 清 | 岳钟琪 | 容斋 | 东美 |
| 明 | 黄淳耀 | 陶庵 | 蕴生 | 明 | 袁黄 | 了凡 | 坤仪 |
| 明 | 张居正 | 太岳 | 叔大 | 清 | 曾静 | 蒲潭先生① |  |

① 唐全发、唐景莉编《中外姓氏名号趣闻》,第185~187页,引用时有删减。

## 第四节 社会整合中的个体区分

随着社会的发展以及社会交际的发展，姓名的重要社会功能也从区分群体发展为区分个体。不过，区分个体的需求仍然要服从标准化的社会交际原则，即区分个体的姓名要有统一的模式，易于辨认，易于称呼，易于拼写，易于信息处理，还要服从现代国家的主权观念和一体化格局以及社会整合的需要。

### 一 整合与区分的统一性

在姓名区分个体的功能中，蕴含着社会整合的要求。前工业化社会通过作为区分个体手段之一的姓名区分，来把社会、权利群体的各种利益和权利，以符号的形式，再分配到社会成员、群体成员身上，以图在有序的状态下达到社会结构的整合。在前阶级社会，姓名的整合和区分的功能表现出规则性的对立统一，其功能主要在于区分血缘、社会关系、权利、义务，从而与社会结构的方方面面高度互相渗透。就像一些北美印第安人部落中的人名系统，用来区分个体的人名是该部落所专有的，既在群体内区别了个体，也相对于其他群体整合了本群体。封建社会的姓名符号结构，体现了"父父子子、君君臣臣"，长幼有序、男女有别，体现了通过阶级区分达到国家整合的实用性规则。在当时的社会认知模式中，姓名结构的动摇甚至无序，也就是社会结构的动摇和无序，无异于"礼崩乐坏"，正所谓"名不正则言不顺"。封建社会的姓名，具有广泛的社会意义，是社会符号资本的重要部分；姓名资源的分配与其他社会资源的分配一样，在社会结构中都是社会分层、社会控制、社会统治的手段。在工业化社会，随着血缘意识和宗法意识的大大削弱，传统家族组织的多数社会功能，为国家所接替，姓名的主要功能也相应发生变化，集中体现在区分个体上，但这并不意味着其整合功能的完全丧失，如同国家要对于包括语言在内的各种符号资源进行控制，以体现主权和权威一样，姓名也常常是政府需要关注的对象。国家常常要通过法律、法规和政策条文的形式，对于姓名进行规范化处理，以达到国家多元一体的用意。此外，传统的姓名文化的发展，通常要滞后于社会政治、经济的发展，在人们的认知模式和情感空间中仍占有一隅之地，也常常成为政治斗争、经济斗争以及实用主义运动利用的符号资本。

## 二 姓名与交际

当然，在充分保证传统姓名文化及其相应民族心理传承的前提下，姓名在现代化社会的主要作用是区分个体，适应信息社会的需要。姓名区分个体的功能，主要通过一定的语言形式来实现。然而，由于人的惰性或者语言经济原则的作用，各个社会都会存在大量的同名现象，严重的还会影响社会交际。要解决这个问题，就要考虑如何增加姓名形式的区别特征，具体方法不外乎增减音节、附加说明词、扩大语库、变化组合形式、借用等几种。例如，过去瑞典人几乎有1/3的人姓安德生，有50万人姓姚岗生，数万人姓莫洛生和吴永生。这一严重的同姓现象，使只有700万人口的瑞典在社会交际中遇到许多困难。政府为此专门向人们提供近10万个姓氏，要求他们选择，结果，当时每年都有5000户人家共1.5万到2万人改姓换名。[①]在日本，姓氏曾经是权势的象征，在名前冠用姓氏，是当时统治阶级的特权；平民百姓有名无姓。1868年明治维新以后，日本废除了封建等级制度，日本政府于明治三年（1870年）决定：平民百姓都可以取姓，但由于滞后的习惯仍然在起作用，许多人不敢取姓。鉴于这个

---

① 徐一青、杨鹤仙：《姓名趣谈》，第42~43页。

情况，日本政府又于明治八年（1875年）规定：所有国民必须有姓。此后，日本国民才都有了姓，子承父姓，妇随夫姓，世代相传。①

## 三 姓氏的变革

在中国，随着社会发展的加速，早已削弱了的姓氏"别婚姻"的功能，又在城市和城乡接合部进一步削弱。同时，与"别婚姻"相联系的姓名宗法—政治功能，也被作为封建残余，受到兴利除弊、革故鼎新的现代化过程的冲击。与此相应，常用姓氏的数量也大大减少。据统计，李、王、张、刘、陈五姓，分别占汉族人口的7.9%、7.4%、7.1%、5.4%、4.5%，即在汉族9亿多人口中，李姓超过8700万人，王姓超过8000万人，张姓超过7800万人，刘姓超过6000万人，陈姓超过5000万人，五姓合计人口超过3.5亿。②另据统计，在中国汉姓中，王、李、张、刘、陈、杨、周、黄、赵、吴、孙、徐、林、胡、朱这15个大姓，就占汉族近一半的人口。③为了强化姓氏的区分功能，在继续使用诸如慕容、呼延、尉迟、诸葛、欧阳、司马、端木一类复姓的同时，也出现了兼随父母姓的后起的现象。在这一现象的背后，有一种看法，即现在"社会形式、姓名的作用都完全不同了。姓也好，名也好，所起的作用都是一样的，都是作为一种特殊的符号，把这个人与另一个人毫无含混地区别开来。因此，一个人，或者只有姓，或者只有名，或者根本分不清是名还是姓，只是有一个能区别于任何人的符号就可以了"④。针对这种把现代姓氏与名字

---

① 徐建新：《日本人的姓名》，载张联芳主编《外国人的姓名》，第23页。
② 《中国姓氏研究有新发现》，新华社北京10月3日电，《成都晚报》1992年10月5日，第2版。转引自汪泽树《姓氏·名号·别称》，第112页。原文统计有误，应为李姓超过7100万人，王姓超过6660万人，张姓超过6390万人，刘姓超过4860万人，陈姓超过4050万人，五姓合计超过2.9亿。
③ 张书岩、王保福：《起名指南》，群众出版社，1991，第37页。
④ 汪泽树：《姓氏·名号·别称》，第111页。

的功能归一为区分个体，而不再起区分血统、辨别婚姻作用的看法，有人提出"姓氏改革要有利于优生优育"的建议：

> 姓氏作为区别血缘、亲缘纽带的标志，长期以来，人们以此作为参照系来择偶婚配，以利优生优育。古代即有"男女同姓，其生不蕃"的说法，反映出朴素的优生思想。人类学家摩尔根也曾在其名著《古代社会》中写道："没有血缘关系的氏族之间的婚姻，创造出在体质和智力上都更强健的人种。"由此看来，如果不依据一定的通用原则，盲目变革姓氏，则不但会导致姓氏的混乱，进而引起血缘关系的模糊，人类极有可能咽下自己酿就的近亲婚配导致的劣生劣育的苦果。……
>
> 基于姓氏改革与优生优育的关系，姓氏的改革要有一个通用的、普遍认同的标准，即要有利于区别血缘、亲缘关系，使通婚具有科学、实用的参照，从而有利于优生优育。无论是从父姓、母姓还是采用父母双姓，都应遵循以上标准。在今天某些地方通婚圈仍相对较小的情况下，就更应高度注意避免姓氏的混乱。因此我建议，科学分析姓氏与优生优育的关系，保留姓氏对婚姻结合、优生优育的积极作用，这应当是今天进行姓氏改革必须注意的问题。[1]

姓氏除了在人们观念中存在并具有一定实在根据的"别婚姻"功能外，尚涉及继承权的问题。在传统姓名制度中，姓氏具有标志婚姻与财产世代关系的作用，因而两者经常表现为一个问题的两个方面。

在现实社会生活中，常听人们讲："姓什么姓，叫什么名字，

---

[1] 田力：《姓氏改革要有利于优生优育》，《中国人口报》1995年6月5日，第2版。

无所谓。姓名，不过是人的一个代号罢了！"其实，对于一个社会的人，生活在城市里，姓父亲的姓或姓母亲的姓，或许问题不大。尤其对于工薪阶层的家庭而言，就更是如此。但是，在农村情况就大不一样，经过几代人艰苦劳动积累起来的财产，由于没有儿子，女儿出嫁后生养的孩子姓了女婿家的姓，劳动成果和财产也就自然变成了旁姓人的财产。尽管这些关系中，要牵涉法律、道德、伦理等问题，但依目前的国情和文明程度而言，姓氏毕竟牵扯着继承权问题。因此，对姓氏的合理改革，就是一项政策性很强的重要改革措施。

但是，姓氏改革也要有一定的章法。如果简单地让孩子姓母亲的姓，也存在一定的问题。比如经过人口的迁移，时间一长，本是三代血亲的兄妹，由于姓氏不同，或许会出现近亲婚配的问题。由此，在姓氏改革中，理应考虑，在孩子姓母亲姓氏时，还应留存父姓的痕迹，比如可以考虑复姓加名字的办法。举例说明，就是父亲姓李，母亲姓王，孩子取名"明秋"这个名字，就该是叫"王·李明秋"。[①]

尽管姓氏除了民间的约定俗成之外，迄今仍然是现代国家法律或者执法过程中，在处理血统、婚姻、财产继承一类问题时所需要考虑的一个根据，它毕竟不等于它们所指的血缘关系本身，其政治、经济、法律、认知、情感、道德、伦理的意义远远大于其生物学意义。无论在何时何地，我们都可以发现大量婚外生育、收养、随机取姓、"通谱"、"认族"、"诈冒资荫"、张冠李戴的现象。同时，随着人口流动的增快、通婚范围的扩大、个人命名自由度的提高，姓氏将更难成为区别血缘的根据。姓氏经过漫长的历史演变，已经不能成为对外

---

[①] 孙理：《姓氏改革应考虑继承权》，《中国人口报》1995年6月23日，第2版。

区分血统、对内整合群体的准确标记。可以预见，在兼顾姓氏区分血统和财产继承关系的同时，其区分个体的功能和经济实用的原则，将成为现代化社会的首要考虑。在同名率很高的中国，采用复姓既可以增强姓名区分个体的功能，也可以增加男女平等的意识，但是，有人认为：

> 一些父母将自己孩子的姓氏，改为父姓加母姓，解决了一些当前的矛盾。但请试想一下，现在城市很多家庭都是独生子女，将来的趋势是两个独生子女赡养四个老人。现在看，父母姓氏各取一个字作为孩子的姓，那么这个复姓的孩子成家后，又遇到相同的情况时，则还应该是父母姓名各取两字，那么这个孩子的姓氏就成为四个字，一代一代传下去，岂不是越加越多？
> 
> 我个人认为，这个办法是行不通的。如果两个复姓的孩子成家后，再从父母姓氏中取一个字，我不知道会取哪一个字，如果都取父亲（或母亲）的姓，那么这种姓氏改革又有何意义呢？[①]

不过，命名采用复姓制，只应当看作解决重名问题的办法之一，在具体操作中应当灵活处理，不可能硬性规定。个人会根据具体的时空条件和实用需求，作出相应变通。

## 四 重名及其调整

汉族的重名率比较高。究其原因，除了少数姓氏使用率过高外，还和命名方式少、人名用字过于集中、单名增加、追随潮流，以及汉语作为音节文字的特点有关。中国的重名现象自古有之。据考，明朝人余寅撰写《同姓名录》13 卷，收录同姓名 1608 个，涉及 2750 人；

---

[①] 弓涛：《复姓能行通吗》，《中国人口报》1995 年 6 月 23 日，第 2 版。

清朝人汪祖辉搜集从《旧唐书》到《明史》的人名而撰写的《九史同姓名录》，收录同姓名10812个，涉及30000人；近人彭作桢撰《古今同姓名大辞典》，共收录姓氏403个，姓名16000个，涉及56700人。① 40年代，上海有一位市长名叫吴国桢，而一位在他任内被判死刑的罪犯，也叫吴国桢，经调查，当时上海有13个"吴国桢"。② 清代乾隆年间查礼《铜鼓书堂遗稿》有诗题曰："题蒋介石处士松林独坐图偕朱玉阶学使游七星岩即以志别。"其中，"蒋介石"和"朱玉阶"，分别与国民党著名人物蒋介石和共产党著名人物朱德（字玉阶）同姓同名。沈阳市现有4800多个"刘淑珍"，杭州市有上百个"叶青"。③ 在天津市，1955年有54个"张颖"；1972年达到191个；1989年猛增到2130个。目前天津市还有2300个"张力"。④ 与天津市比较，北京市现在有4000多个"张颖"，4500多个"张力"，有过之而无不及。⑤ 据国家语言文字工作委员会和山西大学的统计资料，在调查涉及的17.49万人中，重名多达46745个，占被调查人数的26.73%。⑥ 据另一项对80年代人名的调查，在320个被调查人名中，有105个重名，占被调查人名的32.8%，其中"晨"名6个⑦（凌晨、林晨、王晨、张晨、杨晨、杨晨）；"晶"名5个（马晶、张晶、张晶、赵晶、经晶）；"颖"名5个（马颖、冯颖、蔡颖、俞颖、章颖）；"亮"名4个（陈亮、余亮、卢亮、徐亮）；"艳"名4个（吴艳、汪艳、杨艳、曾艳）；"超"名3个（胡超、龚超、管超）；"昊"名3个（林昊、阮昊、徐昊）；"爽"名3个（倪爽、高爽、曹爽）；

---

① 张书岩、王保福：《起名指南》，第35页。
② 萧遥天：《中国人名的研究》，第238页。
③ 王建华：《文化的镜象——人名》，第206页。
④ 张书岩、王保福：《起名指南》，第33~34页。
⑤ 同上书，第34页。
⑥ 转引自王建华《文化的镜象——人名》，第206页。
⑦ 原文只列了5个，根据后文补出。

"丽娜"名3个（翁丽娜、鲁丽娜、俞丽娜）；"文亭"名3个（裘文亭、单文亭、张文亭）；同姓同名的有两个"张晶"、两个"杨晨"、两个"杨帆"。① 国家语言文字工作委员会根据第三次全国人口普查资料中的175000个人名，用计算机统计出30个使用频率最高的人名常用字。其中男性30个人名常用字有：

明国文华德建志永林成军平福荣生
海金忠伟玉兴祥强清春庆宝新东光

女性30个人名常用字有：

英秀玉华珍兰芳丽淑桂凤素梅美玲
红春云琴惠霞金萍荣清燕小艳文娟②

重名现象虽然是普遍的，但各族群和民族加以处理的方式却有不同。汉族采用的是增加双名、使用父母复姓等办法，而其他族群和民族就不一定了。台湾北部的萨斯特人，平均每10个男人或者20个女人用同一个名字。③但是，在实际生活中，这并未造成区分个体的困难，因为他们采用了"长孙从祖名与直系男性联名的交替颠倒"的子从亲名制。我们并不想在这里讨论是重名造成了从名制，还是因为先有了从名制而产生了大量重名④，但有一点是明确的，那就是在萨斯特人那里，高重名率和从名制是并存的，而从名制满足了人们基本的社会交际需求（见图3-1）。

---

① 王建华：《文化的镜象——人名》，第206~207页。
② 张书岩、王保福：《起名指南》，第37~38页。
③ 杨希枚：《台湾赛夏族的个人命名制》。
④ 杨希枚先生认为，在从名制度下不需要甚多的人名，参阅《台湾赛夏族的个人命名制》。

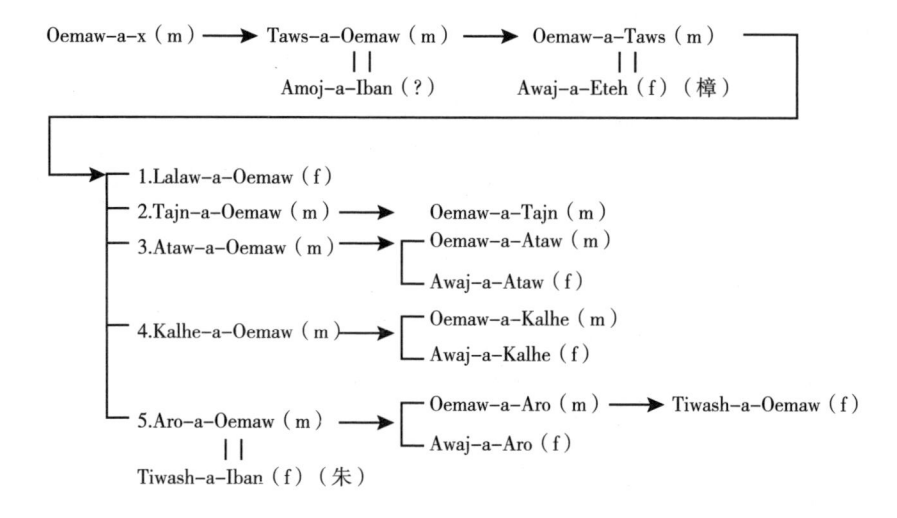

```
Oemaw-a-x (m) ──→ Taws-a-Oemaw (m) ──→ Oemaw-a-Taws (m)
                        ‖                       ‖
                   Amoj-a-Iban (？)        Awaj-a-Eteh (f)（樟）

   ┌─→ 1.Lalaw-a-Oemaw (f)
   │   2.Tajn-a-Oemaw (m) ──→ Oemaw-a-Tajn (m)
   │   3.Ataw-a-Oemaw (m) ──→ ┌ Oemaw-a-Ataw (m)
   │                          └ Awaj-a-Ataw (f)
   │   4.Kalhe-a-Oemaw (m) ──→ ┌ Oemaw-a-Kalhe (m)
   │                           └ Awaj-a-Kalhe (f)
   │   5.Aro-a-Oemaw (m) ──→ ┌ Oemaw-a-Aro (m) ──→ Tiwash-a-Oemaw (f)
   │         ‖               └ Awaj-a-Aro (f)
       Tiwash-a-Iban (f)（朱）
```

**图 3-1　萨斯特人的谱系与从名制**

在萨斯特人的从名制中，在父与长子连名的同时，长孙从祖名，并且表现出"直系长嗣男性前后两名交替颠倒的排列"形式（见图 3-2）。

```
                ┌ 1.B-a-A (m) ──→ 1.A-a-B (m) ──→ 1.B-a-A (m) ──→ 1.A-a-B ──→……
A-a-x (m) ──→  ├ 2.C-a-A (m) ──→ 1.A-a-C (m) ──→ 1.C-a-A (m) ──→ 1.A-a-C ──→……
                └ 3.D-a-A (m) ──→ 1.A-a-D (m) ──→ 1.D-a-A (m) ──→ 1.A-a-D ──→……
```

**图 3-2　萨斯特人长孙从祖名制**

根据萨斯特人的命名制度，非长嗣男女按照性别分从叔伯父或者姑母命名，这一方面衬托了长嗣重要的社会地位，另一方面也达到了区分个体的目的（见图 3-3）。

在许多命名制度中，区分身份、显示社会地位、纪实、叙事等功能，常常与区别个体的功能互相重合，在客观上起到减少或者避免重名的重要作用。举例来说，在上举萨斯特人的命名制度中，非正常死亡者，其后裔便不能依从他们命名。死于非命者，原应从祖名者改从

```
Kaleh-a-x(m)(樟姓) → Eteh-a-Kaleh(m) → ┌ 1.Kaleh-a-Eteh(m)
                                      │      ‖
                                      ├ Lalo-a-Taws(f)
                                      ├ 2.Paza-a-Eteh(f)
                                      ├ 3.Awaj-a-Eteh(f)
                                      └ 4.Kawkul-a-Eteh(f)

┌ 1.Apje-a-Kaleh(f)
├ 2.Awaj-a-Kaleh(m)
├ 3.Eteh-a-Kaleh(m) → ┌ 1.Lalo-a-Eteh(f)
│                     ├ 2.Kaleh-a-Eteh(m)
│                     ├ 3.Aaw-a-Eteh(f)
│                     ├ 4.Awaj-a-Eteh(f)
│                     ├ 5.Paza-a-Eteh(f)
│                     ├ 6.Ataw-a-Eteh(m)
│                     ├ 7.Kawkul-a-Eteh(f)
│                     └ 8.Bowa-a-Eteh(m)
├ 4.Ataw-a-Kaleh(m) → ┌ 1.Lalo-a-Ataw(m)    1.Kaleh-a-Bawnaj(m)
│                     ├ 2.Paah-a-Ataw(f)    2.Eteh-a-Bawnaj(m)
│                     ├ 3.Kaleh-a-Ataw(m)   3.Lalo-a-Bawnaj(f)
│                     ├ 4.Eteh-a-Ataw(m)    4.Ataw-a-Bawnaj(m)
│                     ├ 5.Bowa-a-Ataw(m)    5.Aaw-a-Bawnaj(f)
│                     └ 6.Baaj-a-Ataw(m)    6.Awaj-a-Bawnaj(f)
│                                           7.Kawkul-a-Bawnaj(f)
└ 5.Bawnaj-a-Kaleh(m) →                     8.Paza-a-Bawnaj(f)
      ‖                                     9.Bowa-a-Bawnaj(m)①
  Tapash-a-Okan
```

**图3-3 萨斯特人的命名制：社会地位与个体区分**

叔伯祖名或者姑祖母名；原从叔伯父或者姑母名的，就要改从同姓远房的宗亲或者异姓族人的名字。① 这都在客观上增强了人名的区分能力，减少了重名。

在台湾萨斯特人的个人命名制中，除了父子连名制以外，尚有诸如假名、绰号之类的人名形式，其中假名主要是用来祛病被灾，避免

---

① 杨希枚：《台湾赛夏族的个人命名制》。

鬼神作祟。① 萨斯特人惧怕与收获有关的矮神"大阿爷"（taaj）和由被猎头（malakum）身死者转成的无首恶鬼（haboen），相信它们会因为人类的侵犯而进行报复，尤其是与触犯神灵者同名的婴儿，很容易成为报复对象。如果已经命名的婴儿夜间啼哭、体弱多病时，就需要对他另行命名：巫婆先做占卜，再选择一个身体健康、未经蛇咬的小孩，依其名而命名。

在藏族的命名习俗中，人名多用一个双音节的单词，如"扎西"、"仁增"、"顿珠"、"巴桑"、"卓玛"、"旺丹"等，形式单一，常用的只有500多个②，对于有495万多人口（1990年）的藏族来说，可供选择的人名就太少了，因而重名率也很高。例如，后藏贵族"吉普·次仁多吉"、"定甲·次仁多吉"和原亚东县上亚东区岗库村大头人"萨孔·次仁多吉"等三人同名；前藏贵族"恰巴·格桑旺堆"与昌都战役的著名人物藏军九代本"德格·格桑旺堆"同名，但由于他们的"姓"不同，故仍然可以互相区分。③为了减少重名，方便交际，藏族采用了按年龄大小在名前加"大"、"中"、"小"等字，在名前加籍贯，在名前加寺庙、扎仓名，在名后加体形特征，在名前加职业名称，在名前加不同性别的字样等办法来加以区分（见表3-7）。

蒙古族的重名率也相当高，像"巴特尔"、"巴雅尔"、"巴图"、"布和"、"其其格"、"其木格"、"高娃"、"萨仁"一类的名字，在蒙古族聚居区随处可见。例如，根据我们的调查，内蒙古鄂尔多斯托克旗苏米图苏木小学1985年入学的50位蒙古族新生，有5人取名"巴雅尔"：

---

① 杨希枚：《台湾赛夏族的个人命名制》。
② 王贵：《藏族人名研究》，第34页。
③ 同上书，第34页。

表3-7 藏族避免重名的六种方法

| 方　式 | 例　子 |
|---|---|
| 按年龄大小在名前加"大"、"中"、"小"等字 | 大扎西、中扎西、小扎西；大诺布、小诺布；大次仁顿珠、中次仁顿珠、小次仁顿珠 |
| 在名前加籍贯 | 昌都达瓦、定日达瓦；德格次旺、察雅次旺、理塘次旺；安多列协、贡觉列协、拉孜列协 |
| 在名前加个人寺庙、扎仓名 | 扎伦洛桑（"扎什伦布寺的洛桑"）、色切洛桑（"色拉寺切扎仓的洛桑"）、甘强洛桑（"甘登贡强孜扎仓的洛桑"） |
| 在名后加个人体形特征 | 旺杰甲巴（"胖子旺杰"）、旺杰仁波（"高个子旺杰"） |
| 在名前加个人的职业名称 | 麻钦阿旺（"厨师阿旺"）、扯巴阿旺（"骡夫阿旺"）、仲译阿旺（"秘书阿旺"） |
| 在名前加不同性别的字样 | 普扎桑（"男孩扎桑"）、普姆扎桑（"女孩扎桑"）；波拉巴（"拉巴大爷"）、嫫拉巴（"拉巴大娘"）① |

学1985年入学的50位蒙古族新生，有5人取名"巴雅尔"：

陶克陶巴雅尔（Todtobayar）

巴雅尔图（Bayartu）

满都巴雅尔（Mandubayar）

呼和巴雅尔（Huhbayar）

巴雅尔（Bayar）

又根据我们1988年对内蒙古师范大学1978～1987级352位蒙古族大学生的抽样调查②，有28人名叫"巴雅尔"，占总人数的8%；25人名叫"巴特尔"，占总人数的7.1%；24人名叫"格日勒"，占总人数的6.8%；名叫"斯钦"和"图娅"的人，各占总人数的4.5%。此外，有4人名叫"哈斯巴根"，另有4人名叫"呼格吉勒图"。

---

① 根据王贵《藏族人名研究》，第34~37页。
② 其中包括蒙古语文专业和其他非蒙古语文专业；被调查人全部使用蒙古族姓名。

为了减少重名带来的不便，蒙古族在日常生活中采用了如下几个办法：

1. 父子连名或者冠以姓氏。例如，道尔吉－因－巴图（Dorji-in-batu，"道尔吉的巴图"，其中"因"表示所属格）、巴特尔－温－那顺（Batur-on-nasan，"巴特尔的那顺"，其中"温"表示所属格）、宇·吉日格勒、扎·吉日格勒、王满达、李满达、韩满达。

2. 增加词语组合。例如，蒙根巴图（Menggen-batu）、斯钦巴图（Sechen-batu）、乌力吉巴图（Ulji-batu）、娜仁其其格（Naran-checheg）、萨仁其其格（Saran-checheg）。

3. 增加用于产生人名的词缀。例如，在manddu-（"兴盛"）后面接加后缀-la、-hu、-ba、-ga等，可以从同一个词根派生出满都拉（Mandula）、满都乎（Manduhu）、满都巴（Manduba）、满都嘎（Manduga）等人名。

4. 扩大名库。例如，浩毕斯哈勒图（Hobishaltu，"革命"）、马希那（Mashina，"机器"）、乌兰图克（Ulan-tug，"红旗"）。

5. 前加描述性词语。例如，大梅其其格、小梅其其格、大巴图、小巴图、乌兰阿勒坦巴根（Ulan-altanbagana，"红脸阿勒坦巴根"）、哈日阿勒坦巴根（Hara-ulanbagana，"黑脸乌兰阿勒坦巴根"）。

6. 借入外族语汇或者人名。例如，汉名：刘金锁、王海山、白燎原；藏—梵名：奥德斯尔（Odsor，"光明"）、达瓦（Dawa，"月亮"）、林丹（Ligdan，"大自在天"）、赞不拉（Jambal，"文殊"）、那木吉拉（Namjil，"天王、神"）、代萨朗（Daisarang，"护法"）、噶尔丹（Galdan，"福运"）、楚尔顿（Chuladun，"法戒"）。

## 第三章 姓名的整合功能与区分功能

姓名在区分个体的过程中，随时也以明显的或者隐含的方式表现出其社会整合的功能。在这一方面比较典型的，应当是我们通常说的"民族性"了。无论在任何社会，取名授字不能不考虑特定的民族文化和民族心理。近些年，在中国对外开放的形势下，有人受到西方影响，为自己的子女取诸如"朱安娜"、"高吉太郎"、"纪因斯坦"之类的"洋名"，但这样的"洋名"毕竟难以流行，因为它们属于异质文化，不符合中国的民族心理。在中国少数民族中，普遍存在本民族—汉族个人双名制，其功能就是要在不同的民族文化和民族心理环境下，转换使用汉名或者本民族名，不仅方便交际，而且沟通感情，以提高社会活动的效率。由于一个民族的命名习惯与另一个民族不同，姓名形式也不尽相同，因而不仅在取名的时候要考虑特定民族文化和民族心理，而且不同民族之间的姓名互译，也是要加以考虑的。一个民族的姓名在译成另一个民族的语言形式时，要根据后者的民族文化和民族心理，注意义译、音译、用字乃至字数和词序的选择。举例来说，蒙古族的姓名反映的是蒙古族在长期的历史过程中形成的文化特点和心理特点，在许多方面与汉族不同。因此，在蒙古名汉译时，就要考虑译名对于汉族产生的文化反馈和心理效果。蒙古族在传统上习惯以动植物命名，有些在汉族看来可能是贱名，这些名字在汉译时就需要灵活掌握，多作音译，而不用义译。如 Arslang（"狮子"），音译作"阿尔斯朗"，不用义译；Shobuu（"鸟"），音译作"少布"，不用义译；Muunohai（"赖狗"），音译作"毛敖海"，不用义译；Muuyihan（"灰姑娘"），音译作"毛依罕"，不用义译。我们前面曾经提到，明代汉译蒙古人名，"以意为爱憎，每取恶字以示见贬"，表现了民族歧视心理，例如"三宝奴"、"察兀秃"、"也速答儿"等。清代满洲皇帝高宗钦批修改，将以上人名分别改作"三宝努"、"察衮图尔"、"伊逊岱尔"，以使这些名字整合于汉族文化，避免在汉族心理上产生负面影响。汉译西方姓名时，一般遵循"名从主人"的原则和"名从汉俗"的原则,而实际上"名从汉俗"的原则是主导原则。例如,英国作家 Bernard Shaw 汉译作"萧伯纳",原美国驻华大使 Leigton Stuart 汉译作"司徒雷登",就是按照汉名"姓+名"的词序翻译的,而且还巧妙地使用了汉姓"萧"和"司徒"。而狄更斯笔下的 David Copperjield 汉译作"大卫·科波菲尔德",前任美国总统 Ronald Reagan 汉译作"罗纳德·里根",则是按照英美人"名+姓"的习惯翻译的,但是在译音用字方面还是比较讲究,考虑到了汉族人名用字的习惯。香港第 27 任总督 David Wilson,最初把自己的名字汉译作"魏德巍",香港一些人士批评说,"魏"与"巍"双鬼出格,"魏"谐音"危",实在不吉利。港督接受批评,将名字改译作"卫奕信"。据称,这个名字代表了"信任与保卫,而奕又是精神奕奕"。如此改动完全符合港民心理,从而也会方便施政。80年代,有一位前来中国研究伊斯兰民族的美国学者,起初将自己的名字汉译作"朱磊",但有中国学者提出"朱"与"猪"谐音,可能会给他的工作带来不便,于是,这位美国学者又将自己的名字改译为"杜磊",足见与民族文化整合的重要。

综上所述,我们可以明确指出,姓名不仅仅用来区分个体,它除了满足人类社会的一般交际需求以外,还要满足社会分类、知识分类和情感分类的需求,所有这些需求总是处于互相制约的关系当中,这种关系又会随着时代的不同而不同、发展而发展、变化而变化。在前阶级社会、奴隶制社会和封建社会,姓名制度是社会政治制度的一个重要组成部分,具有明确的社会分层性质,表达着生活资料、生产资料、生产方式、分配方式、消费方式以及社会地位、身份等方面的具体内容。到了现代社会,姓名仍然以隐喻的方式与民间文化互相渗透的方式,以国家"车同轨、书同文"式的标准化社会管理中籍管理及现代化信息处理等方式,顽强地表现其社会意义和社会内容。姓名是个人的,但又不是个人的。虽然法律上会保障一个公民使用和改变自己姓名的权利,但是,他绝不能任意处理自己的姓名:他的姓名一旦进入社会,就要受到社会的种种制约,不经过一定的社会认同或者法律程序,他对于自己名字将无能为力。由此看来,姓名也具有某些普通语言的特征,即它们的本质在于满足社会交际的需求,是一种社会交际工具。

# 第四章
# 姓名的语言相关性辨析

姓名的构成离不开语言材料，姓名以语言形式存在。语言的特点制约着构成姓名的材料特点和材料的组合方式，从而也制约着姓名的形成、发展和变化。表现在姓名上的语言特点，涉及语音、语法、语义，有时还涉及字形。同时，由于姓名的某些内容反映社会文化特点，而且在一定社会发展阶段上，以姓名制度的形式成为社会制度的一部分，因而它对于姓名的语言形式也会产生反作用。姓名对于语言形式的反作用，则主要表现在姓名所反映的某些社会内容对于具体语言使用的制约上，中外历史上和现实中的讳名制，在这个方面尤为典型。不论讳名的动机是什么，它都表现为在日常语言交际中不涉及讳名或者与讳名有关的任何词句。

## 第一节　姓名反映的语音、语义和形态特征

姓名的语言材料反映相应语言的语音、语义和形态特点，使之带有音、形、义方面的特点。

## 第四章 姓名的语言相关性辨析

### 一 汉语语音特点与汉族人名

汉语属汉藏语系，其声调是区分意义的手段之一，在词汇系统、句法系统和文字系统上，分别属于词根语类型、分析语类型和表意字类型。汉语的元音出现频率高，在运用当中讲究声调、双声叠韵、开齐合撮和偶数音节的对称性。汉字富于象征和意蕴，偏旁部首拆合比较灵活，字形仍然保留有一些图画艺术特征。

汉语作为一种声调语言，具有突出的谐音特点，不同的字可以读相同的音，反过来，相同的字，有的也可以读不同的音。现举赵元任先生的一段文字游戏为例：

> 石室诗士施氏，嗜狮，誓食十狮。施氏时时适市视狮，十时，适十狮适市。是时，适施氏适市，氏视十狮，恃失势，使是十狮逝世。氏拾是十狮，适石室。石室湿，氏使侍拭石室，氏始试食十狮尸。食时，始识是十狮实十石狮。试释是事。[1]

古人的名字可以用同音字假借，先是同音相假，标志音读，后来则刻意追求同音异义，寄托意趣。[2] 秦汉以前的人名常用不同的同音字标写：伏羲亦作庖牺、宓羲，皋陶亦作咎繇、许由，伯益亦作伯翳、后益、化益，舜亦作俊，纣亦作受；思想家杨朱亦作阳子居；孟轲字子舆，亦作子车、子居；荀况人称荀卿，亦作孙卿；荆卿人称荆卿，亦作庆卿（见表4-1）。

清代大文学家曹雪芹利用谐音，寓意于《红楼梦》人名，如甄士

---

[1] 朱胜华：《最新姓名学》，台湾大众书局，1985，第65页。值得注意的是，"五格剖象"依据的标准形式为双名双姓，若遇单姓单名、双姓单名或者单姓双名，则在剖象一端或者两端加上一个笔画设定为1的"假成格"。——引者注

[2] 萧遥天：《中国人名的研究》，第111~113页。

隐（真事隐）、贾雨村（假语村言）、贾政（假正经）等。"文化大革命"时期的许多笔名亦如出一辙，如梁效（两校）、江天（江青天下）、钟岸（中央按语）、罗思鼎（螺丝钉）、池恒（持之以恒）。讲究的汉族姓名要避免谐音"误区"，如侯姓者不取名"岩"，以避谐音"喉炎"；贾姓者不取名"效"，以避谐音"假笑"；胡姓者不取名"硕"，以避谐音"胡说"；等等。

表4-1 清代的假借同音字号

| 本　名 | 字　号 | 假借字 |
| --- | --- | --- |
| 谈　迁 | 仲　木 | 孺木、观若、冠石 |
| 周　容 | 茂　三 | 茂山、贸山 |
| 蒋士钊 | 心　馀 | 辛　畲 |
| 魏　禧 | 默　深 | 墨　生 |
| 申涵光 | 符　孟 | 孚孟、和孟、凫盟 |
| 钱观瀛 | 子　登 | 紫　登 |
| 沈光裕 | 仲　莲 | 种　莲 |
| 陈　梓 | 俯恭、古民 | 敷公、古铭、菰绵 |
| 王　韬 | 兰　卿 | 懒　今 |
| 茅元仪 | 止　生 | 祗　生 |
| 黎士宏 | 愧　孙 | 愧　曾 |
| 赵　翼 | 云　松 | 耘　菘 |
| 丁　允 | 继　之 | 寄　枝 |
| 王乃徵 | 聘　三 | 病　山 |
| 张贲孙 | 绣　虎 | 绣　武 |
| 周体观 | 伯　恒 | 伯　衡 |
| 彭士望 | 躬　庵 | 公　安 |

在传统的汉族姓名文化中，发音的洪细、阴阳，也常常用来寓指性别。① 汉语音韵十三辙中的江阳、中东、言前、发花等音色洪亮，而声调中的阳平高昂向上，去声果断有力，这类语音为男名常用，如"扬"、"浩"、"超"、"华"、"亮"、"东"、"洪"、"建"等；十三辙中

---

① 以发音的洪细、阴阳区别两性，只是汉族姓名的一种倾向。随着时代、场景的不同，会有许多例外。决定姓名特征的要素不仅取决于语言材料的内部规律，也取决于整个社会历史文化的大环境。

的一七、姑苏等音色细弱，而阴平声调清脆，为女名常用，如"玉"、"媛"、"芬"、"娇"、"花"、"云"、"娴"、"晶"等。[1] 传统的汉族姓名还讲究发音的洪细搭配、阴阳协调，如"毛泽东"、"周恩来"、"刘少奇"等姓名。"毛泽东"的"毛"，按照推拟的中古音[2]为明母豪韵开口一等平声效摄，"泽"为澄母陌韵开口二等入声梗摄，"东"为端母东韵合口一等平声通摄。"周恩来"的"周"为章母尤韵开口三等平声流摄，"恩"为影母痕韵开口一等平声臻摄，"来"为来母咍韵开口一等平声蟹摄。"刘少奇"的"刘"为细音，"少"为洪音，"奇"为细音；同时，按照现代汉语普通话发音，"刘"为阳平，"少"为去声，"奇"为阳平，由此构成洪细搭配、抑扬顿挫的名字。据一项从北京地区抽取的988个人名调查[3]，北京的人名用字的声调情况分四类：第一类是三字同调，即平调型，读起来费力、单调；第二类是相邻两字同调（或前两字，或后两字），即部分抑扬型，读起来感觉较好；第三类是一、三字同调[4]，属于抑扬型，虽然两字同调，但因为不相邻而读音顺口；第四类是三字异调，亦属于抑扬型，起伏跌宕，读起来顺口（见表4-2）。

表4-2 有关北京地区人名用字四类声调的统计

| 类 型 | 三字同调 | 相邻两字同调 | 一、三字同调 | 三字异调 |
|---|---|---|---|---|
| 数量(人) | 51 | 265 | 246 | 426 |
| 百分比(%) | 5.2 | 26.8 | 68 ||

从表4-2可以看出，抑扬型音调的人名占绝大多数，说明人们在取名时，无意中遵从了声调变化的规律。[5]

---

[1] 王建华：《文化的镜象——人名》，第46页。
[2] 郭锡良：《汉语古音手册》，北京大学出版社，1986。
[3] 张书岩、王保福：《起名指南》，第75~76页。
[4] 原文作"一、二字同调"，应是"一、三字同调"之误。
[5] 张书岩、王保福：《起名指南》，第75~76页。

中国先秦时代便有双声叠韵的姓名。双声者如宋殇公名与夷，齐管仲名夷吾，晋公子奚齐，秦二世胡亥；叠韵者如周乐官有伶州鸠，孔子时代的颜仇由，晋大夫有知徐吾、陈须无，鲁国叔孙州仇，秦太子扶苏。① 汉族姓名注重节奏感，以四个音节为限，两个音节和三个音节的姓名占绝大多数。出于对称、平衡的心理，有的三个音节的姓名减缩成为两个音节：复姓略为单姓者如"司马迁"作"马迁"，"东方朔"作"方朔"，"诸葛亮"作"葛亮"；双名略为单名者如《左传》中的"莒展舆"作"莒展"；今人萧乾原名萧丙乾，吴晗原名吴春晗，孙谦原名孙怀谦；等等。②

由于汉语的特殊音理和历史演变，中国姓氏有一些特殊音读或者异读，如：

不，音如标；单于，音如蝉于；种，音如崇；盖，音如葛；句，音如勾；华，音如化；缪，音如妙；区，音如欧；解，音如谢；燕，音如烟；查，音如渣。③

为了区分同音或者近音姓氏，人们利用连缀的词。例如对于和"于"、"虞"二姓同音的"余"姓，可用"多余"的"余"这一说法来区分；对于和同音或者近音的"成"、"陈"、"程"三姓，可以分别解释成为"成功的成"、"陈旧的陈"和"程度的程"；对于同音的"杨"、"阳"、"羊"三姓，可以分别解释成为"杨柳的杨"、"太阳的阳"和"牛羊的羊"。④

## 二 汉字字形与汉族人名

据萧遥天先生研究，中国汉字独体为文，合体为字；合体字占全

---

① 萧遥天：《中国人名的研究》，第 110~113 页。
② 王建华：《文化的镜象——人名》，第 46~47 页。
③ 汪泽树：《姓氏·名号·别称》，第 45~46 页。
④ 同上书，第 46~47 页。

部文字的90%，其中75%是合体形声字，15%是合体会意字。汉族姓名正是借助汉字这种分合随意的特点，形成独特风格：

| | |
|---|---|
| 1. 名为姓的省文 | 古人有伊尹，宋人有陈东，清人有阮元，今人有盛成、聂耳、罗维、何可、翁羽 |
| 2. 名为姓的增文 | 古人有王匡，今人有林森、于吁 |
| 3. 名为姓的分文 | 今人有舒舍予、许午言、董千里、雷雨田、张长弓、何人可、李木子、林双木、杨木易 |
| 4. 字号为名的分文 | 宋人有谢翱，字皋羽；明代文豪章溢，字三益；画家徐渭，号田月道人；徐舫，字方舟；傅恕，字如心；宋玫，字文玉；清代尤侗，字同人；程峋，字眉山；姚椿，字春木；郑重，字千里；李楷，字皆木；汪价，字介人①；蒋伊，字尹人；吴筠，字竹均；毛奇龄，字大可② |

汉字可以灵活拆合的偏旁部首，使人们可以通过"解构"来区分同音或者复杂的姓氏：以"言旁诸"来区别于同音的姓氏"朱"；以"三点水的江"来区别于同音的"姜"；"蒯"可以解释成为"草字头下面加一个朋友的'朋'，再加一个'立刀'"；对于近音的"周"与"邹"，可以解释成为"门吉周"和"包耳邹"；对于同音的"张"与

---

① 原文作"价人"，疑为"介人"之误。
② 萧遥天：《中国人名的研究》，第113~116页。

"章",可以解释成为"弓长张"和"立早章";翦姓可以解释成为"剪刀的'剪'下面的'刀'字换成羽毛的'羽'字";缪姓可以解释成为"荒谬的'谬',将'言'旁换成'绞丝'"。①

汉字丰富的形符、独特的笔画,也成为中国传统知识阶层取名时注意的方面。根据汉字形状(并不排除语义影响),"圆"、"胖"属肥,"小"、"千"属瘦,"申"、"竹"属长,"四"、"土"属短,"门"、"口"属虚,"尊"、"福"属实,因此,取汉名有时还要讲究肥瘦得当,长短搭配,虚实合理。中国古史上的避讳制度,也常常在字形上做文章。如唐人所书晋陆机"文赋"有"泳世德之俊烈","收百世之关文","诵先民之清纷,浮天渊之汤液","若游鱼衔钩而出重渊之深"等句,其中"世"、"民"、"渊"写作"廿"、"氏"、"氵",以避唐高祖李渊、太宗李世民之讳。汉姓邱,原作丘,清代为避孔子名讳改作邱。

港台和海外华人多用的"姓名五格",充分体现了汉字笔画和中国民间占卜术在姓名上的结合。五格是天格、人格、地格、外格、总格等五格。天格为姓的笔画数加一(单姓)或者姓的笔画之和(双姓),为祖上所传,永世不变;人格又称"主运",乃姓名之灵,为单姓或者双姓第二字之笔画加单名或者双名第一字之笔画之和;地格为名字之笔画数总和,又称"前运",左右吉凶福祸;外格为姓名剖象两端字笔画数之和(包括假成格),又称"副运",辅援主运的重大部分以及本人的社会交际关系;总格为所有笔画的总和,又称"后运",主晚年命运。② 各格的笔画数都有一定的规则,以避祸祈福。现仅举"五格剖象"的实例二则:

---

① 汪泽树:《姓氏·名号·别称》,第 47~48 页。
② 朱胜华:《最新姓名学》,台湾大众书局,1985,第 65 页。

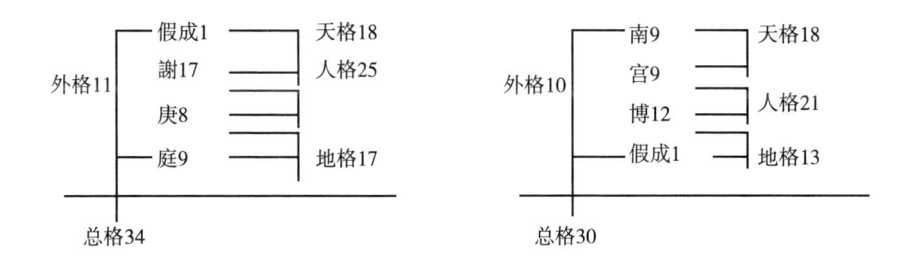

```
外格11 ┬ 假成1 ┐ 天格18
       ├ 謝17  ┤ 人格25
       ├ 庚8   ┤
       └ 庭9   ┘ 地格17
总格34

外格10 ┬ 南9   ┐ 天格18
       ├ 宫9   ┤
       ├ 博12  ┤ 人格21
       └ 假成1 ┘ 地格13
总格30
```

按五格剖象法的理论，认为三才（即天格、地格、人格）配置得如何，即其相生相克的关系如何，影响着一个人干事业成功率的高低。从统计来看，凡人格为3、5、6、11、13、15、16、21、23、24、25、31、32、35、37、41等数，且天、地两格又好者，将多得幸福，事业顺利，婚姻美满，可谓富贵双全之命；若人格为4、9、10、14、19、20、22、34、44等数，则为凶数，会遭受苦难、挫折，身处逆境，甚至患病招致非命。

此外，凡人格为7、8、17、18等数者，一般意志坚强，能于逆境中成功，唯个性生硬，得罪人多；凡人格为27、28等数者，为人欠谦虚，易染病，易遭谤，事业上亦难有建树。①

在港台和海外华人的姓名文化中，汉字的字形、字义与十二生肖结合，制约着命名用字和命名活动（见表4-3）。

表4-3 汉名用字的形义与意义

| 人的生肖 | 部分性格特征 | 应选部分人名用字 | 意 义 |
| --- | --- | --- | --- |
| 鼠 | 性格聪慧，凡事有心得；志大心高，利欲心强 | 人、字 | 选"人"则仓库内，选"字"则屋内，环境好，名利双收，清雅荣贵 |
| 牛 | 诚实，有耐心，固执，缺乏交际才能 | 汗、针 | 选"汗"则清爽享福，富贵增荣；选"针"则多才巧智，温和贤淑 |

---

① 王永宏编著《十二生肖流年运程》，中州古籍出版社，1994，第74页。

**续表**

| 人的生肖 | 部分性格特征 | 应选部分人名用字 | 意 义 |
|---|---|---|---|
| 虎 | 外见宽容,内心刚强,好勇好义,慈悲心肠 | 山、玉 | 选"山"则雄霸山林,智勇双全,福寿兴家;选"玉"则英俊而多才多智 |
| 兔 | 脾性温和,不好动,缺乏决断,慈善,重友情 | 朋、花 | 选"朋"则月兔,清秀多才,温和贤淑,清雅荣贵;选"花"则福禄双收,名利永在 |
| 龙 | 刚毅活泼,自大,善恶不分,急躁 | 汗 | 选"汗"则大吉冲天,隆昌富贵 |
| 蛇 | 稳重有才智,有嫉妒心 | 花 | 选"花"则大吉,一生享福,富贵增荣 |
| 马 | 性好动,喜出风头,善交际,投机事业 | 花、针 | 选"花"、"针"则学识渊博,安富尊荣,享福终世 |
| 羊 | 温柔,孝而仁义,好娴静 | 驱、积、林、作、鲜 | 选这些字则多才智,温和贤淑,克己助人 |
| 猴 | 活泼好动,伶俐,多才,有时虚诈 | 林、和 | 选"林"、"和"则清贵享福,成功发达 |
| 鸡 | 诚实多智,有大志,多计谋,有时自暴自弃 | 籽、豆、虾 | 选这些字则福寿兴家,富贵清洁 |
| 狗 | 刚直,重义,活泼,机敏,欠忍耐 | 鲜、豆、粉 | 选这些字则食禄齐美,清闲享福,名利永在 |
| 猪 | 率直,自作主张,好财,无耐性,依赖性强 | 洁、针、玉 | 选这些字则智勇双全,精明公正,克己助人,温和贤淑① |

## 三 民族语言的语音特点与民族人名

不同民族的语言有不同的语音特点,这些语音特点构成了民族姓名特点的一部分。与汉语比较,蒙古语属于多音节非声调语言,在句法系统上属于黏着类型,在文字系统上是拼音文字。基于相应的语言特点,蒙古族姓名至少有两个音节,如 Baatar（巴特尔）、Manduhuu（满都乎）、Chogjilma（朝格吉乐玛）等。蒙古语元音丰富,注重元音和谐,使蒙古族姓名响亮动听,如 Batu（巴图）、Saran（萨仁）、

---

① 王永宏编著《十二生肖流年运程》,第57~66页。

Toyaa（托娅）、Onon（奥嫩）等。如果说汉语的语法手段，主要是借助于词序和虚词的话，那么，蒙古语则主要借助黏附在词根上的各种词缀。蒙古族人名也采用这种派生手段来增加数量：在 chog（星光）后面加缀 –tai、–jil、–jilhu、–lig、–jin、–tu 等，可以产生 Chogtai（朝格泰）、Choglil（朝格吉乐）、Chogjilhu（朝格吉乐夫）、Choglig（朝格力格）、Chogjin（朝格金）、Chogtu（朝格图）等人名。据达·巴特尔（D. Baatar）的抽样调查，呼和浩特蒙古族的蒙古名（祖辈60个，父辈70个，子辈154个，共计284个），以派生方式产生的数量正在增加，祖辈派生人名约占25%（约15人），父辈占31.43%（约22人），子辈占33.12%（约51人）（见表4-4）。

表4-4　呼和浩特蒙古族人名的派生词缀

| 辈分词缀 | 祖 | 父 | 子 | 辈分词缀 | 祖 | 父 | 子 |
|---|---|---|---|---|---|---|---|
| huu | - | - | + | fuu | + | + | + |
| na | - | + | + | l | + | + | + |
| hu | + | + | + | tai | + | - | + |
| lang | + | + | - | hang | - | + | + |
| ng | - | + | + | lig | + | - | - |
| lag | + | - | - | n | + | + | + |
| ya | - | - | + | s | - | - | + |
| guna | - | - | + | gulang | - | - | + |
| gul | - | - | + | ma | - | - | + |
| ga | - | - | + | gun | - | - | + |
| lai | - | - | + | dai(d) | - | - | + |
| nu | - | - | + | ji | - | - | + |
| la | - | - | + | gu | - | - | +① |

① 达·巴特尔：《呼和浩特市蒙古族居民三代人名比观》，《蒙古语言文学》（蒙古文版）1986年第5期。抽样调查423个人名，其中祖辈为1910~1935年出生者，114人，取蒙古名者60人，占52.63%，取外来名者54人，占47.37%；父辈为1946~1959年出生者，129人，取蒙古名者70人，占54.26%，取外来名者59人，占45.74%；子辈为1978~1982年出生者，180人，取蒙古名者154人，占85.56%，取外来名者26人，占14.44%；蒙古名总计284个，占总数的67.14%，外来名总计139个，占总数的32.86%。表中"＋"表示"有"，"－"表示"无"。

· 193 ·

汉语和蒙古语的音系差异，比较典型地表现在蒙古名汉译中，尤其是在用汉字注写的《蒙古秘史》中。《蒙古秘史》，原称《元朝秘史》，约成书于13世纪中叶，是一部蒙古族历史、文学巨著。一方面，元代注音用的汉语与今天的普通话有差别；另一方面，元代蒙古语与今天的标准蒙古语也有不同，这都使有关该书汉字标音的研究，显得相当复杂。一般说来，《蒙古秘史》的汉字注音体系，采用的是元代周德清《中原音韵》的北方官话音系，其主要特点有：① 元代蒙古语的a音以汉字歌戈、寒山二韵行注；e音以车遮、皆来韵行注；I音以齐微韵行注；o、ö音以歌戈韵，u、ü音以鱼模韵行注。此外，元代汉语与现代汉语普通话也有不同之处，其中最显著的就是现代汉语普通话的－n韵尾，在元代实为－n和－m韵尾：《中原音韵》中的真文、寒山、桓欢。先天诸韵收－n尾；侵寻、监咸、廉纤诸韵收－m尾。现代汉语普通话中的j、q、x（汉语拼音，本段与下段的z、c、s、g、k、h同）系从《中原音韵》的"精"[z]、"清"[c]、"心"[s]和"见"[g]、"溪"[k]、"晓"[h]两组音分化出来。元代汉语"精"、"见"两组声母，在现代开口呼韵和合口呼韵前保持[z]、[c]、[s]或者[g]、[k]、[h]的读音，而在齐齿和撮口呼韵前，就变成了[j]、[q]、[x]音。正是由于包括上例在内的语言内部和语言之间的特点，元代蒙古语的7个元音a、e、i、o、u、ö、ü，汉语用"阿"、"额"、"亦"、"斡"、"兀"等5个字来注音，其中"斡"字既注o，也注ö；"兀"字既注u，也注ü。如"斡惕赤斤"注[otchigin]；"斡ᵗ列别ₖ"注[örebek]；"兀孙"注[usun]；"汪古列ˢ儿"注[önggür]；等等。在元代汉字注音中，匣晓二韵同时注蒙古语的q（G）、h等两个音位，为了区别，常在注q（G）时，在匣晓韵汉字前注小字"中"；由于元代汉字缺乏与蒙古语对应的颤

---

① 亦邻真：《元代蒙语音译汉字的惯例》，《内蒙古大学学报》（蒙古文版）1982年第4期。

音r，故在注音汉字前加小字"舌"表示。例如，［qopilai］注音为"ᶜʰ忽必烈"，［hökechi］注音为"忽哥赤"，［idürgen］注音作"亦都ᵗʰ儿坚"，等等。元代汉字注音有n、l、b、m对转的现象。例如，以"按弹"［anthan］注［althan］、"钦察"［khimtsha］注［khibchak］、"俺都剌"［iamtula］注［abtula］、"咸补海"［xiampuxai］注［ampaqai］。元代汉字注音一般省略蒙古语中作为音节末语素的t、th、q、G、k、kh等音。例如，以"怯烈"［khielie］注［khereit］，以"阿塔赤"［athachi］注［aqtachi］，以"怯薛"［khie］注［khchik］。蒙古语长元音以及向长元音过渡的双元音，在元代汉字注音时，一律按一个音节处理。例如，以"巴邻"［palin］注［pagarin］，以"伯答儿"［puaitarï］注［paitar］。但是，在《蒙古秘史》注音中，为了准确，皆作两个音节处理，又将音节末的辅音写作小字表示。例如，以"ᶜʰ合不ₗₑ·ᶜʰ合罕"注［qabul-qahan］，以"速别额台·把阿秃ᵗʰ儿"注［Sübe'taiBa'tur］等。

以多音节的汉字对译拼音文字语言中的姓名时，因为是以音节对译音素，故往往比原来姓名的音节要多一些（见表4-5）。

表4-5 外国姓名的汉译

| 姓 名 | 音节数 | 语 种 | 汉 译 | 音节数 |
|---|---|---|---|---|
| Alexander | 3 | 英 | 亚历山大 | 4 |
| Algobia | 3 | 西班牙 | 阿尔戈维亚 | 5 |
| Aliamet | 3 | 法 | 阿利亚梅 | 4 |
| Aliaskar | 3 | 俄 | 阿里阿斯卡尔 | 6 |
| Gheorghescu | 3 | 罗马尼亚 | 格奥尔盖斯库 | 6 |
| Christof | 2 | 希腊 | 赫里斯托夫 | 5 |
| Chylinski | 3 | 波兰 | 黑林斯基 | 4 |
| Claesz | 1 | 兰 | 克拉斯 | 3 |
| Clam | 1 | 德 | 克拉姆 | 3 |
| Prabhakar | 3 | 印度 | 普拉巴卡尔 | 5 |
| Klint | 1 | 瑞典 | 克林特 | 3 |

续表

| 姓　名 | 音节数 | 语　种 | 汉　译 | 音节数 |
|---|---|---|---|---|
| Klöve | 2 | 挪威 | 克勒弗 | 3 |
| Kurtbay | 2 | 土耳其 | 库尔特巴伊 | 5 |
| Drda | 1 | 捷克 | 德尔达 | 3 |
| Polinszky | 3 | 匈牙利 | 波林斯基 | 4 |
| Ponnambalam | 4 | 斯里兰卡 | 庞南巴拉姆 | 5 |

印欧诸语言在语音上有较多的塞音和清浊对立，极少用声调区别词义。在语法方面，名词有性、数、格的变化，有自然性别；动词有人称、数、式、态的变化。在文字方面，目前都使用拼音文字。在许多欧洲民族中，人们利用名词的性别特征来表示男女姓名：法国人名 Jean（让）、Louis（路易）、Yvon（伊冯）为男名；Jeanne（让娜）、Louise（路易丝）、Yvonne（伊冯娜）为女名，其中－e 为阴性词尾。俄罗斯人名 Александр（亚历山大）、ЛевВасилий（列夫）、Ольга（奥丽珈）、Наталья（娜塔丽雅）、Маља（玛丽娅）为女名，其中－а、－я 为阴性词尾。

俄罗斯姓氏除有性别标记外，还要根据变格法变格［见表 4－6，以 Некрасов（涅克拉索夫）、Пушкин（普希金）和 Иванова（伊万诺娃）为例］。

表 4－6　俄罗斯姓氏的变格法

| | | | | |
|---|---|---|---|---|
| 单数 | 第一格 | Некрасов | Пушкин | Иванова |
| | 第二格 | Некрасова | Пушкина | Ивановой |
| | 第三格 | Некрасову | Пушкину | Ивановой |
| | 第四格 | Некрасова | Пушкина | Иванову |
| | 第五格 | Некрасовым | Пушкиным | Ивановой |
| | 第六格 | Некрасове | Пушкине | Ивановой |
| 复数 | 第一格 | Некрасовы | Пушкины | Ивановы |
| | 第二格 | Некрасовых | Пушкиных | Ивановых |
| | 第三格 | Некрасовым | Пушкиным | Ивановыым |
| | 第四格 | Ныкрасовых | Пушкиных | Ивановых |
| | 第五格 | Некрасовыми | Пушкиными | Ивановыми |
| | 第六格 | Некрасовых | Пушкиных | Ивановых |

俄罗斯男女的本名和父名在语法形式上也各有不同，也要根据变格法变格［见表4-7，以 ИваиПетрович（伊万·彼得罗维奇）和 АннаСергеевна（安娜·谢尔盖夫娜）为例］。

表4-7 俄罗斯人名的变格法

| | | | |
|---|---|---|---|
| 单数 | 第一格 | Иван Петрович | Анна Сергеевна |
| | 第二格 | Ивана Петровича | Анны Сергеевны |
| | 第三格 | Ивану Петровичу | Анне Сергеевне |
| | 第四格 | Ивана Петровича | Анну Сергеевну |
| | 第五格 | Иваном Петровием | Анной Сергеевной |
| | 第六格 | Иване Петровиче | Анне Сергеевне |
| 复数 | 第一格 | Иваны Петровичи | Анны Сергеевны |
| | 第二格 | Иванов Петровичей | Анн Сергеевен |
| | 第三格 | Иванам Петровичам | Аннам Сергеевнам |
| | 第四格 | Иванов Петровичей | Анн Сергеевен |
| | 第五格 | Иванами Петровичами | Аннами Сергеевнами |
| | 第六格 | Иванах Петровичах | Аннах Сергеевнах |

总之，语言的民族特点主要由约定俗成的原则所决定，其发展变化有自己的特殊规律，它与社会的发展并不同步，而是具有相对的稳定性。民族语言形式对于姓名的制约，是稳定而持久的。

## 第二节 语言对于连名制模式的制约

连名制模式，尤其是它的连名顺序，最初应当取决于相应语言中的名词性定语相对于中心词的位置，即它们的顺序是一致的。但是，后来随着民族交往和文化接触，也会出现许多反例。

### 一 连名制模式及其相关语言因素

我们在前面已经指出，连名制是广泛存在于世界各地的一种文化现象，就其长辈名相对于晚辈名的位置而言，可分为两大基本类型：

长辈名前连型、长辈名后连型。粗略地说，汉藏语系藏缅语族、阿尔泰语系以及日本等民族，属于长辈名前连型；南岛语系印度尼西亚语族、南亚语系孟—高棉语族佤—德昂语支、汉藏语系苗瑶语族、欧洲诸族、近东诸族、非洲民族和巴布亚人，则属于长辈名后连型。姓名学家虽然已经对连名制有了相当深入广泛的研究，但是对于亲名前连和亲名后连的初因，尚未作认真研究，也未得出令人信服的结论。杨希枚先生指出[①]，由于连名制意在说明身份世系，故同族的亲子连名制大致属于同一类型，绝不任意前连或者后连，以避免行辈世系的紊乱；同一语系或者相近语系的民族，具有大致相同类型的连名制。例如，单音节的汉语和藏缅语诸族具有亲名前连的亲子连名制；多音节的印欧语、印尼语诸族以及非洲语系相近各族，则具有亲名后连的亲子连名制。然而，同一语系或者相近语系的民族，固然具有大致相同的连名制类型，但是，亲名相对于子名的位置，最初并不取决于相应语言是单音节语言，还是多音节语言。例如，多音节的蒙古语并不能决定蒙古族姓名采用亲名后连的形式，而相反采用的是亲名前连的形式。通过比较研究，我们认为，亲名前连还是后连，主要取决于语音因素和社会因素，而以语言因素为根本的原生形态。既然亲子连名是通过语言形式表现的一种从属关系，即"某某之子"或者"子某某的"，那么，当这种关系用具体的词语组合表达时，就要遵从本族语言的语法。"某某之子"或者"子某某的"形式，可以转换成领属性名词定语和中心词的关系。[②] 如果撇开次生的社会因素不谈，我们可以说，名词领属性定语位于中心词前面的语言，对应于亲名前连型的亲子连名制；名词领属性定语位于中心词后面的语言，则对应于亲名后连型的亲子连名制。当然，情况可能要比我们想象的复杂一些，仅就语言本

---

[①] 杨希枚：《从名制与亲子联名制的演变关系》。
[②] 我们强调领属性名词定语，是因为在一些语言中，不同词类做修饰语时，其相对于中心词的位置有所不同。如彝语名词做定语时，位于中心词之前，形容词做定语时，则在后。

身来说，我们还需要考虑某些具体问题，如古印度语属于发达的屈折语类型，名词富于性、数、格变化，词序的语法作用相对不似后来其他多数印欧语那般突出，因而用词序来说明像与古印度语这样的语言相对应的亲子连名制，似不具备典型意义。尽管如此，我们仍然可以根据印欧语名词领属性定语相对于被修饰中心词的习惯位置，来说明其亲名后连的亲子连名模式。下面，我们列出部分名词领属性定语位于中心词前面的语言与亲名前连型亲子连名制，以及名词领属性定语位于中心词后面的语言与亲名后连型亲子连名制的对应关系（见表4-8和表4-9）。

**表4-8 亲名前连型亲子连名制**

| 景颇语 | 景颇族父子连名制 |
| --- | --- |
| ngai(33)① lai(31)ka(33) 我书（我的书） | 空征—征责—责空—空征—征爱—爱征—征定 |
| 蒙古语 | 蒙古族父子连名制 |
| bagshi-innom 老师的书 | Batu-inbayar—Bayar-onNason—Nason-nuSechin |

**表4-9 亲名后连型亲子连名制**

| 阿眉斯语 | 阿眉斯人父子连名制 |
| --- | --- |
| wilangnuwama 朋友父亲（朋友的父亲） | Nakan-Akawai→Apoi-Nakan |
| 俄语 | 俄罗斯族父子连名 |
| книгаучника 书学生的（学生的书） | Сергей Львович Пушкин→Александр Сергеевич Пушкин |

## 二 影响连名制的社会因素

影响亲子连名制亲名位置的因素，还来自社会方面，主要表现为

---

① 括号中为调值，下同。

文化之间的影响和借用。受语言语法规定的原生亲名位置和受文化传播影响的次生亲名位置，可能并不一致。例如，印度和日本过去的连名制，父名既可以前连，也可以后连，这可能是由于它们分别受到藏缅语族和汉族命名制的影响所致。① 俄罗斯境内的布里亚特人，其父子连名的习惯形式或者原生形式，为父名+子名：Бадмын Наран；但是，在正式场合，则使用俄化的子名+父名的形式，即次生形式：Наран Бадма 。再举与父子连名序列密切相关的姓名序列为例，如傣族语言属于名词领属性定语位于被修饰中心词之后的语言，但是，现代傣族的姓名采用的却是姓+名的形式。原来，傣族在传统上俗不系姓，后来受到汉族的影响，开始用姓，并且借用了汉族姓+名的形式，如刀京板、施宪章、思发伦……又如石刻铭文中的僧伽罗人名 Nagage Putra Tissa（意为纳格之子常沙），这是典型的父名前连的父子连名制。当时，有许多人都取名常沙，为了避免同名，人们便将父名加缀在本名之前，逐渐成为固定的姓。但是，自从 1505 年开始，葡萄牙、荷兰和英国殖民者入侵，在长达数百年的殖民统治中，欧化姓名模式对僧伽罗姓名模式产生了重大影响，其中最突出的是把过去父名（姓）+名的模式，改变成为名+父名（姓）的模式。例如，斯里兰卡姓名 Ranasinha Premadasa（拉纳辛哈·普雷马达萨），其中 Ranasinha 是本名，Premadasa 是姓。②

维吾尔语是名词领属性定语位于被修饰中心词之前的语言，但是，现代维吾尔族的父子连名制③兼用父名+子名的一致性序列和子名+父名的相反序列，如 Tursunahunning oqli Turdi'ahun（吐尔逊阿洪之子吐尔地阿洪）、Kadirhajining kizi Ayxmhan（卡德尔哈吉之女阿衣

---

① 杨希枚：《从名制与亲子联名制的演变关系》。
② 李丽莎、黎炳森：《斯里兰卡人的姓名》，载张联芳主编《外国人的姓名》。
③ 此处有关维吾尔族父子连名和姓名的材料，参见哈米提·铁木尔王振忠《维吾尔族》，载张联芳主编《中国人的姓名》。

夏木汗)、Molla Ismtulla binni Molla Nemtulla（毛拉伊斯买托拉·本尼·毛拉乃买托拉，意为毛拉乃买托拉之子毛拉伊斯买托拉）、Tursunkadiroqli（吐尔逊－卡德尔之子）、Ayxmrozi kizi（阿衣夏木－肉孜之女）。维吾尔语用两个并行的词表示名，一为原语 at（"阿特"）；另一为阿拉伯语借词 isim（"伊斯木"）；同时，维吾尔语的姓用俄语借词 pemile（"帕米来"фамилия）来表示，这分别反映了伊斯兰文化和俄罗斯文化的影响。维吾尔族人名中的姓名或者父子连名的前后序列的变化，较好地说明了姓名文化中，原生与次生因素互相作用的历史过程。维吾尔族的人名历史大致分为三个阶段：前伊斯兰教时期（公元 10 世纪前）、伊斯兰教时期（公元 10～20 世纪初）、现代。① 在前伊斯兰教时期，维吾尔族的人名序列，与维吾尔语名词领属性定语位于被修饰中心词之前的序列一致，如《古代回鹘突厥语词典》中的人名亚当·托赫鲁尔，其中"亚当"是基督教《旧约全书》中的人类始祖，伊斯兰教也认他作人类始祖，《古兰经》称其为"阿丹"；"托赫鲁尔"是一种猛禽的名字。② 古代维吾尔人在公元 8 世纪建立的漠北回纥汗国的第二位首领是活颉利发，"活颉"意为"力量"，"利发"意为"英雄"、"勇士"；另一位首领叫阿利波艾尔统阿，其中"阿利波"是"英雄"的意思，"艾尔"是"男子汉"、"英雄气概"的意思，"统阿"是"豹子"的意思；回纥汗国磨延啜（Moyun-quru）可汗的尊号是 Tangri（dəp）Olmix Il Itmix Bilg Kaqan（"受天命治国的智慧可汗"），其中 Tangri（dəp）Olmix 是"天成为"的意思，Il Itmix 是"治理艾勒（人民、国家）"的意思，Bilg 是一种尊号；哈喇汗王朝有两位有名的可汗，其尊号分别为"阿尔斯兰哈喇可汗"和"布格拉哈喇可汗"，意为"伟大的狮子可汗"和"伟大的

---

① 哈米提·铁木尔、王振忠：《维吾尔族》，载张联芳主编《中国人的姓名》。
② 我们把尊号作为名词性修饰语处理，相当于父子连名的父名或者姓名的姓。

牡驼可汗"。公元10世纪，古代维吾尔人建立的哈喇汗王朝首先接受了伊斯兰教。伊斯兰教在以后的东进传播中，逐渐成为维吾尔族的全民宗教，与此相应，维吾尔族人名文化中也出现了大量的"教名"。哈喇汗王朝的统治者苏土克布格拉汗信奉了伊斯兰教，并在自己的名号前面加上带有教名的修饰语"苏丹阿不都克力木"，"阿不都力克木"意为"慷慨无比者真主的奴仆"，整个名号的意思是"真主的奴仆苏丹苏土克牡驼可汗"，其中带有教名的修饰语中的被修饰中心词"苏丹"，位于修饰词"阿不都力克木"之前，其序列正好和原名号"苏土克布格拉汗"的序列相反，是原生与次生文化现象并存的例证。同样，维吾尔人名中的"润色词"，如"阿洪"（ahun）、"江"（jan）、"哈吉"（haji）、"毛拉"（molla）、"卡里"（kari）、"汗"（han）、"克孜"（kiz）、"古力"（gul）等，也在被修饰中心词与修饰词的前后序列方面，表现出原生与次生文化现象的共存性特点（见表4-10）。

表4-10 维吾尔族人名中的润色词

| 润色词 | 来源及意义 | 例　子 | 说　明 |
| --- | --- | --- | --- |
| 阿洪(ahun) | 原指伊斯兰教的"阿訇"，在做润色词时，仅表示称呼别人时的谦逊 | 吐尔逊那洪（Tursun + ahun = Tursunahun）、阿不都克力马洪（Abdukerim + ahun = Abdukerimahun）、铁木拉洪（Tomur + ahun = Tomurahun）、托合塔洪（Tohti + ahun = Tohtahun） | 在男名后附加；附加时，-ahun的首元音a应与它前面人名的最后一个辅音拼成一个音节；如果人名最后音节是元音，则省略之。中心词后置① |
| 江(jan) | 原为波斯词，意为"生命"、"灵魂"，做润色词时表亲切 | 艾合买提江、克力木江 | 加在男名之后，出现较晚，使用范围以城市为主。中心词后置 |
| 哈吉(haji) | 阿拉伯语借词，指到伊斯兰圣地麦加朝觐过的穆斯林 | 吐尔逊哈吉、克力木哈吉、麦尔艳哈吉(女)、海力木汗哈吉(女) | 无论男女，只要去过麦加朝圣，都可以在自己的名字后面加这个词。中心词后置 |

① 从初始意义上说是中心词，在现代用法上，实际已经失去了中心词的地位。

续表

| 润色词 | 来源及意义 | 例 子 | 说 明 |
|---|---|---|---|
| 毛拉(molla) | 阿拉伯语借词,指有学问的人 | 毛拉托合提、毛拉尼牙孜、毛拉吐尔逊 | 男名之前加"毛拉",表示尊敬。中心词前置 |
| 卡里(kari) | 阿拉伯语借词,指能背诵《古兰经》的人 | 阿不都拉卡里、艾合买提卡里、吐尔逊卡里 | 加在青少年男性的名字后面,表示客气。中心词后置 |
| 汗(han) | 维吾尔语,原为"大汗"、"可汗"之意,加在女名之后表示尊敬、客气 | 阿衣希汗、阿娜尔汗、汗古力、汗克孜 | 年长妇女的名字后面加"汗",表示称呼者对她的尊敬。中心词前置或者后置均可① |
| 克孜(kiz) | 维吾尔语,意为"姑娘"、"少女" | 帕夏克孜、提拉克孜、巧力潘克孜、古海尔克孜 | 一般加在未婚女子或者少妇名后,表示爱抚或者客气 |
| 古力(gul) | 维吾尔语,意为"花" | 阿衣西古力、尼沙古力、若鲜古力 | 加在少女、少妇名后,表示爱抚、赞美 |

古代维吾尔族称名不系姓。自20世纪30年代起,维吾尔族知识分子开始称姓,起初是以父名加表姓词缀米表示,后来也出现了无词缀的姓。维吾尔族的姓名前后序列采用了名+姓的模式,如克里木·霍加、赛福鼎·艾则孜、包尔汗·谢依德。与此相应,哈萨克族的祖父子连名制,最初是祖名+父名+本名的序列,后来在近代受其他民族的影响,采用了本名+父名+祖名的序列,如海沙尔(本名)·哈力别克(父名)、哈那提(本名)·巴扎尔巴依(父名)、阿不赖(本名)·努拉利(父名)·卓勒齐(祖名)、阿万(本名)·乌斯曼(父名)·普拉提(祖名)。②

---

① "汗"相对于"克孜"、"古力",孰为中心词,一时难以断定,尚需进一步研究;这里暂时把"汗"视为中心词。
② 范玉梅:《哈萨克族》,载张联芳主编《中国人的姓名》。该作者将哈萨克族这种"逆推"的父子连名制看作"母系社会行将崩溃、父系社会开始兴起时的产物,它有着财产继承的意义"。该作者既然已经指出,哈萨克族本名+父名+祖名的模式系"近代因受其他民族影响"而出现,是一种后起的、由于外部作用而产生的现象,那么,它就不一定和哈萨克族本身的社会发展从而财产继承方式的变化有直接关系了。

## 第三节　双语制与双名制

民族交往和文化接触都会导致某种双语制，而双语制又往往和双名制伴存。双语制与双名制密切相关。

### 一　民族接触与双名制

我们在前面已经提到①，实用性的双名制和多名制，反映了民族互动、文化接触、语言交融的社会和历史背景。人类历史既是创造文明、改造世界的历史，在相当长的时期内，也是民族交往、文化接触、语言互通的历史。双语是民族交往、文化接触的必然结果。在多数民族或者主体民族事实上的优势文化背景下，少数民族或者非主体民族，不仅需要在政治、经济、教育、科学等方面与前者认同，而且还在以姓名为代表的个人指称符号上与之沟通。少数民族或者非主体民族，在实行本族语—他族语双语制的同时，或者实行个人的本族—他族双名制或多名制，或者实行不一定是个人的但却是民族范围内的本族—他族双名制或多名制，或者实行部分个人实行本族—他族双名制或多名制、部分个人实行本族单名制、另有部分个人实行他族单名制的个人—社会混合型双名制或多名制。

语言是各民族交际的工具。在多民族杂居或者交往地区，本民族内部通常使用本族语，而在与其他民族交往时，则需要使用族际语。例如，在中国，少数民族与汉族交往时多用汉语。语言使用的这种情况，也必然影响到同样作为交际工具的姓名。中国的少数民族在和汉族交往时，经常在使用汉语、汉文以外，还使用汉姓、汉名或者本族—汉族混合名。这与汉语、汉文的社会地位、语言威望、使用人口、

---

①　本书第二章。

具有优势的交际功能和交际范围有关。

在中国的一些少数民族中，存在双语制与双名制的对应关系。[①]需要指出的是，首先，双语制与双名制的对应，是从总体上着眼的，而在不同的民族社会环境下，这种对应关系又有不同特点。其次，从时间的观点看，双名的发展总是滞后于双语的发展。最后，双语和双名的对应主要存在于少数民族当中。双语与双名的对应，除了涉及语言因素外，还涉及民族人口结构、地理环境、社会心理、文化传播等诸多因素。

## 二　文化地位、双语和双名制

从语言因素看，影响双语和双名对应关系的因素有：主流文化地位、双语使用的程度和范围。一般说来，处于非主流文化地位的少数民族的双语程度越高、范围越广，其双名程度和范围也越高、越广。例如，中国境内的蒙古族、达斡尔族、傣族、壮族，以及其他许多少数民族，他们的双语程度和双名程度是成正比的；而像维吾尔族、哈萨克族一类的少数民族，则表现了相反的情况。

在中国历史上，金人灭辽以前，单用本族语和本族名；及至入主中原后，也就相应地借入在文化背景上居优势地位的汉语和汉名，形成双语和双名的对应。例如，海陵王迪乃古，汉名亮；世宗乌禄，汉名雍；哀宗宁甲速，汉名守绪；乌也，汉名勖；斜也，汉名杲；撒改，汉名思敬；粘罕，汉名宗翰；斡里雅布，汉名宗望；额尔衮，汉名宗峻；鄂尔多，汉名宗辅；斡布，汉名宗干；乌珠，汉名宗弼；摩罗欢，汉名宗雄；阿里布，汉名宗敏；托卜嘉，汉名宗亨；乌者，汉名布萨忠义；萨曷辇，汉名赫舍哩志宁；罗索，汉名赫舍哩良弼；干

---

[①] 我们所说的双名制有双重含义：一是指同一个少数民族成员，同时使用本族名和汉族名；二是指在某一个少数民族内部，在整体上本族名与汉族名并存，但是，个人不一定拥有双名。

鲁古，汉名唐括安礼；阿散，汉名富察世杰；呼沙呼，汉名赫舍哩执中；等等。① 与此形成对照，元代蒙古族帝王将相，身居优势政治地位，并不谙熟汉语、汉文，遇汉语文章奏折，皆须译成蒙古语。在这样的背景下，有许多汉人，为政治利害所驱使，学习蒙古语、蒙古文，使用蒙古名。"有元一代诸君，惟知以蒙古文字为重，直欲令天下至民皆习蒙古语，通蒙古文，然后便于奏对，故人多习之，既学之则以为名耳。"② 例如，取蒙古名的冀州汉人贾塔尔珲，平昌汉人张巴图，江西汉人刘哈喇布哈，宁夏汉人杨朵尔济、迈里古思；宏州汉人崔彧，蒙古名拜帖木儿；张荣以造船之功，赐名兀速赤；刘敏，赐名玉出干，其子世亨，赐名塔塔尔，次子世济，赐名散祝台；石天麟，赐名蒙古台；邸顺，赐名察纳合儿，其弟常，赐名金那合儿；刘思敬，赐名哈八儿都；杨汉英，赐名杨赛音布哈；王实喇，赐名实喇巴图；张惠新，赐名兀鲁忽讷特；燕公楠，赐名囊家特。③

双语与双名的对应，在现代社会，尤其是少数民族中，更为普遍。内蒙古鄂尔多斯鄂托克旗苏米图地区，主要使用蒙古语，汉语不十分流行，且只作为辅助语言，初等教育中汉语教学课时与外语相同。据我们调查，苏米图苏木小学1985年入学的50位新生中，取汉名者仅4人，占总数的8%；取蒙汉混合名者2人，占4%。相反，内蒙古东部地区的蒙古族，多使用蒙汉双语，其双名使用率也较高。例如，进入中央民族学院（现改称中央民族大学）民语一系1985级蒙古语班就读的蒙古族同学，全部来自流行蒙汉双语的内蒙古东部地区，他们在兼通蒙汉双语的同时，也都取了正式的汉名，如：

陈晓梅　海淑梅　张桂兰　崔永利　郭宝明　李凤山

---

① （清）赵翼：《廿二史札记》，第390页。
② （清）赵翼：《廿二史札记》，第443页。
③ 同上书，第442~443页。

白月芝　于爱君　吴帼英　张玉兰　张春洁　李桂敏
陈良占　李保文　孙玉桂　韩桂英　张志强　王志稳
佟美荣　白秀侠　王　静　包　君　白万江　王桂兰

## 三　借词与双名

在中国一些少数民族当中，民族语言里借词的数量，也可以在某种程度上，成为衡量这些少数民族双名程度和范围的一个标准。借词数量多，则双名程度高、范围大。如四川茂县北部地区和黑水县的羌语，大量借入藏语词语，与之相应，该地区羌族的羌藏双名程度也高、范围也大。例如，当地羌族所使用的藏名有：班底四满（panti sman）、多知四满（du tʃu sman）、多知木（du tʃu buum）、各满初（zgo man tsho），其中四满（sman）、初（tsho）、木（bum）藏语原作sman、ntsho、nbum。sman古义为"山神"、"女神"，今义为"药"；ntsho一词也是甘肃、青海一带藏族女名常用尾字，汉译为"措"，如白玛措（pad ma ntsho，意为观音护佑）、多吉措（rdo rdze ntsho，意为金刚护佑）；nbum为甘肃、青海藏族男名常用字，汉译"崩"，如尼玛崩（ni ma nbum，意为太阳十万）。至于班底（panti）、多知（du tʃu）、各满（zgo man）等，则出自藏语的班智达（pantita，佛学家）、多吉（rdo rdze，金刚）、各玛（sgo man，护门天母）。现在羌族的羌藏合璧名有：子古四满（tsi ku sman）、斯满初（khsi man tsho）、勒格斯木（le khsi bum）等，其中子古（tsi ku）、斯（khsi）、勒格斯（le khsi）等是羌语，意为"水井"、"神"、"白塔"。[①]

羌族在历史上与汉族和藏族交往甚密，在语言文化上也受到后者的影响。目前，羌族有的地区已经完全使用汉语，有的则使用双语。

---

① 黄布凡、余晓平、黄成龙：《羌族》，载张联芳主编《中国人的姓名》。

姓名论（修订版）

羌语在语音、语法、词汇等方面，也都程度不同地受到汉语和藏语的影响。在羌语的南部地区方言中，存在大量的汉语借词，与藏区交界的北部地区的方言，除汉语借词外，还有较多的藏语借词。汉语和藏语的影响，通过羌语也反映到羌族人名之上。羌族人名词汇的来源，可以分为如下几种：汉姓汉名、汉姓羌名、汉姓藏名、藏名、藏羌合璧名。①

茂县中部使用羌语南部方言，其词汇中的借词占30%以上，该地区羌族姓名有一部分为汉姓羌名（见表4-11）。

表4-11　茂县中部的羌族姓名

| 汉语音译 | 汉语译意 |
| --- | --- |
| 王合木芝 | 王—属虎者—男 |
| 余苦木芝 | 余—属狗者—男 |
| 陈兰贝子 | 陈—最小的—女 |
| 王冬花子 | 王—冬花—女 |
| 王幺女子 | 王—幺女—女 |
| 余三哥芝 | 余—三哥—男 |
| 陈保芝 | 陈—宝—男② |

## 四　交通与双名

造成双语与双名现象的地理原因也比较突出。双语与双名多出现在交通发达地区，尤其是城镇。人们为了方便交际，创造了发达的交通条件，而方便的交通条件也促成双语与双名制的产生和发展。在四川茂县南部地区和汶川、理县一带的城镇和交通发达地区，羌族与汉族杂居，已经完全改用汉语，其姓名亦多汉化，如：

① 黄布凡、余晓平、黄成龙：《羌族》，载张联芳主编《中国人的姓名》。
② 黄布凡、余晓平、黄成龙：《羌族》，载张联芳主编《中国人的姓名》。

余保友　余保书　余玉香　余保合
蔡顺康　蔡　顺　蔡顺莲　蔡顺英
余学香　余玉香　陈树云　陈树康
余保清　余学凤　邓康云　邓康龙①

这些人虽然仅用汉姓汉名，但是从整个羌族姓名系统观察，仍然应当视为民族双名现象的一个组成部分。

## 五　汉字与"汉字文化圈"人名

双语制的内容包括口头语言和书面语言两个部分。一般来说，如果双语制的范围涉及掌握文字的阶层或者阶级，那么，双语制就会同时为口语双语制和文字（书面语言）双语制。自从印刷术被发明并被广泛应用以来，文字双语制的影响已经大大超越时间和空间的界限，把不同族群和社会之间的文化接触和交流，扩大到在原来面对面社会时代所不能企盼的范围。

汉字是现存最古老的人类文字之一，早在公元前3000年以前新石器时代就已经产生。汉字在记录和传播中国文化的过程中，不仅对于本土文化的发展产生了巨大作用，同时也对周边许多民族的文化，尤其是语言文字的发展，产生了巨大作用，形成了"汉字文化圈"。汉语和汉字对于朝鲜、日本、越南等民族和国家的语言文字，都产生了重要影响。他们首先借用汉字书面语，然后用汉字书写自己的语言，产生了一些用汉字写的非汉语文献，例如，朝鲜的《新罗乡歌》、越南的《金云翘传》、日本的《万叶集》。② 在"汉字文化圈"形成的过程中，中国的姓名文化也渗入周边一些民族和国家的文化之中。

---

① 黄布凡、余晓平、黄成龙：《羌族》，载张联芳主编《中国人的姓名》。
② 陈其光：《汉字系文字》，载徐寿椿主编《文字比较研究散论》，中央民族学院出版社，1993。

据研究，直至6世纪中叶，朝鲜半岛上较早开国的新罗国，还没有称姓。只是到了后来，新罗国在其王朝末期与中国唐朝交往甚密，"声名文物，慕效中国，颇斐然可尚"，一些王国贵族模仿唐朝豪门巨姓为己姓。至公元936年高丽灭新罗、后百济，统一朝鲜半岛之后，太祖王仿效中国科举制度选拔人才，诏令庶民百姓使用汉姓，"把姓的使用范围逐渐扩大到医生，下级官吏，御用乐师、御用画匠以及奴婢，殡仪手，屠夫，木匠，手工艺者，艺人等八类贱民"①。朝鲜拼音文字是1441年创制的，在此之前，朝鲜语人名长期用汉字记录，如马牙之（马驹）、竹支万（别死掉）、道南伊（再生一个男孩儿）、古邑介（美丽）等。② 现代朝鲜的143个姓，多与汉姓相通；朝鲜上层阶级的姓名体系，多与汉族的类同，有字、号、讳、谥以及赐姓制度。例如，新罗太宗武烈王之子金仁问，字仁寿；7世纪的大学问家薛聪，字聪智；著名学者朴趾源，以隐居朝鲜黄海北道金川郡燕岩山谷而号"燕岩"；新罗始祖王朴居西干死后，讳名为"赫居世"；新罗第二十二代王金智大路死后，谥号为"智证"；高丽太祖王建赐溟州城主顺式王姓。③

古代越南在公元初使用汉字，14世纪后，开始仿照汉字结构创造记录越族语言的方块文字"喃字"，意为"南国的文字"。④ 在汉字文化的影响下，越南人以汉字为姓氏，有名、字、号、讳、谥，有祧字，讲究名与字互为表里，言志表意，成为"表字"。此外还有赐名制度。例如，黎大纲，字通禅，号奇峰，别号居正氏；后黎朝户部尚书杜仁，为避黎襄翼帝之号"仁海洞主"，改名"杜岳"；阮翼宗英皇帝的宠臣陈养钝，被赐名践诚，谥文谊公；李朝的吴俊，表字常

---

① 冯鸿志：《朝鲜人的姓名》，载张联芳主编《外国人的姓名》。
② 同上。
③ 同上。
④ 同上。

杰；后黎朝的蔡顺，表字义和，阮贵德，表字体仁；阮朝的李邻芝，表字文馥；14世纪的范师孟，居海阳省狎山县狎石村，自号"狎石"；16世纪的阮丙谦，居白云庵，自号"白云先生"；18世纪的名处士阮浃，居河静省罗山县月澳村，自号"月澳"、"罗山夫子"；19世纪的文豪阮文超，居河内省寿昌县，建方庭讲学，自号"方庭"、"寿昌居士"。①越南人名中的祧字有联宗叙谱的作用，位于姓和名之间，如潘文谱（父）—潘文珊（子），其中"文"为祧字。潘辉昂（父）—潘辉温（子）、潘辉益（子）—潘辉注（孙），其中"辉"为祧字。遇有单名，则以汉字偏旁部首表示祧字，如郑检（父）—郑桧（子）、郑松（子）、郑杜（子）、郑桐（子）—郑桩（孙），人名中的木字旁是联宗叙谱的祧字。②

3世纪末，朝鲜使节阿直歧和王仁，把汉字引入日本。③唐代，中日联系愈加紧密，8世纪时日本遣唐使吉备真备，取楷体汉字偏旁书写日语的音节，称为片假名。④汉字对于日本文化，尤其是姓名文化，产生了非常重要的影响。1946年日本政府公布了1850个当用汉字；1951年又补充公布了92个人名用汉字，自此人名用字只能从这近两千汉字选择，否则政府不予注册户口。⑤商务印书馆于1982年出版的汉字序《日本姓名词典》，收录日本姓氏近7万条，名字4万多条。

日本天皇的名字称为"御名"或者"讳"，一般由两个佳字（吉祥字）组成，如明仁天皇的御名为"正良"；天皇除御名外，另有宫

---

① 冯鸿志：《朝鲜人的姓名》，载张联芳主编《外国人的姓名》。
② 李克明：《越南人的姓名》，载张联芳主编《外国人的姓名》。
③ 〔俄〕伊斯特林：《文字的产生和发展》，左少兴译，北京大学出版社，1987，第240页。
④ 陈其光：《汉字系文字》，载徐寿椿主编《文字比较研究散论》，中央民族学院出版社，1993。
⑤ 徐建新：《日本人的姓名》，载张联芳主编《外国人的姓名》。

号、雅号，如大正天皇的宫号是"明宫"；天皇死后还有谥号和追号，如大正天皇的谥号为"孝谦"、追号为"村上"。① 在传统上，只有日本妇女的名字用汉字书写，日本男子的名字必须用汉字。二战之后，日本的知识分子和艺术家开始用假名署名，有的姓用汉字，名用假名，有的姓用假名，名用汉字，还有的姓名都用假名。尽管如此，大多数日本人认为，在短期内还不可能取消所有日本姓名中的汉字，全部改用假名。②

## 第四节　方言、地域与姓名特点

人们大多从小生活在某一地区或者地域，当地语言和文化的特点也会反映在他们的姓名上。

### 一　方言与姓名

方言是语言的地域变体。由于移民、交通不畅以及其他原因，同一个语言内部会出现方言差别，有时方言的差别甚至超过语言差别。语言的方言差别有时也会在姓名上有所反映，不同方言区的姓名，在发音、选字等方面，带有本地特点。

例如，中国的一些姓氏依据不同的地域或者方言区，有两种不同的读法：

乐：　原籍北方的"乐"读音如"跃"；
　　　原籍南方的"乐"读音如"勒"。
覃：　原籍中原的"覃"读音如"谈"；

---

① 徐建新：《日本人的姓名》，载张联芳主编《外国人的姓名》。
② 同上。

>       原籍两广的"覃"读音如"秦"。
> 召： 汉族人的"召"读音如"绍"；
>       傣族人的"召"读音如"兆"。①

在使用汉语吴方言的绍兴地区，人名好用"根"字，如龙根、寿根、苗根、志根、学根等；绍兴人还喜用"阿"字做人名，如阿贵、阿急、阿三、阿芳、阿娟、阿林等。②在使用汉语晋方言的山西地区和内蒙古部分地区，人们好用贬词为小儿取名，可以说这是一种语义反用现象，以丑表爱，如二丑、二蛋、二愣、三狗、大赖子等。在过去，使用汉语粤方言的广东人好以"帝"为名，如孙中山先生在意兰尼书院读书时，注册用名是他的幼名"帝象"（Tai-Cheong）；又如孙中山儿时的塾师郑帝根、邻居杨帝卓、兴中会的粤籍华侨陈帝棠和许帝等。③根据1984年的五省份统计资料，在同样25000个人名范围中，福建的"碤"字（闽方言，音如"现"，宝石）出现88次；广东的"冚"（粤方言字，音如"恩"，矮小）字出现28次，这两个字在其他五省的统计资料中均未见到。④不同方言区对一些事物的指称用词会有不同，又加谐音作用，使人名选择受到限制。例如，杨瑜一名谐洋芋，在南方一些方言里，马铃薯称洋芋，易成笑柄；江苏、上海等地，多以"旦"名，如光旦、政旦；广东、广西多以"球"名，如"次球"、"神球"，这两个字在北方方言里常用于骂人。⑤在台湾地区，闽南方言的"九"与"狗"谐音，作kao，本地人以逢九为晦气，丧葬时死者寿衣有三、五、七、十一、十三层不等，唯独没有九

---

① 汪泽树：《姓氏·名号·别称》，第46页。
② 王泉根：《华夏姓名面面观》，广西人民出版社，1988，第108页。
③ 同上书，第108页。
④ 张书岩：《建立一门新型的姓名学》，《语文建设》1989年第1期。
⑤ 曹志耘：《汉人命名的语言学原则》，北京社会语言学讨论会论文，1987。

层,人名也避免用九字。① 闽南方言的"霜"与"丧"同音,人名不用;该方言的"四"有两读,即 xi、su,前一个发音与"死"谐音,故当地医院迄今无 4 号楼,无 4 路公共汽车,遇红白喜事,送 300、500 钱数,不送 400,人名也避免使用。②

在北京话里,彼此熟悉的年轻人,或者年长者对年轻者,可以用姓氏+儿的简化形式称呼。例如,"小陈儿"、"小王儿"、"小林儿"、"小刘儿"、"小赵儿"等。这时的"儿化"姓,具有名字的功能,或者说,它们变成了名。③

## 二 地域与姓名

方言差别不仅是一种语言内部的差别,而且也反映了地域之间的差别。不同方言区内的姓名特点,也是不同地域内的地域差别;无论是方言区还是地域,都是基于空间分布的划分形式。据计算机抽样统计,中国姓氏分布有明显的地区差异,如李、王、张、刘等姓氏多见于北方,而陈、赵、黄、林、吴等姓氏多见于南方。④ 此外,在文化历史悠久的陕西和北京,2500 人抽样中的姓氏都达到 450 个左右,而在文化发展较晚的广东、福建两地,同样人数中的姓氏不足 300 个。⑤ 在有的方言区分布着一些特殊的姓氏,例如北京的"东"姓,陕西的"路"、"党"、"权"、"鱼"等姓,辽宁的"初"、"矫"、"逯"姓,四川的"卿"、"阳"、"补"等姓,上海的"忻"、"火"姓,广东的"麦"、" "姓,福建的"水"姓。⑥ 传统汉族人名以二字为限,但是

---

① 林明峪:《台湾民间禁忌》,台湾联亚出版社,1970。
② 同上。
③ 汪泽树:《姓氏·名号·别称》,第 52~53 页。
④ 《杭州日报》1987 年 5 月 3 日,转引自王建华《文化的镜象——人名》,第 171 页。
⑤ 据国家文字改革委员会 1982 年统计分析,参见王建华《文化的镜象——人名》,第 171 页。
⑥ 张书岩:《现代人名用字面面观》,《语文建设》1985 年第 4 期。

有些地区有三字名,这些地区包括浙江、福建、甘肃和内蒙古某些地区,如:

1. 姓+出生地+奶(生养、奶大)
   陈　下坪　奶
   陈　西岸　奶
   (浙江·瓯海)

2. 姓+小+兄(姐)名
   卢　小　立敬
   屈　小　冬仙
   郭　小　凤梅
   (浙江·象山临海)

3. 姓+名+词尾(无意义)
   钟　二妹　哩
   卢　老八　哩
   林　大妹　叻
   (福建·长汀)

4. 姓+数字名
   王　六十九
   雷　五十六
   (内蒙古·察右前旗)
   齐　六十有
   白　五十女
   (甘肃·岷县)

5. 姓+一般三字名
   吴　海中花
   郎　泰山德

张　护神菊

杨　菩萨秀

（甘肃·岷县）

6. 其他（结构不明了者）

周朱三

（浙江·瓯海）

王马家应

王何生贵

张关世中

岳林木养

陈水木生

许金木生

林马水养

汤来福子

（福建·长汀）①

据统计，中国7个省市人名用字前10个字的情况为：

北京：淑、秀、英、玉、华、兰、文、荣、珍、春；

上海：英、华、芳、明、珍、妹、金、宝、林、秀；

辽宁：玉、桂、英、华、素、兰、凤、秀、春、淑；

陕西：英、芳、秀、玉、兰、文、华、建、明、军；

四川：华、秀、英、明、玉、清、琼、珍、德、成；

广东：亚、英、华、明、玉、丽、珍、芳、文、香；

福建：丽、香、治、美、玉、华、水、英、金、明。

---

① 张书岩、王保福：《起名指南》，第25~26页。

在以上人名中，北京人更喜用"荣"，上海人更喜用"宝、妹"，辽宁人更喜用"素、凤"，陕西人更喜用"建、军"，四川人更喜用"清、琼、德、成"，广东人更喜用"亚"，福建人更喜用"治、美、水"等。[1]

有的人名和籍贯、出生地有关，从而有纪念的寓意。据调查，在浙江宁波市镇海区一所中学的100名学生中，有11人取名"海、波"，如海云、海霞、海明、海奋、海青、海冬、海海、海红、碧海、海平、静波等。又如，李奥，寓指其父母为广东人；陈津浙，寓指其父为天津人，母亲为浙江人；朱义萧，寓指其父亲为浙江义乌人，母亲为浙江萧山人；一对在外地工作的宁波籍夫妇，为他们的两个孩子取名为"夏波"、"夏宁"，以寓指故乡；[2] 王沪生，寓指其出生地为上海；张京生，寓指其出生地为北京；王宁生，寓指其出生地为南京；等等。

人名反映的方言特点，还涉及民族之间的交往。居住在中国东北边陲的鄂温克族，在历史上曾经是沙皇俄国利用贸易、宗教等进行渗透的对象，尤其是操敖鲁古雅方言的鄂温克族猎民，其语言词汇深受俄化影响，如"列巴"（面包）、"别力弹克"（一种步枪）、"雅依兹"（鸡蛋）等，这也反映在他们的名字上。他们常常将原来的姓氏加以俄化，形成该方言区的人名特点，如：

卡尔他昆→卡尔他靠了夫

索罗共→索罗共诺夫

布利托天→布利拖拖夫

给力克→给力克夫[3]

---

[1] 陈章太：《汉语的人名和人名用字》，《语文导报》1985年第7期。
[2] 王建华：《文化的镜象——人名》，第199~200页。
[3] 孔繁志：《敖鲁古雅的鄂温克人》，天津古籍出版社，1989，第19页。

敖鲁古雅鄂温克人还采用俄化的姓名模式，即本名+父名+氏族名，例如，阿利克山德（本名）·伊那见基（父名）·古德林（氏族名）、皮欧特（本名）·匹拖洛维奇（父名）·布利拖拖夫（氏族名）。与此相对照，操海拉尔方言和陈巴尔虎方言的鄂温克人，多用蒙古名和汉名，采用姓+名的模式，例如，朝克、巴特尔、杜爱军、涂玉英、那小波等。

## 三 方言与译名

方言对于姓名的制约，还表现在一个特殊的方面，那就是姓名的翻译。在翻译其他民族姓名时，经常由于翻译者所操方言不同而将同一个姓名翻译成不同的转写形式。例如，著名法国社会学家Durkheim，由于翻译者所操方言的不同而有"杜尔干"、"涂尔干"、"杜尔克姆"、"迪尔凯姆"等不同汉译形式。在第一种译法"杜尔干"中，"杜"按《广韵》为徒古切，定母姥韵合口一等上声遇摄，拟音为du，与原音近似；"干"按《广韵》为古寒切，见母寒韵开口一等平声山摄，拟音为kan，与原音近似；若考虑到在普通话中属同一发音的"甘"、"柑"等，在《广韵》中发kam音，则与原音更加接近。第二种译法"涂尔干"，其中"涂"字按《广韵》为同都切，定母模韵合口一等平声遇摄，拟音为du，与原音近似。第三种译法显然注意到原名中的鼻音m，故将"干"分解为"克姆"二字，以求准确。第四种译法"迪尔凯姆"系近来依据普通话发音的标准对音。由此可以推测，前两种译法似出自操南部某方言或者认同该方言的人，后两种出自操北部某方言或者认同该方言的人。又如，苏联著名作家Горький，汉译作"高尔基"，其中的"基"若按普通话发音，与原音相去较远，因为"基"在普通话中发ji音，而非ki音，而且普通话缺乏软腭塞音k。但是，在《广韵》中，"基"属居之切，见母之韵开口三等平声止摄，拟音为kie，与原音很接近，故译"基"

为最佳。同理，把英美人的名字 King 译作"金"，按照南方某些方言，也是比较准确的。英国作家柯南·道尔笔下的大侦探 Holmes，汉译作"福尔摩斯"，显然出自操湘方言或者类似方言者的译法，因为在湘方言中，f-、x（u-）大都混读为 f-，例如长沙话"化"念 fa、"虎"念 fu，故按方言将 Holmes 译作"福尔摩斯"不为错。在新华通讯社译名资料组编的《英语姓名译名手册》中，将 Holmes 译作"霍姆斯"，依据的是以北京话为标准音的普通话发音。①

由方言造成的译名差别，突出地表现在藏族人名的译写上。在藏译汉时，由于汉语方言和藏语方言的差异，造成汉文译名的不同；在藏译英时，又有英语的变体"南亚英语"的翻译特点。所有这些，再加上其他原因②，都造成藏名翻译多样、杂乱。

自古以来，有许多汉族学者、译师从事将藏文译成汉文的工作，由于他们的籍贯不同、方言不同，译写的藏名也有不同。例如 Tsering 一名，就有"次仁"、"才仁"、"泽仁"、"策仁"、"策楞"等多种译法。究其原因，汉族操南方某些方言的译者，将"泽"读作 ce（汉语拼音字母，下同），与藏语的 tse 音近似；而操北方话或者普通话的汉族，将"泽"读作 ze，与原音不符，只有选取"次"、"策"、"才"等字，方能近似地表示原来的藏音。藏名 Norbu 有"诺布"、"罗布"、"洛布"等译法，Namgyai 有"南杰"、"囊杰"、"朗杰"等译法，其中的"罗布"、"洛布"、"朗杰"为四川等籍贯的汉族人的译法，他们"纳"（na）和"拉"（la）不分；其余为能够分辨"纳"和"拉"的方言使用者的译法。藏名 Garma，有"噶玛"、"嘎玛"、"尕玛"等译法，前两者为多数汉族人的译法，而后一种为甘肃、青

---

① 第二次修订本，商务印书馆，1985。
② 例如，由于藏文书面语和口语的语音偏差造成的汉文译名不同；清浊音的混用造成的特殊英文译名；没有藏语口语的音变现象而照文读音的英文译名等。参见王贵《藏族人名研究》，第 51~72 页。

海等西北汉族地区的习惯译法。①

藏语有三大方言系统，即西藏中西部多数地区的前藏方言，西藏东部昌都地区、四川省甘孜藏族自治州、青海省玉树藏族自治州、云南省迪庆藏族自治州的康巴方言，除玉树以外青海省各藏族地区、甘肃省甘南藏族自治州、四川省阿坝藏族自治州北部的安多方言。前后藏方言将藏文表示 qa 的字母读作 qa（"恰"），而康巴方言将它读作 xa（"辖"），因此，对于藏名 Qamba 和 Qangqub，按照前后藏方言译作"强巴"、"强秋"，按照康巴方言译作"向巴"、"祥巴"、"向秋"、"祥秋"等。当藏文中的 -la 作后加字时，在康巴方言和前藏方言中发 ai 音，在后藏方言中发 a 音，故藏名 Gaisang Bai'ao 根据康巴和前藏方言译作"格桑"、"盖桑"、"白姆"，根据后藏方言则译为"噶桑"、"巴姆"。②

与西藏交界的南亚印度等国，在历史上曾长期为英国的殖民地，不少人均通英语，但发音与原来英语有区别，形成有当地发音特色的"南亚英语"。过去一些去过印度的西藏人，也学会了这样的"南亚英语"。因为在近代历史上，兼通藏文和英文的印度等国的南亚学者和译师，首先从事将藏文译成英文的工作，在这当中，藏名英译时，就受到这种"南亚英译"的影响，如：

1. d 和 t，在"南亚英语"中分别读作 zhi 和 chi，本应译写为 dra 的藏文，被译写成 da；本应译写为 tra 的藏文，被译写成 ta。因此，在"南亚英译"中，藏名 Drolma（卓玛）被译写成 Dolma；Dramdul（占堆）被译写成 Damdu；Trinlay（赤列）被译写成 Tinlay。

---

① 王贵：《藏族人名研究》，第 51~52 页。
② 同上。

2. th 和 t，在"南亚英译"里不加区别，本来应当译写为 t 的藏文声母，被译写成 th。因此，Tupden（土登）被译写成 Thupden；Tarpa（塔巴）被译写成 Tharpa；Targye（塔杰）被译写成 Thargye；Tonyo（顿约）被译写成 Thonyo。

3. "南亚英语"将 ph 和 p 均发成 p 音，把表示 p 音的藏文字母，译写成 ph。因此，藏名 Puntsog（平措）被译写成 Phuntsog；Choepel（群培）被译写成 Choephel。[①]

## 第五节　社会语义与姓名的互动

姓名发展变化取决于社会的发展变化。社会语义，即以特定时代的文化价值观为核心的意义体系，决定着姓名的意义、使用甚至形式。同时，姓名及其使用，也参与了社会语义的产生、发展、变化和解释。

### 一　从姓名用字变化看社会语义的变化

任何一个民族语言的语义系统，都会随着社会的发展而发展、变化而变化。这种语义的变化，也是姓名用字变化的动因之一。在许多民族中，姓名不仅仅是一种个体的区分标记，而且是他的社会地位、身份、权利与义务等的标记。社会语义的变化，必然要引起姓名用字的相应变化，以便使姓名系统和姓名承有人不断整合于社会。

据蒙古族历史文学典籍《蒙古秘史》记载，从蒙古始祖孛儿帖·赤那到成吉思汗的八世祖朵奔伯颜的 8 代人 16 个男性人名中，有 1/3 含"蔑儿干"（Mergan，意为"神箭手"，贵族称号）（见表 4－12）。

---

[①] 王贵：《藏族人名研究》，第 61~62 页。

表 4-12 《蒙古秘史》中的人名"蔑儿干"

| 汉文转写 | 拉丁文转写 | 书中有关的节 |
| --- | --- | --- |
| 豁里剌儿台蔑儿干 | Qorilartai Mergan | 第 8、9 节 |
| 孛儿只吉歹蔑儿干 | Borjigidai Mergan | 第 3 节 |
| 朵奔蔑儿干 | Dobun Mergan | 第 3、5 等节 |
| 巴儿忽歹蔑儿干 | Bargudai Mergan | 第 8 节 |
| 豁里察儿蔑儿干 | Qorichar Mergan | 第 2 节 |

从合必赤巴阿秃儿到也速该巴阿秃儿（成吉思汗之父），有 6 个人称"巴阿秃儿"（Ba'atur，意为"勇士"，贵族称号）（见表 4-13）。

表 4-13 《蒙古秘史》中的人名"巴阿秃儿"

| 汉文转写 | 拉丁文转写 | 书中有关的节 |
| --- | --- | --- |
| 合必赤巴阿秃儿 | Qabichi Ba'atur | 第 43、45 节 |
| 纳臣巴阿秃儿 | Nachin Ba'atur | 第 45 节 |
| 把儿坛巴阿秃儿 | Bartan Ba'atur | 第 48、50 等节 |
| 不勒帖出巴阿秃儿 | Bultechu Ba'atur | 第 48 节 |
| 忽阑巴阿秃儿 | Qulan Ba'atur | 第 48、51 节 |
| 也速该巴阿秃儿 | Yesugai Ba'atur | 第 50、54 等节 |

此外，还有以下贵族称号成为人名一部分：

那颜(Noyan，意为"官人")：
　　纳牙那颜（Naya Noyan，第 197 节）
　　别勒古台那颜（Belgutei Nayan，第 190 节）
别乞(Beki，意为"首长")：
　　必勒格别乞（Bilge Beki，第 181 节）
　　合赤温别乞（Qachiun Beki，第 166 节）
　　薛扯别乞（Seche Beki，第 49 节）
　　脱黑脱阿别乞（Toqto'a Beki，第 109、141 节）

脱古思别乞（Togus Beki，脱黑脱阿长子）

别乞(Beki，意为"公主")：

阿剌合别乞（Alaga Beki，第 239 节）

豁真别乞（Qojin Beki，第 165 节）

亦巴合别乞（Ibaq-a Beki，第 186、208 页）

敢不(Gambu，意为"王")：

阿沙敢不（Asha Gambu，第 256 等节）

扎合敢不（Jaqa Gambu，第 107 等节）

合罕、罕（Qahan 为"大可汗"、"皇帝"；Qan"小可汗"、"诸侯"）：

成吉思合罕（Chinggis Qahan，第 1 等节）

塔阳罕（Tayang Qan，第 166、189 节）

合不勒合罕（Qabul Qahan，第 48 等节）

罕篾力克（Qan Melik，第 257、257 节）

亦难察必勒格汗（Inancha Bilge Qan，第 189、194 节）

必勒格(Bilge，意为"智者"，贵族称号)：

必勒格别乞（Bilge Beki，第 142、181 节）

亦难察必勒格汗（Inancha Bilge Qan，第 189、194 节）

想昆必勒格（Sanngun Bilge，第 142 等节）

薛禅(Sechen，意为"智者"，贵族称号)：

忽亦勒答儿薛禅（Quyildar Sechen，第 171 等节）

速忽薛禅（Suqu Sechen，第 120 节）

太子(Taiji，意为"太子")：

阿领太子（Arin Taiji，第 152 节）

捏坤太子（Nekun Taiji，第 50 等节）

豁里失列门太子（Qori Shilemun Taiji，第 170、171 节）

扯儿必(Cherbi，意为"官人")：
　　斡歌来扯儿必（Ogolai Cherbi，第 124 节）
　　不察阑扯儿必（Bucharan Cherbi，第 191 节）
　　朵歹扯儿必（第 120 节）
兀真(Ujin，意为"夫人")
　　兀真额客（Ujin Eke，第 74 等节）
　　忽札儿兀真（Huja'ur Ujin，第 177 节）
合屯(Qatun，意为"王后")：
　　豁里真合屯（Qorijin Qatun，第 130 节）
　　忽兀儿臣合屯（Qu'urochin Qatun，第 130、132 节）
　　也遂合屯（Yesui Qatun，第 155 等节）

以上各例可以围绕"贵族称号"这个义项形成一个语义场，还可以按照王族与非王族以及性别，划分四个子场（见图 4-1、图 4-2、图 4-3）。

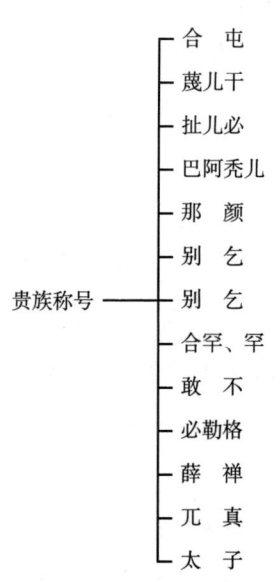

贵族称号 ——
- 合　屯
- 蔑儿干
- 扯儿必
- 巴阿秃儿
- 那　颜
- 别　乞
- 别　乞
- 合罕、罕
- 敢　不
- 必勒格
- 薛　禅
- 兀　真
- 太　子

**图 4-1　语义场：贵族称号**

第四章　姓名的语言相关性辨析

王族
├─ 合屯
├─ 扯儿必
├─ 合罕、罕
├─ 敢不
├─ 太子
├─ 兀真
└─ 别乞

非王族
├─ 蔑儿干
├─ 巴阿秃儿
├─ 那颜
├─ 必勒格
├─ 薛禅
└─ 别乞

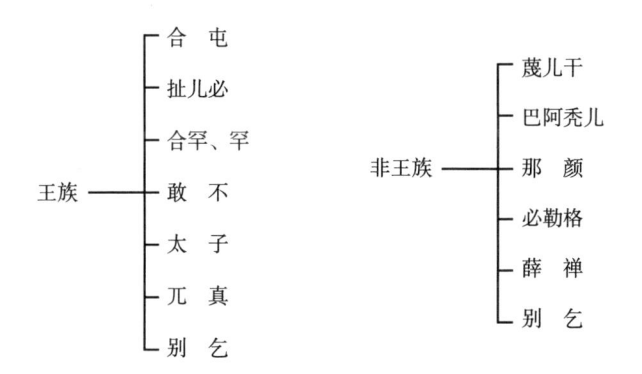

**图4-2　语义场：王族、非王族及性别**

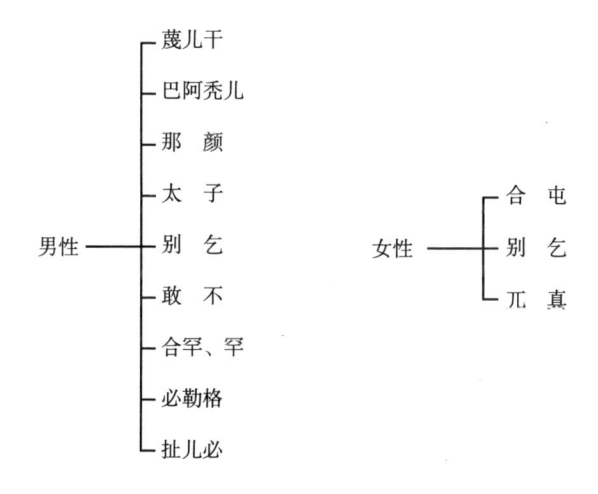

男性
├─ 蔑儿干
├─ 巴阿秃儿
├─ 那颜
├─ 太子
├─ 别乞
├─ 敢不
├─ 合罕、罕
├─ 必勒格
└─ 扯儿必

女性
├─ 合屯
├─ 别乞
└─ 兀真

**图4-3　贵族称号语义场**

在距离《蒙古秘史》写作时代约600年的今天，以上诸多名号就语词形式来说，仅有蔑儿干、巴阿秃儿、必勒格、薛禅仍保留在蒙古族人名中，其代价是丧失原来作为贵族称号的意义。造成这个事实的原因有二：其一，以上名号用语义场的社会历史条件已经不复存在，有关贵族名号的语义场失去意义；其二，那些在蒙古族人名中保留下来的形式上的"贵族称号"，已经不具有称号的意义，而是以新派生的意义加入现在蒙古语的词汇行列，成为现代蒙古族人名使用频率较高的用字（参见表4-14，箭头左边是原义，右边是今义）。

· 225 ·

姓名论（修订版）

表4-14 蒙古"贵族"称号的语义变化

| |
|---|
| 薛禅(智者)名号→聪慧 |
| 蔑儿干(神箭手)名号→聪颖 |
| 必勒格(哲人)名号→天分 |
| 巴阿秃儿(勇士)名号→英雄、勇敢 |
| 扯儿必(王)名号→0① |
| 太子(太子)名号→0 |
| 敢不(王)名号→0 |
| 罕(王)名号→0 |
| 别乞(公主)名号→0 |
| 别乞(酋长)名号→0 |
| 那颜(官人)名号→0 |
| 合屯(王后)名号→0 |
| 兀真(夫人)名号→0 |

以上"消亡"的称号全是外来借词：太子即汉语的"太子"；兀真即汉语的"夫人"；敢不即藏语"王"；那颜即汉语"官人"。合罕、别乞、合屯为突厥词，这些借词在蒙古语的语义系统中，缺少能产性，仅作为名号而存在，终于在现代蒙古族人名文化中消失。同时，薛禅、蔑儿干和必勒格等三个词，加入了以"聪慧"为中心的语义场，由上层统治者的人名称号转向民间，适应了民俗心理，获得新的生命，并且成为使用频率较高的人名用字，如：

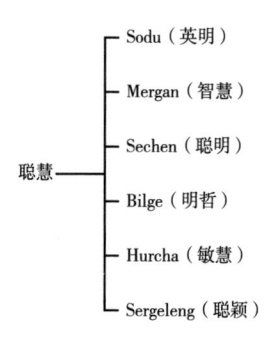

聪慧 ┬ Sodu（英明）
　　　├ Mergan（智慧）
　　　├ Sechen（聪明）
　　　├ Bilge（明哲）
　　　├ Hurcha（敏慧）
　　　└ Sergeleng（聪颖）

---

① "0"表示已经消亡或者已经不用。

巴阿秃儿则加入了以"勇敢"为中心的语义场，如：

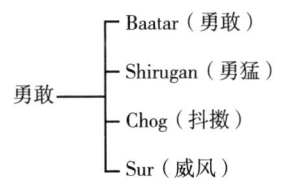

```
        ┌ Baatar（勇敢）
        ├ Shirugan（勇猛）
勇敢 ───┤
        ├ Chog（抖擞）
        └ Sur（威风）
```

据研究，在古代维吾尔人名文化中，有些人名之前加有"巴衣"（bay）、"伯克"（beg）之类的修饰词（也可以看作名号）。①"巴衣"的古义是"富翁"、"财主"。例如，在维吾尔族民间流传的《阿凡提的故事》中，聪明正直的阿凡提经常使巴衣老爷出丑。随着社会的发展，用在现代维吾尔人名中的"巴衣"这个词，已经失去了"富翁"、"财主"的意思，在维吾尔族人名中已经退化成为一种附加语。"伯克"原意是"显贵"，清朝还建立了"伯克"官制；"伯克"管理政务，还兼任清真寺教职。在古代，"巴衣"和"伯克"一般加在维吾尔族人名之前，如巴衣铁木尔（temur 意为"铁"）、伯克巴尔斯（barz 意为"豹"）、伯克塔什（tash 意为"石头"）。但是，到了现代，随着"巴衣"和"伯克"的语义变化、弱化，其相对于人名的位置，也发生了变化：它们已经不像古代那样加在人名前，而是附加在人名后，和人名连读、连写，如努兰别克（Nuranbek，nuran 意为"光明"）、苏里坦巴衣（sultan 意为"苏丹"）等。

## 二 社会语义组合与姓名特点

语义的变化影响和制约着姓名特点，社会语义的组合方式同样也带来某些姓名特点。由于各民族的风俗习惯不同，社会语义组合对于姓名影响和制约的特点也不同。蒙古族人名常有 nohai（狗）一词，

---

① 哈米提·铁木尔、王振忠：《维吾尔族》，载张联芳主编《中国人的姓名》。

如 moonohai（赖狗）、harnohai（黑狗）、sharnohai（黄狗）等；但是在汉族社会中，习俗上不用"狗"命名（不做正式名字）。台湾某人叫郑九五，其父亲和祖父因其小时难养，命名为九王，期待他顺利长大；可是在申报户口时，承办员嫌九王难听，建议改名，因为"九王"在闽南语中有 kin-uong 和 kao-ung 两读，念 kao-ung 时与闽南语的"狗王"（kaoung）同音，狗和王搭配不合汉族的正式命名习惯，因此，九王改名九五，"九五"在闽南语中念 kiu'nguo，虽然亦可读 kao-nguo，但不易联想到狗。① 在中国的"文化大革命"时期，"爱武"、"批修"、"向党"、"造反"、"敬东"、"革命"之类的人名流行一时，唯"胡"、"贾"、"栾"、"樊"、"范"等姓不能任意缀用，因为这些姓氏用字的谐音与上述名字的组合，在社会语义系统中成为贬义："胡"有"乱来"的意思；"贾"谐"假"；"栾"谐"乱"；"樊"、"范"谐"反"。于是，"胡要武"、"栾（乱）造反"、"贾（假）革命"、"胡批修"、"胡革命"、"范（反）革命"、"贾（假）敬东"、"贾（假）批修"一类的姓名组合，及其谐音联想意义，属于社会语义系统中的忌讳。

## 三 语言崇拜、符号霸权与姓名禁忌

起源于语言崇拜的姓名禁忌，以及后来衍生的封建政治讳名制，反映了姓名对于日常语言的反作用。初民认定，声音可以启动自然和灵魂，人名不可随便称呼，否则会发生不测；后来，这种姓名禁忌在阶级社会为统治者所利用，带上了强烈的政治色彩，成为社会控制的一部分，成为帝王将相表达自己特殊地位和权力的符号资本。在每一个特定的社会发展阶段，都有相应的社会语义系统，它制约着社会语言的具体使用，直接或者间接地对姓名发生作用。

---

① 洪金富：《数目字人名说》，《中央研究院历史语言研究所集刊》1987年第58辑。

第四章　姓名的语言相关性辨析

据弗雷泽记载，古代埃及人有两个名字，一个是大名或者真名，另一个是小名或者好名；前者保密，后者公开。婆罗门的小孩也有两个名字，一个用于公开场合，另一个除本人和他的父亲知道外，无人知道。这个隐秘的名字专门用于礼仪场合，例如结婚。在澳大利亚的一些原始部落中，人们除了有一个日常名字外，还有一个鲜为人知的名字，是出生后不久由老人命名的。这个名字除了庄严场合，其他场合绝不使用。如果外人和妇女听到这个名字，那就违犯了族规。这种双名习俗有特定的社会心理基础，要经常接受社会语义系统的解释。根据这个语义系统，巫术只有和真名发生联系时，才能真正发生作用。因此，假名或别名能够起到防身作用。① 澳大利亚的"吉普斯兰"黑人为了防止敌人探知自己的名字从而用来施加巫术相害，实行亲从子名制，用"某某的爸爸"、"某某的叔叔"一类的表达形式彼此称呼，因为儿童天真无邪，公认没有敌人。这种从子名习俗，还见于西里伯斯岛上的阿尔福尔人、马来亚土著、印度的库基人、泽米人和卡查那人中。②

在世界许多地区都存在对死者名字的禁忌。这种习俗见于古代高加索地区的阿尔巴尼亚人、澳大利亚土著、从加拿大东北部的赫德森海到南美巴塔戈尼亚的美洲印第安人、西伯利亚的萨摩耶德人、印度南部的托达人、鞑靼地区的蒙古人、撒哈拉的土阿瑞格人、日本的阿伊努人、东非的阿康巴人和南迪人、菲律宾的廷圭恩人，以及孟加拉湾东南部尼科巴群岛、婆罗洲、马达加斯加、塔斯马尼亚等地的居民。③ 在许多民族的传统信仰中，死者名与死者灵魂紧密关联。人死后，与死者同名的人都要换名，以免在呼名时引起鬼魂的注意。在南澳大利亚阿德莱德和恩坎特湾的各部落中，凡与死者同名的人，都要

---

① 〔英〕弗雷泽：《金枝》上卷，第362～368页。
② 同上。
③ 同上书，第373～379页。

· 229 ·

更换新名或者改用原为大家所熟悉的名字；在北美印第安人中，凡是与新死者同名的人，无论男女，都要在首次为死者吊唁时换名；维多利亚的许多部落，在悼念死者时，停止使用所有近亲的普通名，代之以一般的词；伦瓜印第安人从来不提死者的名字，随着某人死去，他的所有亲属都要更名，他们认为，死神就在他们中间，而且已经将活人的名单带走，以便下次再来时，带走更多的生命；为了避免死神再来带走生命，人们改易名字，这样，即使死神手里拿着名单，也认不出他们了。弗雷泽说，死者名禁忌的风俗，还造成了标志语义和词义的语言符号的变更，成为语言发展变化的动力之一。如果死者原来以动物、植物、水火之类命名，那么，日常生活中常用的这些词，也要因为他们的死亡而必须更改。在澳大利亚土著中，有些部落以自然物为孩子命名，一旦他死了，那么人名用字也就此废止，事物本身也要另换名称，例如，一个名叫"卡拉"（意为"火"）的人死后，"卡拉"这个词就不能再用，须另找新名来指称"火"。在澳大利亚南部恩康特湾的部落中，在一个名叫"恩克"（意为"水"）的人死后，所有的人都要在很长一段时间内，用另外一个词来指称水，这可能是该部落语言富于多义词的原因。在维多利亚的一些部落中，在一个名叫"瓦阿"（意为"乌鸦"）的人死后，在悼念期，任何人都不得称乌鸦为"瓦阿"，而称其为"拿拉帕特"；如果一位名叫"巴利姆·巴利姆"（意为"土耳其鸨鸟"）的尊贵妇人死去，在全部落为她举行哀悼期间，人们用新词"梯力特·梯力特希"来代替"巴利姆·巴利姆"。同样，"摩塔梯斯·摩荡迪斯"这个词，可以分别指称黑色大鹦鹉、灰鸭、巨鹤、袋鼠、鹰、野狗等。巴拿圭的阿比波尼人的语言，由于有类似的习俗而不断发生更新，一旦某个字被废弃，就永远不用。于是，每年都因为废弃死者的名字而有大量的新词出现在他们的语言中。这些土著部落相信，如果提到死者的名字，他的灵魂就会回来，为了避免发生这样的事情，就要停止使用任何死者的名字；对于死者名所指的事物，另造新词代替。于是，许多词失去原义并且消失，另一些词则因取得新的意义而复存。①罗普斯托夫指出："当地土著人中流行一种极其特别的风俗，这种风俗竟成了'创造历史'的最大阻力，或者无论如何也是记叙历史进程的最大障碍。根据该岛流行迷信的严格规定，凡人死后不得再提他的名字！这种做法后来发展到经常某人以鸡、鸭、帽、火、路等尼科巴语命名时，便注意将来要避讳的问题，不仅要考虑到死者个人的称呼，甚至还考虑到它们所表示的普通东西的名称，等到那些词在本族语言中废止的时候，便另造新词，或从其他尼科巴方言或外国语中寻找替换之词。这种特别的习俗不仅给他们的语言增加了不稳定因素，同时也破坏了他们政治生活的连续性，使过去历史事件的记载含糊不清或不大可靠（如果不是不可能记载的话！）。"②

在盛行"符号霸权"的社会里，对于符号的解释对于人的行为乃至命运，都会产生至关重要的影响。符号的霸权并不在符号本身，而是在于统治者对社会语义系统的解释。在由上层阶级垄断信息资源和其他重要资源的社会，统治者及其代言人对于包括姓名在内的符号的解释，强烈地影响了社会行动的导向，成为社会控制的有力手段。由统治者掌握的社会语义系统控制了命名的主题意义和联想功能，使姓名异化成为社会成员的对立面。

在秦始皇时代，一位卢姓方士，为始皇帝入海求仙，得出一个谶语，曰："亡秦者胡也。"秦始皇认为"胡"指北方的匈奴，便使大将蒙恬"发兵三十万人北击胡"，岂不知，如郑玄评说："胡，胡亥，秦二世名也。秦见图书，不知此为人名，反备北胡。"③显然，这是一种附会之说，不足为信，但是它生动地说明了符号阐释的重要社会功

---

① 〔英〕弗雷泽：《金枝》上卷，第375~377页。
② 同上书，第377页。
③ 王彬：《禁书·文字狱》，中国工人出版社，1992，第15~16页。

能。三国时代的孔融，是孔子第二十世孙，在依附曹操之后，互相屡次发生矛盾。最后，曹操将孔融弃市，并株连其子。曹操的借口之一是："融昔在北海，见王室不宁，招合徒众，欲图不轨，言我大圣之后也，而灭于宋。有天下者何必卯金刀？"① 孔融在依附曹操之前任北海令，时值东汉末年，军阀割据，天下大乱，孔融也拥兵自守，口出狂言。卯金刀是汉朝皇姓刘的繁体字，曹操指斥孔融谋反。明代的文字狱残酷无度，其中也涉及皇讳。例如，有个和尚给朱元璋写了一首谢恩诗："金盘苏合来殊城，玉碗醍醐出上方。稠叠滥承天下赐，自惭无德颂陶唐。"谁知朱元璋读后，非但不喜，反而勃然大怒，言："汝用'殊'字，是谓我'歹朱'也，又言'无德颂陶唐'，是谓我无德，虽欲以陶唐颂我而不能也。"遂斩之。② 宋代，百姓不得用龙、天、君、王、帝、上、圣、皇等有王霸寓意的字为名；国君、圣贤、外戚、勋臣之名，神圣不可侵犯，或减笔画，或改字，以避之。到了明代，这种文字垄断，有过之而无不及。洪武三年（1370年）时，朝廷禁止小民取名用天、国、君、臣、圣、神、尧、舜、禹、汤、文、武、周、秦、汉、晋等字；二十六年（1393年）又禁止他们取名太祖、圣孙、龙孙、黄孙、王孙、太叔、太兄、太弟、太师、太傅、太保、大夫、待诏、博士、太医、太监、大官、郎中；同时，还禁止民间习惯的称呼，如医生只许称医士、医人、医者，不许称太医、大夫、郎中，梳头人只许称梳篦人、整容，不许称待诏，官员之家火者，只许称阉者，不许称太监，违者处重刑。③

在中国历史上的封建社会中，皇权和父权、王朝政治与宗法制伴生共存，这种现象表现在姓名上，就是帝王讳名制与宗法讳名制的伴

---

① 《三国志·魏书》卷二十一注引《典略》。
② 王彬：《禁书·文字狱》，第291页。
③ 吴晗《朱元璋传》引顾起元《客座赘语》卷十《国初榜文》，转引自王彬《禁书·文字狱》，第296页。

生共存。这种讳名制同样对社会语义系统发生反作用,甚至影响到人们的行为。唐代著名诗人杜甫,号称诗圣,一生中写了近3000首诗。但是,在他的大量田园风景诗当中,从未涉及海棠花,尤其是考虑到他曾在以海棠盛名的四川寓居5年,此事更是蹊跷。原来,杜甫母名海棠,出于避讳,他从不写海棠诗;同样道理,他因父亲名闲,写诗从不用"闲"字。北宋诗人徐积因其父名石,便一生不用石器,走路遇到石头也要绕开;如果遇到避不开的石桥,就让人背着过去。同样生活在北宋时代的刘翁叟,因其父名岳,便一生不听音乐,不游高山。另有韦翼的父名乐,由于"乐"既可作音乐的"乐",又可作欢乐的"乐",所以他一生不听音乐,不游高山大岳,不饮酒作乐,不参加任何欢事活动。① 正是由于严格的姓名避讳制度对于社会语义系统的反作用,历来的封建士大夫都主张"慎名"。《礼记》言:"名者,人治之大也,可无慎乎?"又言命名时"不以国,不以官,不以山川,不以隐疾,不以牲畜,不以器币",以免以国废名,以官废职,以山川废主,以牲畜废祀,以器币废礼。

---

① 徐一青、张鹤仙:《姓名趣谈》,第105~106页。

# 第五章
# 欧美姓名研究举要

欧美的姓名研究主要集中在哲学和社会文化人类学领域。苏格拉底、柏拉图、穆勒、弗雷格、罗素等哲学家对专名做过详细深入的研究，并且展开广泛讨论，对于后来的人文社会科学各个领域的研究，都产生了重要影响。社会文化人类学对于姓名的研究以摩尔根、列维-斯特劳斯为代表，他们从亲属制、社会分类的角度，对于姓名与社会之间的关系做了经典的研究，迄今不失其重要意义。

## 第一节 西欧姓名研究

斯蒂芬·威尔逊（Stephen Wilson）著《命名的方法：西欧人名的社会文化史》[①]，详细描述了古罗马、中世纪欧洲以及现代欧洲的姓名文化。本节根据威尔逊的著作择要介绍西欧姓名文化。

---

[①] Stephen Wilson, *The Means of Naming: A Social and Cultural History of Personal Naming in Western Europe*, London and New York: Routledge, 1988.

## 一 古罗马

**命名制：个人与家庭** 古罗马人善于刻字记事，把姓名留在建筑、雕塑、神龛和墓碑上，共计有 30 余万条铭文，多来自公元 1~2 世纪的意大利，而且大多涉及有家底、有名望的男性。本书第二章已经提到，古罗马人实行三名制，如著名人物 Gaius Julius Caesar（凯撒）、Marcus Tullius Cicero（西塞罗）、Quintus Horatius Flaccus（弗拉库斯）。

古罗马三名制中的第一部分叫做 praenomen，是个人名，从古籍和铭文中只找到 64 个，根据公元 1 世纪一位无名氏的记载，当时这类个人名有 30 个，其中只有一半常用。此外，个人名在和其他名字使用时，会采用缩写的形式，例如 A. 表示 Aulus，M. 表示 Marcus，T. 表示 Titus，C. 表示 Gaius，Cn. 表示 Gnaeus，如此等等。在共和时代，婴儿出生后不久获得个人名，在男性名字中总是放在最前面。瓦罗（Varro）认为，最初个人名是有意义的，由父母给子女取名。Postumus 这个人名表示"遗腹子"；Vopiscus 表示双胞胎中活下来的那一个；Lucius 和 Marchus 分别表示"明亮"和"著名"；Gaius 表示婴儿诞生给父母带来的"欢愉"；Servius 表示"被保护的"。个人名有地域和社会特征，许多代表意大利的某些地区，有的属于某个贵族世家，如 Caeso 在共和时代早期专属 Fabii 家族，约在公元前 200 年专属 Quinctii 家族；Appius 和 Claudian 氏族有关，甚至被用来指涉这个氏族负责建造的公共建筑和纪念碑：the via Appia（Appia 路）、the acqua Appia（Appia 渠）、the forum Appia（Appia 广场）。类似于 Appia 的个人名不会被缩写，也不会传给被解放的奴隶。出于特殊原因，家族原有的个人名也会被禁止使用。例如，曾于公元前 390 年抵御高卢入侵并拯救首都的 Marcus Manlius，因煽动罪被抛下塔尔皮亚岩（the Tarpeian Rock）处死，从此 Manlian 氏族禁用 Marcus 取名。

出于同样原因，Antonii 氏族禁用 Marcus，Claudii 氏族禁用 Lucius。在共和时代，父亲和长子共享同样的个人名，而其他儿子用不同的个人名。不过，到公元 1 世纪中期，兄弟开始共享同样的个人名，这样一来，叔侄、父子、兄弟都会共享同样的个人名。这颇近似于印第安易洛魁部落的氏族专有人名，个人名已经有了"公名"的属性，指个人，也指这个氏族。后来，被解放的奴隶和新市民也采用主人或者庇护者的个人名，个人名开始失去区分个体的作用。

为了应对这样的重名现象，望族就在族内使用其他名字，使之成为新的个人名。Africanus Fabius Maximus 和 Paullus Fabius Maximus 是兄弟，在公元前 10 世纪和 11 世纪曾担任执政官，把著名的族名（cognomen）用作个人名；年轻一些的庞培也用父亲的族名 Magnus 作为个人名。总体趋势是，praenomen 走向消亡，cognomen 取而代之，成为重要的个人名。

古罗马三名制的第二部分叫做 nomen 或者 gentilicium，是重要的公名，标志持名者的氏族或者亲族。Gentilicia 有多种形式，几乎都是形容词，以 -ius 结尾，例如 Antonius，Aurelius，Sempronius。Gentilicium 大多有实义，可能由绰号衍生而来：Cassius 来自 cassus（空的），Fabius 来自 faba（豆），Curtius 来自 curtus（矮小）。有的 gentilicium 表示出生地或者族源，如 Oppius、Tittius 和 Tattius 来自萨宾人（Sabine）；Caecina、Maecenas 和 Spurinna 来自伊特鲁里亚人（Etruscan）。共和时代约有 150 个 Gentilicium，后来发展到 1 万多。Gentilicium 来源于父子连名，但在古典时期，它是真正的姓氏，可以继承，表示氏族身份。男女都有 gentilicium，但要按照父系传承。Gentilicium 来源于真实祖先或者假象祖先的名字。例如，Claudii 来自一个名叫 Clausus 的人；Caeculi 来自家族英雄 Caeculus；Calpurnii 来自一个名叫 Calpus 的人。当时，罗马人出于继承财产的需要，在没有男性子嗣的时候，会领养他人子嗣，或者招婿入赘，外来入族者都要换用接受自己的这个氏族的 gentilicium。共和时代后期，罗马家庭结构发生变化，母系的重要性超过父系的重要性，禁婚范围由七代缩小为四代，但扩展到男女双系。母系的 gentilicium 成为 cognomena，在娘家是望族的时候，甚至可以成为 gentilicium 本身。M. Crassus Frugi 的长子（公元 27 年成为执政官）被称为 Cn. Pompeius Magnus，名字全部继承母方曾祖父庞培，完全没有继承父方的姓名。被解放的奴隶有核心家庭，没有氏族，他们依附于原主人的氏族，将原主人的氏族与自己的名字合起来用。

古罗马三名制的第三部分叫作 cognomen，是绰号或者别号，或者后来获得，或者由房支继承。根据一项对于公元前 467～前 408 年在位的执政官的记载，大约 2/3 的执政官有 cognomina。公元前 222～前 146 年，有 85% 的执政官有一个 cognomina，10% 的执政官有两个 cognomina。直到公元前 2 世纪中叶，cognomina 不进入官方文件，尤其不进入法律文件和元老院的法令。但是，到公元前 120 年，官方文件中开始出现 cognomina，而且还要和个人的其他名字一道注册。贵族最先使用 cognomina，多为个人秉性或者形貌特征，例如 Cato（慎重）、Pius（孝顺）、Severus（严厉）、Varro（笨蛋）、Brutus（笨蛋）、Cincinnatus（卷发）、Pulcher（漂亮、高贵）、Rufus（红发）、Calvus（秃头）、Nasica（大鼻子）、Galba（大肚皮）、Scaevus/Scaevola（左撇子）、Varus（罗圈腿）、Bibulus（酒鬼）。Cognomina 也可以来自地名，如 Camerinus、Medullinus、Regillensis；可以来自职业，如 Pictor（画匠）、Faber（铁匠）、Pollio（武器抛光者）、Metellus（雇佣兵）；还可以来自其他，如 Scipio（杖）、Dolabella（鹤嘴锄）。

Cognomina 也可以来自事件。公元前 361 年，Titus Manlius 与高卢人作战，杀死敌手，夺走他的项链，士兵们把 Titus Manlius 称为"戴项圈的人"，这个绰号由此传播开来。公元前 508 年，C. Mactus 刺杀克卢西乌姆（Clusium）的国王失败，他把手放到祭坛上烧掉，表明罗马人在战争中如何不看重自己的躯体。他被释放后得到绰号Scaevola（失去左手）。这些绰号和别号一般会发展成为姓氏，尤其是在分族之后，各个分支往往会使用不同的cognomina来互相区分，成为不同的族姓。

罗马共和时代的妇女没有个人名，只有族名，使用阴性形式，如Caecilia、Claudia或者Cornelia。只是到了帝国时代，罗马妇女才有少量的个人名，在碑铭记载的20多万个个人名中，妇女的个人名只有70~80个，可谓少之又少。根据威尔逊推测，上古时代的罗马妇女可能有过个人名[1]，但后来逐渐丧失。此外，在古代意大利的其他地区，尤其是翁布里亚和伊特鲁里亚地区，农村和底层的妇女都有个人名，并且一直保留到公元初年。古罗马的贵族妇女没有个人名，只有族名，表明她们不是真正的个人，而是属于本氏族，是氏族的一部分。在政治联姻中，妇女保留自己的族名特别重要，她的名字会提醒夫家：这是一个政治联姻。在皇族之间的政治联姻中，这样的族名尤其重要。帝国时代早期，贵族妇女开始有cognomina，如Aemilia Lepida和Corellia Hispulla，cognomina起个人名的作用。结婚的罗马妇女固然要保留原有的父系族名，但也可以在自己的名字上增加丈夫的名字，用属格，如Caecilia Metelli Crassi，即M. Licinius Crassus的妻子。

古罗马妇女以族名相称，重名率自然高，同时出现多个Julia、多个Antonia、多个Octavia，这样的情况并不罕见。为了避免重名，人们就用父亲或者丈夫名来区分，如Annia，"元老院议员C. Annus的女儿"；Auria，"你兄弟媳妇"；"那两个Lucretias，Tricipitinus女儿和Conlatinus的妻子"。在家庭内部，可用"大"、"小"、"老二"、"老四"之类的修饰词以及昵称来区分重名。

---

[1] 其证据是，在古罗马的婚姻程式语中，丈夫和妻子的典型名字分别是Gaius和Gaia。

在古罗马，父亲的 praenomen 一般传给长子，长子以下的儿子从家族名库中另外取名。例如，公元前 285 年的罗马执政官 Marcus Aemilius Lepidus 有两个儿子，老大名叫 Marcus Aemilius Lepidus，老二叫 Manius Aemilius Lepidus。老大生有三子，分别叫 Marcus Lucius 和 Quintus。如果长子无子女，他可以把 praenomen 传给侄子甚至其他亲属。Lucius Volusius Saturninus 是罗马执政官，他的长子叫 Lucius Volusius Saturninus，次子叫 Quintus Volusius Saturninus。这位执政官的长子未婚无子嗣，所以他的弟弟就给自己的长子取名 Lusius，把自己的 praenomen（Quintus）传给次子。在某些家族，praenomen 隔代继承，即祖孙相传，如 Caeso 这个名字在 Quinctii Flamini 家族中隔代出现。Gentilicia 先是父系相传的姓氏，后来母系姓氏也被继承，演变出父姓和母性双姓制。Cognomen 在贵族中成为姓氏，可以继承。Cognomena 也可以按照母系继承。

**姓名与地位**　古代罗马是一个等级社会，区分市民与非市民，市民按照财产分五个阶级，无财产者就是无产者。第一阶级由元老院议员、骑士团成员、十人骑兵队队长这三个等级组成。极少数人垄断了权力、财富和高等文化。不过，精英不是靠生物遗传代代复制，而是靠"吐故纳新"，不断从外部接纳新人。在帝国时代，皇帝们更喜欢从外面招募人才，这些精英会更加依赖皇室的宠幸，但贵族的支持也十分必要，二者需要有平衡。被解放的奴隶也源源不断地补充着市民阶层。

古罗马贵族很注意自己的出身，逝者的面具被置放在家族神龛中，是家族名的体现，是形神兼备的象征物。罗马将军为家族争得辉煌的 cognomina，刻写在自己的葬礼面具之上。贵族不仅有族名，也有别号，而平民只有族名，没有别号。从公元前 467 年至公元前 408 年，68% 的贵族有三个名字，而平民选出的保民官中只有 10% 的人有三个名字；在公元前 400 年至公元前 357 年期间，这个百分比变成了

61∶0。此后，平民打破贵族的垄断，在和贵族通婚的同时，也实行三名制。在正式场合，贵族用 praenomen + cognomen 的形式；在非正式场合，仅用 cognomen。例如 C. Cotta 指 C. Aurelius Cotta, P. Dolablla 指 P. Cornelius Dolabella。与此形成对照，用 praenomen + gentilicium 指称地位不高的人，或者仅用 cognomen 指称地位不高的熟人。地位不高的人可以通过贵族式的命名仪式，进入最高层，成为尊贵者，著名政治家和演说家西塞罗就是如此。古代罗马社会长期陷入政治动乱、政治谋杀，礼崩乐坏，贵族身份有所贬值，共和时代结束时，只有2/5的执政官是父子传承。元老院议员不再能够垄断高官位置，骑士团和其他阶层的人也可以分享。同时，随着领土扩张，贵族身份也开始国际化。地位卑下者开始冒用贵族姓名忝列高贵。头衔也开始成为姓名的一部分，以表明被称呼者的社会地位：vir nobilissimus 或 vir clarissimus 指西塞罗那个时代的贵族或者执政官；splendidus 指执政官或者骑士团成员；equus romanus 原来是一种职务，后来也成为荣誉称号。

皇帝的专名来自共和时代晚期的贵族，如屋大维被尤利乌斯·凯撒（又译朱利叶斯·凯撒）收养之后，就换用后者的名字。元老院表决授予屋大维"奥古斯都"（Augustus）称号，他自称凯撒大帝，用三字名：Imperator Caesar Augustus。Imperator 本来是授予凯旋将军的称号，但在内战时期被凯撒和庞培等用作固定称号，是一种 praenomen。Imperator 缩写为 Imp.，从韦斯巴芗（Vespasian）时代开始就成为皇帝三名制中的常用名号；凯撒称号也是如此。皇帝原有的 praenomen 和 gentilicium 被放弃，或者毋宁说被皇家 praenomen 和 gentilicium 所取代。不过，早期的皇帝们还是保留了自己传统的世系身份，例如奥古斯都的全名是 Imp. Caesar Divi Juli f. Augustus，即"神化之尤利乌斯之子凯撒大帝"。不久，现任皇帝改用前任皇帝的名字，而不是继承生父或继父的名字，以便突出合法性。因此，图拉真（Trajan）继承内尔瓦（Nerva）之名，Antoninus Pius 继承哈德良

（Hadrian）之名。罗马皇帝还有多种追加的歌功颂德的称号。

罗马的奴隶为社会提供大量劳动，他们挖矿、采石、造船，在庄园劳作，也为主人提供文秘、医疗服务和性服务。奴隶们也做商务代理和主人指派的工头，他们也是艺人。奴隶属于个人，也属于城镇和国家，后来属于皇帝。奴隶内部地位差别大，地位高的奴隶最终可以获得自由。公元前1世纪末，在罗马的600万人口中，有200万奴隶，他们来自战俘、被贩卖人口或者奴隶本身的人口繁育。奴隶们通常只有一个名字，在碑铭上，他们的名字后面还要加上所属主人的名字。例如，Martialis C. Olii Primi 表示"Martialis，C. Olius Primus 之奴"；Eros Aurelius 表示"Eros 属于 Aurelii 家"。奴隶佩戴的项圈（相当于给狗戴的项圈）上的文字也同样写明："我叫 Januarius，我是 Dextrus 的奴隶"（I am called Januarius, I am the slave of Dextrus）。早期的奴隶没有自己的名字，如玛尔库斯的男童（Marci puer）。奴隶易主要在名字加以反映，如 Successus Valerianus Publicus 表示"Successus，原为 Valerius 之奴，现为国家之奴"；Anna Liviae Maecenatiana 表示"Anna，Livia 之奴，原为 Maecenas 之奴"。奴隶名的构成可以在主人名之后加上 servus，简写为 s. 或 ser.，也可以加被贩卖地点的名字，如来自 Aquileia 的 Priscus colono. Aquil. s.，来自 Vercelli 的 Zosimus municipium Vercellensium vilicus。奴隶名之后还可以加他们所从事职业的名称。

大量奴隶被解放成为自由民，身份转变首先是姓名转变，被解放的奴隶要采用原主人的 praenomen 和 gentilicium，同时要标明他们的身份，如 P. Petronius libertus，libertus（解放）一词通常要缩写为 lib. 或者 l.。大约公元前100年，自由民开始使用自己的 cognomen，几乎全部是他们自己原有的奴隶名。这样，被解放的奴隶和贵族都实行三名制，但由奴隶到自由民的三名制不同于贵族的三名制，如西塞罗的儿子叫 M. Tullius M. f. Cicero，他的自由民叫 M. Tullius M. l. Tiro，前者表示 Marcus Tullius Cicero 是 Marcus 之子，后者表示 Marcus Tullius Tiro 是 Marcus 的自由民。如果被解放奴隶的主人是没有 praenomen 的妇女，就采用这位妇女父亲的 praenomen 和她自己的 gentiliciusm：M. Arrius Ɔ l. Diomedes 表示 "Diomedes 是 M. Arrius 之女 Arria 的前奴隶"，其中Ɔ专指主奴关系。被解放的城邦或者城市的奴隶以他所属那个城市或者国家命名，如 Publicius 表示来自 Publicus，Romanus 表示来自 Rome（罗马）。有些被解放的奴隶试图改名换姓，隐藏自己的原有身份。在古罗马，自由民可以拥有自由民，这种被解放的自由民的名字中有 liberti libertus 的字样，可缩写为 l. lib.，Ti. Julius Anthi Aug. l. lib. Hilario 表示皇家自由民 Anthus 之自由民 Tiberius Julius Hilario。

**外族姓名的罗马化**　　罗马共和时代晚期，南高卢、西班牙甚至更远地区的居民都得到了罗马公民身份。新罗马公民采用三名制，附加子嗣关系和所属部落，以标明他们的新身份，区别于奴隶和自由民。新公民的名字要标明公名身份授予者的 gentilicium，有时也用授予者的 praenomen 标明：新公民的 cognomen 是他原有的名字。公民身份授予者是总督、将军一类的显贵。在共和时代，新公民有时也采用当年执政官的 gentilicium 或者当朝皇帝的名字。

罗马的外国雇佣兵可以得到皇家 gentilicia，如 Antonius、Domitius、Livius、Julius，等等。罗马扩张吞并大量地盘，被征服的希腊精英开始追慕罗马文化，对自己的名字作罗马化处理，他们进入元老院，为皇家服务。不过，希腊原有的命名制度不同于罗马的命名制度，有个人单名、父名，再加别号或者绰号，没有罗马姓名形式中表示社会地位的成分。希腊人把罗马人名中的 praenomen 作为自己名字中的重要成分，忽略原来没有的 gentilicium。希腊人后来又把 cognomen 作为重要名字成分，praenomen 和 gentilicium 成为流于形式的名字，类似于"先生"、"教授"之类的尊称。希腊人对表示子嗣关系的名字部分尤其不熟悉，只能用 cognomen 表示，而罗马命名系统用 praenomen 和专门的子嗣关系词表示。希腊人借用罗马人名形式，附加到自己的 cognomen 之上，这是自由民常用的命名方式。例如，斯巴达的统治家族 Eurycles 被尤利乌斯·凯撒授予市民身份，先后用 C. Julius Eurycles、C. Julius Laco 和 C. Julius Spartiaticus 给自己命名；在后来任职的元老院议员中，有希腊裔的 T. Flavius Phaedrus、M. Aurelius Asclepiodotianus Asclepiades 和 C. Julius Antiochus Philopappus。罗马国家的非洲部分有古迦太基人，他们的名字也需要罗马化，采用类似于希腊人的方式，例如 L. Pomponius Malchio，名字中有庇护人 C. Pomponius 的名字，也有作为 cognomen 的迦太基名字。虽然罗马人和迦太基人都有 cognomen，但用字的词义有所不同：罗马人人名来自体貌特征、为人特点和个人或其祖先所经历的事件，迦太基人名来自宗教和道德修养。迦太基人用罗马人的命名形式套用自己原有的命名内容。

**后期罗马姓名** 罗马帝国后期的人名不同于共和时代的人名，古典的三名制崩溃，让位于单名制，仅保存古老的 cognomen。不过，少数世传贵族却发展出长长的名字，突出自己的贵族世系。

古罗马人先有 praenomen，后来逐渐放弃，到公元 4 世纪初已经罕见了。自公元 4 世纪始，gentilicium 常常被说成是 praenomen，而 cognomen 被称为 nomen。在里昂，越来越多的精英用别号或绰号创造 gentilicium，如 Firmius 来自 Fermus，Vitalius 来自 Vitalis。到 4 世纪末，原本意义上的 gentilicium 也几近消失。公元 5～6 世纪，95% 以上的罗马人使用单名。值得注意的是，作为单名来源的 cognomen 在不同阶层有不同情况。自公元 4 世纪，贵族传统的 cognomen 趋于消失，而底层的 cognomen 却获得强大生命力，如 Faustus、Felix、Hilarus、Maximus……为了增加人名数量，罗马人在原有表示被收养、被解放等意义的后缀 -ianus 之外，又增加了 -antius、-entius、-osus、-inus、-illus 等后缀，而且还有相应的阴性形式。例如，从 Secundus 可以发展出 Secundianus、Secundinus、Secundina、secundio、Secundius、Secundosa、Secundula 和 Secundilla。此外，罗马人还根据多种来源创造了大量新名，如表 5-1 所示。

表 5-1 罗马人新名举要

| 人名来源 | 人名用字 |
| --- | --- |
| 动植物 | Leo, Lupus, Amaranthus, Floris |
| 河海地名 | Marinus, Jordanis, Tuscula |
| 月份 | Decembrina, October |
| 道德品行 | Benignus, Casta, Sophia |
| 体质 | Crispinus, Formosus, Longina |
| 占星 | Phoebe, Lucifer |
| 宗教信仰 | Theodotus, Anastasius, Irene |

有家传的"遗老遗少"喜欢实行"多名制"，用来标明家族的显赫，突出社会地位。他们继续保持 praenomen，如 Fabii 家族用 Paulus 作为 praenomen 或 cognomen，Gallus 和 Cerealis 是 Neratii 家族的 cognomina，Auchenlius 和 Nicomachus 是 Anicii 家族的 cognomina。公元 169 年在位的一个执政官有多达 38 个成分的名字。但是，公元 3 世纪末至公元 4 世纪出现的精英多名制，名字通常没有这么长，如 Amnius Manius Caesonius Nicomachus Anicius Paulinus Junior Honorius（公元 334 年在位的罗马长官），M. Maecius Memmius Furius Baburius Ceacilianus Placidus（公元 343 年在位的罗马执政官）。

在罗马帝国晚期，外加名（supernomina）出现了。外加名分两类：一是附加名（agnomen），二是缀加名（signum）。附加名采用 qui/quae et 的形式，是希腊语 o/e kai 的直译，其他相应的拉丁形式有 qui vocatur, qui dicetur, qui appelatus 或 sive，都表示"又叫作"的意思。附加名常表示出生地和族裔，如 T. Claudio Niceroti qui et Asiaticus。自由民也可以采用附加名，或者为了保留自己原有的名字，或者为了炫耀自己新获得的罗马市民身份，如 Sempronia Peculiaris quae et C. Juliuis Epictetus qui et Fato。当然，附加名也与来自希腊和东部地区的人喜欢用别名有关。到公元 4~5 世纪，附加名主要表示非拉丁名，如 Eusebius qui et Pittacas（公元354年埃梅沙的演说家），Theodotus qui et Colocynthius（"南瓜人"，公元 522~553 年君士坦丁堡的长官）。如果说附加名是由奴隶、移民和军人带到西部地区的命名传统，那么，缀加名就纯粹是罗马人的发明了。公元 2 世纪末出现了缀加名，此后便普及起来。缀加名和附加名一样，多来自绰号，如 Delmatius signe, prisco denomine Laetus（Delmatius，过去叫 Laetus）；M. Aur. Sabinus cui fuit et signum Vagulus inter incrementa coequalium sui temporis（在他长大成人的时候，同代人也叫他 Vagulus），Vagulus 含贬义，表示"摇摆不定"。缀加名也可以来自卜兆，如在一个 6 岁儿童的墓志铭中有这样一段：C. Martus Valerius qui et Viventius vana signo cognominatus（除了他通常的名字，还叫 Viventius，本希望他长寿，但是"白费了"。）。

**基督教名** 公元 4 世纪基督教名开始立足，这是一个渐进的过程，并非一蹴而就。在此之前，基督徒多保留自己原有的希腊名、犹太名或拉丁名。随着婴儿命名洗礼的推行，基督教名变得普及起来。基督教名来自神名、宗教节庆、宗教观念和《圣经》人名。尽管如此，直到罗马帝国终结，基督教名不足全部人名的 15%。

## 二 中世纪

**日耳曼名字** 476 年西罗马帝国终结，日耳曼部落取而代之，建国立业，并逐渐学会罗马人的文化习俗，变成了基督徒。拉丁语成为教会语言，在较长时间里也是行政和文献的语言。

西罗马帝国灭亡以前就有日耳曼名字存在，但为数不多，因为在当时人名罗马化是一个大趋势。但是，随着数量不足 20 万的勃艮第人、西哥特人和法兰克人的大规模入侵，情况发生了戏剧性变化，从 5 世纪末至 6 世纪末的碑铭看，有 1/4 的人名属于日耳曼人名。到 9 世纪，拉丁名反倒变成了例外。民族融合和文化融合同时进行，姓名上也反映出拉丁名和日耳曼名的混合。

日耳曼名字不同于罗马名字，早期都用单名，不重复，数量多。日耳曼名字多为复合名，运用押头韵以及后来的重复名字的办法来表示家族关系，如 5 世纪初法兰克国王 Theuderic 一世的儿子叫 Theudebert，Theudebert 的儿子叫 Theudebald；6 世纪末的国王 Guntram 有个兄弟叫 Gunthar，有个儿子叫 Gundobad，其他儿子分别叫 Chlothar、Chlodomer 和 Chlotild，这些名字来源于 Guntram 的父名 Chlothar。法兰克人的复合名包括两部分：第一部分有 Adal-（高贵的）、Am-或 Amal-（活跃的）、Bald-（大胆的）、Bert-（光辉的）、Child-（战斗）、Sigi-（胜利）、Theud-（百姓）；第二部分有-ger（长矛）、-man（男人）、-mund（保护）、-ric（强大的）、-sind（道路）。到 9 世纪，单成分名变得普遍起来，多由复合名缩合而来：来源于 Adal-的名字有 Adda，Adzo 和 Atto；来源于 Bert-的名字有 Berta 或 Berto。早期盎格鲁—撒克逊人的名字也是复合的，后来发展成为单成分名，常用名字有 aelf（精灵）、berct 或 beorht（光明的）、ead 或 ed（富饶）、heri（军队，主人）、mer（著名的）、os（圣力）、sig（胜利）、wald（统治、统治者）、wine（朋友、保护者或贵族）。

姓氏中世纪早期单名盛行，后来有了"第二名字"，即姓氏。英格兰和法兰西的姓氏约 10% 到 20% 来源于绰号，例如 Giffard（扁脸）、Malet（邪恶的）、Crispin（头发立起来如松针）；其他来源有体貌、肤色、身体部位、品行、动物。个人名、地名、职业也可以变成姓氏。

**基督教名** 西罗马帝国结束时，基督教名数量不多，到中世纪早期的情况也是如此。但是，从中世纪中期开始，人名的基督教化得到迅猛发展。在 6 世纪，意大利东北部的拉文纳城只有 6% 的人名和《圣经》有关，被占总人口 17% 的人口使用。这些基督教人名多为使徒的名字，Johannes 和 Petrus 位列第一和第二。到 10 世纪，基督教名变得重要起来，开始超过拉丁名、希腊名和日耳曼名的总和。来自《新约全书》和圣徒的名字占据主流，如 Deusdedit、Dominicus、Matinus、Gregorius 和 Leo。其他地区的情况也大致如此。在 7 世纪的法国，图尔地区的农民来源于希腊—罗马的名字不到 10%，来源于《圣经》的名字几乎不存在。但是，时至 9~12 世纪，基督教名迅速增加，直至占据优势。1066 年法国诺曼底公爵威廉征服英格兰之后，个人命名制发生了巨大变化，贵族首先放弃盎格鲁—撒克逊和斯堪的纳维亚的名字，转用欧陆日耳曼名字。城镇居民、农民和妇女竞相效仿。在爱尔兰和苏格兰，基督教化引出关于削发为僧的新人名用字 mael 或 maol，这是一个形容词，表示"光头"，也转指圣人的奴仆，例如 Maol-Bridgde（圣·Bridget 之仆）、Maol-Colum（圣·Columba 之仆）、Maol-Mori 或 Maol-Moire（圣·玛丽之仆）。到 12 世纪，Maol 这个人名用字在部分地区被 Gille 或 Gil（仆人、男佣）取代，如 Gillebride、Gillendrias、Gille-Crist。

**"第二名字"的标准化** 随着时间推移，"第二名字"变得固定起来，不再是个人名，而是可以继承的"家名"，即姓氏。法国的贵族自 11 世纪开始就有了固定的姓氏，南部比北部更普遍，城市比农村更普遍。在英国，这种标准化有阶级和地缘的特点。一些诺曼贵族在 1066 年时就有"继承名"，大地主们在 12 世纪时采用姓氏。在 13 世纪下半叶的伦敦，姓氏已经普遍起来。意大利和法国也经历了类似过程。在这个过程中，系词（copulative）de 被省略掉，例如 Peyre de Guachas 变成 Peyre Guachas，Johannes de Palhars 变成 En Palhars（使用男性的荣誉称号）。有些姓氏来源于职业名，职业名前的冠词逐渐脱落，例如 lo molinier 变成 Molinier；lo pelhicier 变成 J. le pelhicier，最后变成 G. Pelhissier。姓氏的出现目的之一是避免重名，区分个体。例如，在 1033 年 Stavelot-Malmédy 教堂的一次土地转让中，出现了两位 Arnulfus，为了区分彼此，一位叫 Arnulfus de Iasno（Aisne），另一位叫 Arnulfus de Verino（Verenne）。为了区分同名 Richard，就用 Richard son of William 来区分，后来出现的 Richardson（Richards）、Johnson、Jameson（James）等姓氏，都与此有关。随着城市扩张、人口流动、市民聚居，单名无姓给区分个体带来不便，增加姓氏不仅是时尚，更是为了区分。姓氏的出现不仅是为了区分个体，也是为了辨明谱系，继承财产，传递王位和官职。在显贵家族中，长子继承制十分重要，这当然要和姓氏挂钩。西欧的姓氏有相当一部分来自父子连名制，也和城堡名、采邑名有关。威尔士语用 ap 表示"之子"，如："Ap Rice ap Evan ap Morice ap Morgan..."表示"……Morgan 之子 Morice 之子 Evan 之子 Rice 之子"。爱尔兰语用 Ui 或者 O 表示祖孙关系或者后代，如 O'Boyle、O'Connor、O'Callaghan 等。

西欧女性保持单名的时间比男性要长，她们会更多地保留古老的盎格鲁—撒克逊和斯堪的纳维亚命名传统。例如，在 12 世纪的法国，女性较少有姓氏或者"第二名字"，有时她们甚至没有个人名，仅以"某人之女"的形式被区分。不过，如果某个女性拥有财产，其子嗣就会为了继承财产而继承她的名字，她的名字实际上也起到了姓氏的作用。例如，13 世纪的北安普顿郡的贵族 Wischardt Ledet 与他的祖母同名，他通过母亲继承了祖母的地产；Cristiana de Evre 1316 年死于伦敦，她把自己的大部分遗产传给了儿子 Walter de Evre，母子都共享 de Evre 这个姓氏（"第二名字"）。

**利用爱称避免重名**　为了避免重名，除了使用姓氏或者"第二名字"、别号、绰号强调亲子关系以外，还可以附加爱称。爱称来源于简称和名字后缀。例如，由 Filippus 可以衍生 Lippus 或 Lippo；由 Tommasus 可以衍生 Masus；由 Nicola 可以衍生 Cola；由 Arlottus 和

Ugiolottus 可以衍生 Lottus；由以 - uccius 结尾的人名可以衍生 Fuccius。意大利语以丰富的后缀著称，如 - ellus、- ettus、- inus、- uccius -、- ello、- cello、- cino -、- uccio -、- occio。由人名 Giovanni 可以衍生 Vanni、Nanni、Nannini、Nanuccio、Giovannini、Vannini、Ninni、Ninnoli、Giannico、Nico、Nicchini、Zanni、Zannetti、Zanussi 等。

## 三 近现代

**名库** 西欧旧有的人名数量非常有限，重名率较高。例如，在17世纪前半叶的法国上普罗旺斯阿尔卑斯省的圣安德烈地区，只有4个名字供2/3的男性选择；在16世纪40年代的英格兰，伦敦教区只有10个名字供75%的男性选择使用。不过，从18～19世纪开始，新名加入名库，增加了人名数量。17～18世纪，法国上普罗旺斯阿尔卑斯省的圣安德烈地区的男性用名大大增加，女性用名增加3倍，18世纪中期又增加两倍。

在17～18世纪的西欧，比较流行的名字是 Joseph、Jean、Joan、Joana、Anna、Elisabet、Caterina、Franois、Antoni、Pere、Anton、Pierre、Jacques、Francesch、William、John、Thomas，等等。

**姓名与宗教** 在法国维克森地区，16～19世纪，多数人已经使用圣徒名取名，其他《圣经》名和传统名逐渐淡出。在传统的天主教社会，以圣徒名命名具有浓厚的宗教意义。16世纪在意大利举行的特林议会（the Council of Trent）确定，儿童要以正式册封的圣徒的名字命名，让这些圣徒成为人间楷模、上帝指派的庇护者。Marie、Anne、Madeleine、Joseph、Franois 等圣徒名在这个时期比较流行。耶稣会则推崇 St Teresa。

但是，宗教改革毕竟给命名制带来深刻影响。新教父母在皈依后并没有改名，但他们在给子女命名时，就要考虑使用新教的名字。卡尔文教和清教尤其反对使用非基督教的名字，后来也反对使用天主教的名字，主张从《圣经》选取名字。在英语世界，Dorcas、Martha、Priscilla 和 Tabitha 用作女名；Nathaniel 和 Timothy 用作男名。有关道德品质的名字（即"美德名"）是一个亮点，如 Patience（坚忍）、Grace（恩典）、Faith（信仰）、Hope（希望）、Charity（慈善）、Mercy（怜悯）、Prudence（审慎）。劝勉名（hortative names）也比较流行，如 Believe in Christ（相信基督）、Hope for Salvation（希望拯救）、Remember now thy Creator（记住你的创世主）。

**政治与时尚**　法国大革命以前时尚名并不流行，人们更加注意恪守教规，继承传统。但是，大革命带来大变化，革命者反对封建专制，反对教会，反对旧传统，他们设计了新日历，实行公制，旧名换新名。典型的革命名有 Citizen Hennon（公名 Hennon）、Marat（马拉）、Le Pelletier（勒佩尔蒂埃）、Chalier（夏里耶）、Rousseau（卢梭），其中有不少是革命烈士或者革命家的名字。此外，新名中也有来源于水果、蔬菜和鲜花的名字，如 Jasmin（e）（茉莉花）、Hyacinthe（风信子花）、Myrtille（番樱桃）、Narcisse（水仙花）、Rose（玫瑰），等等。革命名虽然昙花一现，很快就不再时髦，但它们留下的影响却是深远的，推动了新名的大量出现。在英国，新名也同样大量涌现，其中一些女性的名字来源于文学作品的女性角色，如 Amy、Brenda、Edith、Fenella，她们都是沃尔特·司各特作品中的人物。

**多名制**　1900 年以前，个人多用单名，到 1900 年时，几乎人人使用双名。其实，早在 13 世纪末，意大利就有人使用两个"第一名字"（first name），它们最初属于父子连名。法国直到 16 世纪才出现双"第一名字"，而且限于精英家族和个别地区；19 世纪初，55% 的男孩只有单名，37% 有双名，8% 有三名；19 世纪 90 年代，31% 的男孩只有单名，46% 有双名，23% 有三名。

17 世纪初，取双教名在英国是比较罕见的，只有个别皇家成员是例外——Thomas Maria Wingfield，Sir Thomas Posthumus Hobby。19 世

纪后半叶，英国中产阶级开始实行双名制，其他阶层也竞相效仿。

总的说来，新教徒的双名数量要少于天主教徒的双名数量，上层阶级比底层阶级的双名数量多。多名制是贵族的文化特征，用来突出其显贵地位。有时指认教父也会增加名字的数量。

**使用** 第一名字用于宗教活动或者用于亲朋好友中间，第二名字用于比较疏离的正规场合。过去比较流行的爱称也逐渐消失，主要原因是在特林议会之后，神职人员主张放弃爱称，而新教人士也有这样的看法。只有少量爱称被保留下来，如 Hans 来源于 Johann，Claus 来源于 Niclaus，Stoffel 来源于 Christoff。

**专名用作通名** 有些人名可用作通名。Jack 可以指社会地位不高的男人，与之对应的女人是 Jill；Jenny 和 Joan 泛指粗野的女人，Biddy 指爱尔兰女人或其他任何女人；英格兰人用 Mick 或 Paddy 指爱尔兰人，用 Jock 指苏格兰人，用 Taffy（来自 Davy）指威尔士人。Jill、Nan、Nancy、Moll、Doll、Betty、Jenny 和 Kate 或 Kitty 被用来指妓女；Abigail 原本是很受欢迎的来自《旧约全书》的清教名，却被用来指称贵妇人的女仆。法语的 Jean、Martin、Pierre 可以在谚语中泛指男人。在意大利语中，Michele 或 Michel 指德国人；Pantaleone 指威尼斯人；Caterina 指热那亚女人或摩德纳女人；Pierre 和 Pierrot 指乡巴佬；Colin、Guyot 和 Perrin 指牧羊人；Robin 先是指牧羊人，后来指傻瓜；Gautier、Guillaume 和 Jacquet 指仆人；Martin 指神职人员。人名也可用来指飞禽走兽，如法语的 Robin 指公牛或羊；Guérin、Marc 或 Martin 指公羊；Raoul 和 Marcou 指猫；Perrette 指鹅；Jacquot 指鹦鹉。野生动物也可以用人名指称，如在 16 世纪的布列塔尼，Jean 和 Guillaume 指狼；Martin 指熊；Margot 和 Jaquette 指喜鹊；Philippe 指麻雀；Jacques 或 Nicolas 指松鸦。

**姓氏及其使用** 中世纪结束时，姓氏制度在西欧确立。在 1550 年的佛罗伦萨，只有 31% 的人有姓氏，5% 的妇女有姓氏；到 1630

年，64%的男性户主拥有姓氏，16.5%的女性户主拥有姓氏。其他地区的情况也大致如此，但普遍存在地区性的不平衡。英格兰早在17世纪就开始普及姓氏，但威尔士和苏格兰直到19世纪中期还没有普及。

姓氏一旦确立就得到高度重视。1727年，Charles Burney 因偷窃剑桥大学图书馆的书而被开除学籍，父亲的第一反应就是要求他更名换姓，以免玷污家姓。当威廉勋爵被发现与一个犹太女人有染时，他的继母贝德福德公爵夫人警告他，不要辱没 Russell 这个光辉的家姓。在英国，私生子不能使用生父的姓氏，只能使用母姓。弃儿会得到两个洗礼名，一个作为姓氏，另一个表示生辰，有时弃儿的姓氏可以是它被发现的地点。启蒙思想家达朗贝尔（D 扐 lembert）被称为让·勒朗（Jean Le Rond），因为他出生后被抛弃在巴黎圣让·勒朗教堂的阶梯上。

世界进入全球化之后，西欧人名也发生了变化，家族内部继承名字的传统走向衰落，追求个性的名字增多，追星名、时髦名也成为个人自由的象征。外来移民只能保持核心家庭，不能四世同堂，个人奋斗是座右铭，他们的名字也自然充满个性。随着族际通婚率的增长，各种命名文化之间发生了不同程度的交融。法国人和柬埔寨人通婚的后代，在法国要取法国名，但柬埔寨一方的父亲或母亲总会设法保留一些文化特征。

## 第二节　美国姓名研究

斯蒂芬·威尔逊著《命名的方法：西欧人名的社会文化史》和理查德·D. 奥尔福德（Richard D. Alford）著《命名与身份：个人命名实践的跨文化研究》[①] 对美国人的命名文化做了研究，本节根据威尔逊和奥尔福德的著作择要介绍美国姓名文化。

---

[①] Stephen Wilson, *The Means of Naming*: *A Social and Cultural History of Personal Naming in Western Europe*, pp. 290–315. Richard D. Alford, *Naming and Identity*: *A Cross-Cultural Study of Personal Naming Practices*, New Haven, Connecticut: HRAF Press, 1988, pp. 123–168.

## 一 名字

根据美国许多的州的规定，婴儿出生后 7 天内取名，地方报纸也经常刊登婴儿出生的消息。多数情况下，由父母新生儿命名，而且是双方共同决定。不过，单独由母亲命名的情况也占相当比例。根据理查德·奥尔福德提供的 20 世纪 80 年代俄克拉荷马州东南地区一项 424 个样本的抽样调查数据，母亲参与头胎命名的比例达到 91.1%，二胎85.5%，三胎87.3%，四胎75.8%；父母共同为头胎命名率达到 60.9%，随后总体递减，直到四胎的 44.8%（见表5-2）。

表5-2 美国俄克拉荷马州东南地区主要命名者身份抽样统计（20世纪80年代）①

单位：%

|  | 丈夫 | 夫妻双方 | 妻子 | 其他 |
| --- | --- | --- | --- | --- |
| 头胎(N=179) | 5.6 | 60.9 | 30.2 | 3.4 |
| 女孩 | 5.0 | 57.4 | 34.6 | 3.0 |
| 男孩 | 6.4 | 65.4 | 24.4 | 3.8 |
| 二胎(N=145) | 12.4 | 60.7 | 24.8 | 2.1 |
| 女孩 | 14.0 | 60.0 | 27.5 | 3.0 |
| 男孩 | 10.8 | 60.8 | 27.0 | 1.4 |
| 三胎(N=71) | 8.5 | 63.4 | 23.9 | 4.2 |
| 女孩 | 3.0 | 71.0 | 23.0 | 3.0 |
| 男孩 | 13.9 | 55.6 | 25.0 | 5.6 |
| 四胎(N=29) | 17.2 | 44.8 | 31.0 | 6.9 |
| 女孩 | 0.0 | 62.5 | 37.5 | 0.0 |
| 男孩 | 23.8 | 38.1 | 28.6 | 9.5 |
| 总数(N=424) | 9.0 | 60.0 | 27.0 | 3.0 |
| 女孩(N=209) | 11.0 | 59.0 | 26.0 | 4.0 |
| 男孩(N=215) | 7.0 | 61.0 | 29.0 | 3.0 |

① Richard D. Alford, *Naming and Identity: A Cross-Cultural Study of Personal Naming Practices*, p. 127. 对表格的题目略作了修改。

回顾历史，首批外来的定居者使用英式名字，男名多为 John、William、Edward，女名多为 Mary、Elizabeth 和 Anne。在新英格兰，清教名自 17 世纪中叶变得流行起来。在这个时期，男名除了传统的 John 和 Thomas 以外，增加了 Joseph、Samuel、David 和 Timothy；女名除了传统的 Mary 和 Elizabeth 以外，增加了 Sarah、Abigail、Hannah 和 Rebecca。《圣经》名从过去占男名 75% 跌落到只占 25%；女名从 55% 跌落到 30%。非《圣经》名 Charles、William、Frank、George、Henry 之类的名字开始进入英式人名系统。这种人名世俗化预示了都市化、工业化和移民浪潮的到来。

1875 年男名排序前 10 位是 William、John、Charles、Harry、James、George、Frank、Robert、Joseph、Thomas；1990 年 Samuel 和 Arthur 进入前 10 位；1925 年 Richard、Donald 和 Edward 进入前 10 位；1940 年 David、Ronald、Michael 和重新出现的 Thomas 进入前 10 位；1960 年 Mark 和 Steven 进入，Joseph 重新进入；1970 年有 Jeffrey、Christopher 和 Brian；1990 年白人名有 Matthew、Joshua、Andrew、Daniel、Justin 和 Ryan；1995 年的白人名有 Michael、Joshua、Matthew、Jacob、Zachary、Christopher、Tyler、Brandon、Andrew 和 Nicholas，非白人的名字有 Christopher、Michael、Brandon、Joshua、James、Anthony、Devonte、Jonathan、William 和 Justin。

1975 年女名排序前 10 位是 Mary、Anna、Elizabeth、Emma、Alice、Edith、Florence、May、Helen 和 Katherine；1900 年 Ruth、Margaret、Dorothy、Mildred 和 Frances 进入前 10 位；1925 年有 Barbara、Betty、Jean 和 Ann（e）；1940 年有 Patricia、Judith、Carol（e）、Sharon、Nancy、Joan 和 Sandra；1950 年有 Linda、Susan、Deborah、Kathleen 和 Karen；1960 年有 Kimberly、Cynthia 和 Lori，Catherine 重新出现；1970 年，除 Kimberly 以外，其他 9 个女名都是新的，即 Michelle、Jennifer、Lisa、Tracy、Kelly、Nicole、Angela、

Pamela 和 Christine；1990 年白人女名几乎全部更新，如 Ashley、Jessica、Amanda、Sarah、Brittany、Megan 和 Stephanie，而 Kathrine 重新出现，非裔美国人女名有 Brittany、Ashley、Jasmine、Jessica、Tiffany、Erica、Crystal、Danielle 和 Alicia；1995 年白人女名排序前 10 位是 Ashely、Jessica、Sarah、Brittany、Kaitlyn、Talylor、Emily、Megan、Samantha 和 Katherine，非裔美国人女名有 Jasmine、Brianna、Brittany、Ashley、Alexis、Jessica、Chelsea、Courtney、Kayla 和 Sierra。

美国人名排序几乎每隔几年就翻新一次，有时甚至几乎全部翻新，充分说明了这个社会的跃动发展和求新精神。当然，充满个性的美国社会也不乏"求旧"的情况，如来自《旧约全书》的名字 Joshua 于 20 世纪 90 年代进入前 10 位。

18 世纪末第二名字或者"中间名"进入美国，先由精英使用，后来普及民众中。男名的"中间名"采取缩写形式，如 Beverley R. Grayson 和 Calvin E. Stowe。有时人们为了时髦，也在自己的名字中间插一个缩写符号，不代表任何实际意义。

虽然美国的命名制在总体上灵活多变，没有定规，但还是有例外，其中比较有代表性的是犹太人的命名制和天主教命名制。犹太人用已故亲属的名字命名，禁止用在世亲属的名字命名。犹太人用已故亲属的《圣经》名为子女命名有两次高潮，一次是在希特勒上台之后，另一次是在以色列建国之后。从理论上说，美国的天主教徒的命名制要受第 761 条教规的约束，主教本尼迪克特十五世于 1917 年制定了这条教规：天主教徒只能从圣徒名册中为子女选取名字。不过，随着现代性发展，犹太人和天主教徒的命名制受到挑战，已经变得松弛起来。

## 二 姓氏、称呼与绰号

美国的姓氏固化较晚，起初有不少人甚至不知道如何拼写自己的名字。不过，随着社会和经济的发展，随着社会保险的建立，人们需要登记汽车牌照，上社会保险，姓氏、人名都需要标准化和固定化。

美洲印第安人是原住民，本无固定的姓氏，个人名也会在一生中多次变换；他们使用人名的方式也不同于欧洲人和美国白人。在印第安人的面对面社会中，名字不会起到很大作用，亲属称谓能够满足各种交流需要。那伐鹤人认为当面提名道姓是不礼貌的。但是，当印第安人进入保留地之后，印第安事务局要求他们有固定姓氏，孩子上学，成人去政府部门办事，都被赋予"美式名字"。印第安人名被翻译过来，如 Standing Bear（站立的熊）、Little Cloud（小云）、Broken Nose（断鼻梁）。虽然部落名也可以用作姓氏，如 Wahneeta、Wayskakamick，但英式名字还是占多数，如 Jackson、Simpson、Brown、Johnson 等。

大量移民来自欧洲，他们都希望在社会和文化上融入主流，首先需要取英式名字，或者将自己的原有名字英美化，有时移民官员也因为不熟悉外来名字而用英式名字套用，客观上起到外来人名英美化的作用。移民们要通过法律程序变更姓氏。当然，有些移民仍然希望保持自己的文化特点，尤其希望保留自己原有的姓名。德国的 Schmidts，斯堪的纳维亚的 Smeds，捷克的 Kovárs，匈牙利的 Kovácses，叙利亚的 Haddads，波兰的 Kowlczyks，都改成了 Smith（见表 5-3）。

表 5-3  德国姓氏英美化的例子

| 德国姓氏 | 英美化姓氏 |
| --- | --- |
| Bloch | Block, Black |
| Albrecht | Albert |
| Steinweg | Steinway |
| Grün | Green |
| Düring | Deering |
| Blüm | Bloom |
| Reus | Royce |
| Friedmann | Freedman |
| Heid | Hite, Hyde |
| Roggenfelder | Rockefeller |
| Kranheit | Cronkite |

斯拉夫人名和斯堪的纳维亚人名对于英美人来说，也是比较难发音的，所以都需要英美化。

在称呼上，除了普遍使用的 Mr. 和 Mrs.，19 世纪的美国人好用职称称呼，南方人喜欢用军衔称呼。绰号流行于政界、体育界、影视圈、传媒领域和军界。奥尔福德认为，在圈内使用绰号有利于强化凝聚力，是对个人的重新定义。

## 三 非裔美国人的名字

虽然非裔美国人的名字大体上与其他美国人的相同，但是他们的祖先所经历的苦难历史，还是给他们的名字留下不可磨灭的社会记忆。17~18 世纪，非裔美国人中有 87％ 的人有法国名或西班牙名，都是非英式名字。19 世纪时，非裔美国人多用《圣经》名，如 Abraham、Isaac、Sarah；他们也用清教名，如 Charity、Patience、Prudence。头衔也可以用来做非裔美国人的名字，如 General（将军）和 King（国王）；地名是另一个重要来源，如 Bristol、Cambridge、Alabama、Tennessee。有些非裔美国人取名人的名字，如 Byron、Washington、Lafayette、Napoleon。19 世纪的白人奴隶主给非裔奴隶刻意取古典名，如 Plato 和 Pompey，以示讽刺和嘲笑。同一时期美国南方的家犬也可以取名"凯撒"（Caesar）。

祖先来自西非的非裔美国人的名字多为日期名，如 Quash、Squash 或 Quashy，表示"周日出生"；Cudjo，"周一出生"；Quaco 或 Quack，"周三出生"；Cuffy（男）、Phiba（女），"周五出生"。非裔美国人的名字在英美化之后，就变成 Monday（周一）、Wednesday（周三）、Friday（周五）之类的特殊名字。他们也用月份、时辰、季节和节庆命名，如 April（四月）、June（六月）、August（八月）、Morning（早晨）、Winter（冬天）、Easter（复活节）。以部落命名的例子有 Hibou（Ibo）、Becky（Beke）、Fantee（Fanti）、Bamba。一些非洲人名被英美化，如 Andoni 变成 Anthony，Nsa 变成 Henshaw，Effiom 变成 Ephraim。19 世纪的非裔美国人名有大量的爱称，如 Bob、Bill、Cy、Dru、Jinny、Kit，但都是正式名字；Liz、Liza、Lize、Lizy 是 Elizabeth 的不同爱称形式。1839 年，佐治亚州巴特勒庄园 38％ 的男奴和 40％ 的女奴使用爱称。

尽管非裔奴隶有各种特殊名，但多数使用普通的英式名字：Jack、Harry、Will、Dick、Sam、Jemmy、Tom、Jenny、Kate、Bess、Moll、Judy、Beck、Nan。他们通常只有一个名字，没有姓氏。

非裔奴隶被解放后首先要做两件事情：一是改名，二是取姓。他们喜欢追随名人取名，如 Lincoln（林肯）、Sherman（谢尔曼）、Grant（格兰特），但大多避免使用前奴隶主的姓氏。非裔美国人领袖 Booker 有这样一段经历：他上学受教育之前，一直叫 Booker；进入学校后发现，老师点名时学生们都有名和姓，于是心生妙计，就把自己叫作 Booker Washington。有些家族特有名保留了非洲特点，如 Abeshe、Agali、Bafata、Dodo、Ishi。

非裔美国人的姓名反映两个特点：一是追求时尚，甚至标新立异；二是突出自己的身份特征。举原阿肯色州立学院为例，非裔女性的奇特名字从 1900～1919 年的 14.6％ 上升为 1935 年的 35.6％。虽然要求消除歧视的非裔民权运动对此有所遏制，但是在后来还是有增无减。在印第安纳州，1965 年有 1/4 的非裔女名是奇特名，1980 年达到 40％。有些非裔人名来源于非洲领袖：Satonga、Lachandra、Olatunji、Jomo Kenyatta、Kwame Nkrumah。此外，非裔人和白人在盎格鲁—美国传统名库中会选取不同的名字，非裔人喜欢的，白人不喜欢，反之亦然。19 世纪末 20 世纪初的非裔人名字有 Nathaniel、Isaac、Oliver、Cecil、Clifford 和 Carrie、Rosa、Cora、Naomi 等。据斯蒂芬·威尔逊提供的统计数字，20 世纪 50 年代非裔人和白人给男婴命名用字的重合率为：在排序前 10 位的常用名中，有 7 个重合；在排序前20位的常用名中，有14个重合。女婴命名的情况有所不同，分别为7个和8个重合。1990年，女婴名分别为3个和8个重合，1995年为3个和7个重合。同样是在1990年，男婴名分别为4个和11个重合，1995年分别为4个和9个重合。根据斯蒂芬·威尔逊的观点，非裔人名字和白人名字重合率趋于下降，表明他们之间的文化区隔在扩大。

## 第三节　欧美的姓名人类学研究

古今中外的哲学家都重视包括姓名在内的专名的研究，在有关意义和所指的问题上争论不休，不断发表和出版文章和著作，但是从人类学角度研究姓名的著述并不多见。在英语世界，有两本姓名人类学著作填补了系统研究上的空白。第一本是理查德·奥尔福德撰写的《命名与身份：个人命名实践的跨文化研究》[1]，第二本是由贾布里勒·冯·布拉克和芭芭拉·博登霍恩主编的《名字与命名的人类学》[2]。此外，还有一些著作和姓名人类学有交叉，可略加介绍。

### 一　名字和命名的人类学

《名字与命名的人类学》汇集了11篇论文，研究视角包括社会记忆、权力、人观、文化实践、语用操演；主题涉及俗成与本质、外示（denotation）和共示（connotation）、意义和所指、言语活动、命名政治、亲属制和身体。

---

[1] Richard D. Alford, *Naming and Identity: A Cross-Cultural Study of Personal Naming Practices*, New Haven, Connecticut: HRAF Press.

[2] Gabriele vom Bruck and Barbara Bodenhorn (eds.), *The Anthropology of Names and Naming*, Cambridge: Cambridge University Press, 2006. 原书名中的 naming 有两个意思，即命名和用名（或者提到某人的名字），出于词语搭配的习惯，权且把 naming 翻译成"命名"，特此说明。

**姓名、命名和语言** 哲学界对于专名的讨论对于人类学有启发意义，同时也给人类学以发出自己独特声音的机会。大量的民族志表明，姓名有所指，也有意义。例如，汉人取名非常重视人名用字的意义，不仅如此，也重视其发音、字形和笔画。在非洲，努尔人和塔伦西人的出生名反映孩子诞生时的境况；在美国，关于如何给孩子取好名字的书籍一直畅销。命名阅读百科全书，是一项极其复杂的社会活动。姓名本身蕴藏权力，这种权力不会受姓名用字词典意义的限制。姓名说的是"人事"，不是"词事"。姓名的本质是人际关系，是"无私"的；人属于姓名，而不是相反。

利科说，词义是开放的，指向社会生活，而词汇的语法—词法部分是封闭的，要服从语言的内部逻辑。从社会人类学的视角出发，莫斯、列维-布留尔、列维-斯特劳斯都曾探讨过姓名与分类的关系。莫斯认为姓名兼有区分个体和整合群体的作用。按照莫斯的说法姓名是一种"面具"，可以保护名字的主人，可以遮蔽躲在名字后面的个性。同样，丑名和贱名也可以帮助弱者躲避恶鬼的伤害。列维-布留尔指出：人是自己的名字。列维-斯特劳斯把姓名作为社会实践来研究，指出命名活动具有"将他人归类、授予身份"和"通过给他人命名而给自己定位"的双重功能。

**姓名政治** 专名是国家政治分类的重要手段，专名标准化是主权标准化不可分割的组成部分。小名、昵称、绰号之类的民间命名活动普遍存在，而且有一定的任意性和随机性，但真正的名字要登录到户口和身份证之上，要得到官方认可，只有这样，被命名者才能正式成为公民，过上公民的正常生活，享受各种权益，同时也要按照自己的"名分"，尽到自己的公民义务。国家通过出生证、拍照、密码、许可证、门牌号、街道名来控制个人的活动。国家控制个人，个人也因此可以要求得到国家保护，各取所需。当然，个人的公民身份并不是唯一身份，他们还可以是父母、邻居、朋友，如此等等。联合国文件也明确规定了儿童的姓名权。命名把个人抛入社会网络，使其生活成为他人生活史的一部分；命名让各种超越姓名本身的社会事项凸显出来：继嗣关系、法定地位、文化象征、物象标指、情感活动、宗教信仰、地缘关联、方言土语、神圣地理……姓名可以固定人的身份，也可以通过除名而剥夺之。

在黑暗的蓄奴时代，被抢掠和贩卖的非洲奴隶，不仅失去家园和亲人，也失去了自己原有的名字。奴隶主要给他们重新命名，把原有的名字抹去，抹去名字和故土的关联，抹去对故人的记忆。德里达提出"姓名政治"（onomastic politics），对两种政治做比较：一是边缘化、控制和奴役；二是友谊、互认和"因名纪念"。按照德里达的观点去推论，命名是赋予，也是剥夺：被命名就是得到一个名字，进入一个预定的关系网；命名剥夺了被命名者自由解释和使用自己姓名的权利。因此，命名代表了语言的"原暴力"（originary violence）——自我不复存在。巴特勒接受拉康关于主体在语言中构成的观点，认为身体的社会生活只有通过语言才能得以实现。拉康说，命名是一种协议，它让两个主体就同一个对象达成共识。对象的寿命取决于名字，名字是"对象的时间"（the time of the object）。巴特勒说，对象的时间也是他者的时间；主体借助名字而为人所知并因此而"存在"，也让自己和他者发生了关系。人把自己的命运交付给姓名，成为姓名的奴隶。拉康不喜欢祖父，但他要用祖父的名字。

**人、亲属制和身体**　　命名是有关身体的活动。给生者和死者命名、除名、再命名，表达的是"人观"，体现的是有关肉体的知识。梅伯里-路易斯（Maybury-Lewis）在分析巴西中部亚马孙流域的民族志时，令人信服地证明了名字和命名的重要性。他指出，巴西中部地区的族群把命名和亲属继嗣作为社会组织的可以互相交替的两个原则，这两个原则彼此强化、彼此制衡。因纽特人根据不同途径来建立亲属关系：来自共同的子宫；一起长大成人；同名。人、亲属制和身体就是这样彼此交织交融在一起。

## 二 命名与身份：个人命名实践的跨文化研究

理查德·奥尔福德所著《命名[①]与身份：个人命名实践的跨文化研究》一书，注重跨文化比较研究，作者对课题的设计和方法论都有详尽讨论，量化研究结合个案研究是该书的突出特点。

**数据和个案** 作者依靠的是《人类关系区域档案概率样本》(*Human Relations Area Files' Probability Sample*)，涉及 60 个社会的个案。他另外参考了相关论文，也参考了自己与其他民族志专家之间的来往信件。然后作者又对各种命名活动、命名时间、命名者、命名方式、命名仪式进行了编码；还对姓氏、父子连名等做了编码，前后共计 47 项。作者仿照罗西（Alice S. Rossi）于 1965 年对芝加哥 347 位母亲的命名行为的调查，[②] 对俄克拉荷马州东南地区的 180 位母亲的命名行为和态度进行了详尽的访谈。[③]

**命名的社会意义** 有人从经济理论出发，说命名是为了方便区分个体。不过命名不仅仅限于区分个体，它还有其他种种社会意义。在《人类关系区域档案概率样本》所涉及的 60 例个案中，有 23 例（38%）把命名和成为正式社会成员联系起来，有 9 例把命名和父母身份联系起来，姓氏和父子连名都有这样的作用。

**命名者** 如尼采所说，命名属于权力行为，命名者占有了被命名的对象。父亲是最常见的命名者，然后是母亲。不过在不发达的社会中，母亲常常是命名者。有趣的是，简单社会把命名权限制在父母这

---

[①] 此处的 naming 同样有"命名"、"用名"或者"提到某某之名"的双重含义。
[②] Alice S. Rossi, "Naming Children in Middle-Class Families," *in American Sociological Review* 30, 1965, pp. 499 – 513.
[③] 作者说这 180 位母亲报道了有关 421 位儿童的命名决策，但他在自己的著作第 127 页表格中标明的是 424 位。

里，而复杂社会把命名权扩大到其他亲属那里。

**选名方式** 在58个与此有关的社会中，有3个以梦取名，7个通过占卜取名，4个有固定的命名制度，15个通过各种程序命名。

**命名仪式** 在51个有关的编码社会中，有12个命名不举行仪式，有11个举行简单的命名仪式，有21个举行适中的命名仪式，有7个举行较大的命名仪式。

**同名者** 有13个社会认为同名者相互存在某种特殊关系，有12个社会认为同名者要互相承担义务。例如，在印第安人奥吉布瓦部落，同名者要互赠礼品，互相访问。有7个社会认为同名与转世有关。

**绰号** 绰号多为描述性的，它比正式名字更容易区分个体。绰号主要分四种：描写个人品性或怪异行为；描写相貌或生理缺陷；描写出生地；描写职业。总的说来，贬义和侮辱性的绰号更加普遍。

**更名** 在许多社会换名已经制度化，要走正规程序。一些社会要求处于青春期的少年和行将结婚的人更名，产子、亲人死亡、身患重病、大功告成，也需要更名。更名意味着身份转换。

**亲从子名制**（teknonymy） 亲从子名制就是类似于"某某爹"、"某某娘"的命名法。类似于"某某爷爷"、"某某奶奶"的祖从孙名制也可以归入此类。在60例个案中，有21例实行亲从子名制，其中也包括逆向亲从子名制，即"某某之子"、"某某之女"的用法。人类学家泰勒曾把亲从子名制和母系继嗣联系起来，但在本研究涉及的60例个案中，这种命名法也普遍存在于父系继嗣的社会中。所以，某社会是否实行亲从子名制，需要具体情况具体分析，不可一刀切。格尔茨曾指出，巴厘岛民广泛实行亲从子名制和祖从孙名制，将社会分成四个年龄级：少小、成年、老年、高龄。

**亲属称谓** 文化人类学家早已指出，许多前工业社会对称和他称时，更喜欢用亲属称谓。亲属称谓用于对称的情况更多一些，与此伴生，这些社会大多禁止在同一个场合使用个人名。人类学家解释说，重视亲属关系的社会好用亲属称谓，不大重视亲属关系的社会好用个人名；在那些只用个人名而不用姓氏、父名和族名的社会，必须使用亲属称谓。渔猎、采集和园艺社会属于此类。

**名字禁忌**　在规定使用亲属称谓而不使用名字的社会，往往有名字禁忌伴生。违禁者会得到民间惩治或者天谴。父母名禁忌、岳父母名—公/婆名禁忌、夫/妻名禁忌比较多见。名字禁忌可以分成三类：禁用自己的名字；禁用特定亲属的名字；禁用死者名。

**名用和社会脉络**　人名总是在具体社会脉络中使用姓名。需要使用名字的场合可以有三种：两个或两个以上的密友或同伴在互动；社会地位不同的个人在互动；群内和群外的人在互动。

## 三　其他研究

欧美的姓名研究可以追溯到17世纪甚至更远，大致可分为经典研究、社会理论研究、专门研究、普及—工具性研究几个部分。有些重要的著作，如弗雷泽的《金枝》和列维－斯特劳斯的《野性的思维》，本书已经有大量引用，这里就不做专门介绍了。

**经典研究**　柏拉图的《克拉梯楼斯篇》讨论了词与物的问题。对话发生在苏格拉底和他的两个朋友克拉梯楼斯、赫莫根尼之间，讨论"赫莫根尼"这个名字。克拉梯楼斯坚称赫莫根尼不可能是他这位伙伴的真名，因为名与实之间有自然联系，名要符实，而"赫莫根尼"的意思是"赫尔墨斯所生"，赫尔墨斯是智慧、金钱与好运之神，显然不适合这个愚钝、穷困、可怜的家伙。问题的焦点在于，名字是否有意义，抑或只是事物的标签，本身毫无意义。自然论者认为专名表达所指事物的本质特征；约定论者认为专名有任意性，属于约定俗成。

在姓名研究的经典著作中，最有名的应该是欧内斯特·威克利（Ernest Weekley）所著《名字的故事》（*Romance of Names*, London:

John Murray，Albemarle Street，W.，1914）。作者把英语姓氏的研究追溯到 17 世纪，研究英语姓氏的历史，涉及拼写和发音、外来名字的吸收、有关《圣经》和日历的名字、从母名（metronymic）、绰号，以及其他方方面面的丰富内容，行文流畅，易于阅读，是后来姓名研究的必备参考书。

爱德华·克洛德（Edward Clodd）著《名字及其他事物中的巫术》（*Magic in Names and other Things*，London：Chapman and hall，Ltd.，1920），利用丰富的民族志材料，对原始信仰中巫术与名字、咒语、语词、无形物及有形物之间的关系，做了极为详细的介绍。

H. L. 门肯（H. L. Mencken）的《美语》（*The American Language*：*A Preliminary Inquiry into the Development of English in the United States*，New York：Alfred·A. Knopf, Inc.，1919）开辟专章研究美国的人名和地名，强调多元文化背景下的姓名交融现象，来自爱尔兰、苏格兰、德国、挪威、波兰、捷克甚至日本、中国的移民，把自己的姓名文化带进来并美国化，大大丰富了美国人的姓名种类和数量。本书是研究美国姓名文化的重要参考书，也是研究美式英语的重要参考书。

**社会理论研究**　自 20 世纪 70 年代以来，以符号学和文学批评为代表，后现代理论迅猛发展，出版了大量著述。其中涉及专名而且具有代表性的，是德里达的《说名》（*On the Name*，Werner Hamacher & David E. Wellbery eds.，Stanford eds.，California：Stanford University Press），德里达借"名"说事，讨论当代的语言、伦理和政治的问题。你把自己的名字和头衔赠予甲，以为甲之所得也是你之所得，由此满足自恋，岂不知你不是你的名字，你也不是你的头衔，甲得了你的名字，得了你的头衔，却可以毫不理睬你的存在和你的空间，这是对你自恋的伤害；甲还可以拒绝你的名字和头衔，可以另外换一个，这是对你的自恋的加倍伤害。法语的 surname 表示"附加名"，而在英语中 surname 已经变成了姓氏，而 sur-name 还有"名上"（abovename)、"名之上方"(over-name)、"名周"(about-name);法语的 nom(名字)与 non(不是)发音相同,让人联想到"空有其名"。

朱迪斯·巴特勒(Judith Butler)在 *Bodies that Matter*:*On the Discursive Limits of "Sex"* (New York:Routledge, 1993)中指出,语言让身体的社会生活成为可能,命名和用名体现了话语权力。巴特勒接受福柯的权力理论,发挥德里达关于"原初暴力"(the originary violence)的概念,继承拉康关于由语言建构主体(the constitution of subject in language)的理论。拉康认为,命名和用名是一种协议,两个主体就同样的对象达成一致〔Jacques Lacan, *The Seminar of Jacques Lacan*, Book II, trans. by Sylvana Tomaselli, ed. by Jacques-Alain Miller, Cambridge:Cambridge University Press, 1988 (1978)〕。巴特勒强调,对象的时间也是他者的时间:主体借助名字而存在,命名和用名把主体和他者联系在一起(Judith Butler, *The Psychic Life of Power*:*Theories in Subjection*, Palo Alto, CA:Stanford University Press)。

瓦莱丽·阿利亚(Valerie Alia)著《名字与纽纳武特人:因纽特家园的文化和身份》(*Names & Nunavut*:*Culture and Identity in the Inuit Homeland*, New York and Oxford:Berghahn Books, 2009),对加拿大因纽特人的命名制进行了理论探讨。命名和用名是一种社会控制的形式,是一种政治活动,是了解身份保持和身份转换的一把钥匙。政府制定姓名法;公民依法取得、保持或更换姓名。改名换姓可以象征顺从,也可以象征解放。但它总是象征着权力关系的变化。

**专门研究** 约翰·阿尔热奥(John Algeo)著《论专名的定义》(*On Defining the Proper Name*, Gainesville:University of Florida Press, 1973),讨论专名的定义、专名的正字法和语音学特征、词形、指称、语义等内容,由此得出结论:语言是由不同自主层面关联而成的系列。

阿德莱德·哈恩(E. Adelaide Hahn)著《某些印欧语言中的命

名建构》(Naming-Constructions in Some Indo-European Languages, Cleveland, OH: Case Western Reserve University Press, 1969), 对赫梯人、印度—伊朗人、希腊人、拉丁人、日耳曼人、凯尔特人和吐火罗人的人名结构进行了考证、比较和研究。

西蒙·哈里森（Simon Harrison）在《偷人名：塞皮克河宇宙观中的历史和政治》(Stealing People's Names: History and Politics in a Sepik River Cosmology, Cambridge: Cambridge University Press, 1990) 一书中，用民族志方法详细记述了巴布亚新几内亚塞皮克地区阿瓦提普人（Avatip）最有价值的财富——人名。作者分析了阿瓦提普人的仪式、宇宙观、人观以及礼物与人名的关联。当地的仪式性辩论是一种政治活动，辩论双方争相获取"战略性名字"。他们为了达到目的，都要借助神化、仪式和宇宙观等手段。

珍妮·摩尔根（Jane Morgan）等著《绰号：它们的起源及其社会影响》(Nicknames: Their Orgins and Social Consequences, London, Boston, and Henley: Routledge & Kegan Paul, 1979), 研究在儿童的社会生活中绰号的重要性，充分展示绰号与儿童世界的方方面面的密切关联。

**普及—工具性研究** 多萝西·阿斯托利亚（Dorothy Astoria）著《名字之书》(The Name Book, Minneapolis: Bethany House Publishers, 1997), 介绍了10000个人名的意义、来源及其宗教寓意。

整合瑜伽研究所编辑出版了《梵文人名辞典》(Dictionary of Sanskrit Names, Yogaville, Virginia: Integral Yoga Publications, 1989), 列出2000多个古代梵文人名，逐一解释说明宗教寓意；帕特里克·汉克斯（Patrick Hanks）、凯特·哈德卡斯尔（Kate Hardcastle）和弗莱维亚·霍奇斯（Flavia Hodges）著《人名辞典》(A Dictionary of First Names, second edition, Oxford: Oxford University Press, 2006) 列举了6000个欧洲人名，对各个人名的来源和意义做

了简要说明。

埃尔斯顿·C. 史密斯（Elsdon Smith）编注《人名文献目录索引》（*Personal Names：A Bibliography*，New York：The New York Public Library，1952），埃德温·罗森（Edwin D. Lawson）编注《人名与命名：文献目录索引》（*Personal Names and Naming：An Annotated Bibliography*，New York：Greenwood Press，1923）和《人名与命名：文献目录索引续编》（*More Personal Names and Naming：An Annotated Bibliography*，New York：Greenwood Press，1995）都是非常有用的工具书。

# 第六章
# 中国姓名研究述要

中国对于姓名（尤其姓氏）的研究源远流长，有关姓氏、名字、别号的书籍，数量也不少。值得指出的是，古人对姓名的研究，多限于历史条件而难免有臆测、偏颇之处。但是，他们的研究毕竟为后人的研究提供了宝贵的材料和一些具有参考价值的观点。20世纪以来，中国的姓名研究开始采用科学方法，并且取得实质性进展。尤其在连名制研究、姓氏本义析证和姓名的社会语言学、文化人类学、符号学研究方面，已经取得初步成绩。

## 第一节　中国古代姓名观与谱牒学

中国古代的姓名与家族血亲紧密关联，以姓氏"别婚姻"、"明贵贱"，以命名体现社会礼仪和行为规范，所有这些都集中体现在当时"旁行邪上"的谱牒之中。

### 一　中国古代的姓氏研究

中国的姓名研究，可以追溯到战国时代的《世本》，以后又在

《左传》、《国语》、《史记》、《汉书》等史书中都有专篇记载。《礼记》记述了周代的命名习俗。再后，汉代王符《潜夫论》、应劭《风俗通义》、班固《白虎通义·姓名》、许慎《说文解字》等，也都从不同角度对姓名作了一些论述和研究。中国的谱牒之学，至少可以追溯到史迁时代。晋贾弼撰《姓氏簿状》，号贾氏谱学；梁王僧儒据贾氏谱学撰《十八州姓谱》，号王氏谱学。由此以降，谱学兴盛一时。

根据古汉字，姓字从"女"、从"生"，为母系社会之遗意，这是中国姓名学家自古立论的命题。许慎《说文解字》云："姓，人所生也。古之神圣人，母感天而生子，因生以为姓，故称天子。从女从生，生亦声。"班固《白虎通义·姓名》云："姓者，生也，人所禀天气所以生也。"又徐灏《说文解字注笺》云："姓之本义谓生，故古通作生，其后因生以赐姓，遂为姓氏字耳。"

中国母系社会时代，"民人但知其母，不知其父"，姓族名号犹如本族财产，按照母系传承，因而女子称姓，子女从母姓。但是后来的姓氏学家对此认识不足，以他们当时的男系社会附会之，为随母姓的帝王们各找到一个想象的男性"天父"。《论衡》曰："禹母吞薏而生禹，故夏姓曰姒。"《白虎通义·姓名》曰："禹姓姒氏，祖昌意以薏苡生。"《诗·商颂·玄鸟》曰："天命玄鸟，降而生商，宅殷土芒芒。"《史记·殷本纪》曰："殷契母曰简狄，有（女+戎）氏之女，为帝喾次妃。三人行浴，见玄鸟堕其卵，简狄取吞之，因孕生契。"

除以上有关姓之本义的讨论外，古代姓氏学家还认为，姓字又训"子嗣"。如《广雅·释亲》曰："姓，子也。"王念孙疏证："姓者，生也，子孙之通称也。"又《左传·昭公四年》曰："所宿庚宗之妇献以雉。问其姓，对曰：'余子长矣，能奉雉而从我矣。'"杜预注："问有子否。"

另有一些古代学者又将姓释为标志家族的字。如《左传·隐公八年》曰："天子建德，因生以赐姓。"杜预注："因其所由生以赐姓。"

古代学者对于氏也有讨论。许慎《说文解字》曰："氏，巴蜀山名岸胁之旁箸欲落堕者曰氏。氏崩声闻数百里。"林义光《文源》曰："不象山岸胁之形，本义当为根柢……姓氏之氏亦由根柢之义引申。"《通鉴·外纪》曰："氏者，别其子孙之所自分。"由此看来，古人对于氏之本义，至少有两种解释，即一是把氏字象形地解释成为"山岸胁崩欲落者"，一是把氏字解释为"木本"，即植物的根。后一种说法又见于朱骏声《说文解字通训定声》："许说此字非也，因小篆横视似隶书山而傅会之耳。本训当为木本，汗简引石经作（×××），中一象地，缭曲于地下者象根，出于地上者象由（木＋士＋川）。小篆象古文之形，艸之始为（×××），木之始为氐，实即氏字、（氏＋十）字、柢字，亦即坻字，后人加一以象地，为氐，复于地下引而深之为（氏＋十），俗又加木旁为柢，或加土旁为坻，踵事而增分其音读，遂不可复正矣。"此外，段玉裁在《说文解字》注中认为，"氏"亦作"是"。

一些古代学者认为，夏商周三代的姓与氏之不同在于，"姓以别婚姻，氏以别贵贱"。也就是说，姓是具有共同血缘关系的群体的称号，氏为由姓衍生出来的支系。《国语·周语》曰："姓者生也，以此为祖，今之相生，虽不及百世，而此姓不改。族者也，与其子孙共相连属，其别支别属，则各自为氏。"南宋郑樵《通志·氏族略》曰："三代以前，姓氏分而为二，男子称氏，女子称姓。氏所以别贵贱，贵者有氏，贱者有名无氏……古之诸侯，诅辞多曰：坠命亡氏。蹄其国家以明亡氏，则与夺爵失国同，可知其为贱也。故姓可以呼为氏，氏不可呼为姓。所以别婚姻，故有同姓、异姓、庶姓之别。氏同姓不同者，婚姻可通；姓同氏不同者，婚姻不可通。"同姓不婚的道理，据《晋语》说："同姓则同德，同德则同心，同心则同志，同志则虽远男女不相及，畏黩敬也。黩则生怨，怨乱毓灾，灾毓灭姓。是故娶妻避其同姓，畏乱灾也。"关于"氏"的社会功能，《白虎通义·姓

· 271 ·

名》说:"所以有氏者何?所以贵功德,贱伎力。或氏其官,或氏其事,闻其氏,即可知其德,所以勉人为善也。"关于姓与氏的区别,另见于《左传·隐公八年》:"天子建德,因生以赐姓,胙之土而命之氏。"古人认为姓的产生与出生血缘有关,而氏的产生则与封土裂地有关。此外,在古代姓氏学家看来,姓与氏的最初差别,还在于前者百世不迁,而后者一传而变。如清代袁枚所撰《随园随笔》曰:"礼疏云:天子赐姓赐氏,诸侯赐氏不赐姓。……姓者所以统系百世而不变也,氏者所以别子孙所自出,一传而变也。"

## 二 中国古代的命名规则和礼仪

关于命名规则及其礼仪,清代程廷祚《左传人名辩异》序言:"幼名,冠字,五十以伯仲,死谥,同道也,人道之至文者也。上古有名而已,春秋之时则异焉。"其实,此说不过是引申了《礼记》上的说法而已。① 《左传·桓公六年》记载了大夫申向桓公提出命名"五法"——"名有五:有信、有义、有象、有假、有类",即"以名生为信","以德命为义","以类命为象","取于物为假"和"取于父为类"。这里所说的"以名生为信",指以婴儿生理特征为名,如传说中的唐叔虞,出生时手纹似虞字,故以"虞"字为名;"以德命为义",指以瑞兆取名,如文王名昌,因他出生时有圣瑞之相,取名昌,意在使周朝昌盛;"以类命为象",指以婴儿外貌取名,如孔子出生时凹顶,故取名丘;"取于物为假",指以婴儿出生时所遇到的事项为名,如孔子的儿子出生时有人送鱼,故名鲤;"取于父为类",指以婴儿出生时与父辈的类同取名,如鲁桓公生子,与其生日相同,遂取名"同"。清人王引之著《春秋名字解诂》,总结春秋命名法为五体六例。

---

① 《礼记·檀弓》:"幼名,冠字,五十以伯仲,周道也。"

五体为：

1. 同训，即同义互训。如鲁颜回字渊，晋蔡黯字墨。
2. 对文，即反义相对。如晋阎没字明，楚公子黑肱字子皙。
3. 连类，即连义推想。如鲁南宫括字子容，楚公子侧字子反。
4. 指实，即连义指实。如郑然丹字子革，因古代皮革多用丹染，由丹想到"革"。
5. 辨物，即辨物统类。如鲁孔鲤字伯鱼，楚公子鲂字子鱼，因鲤、鲂同属鱼类，故字为鱼。

六例为：

1. 通作，即同音借读。如楚项籍字羽，籍为鹊之假借字，皆有羽之属，故字羽。
2. 辨讹，即变通。如高字为克，狄字为秋。
3. 合声，即连诵。如"成然"，连读为"旃"。
4. 转语，即近义互训。如结字子期，达字子姚。
5. 发声，即加前缀作发声衬词。如"不狃"通"狃"，"无畏"通"畏"。
6. 并称，即复取前名。如"乙喜"字"乙"，"张侯"字"张"。①

王引之对春秋人名的研究堪称不俗，后虽有俞樾（《春秋名字解诂补义》）、胡元玉（《驳春秋名字解诂》）等，对王氏解诂做了一些

---

① 转引自萧遥天《中国人名的研究》，第 27~34 页。

批驳和修正，但其命名分类却大体沿承下来。

古人对于人名禁忌的归纳和分析，带有强烈的社会参与色彩，表现出为政治服务、解释现存制度合理性的主观意向。据《左传·桓公六年》，申不仅向桓公提出命名"五法"，还提出了有关命名禁忌的"六规"：

1. "不以国，以国则废名"，指国君不用本国国名取名，否则要废弃国名。

2. "不以官，以官则废职"，指不以官名为名，否则要更换官名，引起官制混乱。

3. "不以山川，以山川则废主"，指不以山川名为名，否则要更换主祭之山川名。

4. "不以隐疾"，指不以病痛名为名，以避晦气。

5. "不以畜牲，以畜牲则废祀"，指不用供祭祀的牲畜为名，否则这种牲畜就不能用于祭祀了。

6. "不以器帛，以器帛则废礼"，指不用器帛之名为名，否则因讳名而影响祭礼。

明清之际的顾炎武作《日知录》，多涉及史乘姓名。他总结道："自夏以前纯乎质，故帝王有名而无号，自商以下，浸乎文，故有名有号，而德之盛者有谥以美之。于是周公因而制谥自天子达于卿大夫，美恶皆有谥。"他在书中还涉及了"冒姓"、"以讳改年号"、"前代讳"等内容。例如，唐武则天时赐皇太子武姓，属冒姓之例；唐中宗名"显"，玄宗名"隆基"，故唐人称高宗"显庆"年号作"明庆"，"永隆"年号作"永崇"；长孙无忌等撰《隋书》时，将"忠节传"改作"诚节传"，将"苻坚"改作"苻永"，皆因避隋文帝杨坚及其父杨忠之讳。

## 三 中国的谱牒及其主要功能

中国社会的传统,一向以家族和由家族衍生的组织形态及其观念维系。与家族密切相关的谱牒学在史书上早有记载。司马迁言:"余读牒记,自黄帝以来,皆有年数";"维三代尚矣,年纪不可考,盖取之谱牒旧闻。"足见谱牒历史的久远和重要。在秦统一中国之前,谱牒仅为帝王贵胄所拥有;秦统一中国后,家族观念发生变化,官家与豪民也开始修谱牒,如扬雄家谱、邓氏家谱。到魏晋南北朝时,选官任命,婚丧嫁娶,皆以谱牒为据。这时还出现了依照家族谱系提拔官员的"方司格"制度。谱学大兴,成为地主官僚保持门阀地位的工具。郑樵云:"自隋唐而上,官有簿状,家有谱系。历代并有图谱局置令以掌之,仍用博通古今之儒,知撰谱事。"①

到了宋代,欧阳修与苏洵新创谱例,对后世影响深远。欧谱与苏谱都强调宗法,推行"五世则迁"的小宗谱法,强调纪实。凡先世事迹不明者,皆不加附会或者伪造。欧阳修的图谱模式,既以五世为限,故"断自可见之世",以高祖以下至五世玄孙,别自为世,"凡远者、疏者略之,亲者、近者详之"。苏洵的宗谱之法的功能在于:"观吾之谱者,孝弟之心,可以油然而生矣。情见于亲,亲见于服,……无服则亲尽,亲尽则情尽,情尽则喜不庆、忧不吊,喜不庆忧不吊则涂人也。"从格式上看,欧式图谱横行,苏式图谱上下直行。

谱牒最初分称,史迁的《史记·五帝本纪》便是根据帝系与五帝德两篇牒记写成。当时的牒是用来简单记载远古帝王世系及其行事的。谱源于周代,用"旁行邪上"的线条分别帝王诸侯的远近亲疏。汉代谱牒合称,贵族又用世谱,亦有称"图"、"谱图"、"图牒"者。南北朝时产生了"系谱"、"家史"、"从谱"、"诸房略"等新创名目。

---

① (宋)郑樵:《通志·氏族略》。

元代有张天永修的《张氏家乘》，也是新创名目。明清以降，新创名目愈繁：真谱、支谱、祖谱、联宗谱、宗谱……

明代有的家谱仿正史体例，将家族中的大事都记入谱中，使之成为家史。清代则承袭明代谱例，只是文字忌讳比前代有增，为当时的文字狱所致。明清时代的族谱，大大丰富了过去仅以"奠世系、序昭穆"及以"别郡望、辨婚姻"为旨要的古谱，其内容大体如下：

1. 谱序
2. 谱例
3. 姓族源流
4. 世系表
5. 恩荣记录
6. 宅居故里
7. 祠堂墓冢
8. 家传
9. 艺文著述
10. 其他，如家训、契约志、科举表，等等。①

## 四　中国古代有关姓名的书籍

围绕命名礼俗和制度，中国古代形成了独特的姓名文化，而姓名文化的稳定形式之一，就是见诸文字的一系列有关姓名和姓名研究的书籍。除以上提到的姓名研究著述外，中国还有其他许多类似著作，其中有号称中国第一部记载姓氏源流的著作《世本》，其内容包括帝

---

① 陈捷先：《中国的族谱》，台北"行政院文化建设委员会"，1984，第25页。

系、传谱、氏姓篇等。不过，原书已散佚。西汉史游《急就篇》、东汉王符《潜夫论》、应劭《风俗通义》等，均有记述姓氏源流及其演变的内容。晋贾弼撰《姓氏簿状》，"合百帙七百余卷"。唐代官修《大唐氏族志》100卷、《元和姓纂》10卷，为后世提供了丰富的姓氏材料。宋邓名世与其子合著《古今姓氏书辩证》40卷，取"按诗韵分部"的体例，对以前的姓氏著作辨误参校，甚有见解。宋郑樵《通志·氏族略》承《元和姓纂》体例，总结古人姓氏研究，考察了27种氏的来源，并涉及2255个姓的源流，其中一些见解为后人经常引用。例如，他在《氏族序》中指出："三代以前，姓氏分而为二，男子称氏，妇人称姓。氏所以别贵贱，贵者有氏，贱者有名无氏，今南方诸蛮此道犹存。"此外，宋代姓氏之书，尚有邵思《姓解》3卷、王应麟《姓氏急就篇》2卷等较为有名。明代凌迪知撰《万姓统谱》104卷，附《历代帝王姓系统谱》6卷、《氏族博考》14卷；陈士元撰《姓》10卷，共收姓3625个；杨慎《希姓录》5卷，刘文相《希姓存参》2卷，夏树芳《奇姓通》14卷等，都是专述希姓的书籍。清代的姓氏著作以考据为特色，如黄本骥《姓氏解纷》10卷，张澍《姓氏寻源》10卷，易本《姓觕说》1卷，陈廷炜《姓氏考略》1卷，汪祖辉《史姓韵编》64卷等。

少数民族姓氏，是清代姓名研究的一个重要特色。官修《续通志·氏族略》，收录辽金元三代氏族；又辑《清朝通志·氏族略》10卷，涉及满洲姓、蒙古姓、高丽姓等，共147姓。此外，还有乾隆九年（1744年）成书的官修《八旗满洲氏族通谱》80卷，该书依据明清档案、文史图谱、笔记、家传和访问记录，对满、赫哲、锡伯、达斡尔、鄂伦春、鄂温克等北方族系的世系源流作了记载；[①]《八旗氏族通谱辑要》2卷，注明645个满洲姓氏的来源，后附"满洲旗分内之

---

① 鄂尔泰等奉敕撰。

蒙古姓氏约235个"。① 清高宗敕群臣撰修《辽金元三史国语解》46卷，该书对《辽史》、《金史》的人名、地名、官名及所引契丹、女真语词前皆先标满文，有反切注音，后加释义；对《元史》则标蒙古文。清代赵翼撰《廿二史札记》、钱大昕撰《十驾斋养新录》、俞樾撰《春在堂随笔》等，均对国内少数民族人名多有涉及，尤其是《廿二史札记》中有"元魏时人多以神将名"、"辽后族皆姓萧氏"、"金一人二名"、"金末赐姓"、"元帝后皆不讳名"、"元汉人多作蒙古名"等条目。

## 第二节　连名制的研究

连名制是国内姓名研究者长期关注的一个领域，也是取得成果较多的一个领域。人类学家、语言学家和历史学家，都参与了这个领域的研究。

### 一　中国连名制研究的五个阶段

在中国，有关连名制的记载和讨论，古已有之，但主要集中在少数民族的连名现象上。这方面系统的记载，最早可以追溯到唐宋以来的正史、野史、方志类的书籍，如樊绰《蛮书》、欧阳修等《新唐书》、张昭远等《旧唐书》、杨慎《南诏野史》、余庆远《维西见闻录》、毛奇龄《蛮司合志》等。20世纪30年代以来，有关少数民族连名制的记载，以丁文江《爨文丛刻》②为先声。这本书共收彝族古代经典11种，"是研究彝族社会历史、民族文化的珍贵资料"。从此，

---

① 阿桂、和珅奉敕编辑，为《八旗满洲氏族通谱》的简本，于乾隆五十七年（1792年）成书，亦有内府刻本。
② 《中央研究院历史语言研究所专刊》之十一，1936；另见马学良主编《增订爨文丛刻》，四川民族出版社，1986。

连名制成为民族学和语言学的重要研究课题之一。凌纯声、芮逸夫、罗常培、杨希枚、方壮猷、陈宗祥等先生,分别撰文讨论或者介绍过连名制文化。

杨希枚先生认为,中国少数民族连名制的研究,大体可以分为四个阶段:

1. 始萌阶段:民国以前,对连名制,尤其父子连名制,有简略记载。

2. 高山族连名制研究阶段:1936年以前,以高山族各支系的连名制研究为主,已区分父子连名制与母子连名制,亲名前连与后连。

3. 藏缅族①连名制研究阶段:1948年以前,以藏缅语族连名制研究为主。杨希枚先生认为父子连名制可能是该语族的文化特质,并注意到"孙以王父字为氏"与连名制的类似。

4. 藏缅族与高山族连名制的比较研究阶段:自1950年以来,在比较研究从名制分布和结构的同时,开始讨论"中西民族的姓氏制度与联名制的关系,以及'孙以王父字为氏'制度的解释"。②

此外,我们可以再加上始于80年代的第五阶段。此阶段的主要特征是把连名制放到更为广阔的文化视野中去研究,并对它进行多学科研究。例如,对连名制中父名相对于子名前后位置的语言学解释。

## 二 凌纯声的研究

1938年,凌纯声先生发表了《唐代云南的乌蛮与白蛮》一文,

---

① 应与今"藏缅语族"同义。
② 杨希枚:《联名与姓氏制度的研究》。

指出唐代的"六诏"和现今的摩梭人、哈尼族、彝族,以及缅甸的孔雀王朝世系中均有父子连名制存在,因而认为父子连名文化属于广义的藏缅族的文化特征。文中把"六诏"的父子连名制划分为三类五种:

1. 二字名:甲乙—乙丙
2. 三字名:(一)甲乙丙—丙丁戊
      (二)甲乙丙—丙乙丁
3. 四字名:(一)甲乙丙丁—丙丁戊己
      (二)甲乙甲丙—甲丙甲戊①

凌先生后又在《父子连名制在东南亚的分布》② 一文提出:"连名制是源于亲从子名制的。"《东南亚的父子连名制》③,是他的代表之作。文中对前两文所持"父子连名文化属于广义的藏缅文化"的观点加以修正,认为父子连名制不仅限于藏缅族,而且还是"东南亚古文化即作者所谓之越獠文化或世称的印度尼西安文化特质之一"。该文经过修改又对连名制做了如下分类:

1. 三代连名或祖父子、父子孙连名
2. 亲子连名 (1)父子连名
      (2)母子连名
      (3)亲子连名
       ①子连父名
        女连母名

---

① 载中研院历史语言研究所《人类学集刊》1938 年第 1 卷。另载《中国边疆民族与环太平洋文化》,联经事业出版社,1979。
② 载《民族学研究专刊》1961 年第 1 期。
③ 载《大陆杂志》特刊 1961 年第 1 期。另载《中国边疆民族与环太平洋文化》。

②子连母名

女连父名

③连父名与连母名两可

④女连母名

子连父名再连母名

3. 父子连名　（1）三字连名　①甲乙丙—丙丁戊

②甲乙丙—丙乙丁

③甲乙丙—丁戊己

（2）四字连名　①甲乙丙丁—甲丙甲乙

②甲乙丙丁—丙丁戊己

（3）二字连名　①甲乙—乙丙

作者认为，由于三代连名制的材料最少，而较古的系谱初始的几代，多数是三字连名，并且在这三字中，常有一字为祖名，故"三代连名或可说是连名制文化最古或最下的一层"。亲子连名制则是连名制的中层或者较早的文化，父子连名是连名制的最后发展阶段，狭义的父子连名制仅限于父系连名，而与父女无关。作者专门讨论了"世代排名制"。"世代排名制"是作者新设的名词，指在不同行辈的名中有相同的字。凌先生认为，排名制是连名的第四类法式，故排名源于连名。作者在强调连名制起源于从名制之后，拟制出如下从名制向连名制的过渡：由于系谱时间久远，同名者多起来，遂用连名制来区分人名；同时，连名制有助于记忆系谱。实行亲子连名制的民族，由于注重系谱，而且谱上的名字多数从子名又连己名，简略时可省掉表示相从关系的词，亲子直接连名，形成连名制。作者总结道："亲子从名制是连名文化的原式；父子（包括母子和亲子）连名制是本式，世代排名是变化。"

## 三  罗常培和芮逸夫的研究

1944 年，罗常培先生连续发表了《论藏缅族的父子连名制》[①]、《再论藏缅族的父子连名制》[②]、《三论藏缅族的父子连名制》[③] 三篇文章，专述藏缅语族的父子连名制问题。作者根据新得到的彝族、佤族、景颇族和白族的系谱材料，指出父子连名制是藏缅语族各支的普遍现象；父子连名制是藏缅语族的文化特质。他认为，作为藏缅语族一种文化特质的父子连名制，"可以帮助体质和语言两方面来断定这个部族里许多分支的亲属关系，并且可以解决历史上几个悬而未决的族属问题"[④]。关于父子连名制的功能，罗先生认为首先是帮助记忆，因为国内实行父子连名制的少数民族大多没有文字，或缺少日常用的文字，故用"顶针续麻"式的连名式容易记忆；其次可以借连名制推溯同祖，分辨世次；最后，还可以帮助解决一些历史上的族属问题[⑤]。作者第一次讨论中国古史中有无连名制的问题。他指出，中国在古史中也有从祖父字或名为氏的制度，如郑樵《通志·氏族略·序》曰："凡诸侯之子称公子、公子之子称公孙，公孙之子不可复言公孙，则以王孙字为氏。""这种氏族制度乍看起来似乎也像是父子连名或祖孙连名，也可从由子孙的氏推溯他的宗系来，但定氏以后父子或祖孙的名字间就不再有链索关系，所以和藏缅族的父子连名制是不能强为比拟的。"[⑥] 作者对连名制的分类为：

1. *甲乙丙—丙丁戊—丁戊己—己庚辛*

---

① 载《边疆人文》1944 年第 1 卷第 3、4 期。
② 载《边政公论》1944 年第 3 卷第 9 期。
③ 载《边疆人文》1944 年第 2 卷第 1、2 期。
④ 《论藏缅族的父子连名制》。
⑤ 同上。
⑥ 同上。

例如：恩亨糯—糯笨培—笨培过—过高劣

2. 甲□乙—乙□丙—丙□丁—丁□戊（□代表相同的嵌音——原注）

例如：龚亚陇—陇亚告—告亚守—守亚美

3. 甲乙丙丁—丙丁戊己—戊己庚辛—庚辛壬癸

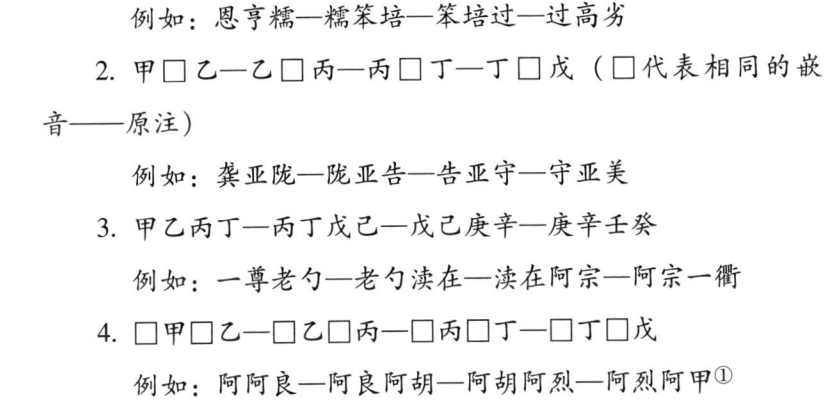

例如：一尊老勺—老勺渎在—渎在阿宗—阿宗一衢

4. □甲□乙—□乙□丙—□丙□丁—□丁□戊

例如：阿阿良—阿良阿胡—阿胡阿烈—阿烈阿甲①

芮逸夫的《瑞岩泰雅族的亲子联名制与倮俫么些的父子联名制比观》②一文，对彝族水西安氏族谱、摩梭人丽江氏系谱和瑞岩泰雅尔人（泰雅人）的系谱做了比较研究，认为彝族和摩梭人的父子连名制基本属于同类，但泰雅人的连名制与前两者的连名制，有两点差异：

1. 泰雅族的连名制"虽以用父名为原则，但同时也有不少用母名的，而彝族和摩梭人的连名制却只有父名而无母名"。

2. 泰雅族的连名制为本名＋父（母）名，而彝族和摩梭人的连名制却是父名＋本名。

作者认为，彝族和摩梭人的父子连名制"似乎是由一部分操藏缅语的族群传播而来的"。他进一步指出，泰雅族的亲子连名制和大陆上彝族、摩梭人的父子连名制的相同点，"似乎还只能说可能是由于人类的'心理同性'（psychicunit）而独立发生的"③。

---

① 《再论藏缅族的父子连名制》。
② 载《台湾文化》1950年第6卷第1期。另载《中国民族及文化论稿》，台湾大学人类学系列，1972年初版，1978年再版。
③ 《中国民族及文化论稿》，第1296页。

## 四　杨希枚的研究

杨希枚于1956年发表《台湾赛夏人的个人命名制》[①]一文，对台湾萨斯特人（赛夏人）的个人名、父子连名、自从亲名和命名制所表现的信仰等做了研究。作者首先对萨斯特人的命名系统做了介绍，指出："赛夏人有社群、社和姓族的集团组织，且有其社群名、社名和姓族名。但是除了在异族的接触情形下而必须表明族籍以外，赛夏人通常是不称用集团名，而仅单称个体的人名的。换句话说，就是通常不称姓氏。"萨斯特人名有严格的两性差别，有显著的双音节语音结构，存在"因尊敬而发生的某种音变现象"。此外，萨斯特人名与泰雅人名有类同性，为接壤而居互相影响所致。萨斯特人名与客家人名亦有相似之处。由于萨斯特语本名在数量上远少于人口，故同名现象显著。作者认为，姓名与连名制有相似之处，姓与名有前后不同的组合，区分姓族的名相当于连名制中的亲名。"所不同的，就是族名固定不变，而连名的亲名则因世系行辈不同而不同。"不过，作者认为，如果出于某种原因，连名中的父名一旦固定下来，不再交替改变，那么，连名也就演变为姓名了。换句话说，姓名制虽然并不一定演化为连名制，但是后者可以是前者的来源之一。杨希枚先生认为，连名制在形式上接近排名制，因而它是一种"限于直系同辈无男女之别的小排行—小排名制"。"所不同的，就是兄弟排名的习俗下要讳用亲名，而联名则必联亲名而已。在这一点上说，联名是更具功能的排名。"作者指出，中国古代汉族男子称名不连姓，若干后来的姓族名无疑地源于古代人名。"如果汉族姓名的起因之一是联名制，那么排名制便可能是姓名制形成以后而出现的。""联名的两个名字之一既固定不变，不再联亲名，从而失去原来辨别行辈的功用，因此就得再加一个

---

[①]　《中央研究院院刊》1956年第3辑。

排字，才能维持这种功用。于是在形式上排名的姓名便必须是三分组织的，包括三个语词或字。"作者在文中介绍了萨斯特人长孙从祖名与父子连名制并存的现象，以及由此产生的父名与长子名前后两名"交替颠倒的排列现象"，萨斯特人"长嗣以下男女分从叔伯父或姑命名"。他同时指出，从名又有如下限制：一是个体不与父母或直系兄弟姐妹同名。二是死于非命者其后嗣永不从名。

杨希枚先生在文中讨论命名制所表现的信仰时指出，假名制表达了一种求生观念，体现了人名与人的密切相关。人名不仅是符号标志，而且是一种力量源泉；它可以给人带来幸福、健康，也可以招致灾难和死亡。因此，萨斯特人在生病时，不仅要换名，而且已经死于非命者的名字，也就不再能够用来为后嗣命名了。根据作者推论，从名制源于转生再生观念。人们普遍认为，各物类都可以在形态上互相转变，"所谓生则只是已死或前此存在的另一象征而已"。"很多民族不但相信人类可因受感于某些物类而生，同时正如佛教的轮回说一样，也相信人类死后可以转生为其他的动植物类；甚至再转生到自己的家族里来。于是祖先命名的制度也就伴之而产生。"作者还认为，连名制代表的观念与祖先崇拜有关，连名制便于记忆祖先，加以崇拜。此外，父子连名制代表着父系社会集团的观念。

杨希枚先生于1957年发表了《联名与姓氏制度的研究》一文，讨论了中国少数民族连名制与姓氏制度的演变关系，以及汉族的姓氏制度与春秋时代"孙以王父字为氏"的制度。[①] "本文主旨在讨论联名制在欧、亚、非各洲的分布、类型及其与姓氏制度的演变关系，从而说明这两者制度由于并行演化而在各民族中所呈现的类同现象。"作者不同意有的学者把连名制看作东南亚的一种文化特质，从而与族群或文化系统有关的观点。他认为，连名制实际上并不限于东南亚地

---

① 《中央研究院历史语言研究所集刊》1957年第28辑。

区,而是分布在更为广大的区域,它是分布于亚、非、欧、近东和新几内亚的一种文化特征,既"见于现代的原始民族,也见于文明民族的古代"。作者正式提出,"孙以王父字为氏"的制度,是现代汉族固定姓氏制度的来源之一。对于有的学者"孙以王父字为氏"的制度不能与连名制强为比拟的说法①,及其"应属祖孙历代同依一字排名的'世代排名制'"的观点②,作者认为有可商榷之处。作者认为,世界各地的连名制及姓氏制度,"在形态与演化上表现着明显的类同性(similarity),此种类同性似源于文化的并行演化(parallelism);虽就某一较小区域而言,却并非没有源于传播的可能的",因为人类具有适应环境的共同心理,"尤其是为了要表示个体的血缘亲系而联称父子或母子的名字,这种命名制也显属是极自然且轻而易举的创造"。作者进一步指出,连名制向固定姓氏制度的转变,与族群的迁徙和与异族群的接触有关。"因为所谓姓氏即所以示别于异族的一种标识。"在谈及日本连名制时,杨先生认为,其亲名前连型的连名制,与汉文化的影响有关。作者对连名制做了如下分类:

1. 亲名前连型父子连名制
   (1) 狭义:如唐代"六诏",藏缅族;
   (2) 广义兼祖孙连名:如春秋时代"诸夏"。
2. 亲名后连型父子连名制
   (1) 狭义:如高山族(台湾原住民)赛夏人(萨斯特人)、非洲一些民族;
   (2) 广义:如古代埃及人、希伯来人、罗马人、希腊人、意大利人、法兰西人、西班牙人、葡萄牙人、丹麦人。

---

① 罗常培:《论藏缅族的父子连名制》。
② 凌纯声:《唐代云南的乌蛮与白蛮考》,罗常培:《论藏缅族的父子连名制》、《再论藏缅族的父子连名制》、《三论藏缅族的父子连名制》。

3. 亲名前连型偏父子连名亲子连名制

如藏族。

4. 亲名后连型亲子连名制（父子兼可母子连名）

　(1) 偏父子连名：如高山族（台湾原住民）泰雅人（泰雅尔人）、邹人、布农人（布嫩人）、巴布亚人、中世纪的英国人和俄罗斯人；

　(2) 偏母子连名：如高山族（台湾原住民）阿美人（阿眉斯人）。

5. 亲名兼可前连或后连型父子连名制

　(1) 狭义：如19世纪以前的印度人；

　(2) 广义：如古代日本人。

杨希枚先生不完全同意余庆远、董善庆、毛奇龄、余文仪等清儒"联名制似属识亲疏、辨世系的一种姓氏制度，或者说是一种代用的姓氏制度"的见解，但认为它"多少指出联名制与姓氏制两者间的可能关系"。根据民族学调查材料，连名制与姓氏制常伴存于同一个社会中，"相反的，没有联名制的族群，如'高山族'的雅美人，据说就没有姓氏制度"。作者指出，连名制是一种"原姓氏制度"，它可以进一步演化为姓氏制度。"不过，这种'原姓氏制度'有时并不由于它演变为固定姓氏制度而即行废弃，却仍可与姓氏制度并存废。"作者推论，高山族（台湾原住民）某些族群的姓氏制度的重要来源之一是连名制，连名制向姓名制的演变过程，最初是各代后嗣同以某祖名为姓氏，形成固定姓氏制度。高山族"缺永继性"的连名制或"原姓氏制度"、"中间永继性"的可变姓氏制度和"有永继性"的固定姓氏制度，代表了姓氏制度的三个递进阶段，而以"缺永继性"的连名制或"原姓氏制度"最为古老。杨希枚先生在文中"根据汉族姓氏制度的演变"，对姓氏作出定义："暂时或永久性地用祖先或居地或物类名称以表示人的血缘世系的一种亲属集团的名称"。他在该文结论中指出，连名制的功能主要在于区分同名个体，常常与同名制并存，以区别"家族、宗教或其他亲属集团族属的集团身份"；同时，源于祖名的姓氏，大多由连名制演化而来。"春秋'孙以王父字为氏'的制度似即广义的父子连名制，形式上属亲名前联型；与藏缅族的父子联名制、日本古代亲名前联型的广义父子联名制尤为类似。这种制度为汉族现在固定姓氏制度的起源途径之一。"

杨希枚先生又在《从名制与亲子联名制的演变关系》[①] 一文中，对从名、连名与讳名制的关系，从名制与连名制的性质，从名制与连名制的演变关系及其类型等问题，进行了研究和讨论。作者首先在序言里介绍了三个概念，即：

1. 从子名亲制，即"亲从子名制"或"亲从子称制"，亦即不面称本人名而随子女称"某之父"、"某之母"的命名制。

2. 从亲名子制，即"反从子名亲制"或"子从亲名制"，亦即随父名或母名称某人"某之子"或"某之女"的命名制。

3. 亲子连名制，"就是把亲名或附有表示子嗣关系的词头或词尾的亲名连在子女名字的前或后面，而用以称呼某人为'某之某'或'某之子—某'一类的'父子联名制'（thepatronymiclinkagenamingsystem）和'母子联名制'（thematronymiclinkagenamingsystem）"。

该文的主旨就是要讨论以上三种制度之间的演进关系。

关于从子名亲制或亲从子名制的起源，英国人类学家泰勒推论是

---

[①] 《中央研究院历史语言研究所集刊》外编第四种，1961。

出自从妇居制和岳婿禁忌这两种风俗。① 罗维则举例说明，从名制不一定和从妇居（即岳婿禁忌）有关，而认为是辐辏演化（同归演化）的结果，"它的多种起源必须从各地特有的情况中寻获之"②。弗雷泽认为，从名制源于讳名制，如"有时为了避免使用自己的名字，有人就以自己孩子的名字来称呼自己"③。"儿童被公认为没有敌人，所以他们说到某人时，总是说出他孩子的名字来称呼别人，例如'某某的爸爸，叔叔，表兄'之类……"④ "……土阿瑞格人……像阿拉伯人一样，他们不以父亲的名字给孩子命名，从来不说某某某，也不说某某的儿子，他们取名只限于本人在世之日所用。"⑤ 即讳名制与连名制不能共存；从名制因讳名而产生，故从名制也不能和连名制伴存。卫惠林在《台湾土著社会的世系制度》⑥ 一文中也表明了同样的观点。他认为，台湾高山族泰雅人（泰雅尔人）的世系群，缺少姓氏而靠父子连名制，同时，父系的泰雅人与母系的阿美人（阿眉斯人）北部世系群无姓氏而有亲子连名制，"还有一种不利于系谱记忆的亲从子名制"，即亲从子称制或亲从子名制（从子名亲制）与亲子连名相反，且不利于系谱记忆，而连名制与姓氏制度互相排斥，不能并存。

杨希枚先生在该文中，与以上观点进行了商榷。他举出两个雅美人系谱资料证明，其从名制与讳名制并不影响雅美人说他们祖先的名字。"因此，姑无论该族当时有无亲子联名制，此一事实与讳名制、从名制似乎无必然的相关性。"作者在列举了大量国内外有关讳名、从名的材料后指出，亲子连名制与从名制（从子名亲制与从亲名子制）可以伴存于同一社会，它们并无一定互相排斥的关系；"从子名

---

① 〔英〕罗维：《初民社会》，吕叔湘译，商务印书馆，1985，第128页。
② 〔英〕罗维：《初民社会》，吕叔湘译，第129页、第130页。
③ 〔英〕弗雷泽：《金枝》上册，第367页。
④ 同上书，第367页。
⑤ 同上书，第374页。
⑥ 《中央研究院民族学研究所集刊》1946年第5期。

亲制与从亲名子制也可伴存于同一社会，二者源于讳名制（thetabooofname）的说法似可疑。"他进一步指出，如果连名制源于从名制的观点成立，则它们不仅常常并存，而且在某社会的某一历史阶段中应必然是并存的。"因此，我们与其说某一社会因从名制的存在而致不能有联名制，却毋宁说先须有从名制而后才可能有联名制；前者的存在是后者存在的先在条件，而后者的存在则反证前者在某一时间的存在。"杨希枚先生指出，亲子连名制、从子名亲制和从亲名子制的产生，是为了便于区别身份，大多见于"盛行同名制的姓族或宗支社会"。同时，"与个体的社会地位改变及敬老风尚也似乎不无关系"。"亲子联名制只是应着更明确辨别个别身份的需要而进一步演变自从名制"，但二者可以并存。

至于亲子连名制的类型，杨先生认为，只有"亲名前联型"和"亲名后联型"两类，而且，同一族属集团的亲子连名制，属同一形式。"同一语系或相近语系的民族也大抵同具一种形式的联名制，如以单音节为特征之一的汉语及藏缅语族的各族具亲名前联型亲子联名制；余者多音节的印欧语、印尼语及非洲各族的则属亲名后联型。"杨先生援举古今中外的有关例子，证明其从名制与连名制的分类演变程式：

1. （1）某之子（或女）（从亲名子制）→某—某之子（亲名后连型子连亲名制）

   （2）某之子（或女）（从亲名子制）→某之子—某（亲名前连型子连亲名制）

2. （1）某之父（母或祖）（从子名亲制）→某—某之父（子名后连型亲连子名制）

   （2）某之父（母或祖）（从子名亲制）→某之父—某（子名前连型亲连子名制）

杨先生在结论中指出，亲子连名制有从亲名子或从子名亲等两个类型。前者亦称子连亲名，后者亦称亲连子名，它们与从名制存在如下演变关系：

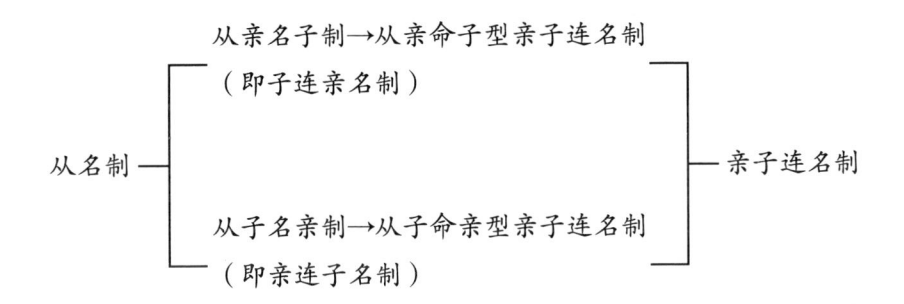

```
                   ┌ 从亲名子制→从亲命子型亲子连名制
                   │ （即子连亲名制）                    ┐
从名制 ─────────────┤                                    ├── 亲子连名制
                   │ 从子名亲制→从子命亲型亲子连名制    ┘
                   └ （即亲连子名制）
```

自40年代以来中国的连名制研究，已经形成自己的风格，其主要特征是：

1. 研究领域有一个扩展的过程。先是凌纯声、罗常培提出连名制是藏缅族的文化特质，后来杨希枚证明连名制是普遍存在于世界各地的文化现象。

2. 运用多种学科的理论、方法和资料，结合中国文献，不仅使研究广泛而深入，而且具有说服力。

3. 通过学术争鸣，论证姓名制度、从名制、讳名制之间的异同和关系。

4. 对于从名制资料进行了细致的分类和比较，使从名制的研究具有系统性，为以后的研究打下初步的基础。

## 第三节　中国20世纪以来的姓名研究

中国的姓名研究在进入20世纪以后，最初采用达尔文的进化论，利用语言学、人类学—民族学、社会学、历史学的方法,研究姓氏本义、汉族和少数民族姓名、外国人姓名、姓名与图腾、姓名与文化和亲子连名制以及其他内容。进入 21 世纪,全球化进一步加剧,人口流动和商品流动空前频繁,语言、文化、思想的交流和交融更是空前密切。中国的姓名研究也进一步扩大视角,更加广泛地从国外引入各种姓名研究的成果,国内同行互相学习,彼此借鉴,不断推动姓名研究走向更高水平。

## 一 中国姓名研究的趋向

从 20 世纪开始,中国姓名研究领域开始吸收国外姓名研究的理论和方法,同时也继承、发扬了原有国学的优良传统,使姓名研究步入科学轨道。国外的民族学家和民俗学家,例如摩尔根、弗雷泽等人,对于中国的姓名研究影响颇大,尤其是摩尔根的《古代社会》和弗雷泽的《金枝》,不仅为中国的姓名研究提供了新的视野,而且还使中国学者了解了世界上其他许多民族的姓名文化。列维-斯特劳斯《野性的思维》一书,从结构功能的观点出发,把许多不发达族群的姓名纳入社会框架中研究,在姓名理论上独树一帜。

姓氏研究,是中国学者所关注的传统课题之一,因而研究比较深入,成果也多。首先,古今姓氏学家对姓的字形有大体一致的见解,即"女生曰姓,谓子也"[1]。其次,对于氏的字形,虽有许慎所谓"山岸肋崩欲落者曰氏"[2] 和朱骏声所谓氏之形义为"木本"、植物之根[3]等两种说法,但现代学者多从朱说。

30 年代初,潘光旦先生在《东方杂志》第 26 卷第 1 号上发表了《中国家谱略史》一文,"比较全面地指出了历代的谱学作品以及它们

---

[1] (东汉)刘熙:《释名》。
[2] (东汉)许慎:《说文解字》。
[3] 朱骏声:《说文通训定声》。

的编撰和修订情况,这对我们从姓名学角度研究问题无疑还是有参考价值的"①。与此同时,当时的中国政府立法院曾邀请教育界人士,就姓、婚姻、家庭的存废问题进行座谈,所涉及的意见主要有:

1. 有姓好,没姓也好,从父姓或者母姓均可。
2. 应有姓,且以父母姓为限,以维护社会秩序。
3. "从人类宗系学的角度看,姓似有保存的必要。"
4. 50年以内仍然需要保持姓。
5. 女大学生要有姓。
6. "有人请吃时要姓,没人请吃时便不要姓。"
7. "用父姓不公道,用母姓不妥当,可设法用别的符号来代替。"②

根据这次涉及姓的座谈,潘光旦先生也撰文发表了自己的见解。他认为:"姓在中国至少有三千年的历史,姓分为氏,氏分为族;后来统称为姓,此中变迁,并不是平空的,并不是少数有权力的人强制命定的,实在是各时代政治的、经济的甚而至于自然环境的与生物的种种势力推移鼓荡而成。"他指出,近年涉及家庭的种种变迁,与农业社会向工业社会过渡亦相关,且多与实际生活有涉,其核心是怎样不使家庭生活阻碍个人的充分发展;至于从父姓还是从母姓之类的"浮面的改革",似乎还并不那么急迫。③ 这里需要指出的是,潘光旦先生所论的由姓分氏、由氏分族的说法,与我们目前用的"姓"、"氏"、"族"的概念,在含义上不同,即便在他所使用的界域内,也

---

① 张联芳主编《中国人的姓名》,"绪言"。
② 同上。
③ 《姓、婚姻、家庭的存废问题》,《新月》第20卷第11期。另载《潘光旦文集》第二卷,北京大学出版社,1994。

是值得讨论的。

袁裕业根据日本人田崎仁义《王道天下之研究》① 一书第二部《组织及制度》编述的《中国古代氏姓制度研究》②，对于"氏"的字形另有新说：

> 1. "纵命名附着于巴蜀名山之岸肋之岩为氏者，并非以其岩之形象而产生氏字；盖氏字为从来所固有者，巴蜀之山之岸者，偶然作此奇形，以其恰如氏字之形，故名其岩为氏岩"；
>
> 2. 氏之古形与"民"颇近似，氏字似由民字衍生，"民为对君之名，君为对民之名，概括此君与民之一部落一族众而称之则为氏"③。

《中国古代氏姓制度研究》还比较全面地总结和阐发了中国古代姓氏制度。该书在说明"氏为血缘或地域团体之名称"、"姓为母系族制之遗意"的观点之后，具体阐述了姓与生的关系、姓与原始民族的感生思想、姓与原始民族的夫妇别居、姓与母之所居地、姓与婚姻的关系，以及姓与祖先崇拜等内容。该书以"性"、"姓"、"旌"三字作比较，"而与姓字为最好之对照者莫如性字"。作者认为，根据古代典籍，性是与生俱来的心态，即"生心之标识"。如果说，"性"是有关人的精神方面，则"姓"是有关人的"肉体"方面，"为生身之标识"，涉及血统。"旌"被用来表示"豪族、部落或王家等之生之系统者"，即"属于某一特定之血统者，故有标志其血统之共同名氏之姓，以为其他相似者之区别"④。此外，该书对姓氏关系的论述多有

---

① 又名《中国古代政治思想及制度》。
② 商务印书馆，1936。
③ 袁裕业：《中国古代氏姓制度研究》，第 5~7 页。
④ 袁裕业：《中国古代氏姓制度研究》，第 24 页。

矛盾之处。一方面,作者认为,"氏为血族或地域团体之名称";另一方面,作者又认为,"姓为母系族制之遗意",即姓也是血族团体的名称。一方面,他认为,氏族为组织松散的团体,而姓族为组织紧密的新生的血族团体;另一方面,他又认为,有的姓族的支派成为氏。这里值得注意的是,该书作者把氏族看作血族和共同信仰结合而成的地域集团,而姓族为"组织疏散之氏族团体"内新生的"组织紧密"的"血族团体",似乎氏族先姓族而产生。同样在 30 年代,杨坤明出版了《中国姓名学》一书[1],第一次使用"姓名学"一词。但是,这本书的内容主要是天命神灵、吉凶祸福一类的迷信崇拜。"杨坤明的姓名观与古代封建文人通过考据、诠释,证明某一姓氏的非凡门第、生来就是统治剥削他人的姓氏相比较,其荒谬程度有过之而无不及。"[2]

50 年代初,丁山撰文《姓与氏》[3],认为姓是母系血统的氏族遗迹,氏为父权时代的氏族组织。他在这里,显然是混淆了姓族与氏族的概念。如果按照他的说法,姓属于母系氏族,氏属于父系氏族,那么,母系时代就只能有"姓"的族,而不应该有"氏"的族,即"氏族"。因此,说姓是母系氏族的遗迹,无异于说姓族就是氏族,即姓也就是氏了,这不仅使他本人的逻辑不通,而且与史实不符。陈梦家《殷墟卜辞综述》一书[4]认为,姓、氏早在殷代就已经出现,当时女子的名字多加女旁,可能是姓的来源。杨宽在《古史新探》一书[5]中认为,姓是同祖血缘集团的名称,氏为西周、春秋时代的贵族所特有;他还指出,周人的"名"和"字",分别相当于北美印第安易洛魁人的幼年名和成年名。[6] 以上诸学者虽然提出了许多颇有见地的观点,但是在姓与氏

---

[1] 张联芳主编《中国人的姓名》,绪言。
[2] 同上。
[3] 《新建设》第 3 卷第 6 期。
[4] 科学出版社,1957。
[5] 中华书局,1964。
[6] 张联芳主编《中国人的姓名》,绪言。

的名实问题上，似仍有进一步研究的余地，以避免概念的混乱。我们在稍后将涉及，姓与名起初并非虚化的符号，而是社会性的实体。

1955年，潘光旦先生发表长文《湘西北的"土家"与古代的巴人》，论证土家族与古代巴人的渊源关系。他所提出的五个论据中，有两个与人名、姓氏、族称、图腾有关。例如，他在讨论土家族的"向"姓与古代巴人的"相"姓时指出："相氏最早见于文献的例子是'精夫'相单程。'精夫'是军事首领之称，据《风俗通义》（今本，佚文，卷三）及《后汉书》（卷一一六），这是盘瓠子孙中的首领之称，现在看来不是了。相既是巴姓，这也应是巴语了。相是巴陵郡的著姓之一，《太平寰宇记》（清人补卷一一三）说，'巴陵郡四姓：糜、熊、相、猫'。但后来在湘西北的巴人中，在文献上，我们还没有发现任何姓相的例子。在四川的巴人中却有。《华阳国志》（《蜀志》）说，相氏为道县六大姓之一；至于具体的人，则男有相登，女有相乌（见同书《广汉士女志》）。道既为当初巴国的西南境，这一带姓相的人应是巴人无疑。

"在川东、鄂西、湘西北，我们虽没有发现姓相的人，却发现了一大串的姓向的人，起初在巴人中，后来在'土家'中，一贯的成为最大的姓氏之一，据传说，是从西汉初年起，据史料，则从东汉起，直到现在。……

"我们认为向姓是从相姓变化出来的，而变化的原因是，两字声音相近。巴人是没有文字的，'相'与'向'所代表的原是同一个音，但在用汉字记录的人，只求一个近似，有的把它写成'相'，有的写成'向'，出自两人之手，结果不免如此，出自一人两次之手，也可能如此……"[①]

---

[①] 中央民族学院研究部编《中国民族问题研究集刊》第4辑，1955年11月。另载《潘光旦民族研究文集》，民族出版社，1995。

目前，中国的多数姓氏研究者，把上古姓与氏的关系，解释成大宗与小宗的关系，或者看作源与流的关系。例如，徐俊元、张占军、石玉新著《贵姓何来》认为："姓为氏之本，氏自姓出。譬如姓为根茎，氏则为须蔓；姓为树干，氏则为枝杈。"[1] 又如王泉根在《华夏姓名面面观》中讲："如果说，姓是源于同一女性始祖的族属共同所有的符号标志，那么，氏就是源于同一父性（疑为'女性'之误——引者）始祖的被分出去的各支系的开氏始祖的符号标志。"[2] 这些说法，都是由古代姓氏学家的通行说法衍生而来："姓者，统其祖考之所自出。氏者，别其子孙之所自分。"[3] "姓者，统于上者也，氏者，别于下者也。"[4]

## 二 姓氏本义辨析

杨希枚先生于 1951～1955 年先后发表了《姓字古义析证》[5]、《〈左传〉"因生以赐姓"解与"无骇卒"故事的分析》[6] 和《先秦赐姓制度理论的商榷》[7] 等三篇文章，对于姓氏古义作了独到的研究，提出："先秦所谓'赐姓'与'胙土、命氏'应属先秦封建制度的三要素，其义系指赐族属、分土地、封邦国，也就是分民、裂地、建国。换句话说，先秦所谓'赐姓'不仅别于'命氏'，且与汉唐以来所谓'赐姓某氏'而义指赐族名的赐姓氏制度应是同名异质的两种制度。"[8] 杨希枚先生在《姓字古义析证》中，根据《左传》、《尔雅》、《礼记》、《吕氏春秋》等所记载的翔实材料，通过严格细致的考证，得出

---

[1] 河北科学技术出版社，1985，第5页。
[2] 王泉根：《华夏姓名面面观》，第12页。原文有加重号。
[3] 《通鉴·外纪》。
[4] 段注《说文解字》。
[5] 《中央研究院历史语言研究所集刊》1951年第23辑。
[6] 《中央研究院院刊》第1集，1954。
[7] 《中央研究院历史语言研究所集刊》1955年第26辑。
[8] 《先秦赐姓制度理论的商榷》。

以下三点结论：

  1. 姓字在古籍铭文中，训子或子嗣。分言曰子、曰姓，合言为"子姓"；泛言曰"百姓"，如"庶姓"、"别姓"。"某姓百姓，义即庶子别子某子众子。"

  2. 姓字原义训族或族属，分言曰族或姓，合言曰"姓族"，故姜姓即姜族，即姜族的族属或集团，同族异族相当于同姓异姓，即同族或异族的族属子姓；百姓即群姓。

  3. 姓字古义训民或属民。分言曰民或姓，合言为"民姓"。"如百姓群姓万姓意即万民兆民，也即天子国君所统治的属民或各族族属。古文姓字作生，故或言百生群生万生朋生友生。"

这里值得特别指出的是，自汉代以来，姓氏研究者们，多把"百姓"理解成为"百官"或"贵族"，如：

  1.《诗·天保·毛传》："百姓，百官族姓也。"

  2.《尧典·盘庚·吕刑》各篇《孔传》："百姓，百官。"

  3.《周语·韦注》："百姓，百官也；官有世功，受氏姓也。"

  4. 郭沫若《中国古代社会研究》："百姓是贵族，又叫着'君子'。……《梓材》篇开始一句话是'以其庶民暨臣达大家，以厥臣达王，唯邦君。'……王是第一级，邦君是第二级，大众——就是所谓百姓，是第三级，臣仆和庶民是第四级。前三级就是贵族。"①

  5. 1979 年版《辞海》缩印本"百姓"条："①古代对贵族的

---

① 郭沫若：《中国古代社会研究》，科学出版社，1960。

总称。……②战国以后用为平民的通称。"①

6. 徐俊元、张占军、石玉新著《贵姓何来》："上古三代只有贵族有姓氏,一般平民没有姓氏,奴隶就更谈不上了。那时也有'百姓'一词,但与现在的遗意完全相反,是指百官而言。官有世功而受姓氏,百姓是对有爵禄官职者的泛称。"②

杨希枚先生指出,将"百姓"释作"百官"或者"贵族"的见解,显然是附会之说,缺乏足够的证据。"实际上,近人百姓为贵族之说,即前儒百官族姓的变相说法,而百官族姓之说也显然是出诸附会。"③ 杨希枚先生举出三则古文献材料,来证明自己"百姓"即泛称之"人民"的观点:

1. 《诗·天保》:"神之吊矣,诒尔多福。民之质矣,日用饮食。群黎百姓,遍为尔德。"
2. 《尚书·吕刑》:"伯夷降典,折民唯刑。……士制百姓于刑之中,以教祗德。穆穆在上,明明在下,灼于四方,罔不唯德之勤。故乃明于刑之中,率乂于民彝。"
3. 《尧典》:"克明俊德,以亲九族。九族既睦,平章百姓。百姓昭明,谐和万邦。"

杨希枚先生认为,第一例中的"百姓"与"群黎"并言,承接上文"民之质矣",因而"群黎百姓"与上文的"民"同义;此外,《朱子集传》不取《毛传》将"百姓"释为"百官族姓"的说法,而认为"百姓,庶民也"。第二例中的"士制百姓于刑之中"与上文

---

① 《辞海》(缩印本),1979,第1767页。
② 徐俊元、张占军、石玉新:《贵姓何来》,第5页。
③ 杨希枚:《姓字古义析证》。

"伯夷降典，折民唯刑"同义。"换句话说，制于刑之'百姓'即折于刑之人民。……百姓一词指人民而言……"第三例中，"平章百姓"者，同"制百姓于刑之中，以教祗德"中的"百姓"；"百姓昭明"者，即"（民）乃明于刑之中"，"或'明明在下'的百姓人民"。杨希枚先生把《尧典》这段话理解为："尧不但能上使其九族穆穆，下使其人民明明，而且尤能使国际万邦协调，和平相处。""由九族之亲，推而德被人民；由人民之明，推而光被万邦。九族，照传统的解释，正是贵族或高层上位的官属；百姓，则指本国的人民；万邦则指诸侯邦国。这三层意思不但在《尧典》上显然可见，而且同《吕刑》也恰堪印证。百姓一词于此不但系指人民，而且唯有指人民，《尧典》的这一段话才解释得更通顺。"①

杨希枚先生在《先秦赐姓制度理论的商榷》一文中，进一步阐发了自己的观点。根据传统解释，先秦的"赐姓"与汉唐的"赐姓"意义相同，其中的"姓"相当于我们现在常说的"姓氏"或"族名"。"这种解释不但在历代姓氏类书上早已奉为定说，而且就在这种解释下的先秦赐姓制度（非汉唐的赐姓制度），也就成为溯论中国古代民族分衍、父系母系社会组织的演变、社会阶级的分划，以及图腾制度等等问题的重要论据。"他认为，这种解释首先有以下四个可商榷之处：

  1. 其立论将汉代以来的"姓"与"姓氏"完全等同，而不顾"姓"另有子嗣、族属、人民三义。

  2. 先秦的姓与氏分言不混，而这种解释将姓氏混言，不能明确说明先秦"赐姓"与"命氏"的区别。

  3. 如果按照这种解释，秦代赐姓制度果真与汉代以来的赐姓

---

① 杨希枚：《姓字古义析证》。书名号为原文所加。

氏制度意义相同，那么它们之间的"内涵或功能应相同"，至少不应有时间上的基本差别。不过，按照这种解释，它们之间的差别却很大，"且其差异的无理性几令人质疑先秦赐姓制度的存在"。

4. 社会组织的历史演变过程，"多少有脉络可循的轨迹"。"但是，在传统解释下，赐姓制度的历史演变过程却颇为曲折而难以解说。"

杨希枚先生在经过一番对史料的分析、考证后，得出自己的结论，其要点是：

1. 先秦赐姓制度指"赐民、分民或授民，且与先秦所谓'胙土、命氏'并属封建制度的三要素，即所谓分民裂土建国的分封制度"，与汉唐赐姓制度有本质不同。

2. "先秦赐姓制度以王公子弟及异姓功臣为赐姓对象，此与仅以异姓功臣为赐姓对象的汉唐制度不同。"

3. 先秦的赐姓制度与汉唐的赐姓制度，虽然均旨在"促成功臣与王室的亲属关系，从而达成王室久安的目的"，或者以褒德观功的羁縻异己手段，达成以功臣藩屏王室，但先秦的赐姓制度是"实利性"的，而后者是"虚荣性"的。

4. "左传'官有世功，则有官族，邑亦如之'，系指封建制度下王者诸侯赐卿大夫以监管的族属及县邑土地而赏其功的封赐制度，非传统所谓赐卿大夫以官名邑名为氏族称号的制度。"

5. 先秦赐姓胙土命氏的封建制度"与当时受封者的姓族、古代父系或母系社会制度的演变，以及现代人类学所论之图腾制度等问题则不相涉。"

6. 先秦赐姓制度下，受姓者姓族不变；在汉唐赐姓氏制度下，受姓者"改从王室族名"。

赵艳霞《中国早期姓氏制度研究》[①]一书利用来自古籍和古文字的材料，吸收考古新成果，试图阐明姓与氏的本质，探究中国姓氏制度的起源、发展及其历史作用。作者部分呼应杨希枚的观点，认为先秦姓字可训子孙、姓族、姓族名、姓族族属、姓族长等，姓族名与姓族是名与实的关系，姓族与族属是形式与内容的关系，姓族长则是姓族的代表；姓和氏在一定范围内均可训族、族名、族长、族属等；姓（姓族名）与氏（氏族名）之间的关系，有姓族和族氏这两种组织的关系决定：姓是血缘性组织，氏是建立在血缘关系之上并与政治权力和经济利益结合的组织。

## 三 有关汉族姓名研究的著述

在姓氏综述方面，邓献鲸编著有《中国姓氏集》[②]。该书包括中国姓氏起源并举例概述，辑有字同而音异的姓氏，列出历代帝王年号纪要，附有姓氏笔画索引、姓氏四角号码索引和千家姓及族称古今地名对照表，共收姓氏 5652 个，是比较完备的汉族姓氏研究参考书。类似的书籍还有慕容翊的《中国古今姓氏辞典》[③]，陈明远、汪宗虎的《中国姓氏大全》[④]，杜建春的《中华万姓溯源》[⑤]。《台湾姓氏源流》[⑥]，对台湾的汉族姓氏进行了考证。徐俊元等合著的《贵姓何来》一书，分"姓氏漫谈"和"姓氏寻源"等两个部分：第一部分讨论姓氏字源，其产生、发展以及来历，谥号、赐姓与避讳，姓的演变等内容；第二部分对 1048 个姓氏的来历进行了具体介绍，按照汉语拼音音序四声排列。

---

[①] 天津古籍出版社，1996。
[②] 台湾至大图书教育用品股份有限公司，1970。
[③] 黑龙江人民出版社，1985。
[④] 北京出版社，1987。
[⑤] 山东人民出版社，1995。
[⑥] 台湾省政府新闻处编印，1971 年 10 月第 3 版。

有关汉族人名（包括别号、谥号、绰号等）的研究，自20世纪60年代起，显现出兴盛景象。尤其在"文化热"的80年代，大陆有不少这方面的文章、书籍面世。

萧遥天《中国人名的研究》一书，堪称翔实之作，取材广泛，编排得当，反映了对汉族人名研究的较高水准。作者引《说文》："名，自命也，从口夕，夕者冥也，冥不相见，故以口自名。"即"本来上古时代人我之间的交际，仅形体声音便够，但如果在夜晚邂逅，对面看不清楚，便需要'以口自名'道出一个符号为本人的标记，故名从'口''夕'会意"。① 作者认为，在远古氏族时代，无私产和个体家庭，"我"的观念不存在，故无"私名"，但存在代表氏族的"公名"，氏族公社的使用必先于氏族成员的"私名"，因而可以说，姓为"公名"，名为"私名"。② 私名的出现，还由于图腾迷信，即源于个人图腾名的团体图腾名分离出来。③ 他认为，名的起源有三个动机：即"以口自名"；"我"的独立单位的建立；个人图腾迷信。作者把书面体例分为"人名的纵面研究（上篇）"、"人名的横面研究（中篇)"和"人名的客观研究（下篇）"等三个部分。该书上篇按历史朝代自古而下，论述各代人名特征，如"殷帝王以天干命名"，"汉人纯用尊老排行命字的殊格"，"南北朝名字的宗教气氛"，等等。中篇内容丰富，长于知识性，涉及小名、字、号、绰号、谥号、女名、僻名、怪名、恶名、丑名等类目，不仅对名、字、号的体裁及名与字、名与姓氏的连贯、名与声韵的关联进行了讨论和介绍，还对名字与社会、时尚、社会心理、阶级职业、宗法制度等内容进行了论述。此外，中篇的内容还涉及自号的作法、绰号的研究、名字与印章等。下篇则涉及"名字与史事考证"，"姓名与读书辨伪"，姓名的忘失、省

---

① 萧遥天：《中国人名的研究》，第3页。
② 同上书，第4页。
③ 同上书，第5页。

略、错杂、传讹,以及同姓、同名、同号异趣等内容。

赵瑞民《姓名与中国文化》[①]一书,对于姓氏的起源、姓氏与古代社会结构、民族心理、政治生活、民族融合、名字的时代特征、文化内涵、宗教气息、宗教观念等方面进行了讨论。他认为:"一个民族的生命力表现在多方面,而文化的凝聚作用是其基础。姓氏作为一种文化现象,在此中的位置确很重要。"[②] 张孟伦《汉魏人名考》[③]一书,颇具国学风格,对汉魏时代的各种人名现象做了详细探讨。此书原为他在30年代的旧作。朱胜华《最新姓名学》[④]一书,在分析、研究和介绍汉族人名的时候具有自己的特点,即注重人名字形、字韵与名字的关系,注重人名表现的民俗观念,并且介绍了"姓名剖象五格"[⑤]。但是,其学术性欠强而神巫之事有余。关于汉族人名其他方面的研究专著,陈捷先《中国的族谱》[⑥]一书,特别值得一提。作者认为:"中国的社会一向以家族为中心。尧典的平章协和,孔子所谓的修齐治平,都以亲族与孝友为主,也都是为了维持家族精神而提出的一些主张,可见家族自古以来就被重视,当然有关家族的历史的记录,也就在古代中国应运而生了。"[⑦] 这部著作由周礼起始,逐朝逐代追踪中国汉族族谱的发展变化,材料翔实,立论严谨,堪称佳作。汪泽树《姓氏·名号·别称》[⑧]一书,虽不足9万字,但内容翔实,讨论深入,是一部小而精的著作。作者援引王泉根《中华姓氏的当代形态》[⑨]一文,介绍了江苏苏州新出现的"凤点"姓:"它既不随父姓,

---

[①] 海南人民出版社,1988。
[②] 第25页。
[③] 兰州大学出版社,1988。
[④] 台湾大众书局,1974。
[⑤] 第二章第一节。
[⑥] 台北"行政院文化建设委员会",1984年6月版。
[⑦] 《中国的族谱》,第10页。
[⑧] 四川人民出版社,1993。
[⑨] 《社会》1992年第1期。

也不随母姓,既不按传统的价值取向着意推敲,也不照一般人的应付态度随意择取,而是在怀胎6个月时,爷爷奶奶、外公外婆两大家人就进行了热烈的讨论。在两大家都因为独生子女而殷切希望未来的孩子跟自己的姓时,经过多次商讨,最后拿出了一个绝招:姓点。"这个"点"字下面的"四点水",代表了爷爷、奶奶、外公、外婆四个姓,上面的"占"字,表示这四个姓组成的全家占有这个孩子。该书还介绍了姓氏的特殊读音和姓氏的口头使用("连词解释法"、"通俗解释法"、"部首解释法"、"结构解释法"、"拆字解释法"、"结构拆换解释法"、"人名解释法"、"地名解释法"、"增笔解释法")。这两个在其他有关汉族姓名的书籍里较少提及的方面。在第三章"中华人物姓名的当代性"中,作者讨论了姓名的简明与重名的关系,提出当前汉族姓名中"该简的没有简"、"姓名用字的笔画该'简'"、"'姓'和'名'分设,可'简'而为一"、"一些多音异读的姓氏用字,该'简'"、"姓氏用字过'简'"、"名字用字的数量过'简'"等问题。

张联芳主编的《中国人的姓名》一书,包括"绪言"和"后记",对中国56个民族的人名进行了全面介绍,对中国姓名研究史、姓名学与语言学的联系做了阐释。作者在"绪言"中,首先讨论了汉族的姓名和汉族以外民族的姓名。他认为,姓名是社会结构中标志血缘关系和区别个人的符号。"这些符号在社会结构发生重大变革时,其形式及其用法和含义也随着发生变化,从一个侧面反映出社会性质的转变。"[①] 他指出,汉族姓名制度可以追溯到史前时代,当时的原始人开始了区别个体的单名,不过这种单名常常与群体名混同。他认为,前氏族公社也有集体名,它是早期姓称的源头。张联芳把汉族的姓名从含义和形式上分为两大演变阶段:战国以前的上古时代和秦汉

---

① 张联芳主编《中国人的姓名》,第3页。

以后的中古以下时代。上古时代汉族姓名的主要特点,是在姓和名之间加氏,"这个氏是在旧的姓名制度的基础上根据宗法制度的需要而发展的一种新的形式"。中古以下时代汉族姓名的特征是"姓氏合而为一","实际上则是以氏代姓,从而形成了姓+名(字、号等)的结构"。张联芳指出,中国汉族姓名制度的演变,主要表现为姓的形式的增减,在秦汉以后也主要表现为姓的社会意义的不断变化。"这种特点无疑与中国宗法制度的历史以及秦汉时代确立以儒家思想为重心的封建统治意识及其长期存在的影响有很大关系。"他把中国姓名研究的历史分为四个阶段:西汉以前阶段,以申、班固为代表;东汉以后阶段,以应劭、林宝、王符和贾弼为代表;宋代以后阶段,以邓名世、郑樵为代表;鸦片战争以后阶段,以谭嗣同、梁启超、王国维、潘光旦、袁裕业、罗常培、凌纯声为代表。张联芳认为,正确认识姓氏的社会作用,有助于实行计划生育,肃清封建宗法思想,克服血统论、出身论,以及特权思想、家长作风,"从而推动社会主义民主的建设和完善,加强和巩固全国各族人民之间的团结"。最后,他在"后记"中倡议,"在条件具备时,组建姓名学会,创办姓名学刊物,以促进我国姓名学研究出现一个新的局面"。

  进入21世纪,有大量新作问世,有些是旧作新修。王建华《人名文化新论》①是《文化的镜像——人名》的修订版,强化人名文化的核心地位,增加第九章"人名文化的反作用"和第十章"多元文化环境中的人名问题"。作者认为,人名既是文化的产物,也是文化本身,对社会生活和人的生活有反作用;多元文化给人名带来新情况、新问题,引起社会诸多争论。修订版在原有人名调查的基础上,对21世纪的人名现象进行了抽样调查,和原有人名资料进行比较分析,展示其中的历时变化。作者还大量引用了网络资料和网名作为语料。何

---

① 中国社会出版社,2010。

晓明《姓名与中国文化》[1] 是一部综合研究的著作，除了对姓氏源流和名字号进行解析以外，还讨论了姓名与政治、宗法宗族、伦理、宗教、文学艺术、法律的关系。作者开辟专章介绍中国少数民族姓名，另有"姓名与游艺"一章，讨论"姓名与对联"、"姓名与谜语"，颇有创意。作者的另一部著作《中国姓名史》[2] 把姓名作为博大精深的文化系统来研究，通论中国姓名的发生、发展的历史，讨论中国姓名的构成、源流和文化内涵，探究姓名与政治、习俗、宗教、伦理、语文之间的关系。王泉根对 2000 年以来从历史社会学角度研究宗族和宗谱研究做了概述[3]，涉及钱杭《血缘与地缘之间：中国历史上的联宗与联宗组织》[4]、赵华富《徽州宗族研究》[5]、王铁《中国东南的宗族与宗谱》[6] 等著作，这些作者注重家庭史和家谱资料，研究家族文化与制度演变的过程，"为中国姓氏研究提供了生动实际的案例"。张慧英《语言与姓名文化：东亚人名地名族名探源》[7] 集中研究亲属尊长称谓、俚俗口语中的贵贱之称，以及以指示词构词取名的现象，这些取名现象是东亚民族语言中的共同特点。该书涉及国内大量少数民族，也涉及从泰国、日本到马来西亚、新加坡的丰富多彩的各种人名、地名和族名，横向比较，纵向追溯，材料翔实，研究细致，颇见功底。马丽《"三国志"称谓词研究》[8] 在回顾和展望不同时期对汉语称谓词研究的基础上，对称谓词进行界定并做分类。作者认为，称谓词是词汇研究的重要对象，《三国志》是汉语史上重要的文化典籍，

---

[1] 人民出版社，2001。
[2] 武汉大学出版社，2012。
[3] 王泉根：《中国人姓名的奥秘——王泉根教授谈姓氏》，当代中国出版社，2011，第270页。
[4] 上海社会出版社，2001。
[5] 安徽大学出版社，2004。
[6] 汉语大词典出版社，2002。
[7] 中国社会科学出版社，2002。
[8] 中国社会科学出版社，2010。

前修时贤对《三国志》的研究成果，为该书称谓词的研究奠定了良好基础。王泉根《中国人姓名的奥秘——王泉根教授谈姓氏》和《中国人姓名的奥秘——王泉根教授说名号》[1] 属于姊妹篇，前书探讨中国人的姓与氏，可作为"中国姓氏发展史"；后书旨在构建"中国人名发展史"，研究相关的文化价值与模式，对中国人名进行纵向和横向的探讨。该书通俗易懂，且不失学术意蕴，对近些年来有关姓名研究的文献梳理相当全面，尤其对汉文发表的少数民族姓名研究成果的梳理，可谓独树一帜。

纳日碧力戈、左振廷、毛颖辉发表《姓名的人类学研究》[2] 一文，认为姓名是一种分类系统，在社会交往中形成，和社会实践密不可分，具有丰富的文化底蕴和重要的社会功能。姓名不仅有"物质外壳"，是一种物象，也有社会意义；不仅用来指称，也描述特征。它是象似、标指、象征的交融一体。姓名的人类学研究涉及社会分类、社会记忆、政治操控、经济和政治交易、国家治理，也涉及如何造就和培养社会人。作者将皮尔士的指号学理论用于姓名研究，在国内尚属首次。

袁玉骝《中国姓名学》[3] 和冯舒、丁菲、殷丽《中国姓名学全书》[4] 属于工具书。《中国姓名学》有百科特点，除详细介绍中国古今命名法以外，还逐字逐条按音序排列，加注汉语拼音和用字的文献出处；"姓名与名声学"、"周易与姓名"、"姓名改革"等章，颇有实用性。《中国姓名学全书》对中国姓名文化分门别类加以介绍，内容丰富，涵盖"政治情节"、"名字类编"、"功名富贵"、"宗教情结"以及其他内容，书后附"中华老字号商店用名"、"中华老字号企业用名"、"建议房地产企业和房产用名"等参考资料，非常便利实用。

---

[1] 当代中国出版社，2011。
[2] 《民俗研究》2014年第4期。
[3] 光明日报出版社，1994。
[4] 新疆青少年出版社，1998。

## 四　少数民族姓名的研究

中国传统上的姓名研究，多以汉族姓名为主，汉族以外其他民族的姓名研究，相比之下就显得很不够。近年来，这种情况已经有了改观。

对中国某一个或者某些少数民族的姓名的研究，已经有了多年历史；有关调查材料，也有相当积累。陈垣《元西域人华化考》①，对中国元代西域的大食、安息、维吾儿、回族等族群的人名称号做了考证。张鸿翔《明外族赐姓考》一文，根据王世贞《赐降敌姓名》②，对明代降附的鞑靼（蒙古）、瓦剌、女直（女真）、回鹘、安南诸族官宦接受明廷赐姓授名的事例做了考证。③ 作者另据《明实录》，"旁采群史，计得外族赐姓者，一百有六人"。蔡志纯《元明清蒙汉间赐名赐姓初探》一文，通过对元明清三朝赐姓名的分析考证，"论述民族政策及蒙汉民族关系的演变以及民族同化问题"。④ 姚薇元《北朝胡姓考》一书，根据丰富的史料，对南北朝时期的北方少数民族姓氏做了详细考证，行文严谨，论述精当。⑤ 洪金富《数目字人名说》⑥ 一文，对于唐代以来的中国多民族数目字人名进行了考证，总结评述了两百年来学者对数目字人名来源的种种说法，是一篇学术力作。

在中国少数民族姓名研究中，有关满族姓名的文章比较多，如石继昌《漫谈旗人姓名》⑦、屈六生《清代玉牒》⑧、何多奎《灯塔县满

---

① 世界书局，1962。
② 《山堂别集》一四。
③ 《辅仁学志》1932 年第 3 卷第 2 期。
④ 《民族研究》1989 年第 4 期。
⑤ 中华书局，1962 年初版，1970 年再版。
⑥ 《中央研究院历史语言研究所集刊》1987 年第 58 辑。
⑦ 《学林漫录》（初集），中华书局，1980。
⑧ 《历史档案》1984 年第 1 期。

族分布及其姓氏》[①]、李巨炎《爱新觉罗后裔冠汉字姓略考》[②] 等。范玉梅《回族姓名浅谈》[③] 一文和徐悉艰《景颇族的姓名》[④] 一文，分别介绍了中国回族和景颇族的姓名。杜绍源《古代维吾尔族人名初探》[⑤]、热外都拉《漫谈维吾尔族人名》[⑥]，则对维吾尔族人名的古今习俗做了介绍。

蒙古族的姓名研究，在蒙古学的推动下，也进行得比较深入、全面，但文章多用蒙古文发表。考证早期蒙古人名的著作，有额尔登泰、乌云达赉、阿萨拉图《〈蒙古秘史〉词汇选释》[⑦] 一书。该书除对《蒙古秘史》中出现的蒙古人名和地名做考证外，还对一些蒙古人名推定语属，理出含义，附加注解。由于该书所引参考书多系蒙古学、突厥学、汉学之经典，故颇具学术价值。达·巴特尔《呼和浩特蒙古族居民三代人名比观》一文，对1910～1982年出生的三代蒙古人的名字后缀使用情况做了统计分析，得出"呼和浩特蒙古人名以派生方式产生的数量正在增加"的结论。[⑧] 布·官其格《蒙古族姓氏简述》一文，在介绍蒙古族姓名的同时，批驳了蒙古族无姓的说法，并对蒙古族汉姓的来源做了考证。[⑨] 索德那木道尔吉《蒙古族人名禁忌习俗》一文，介绍了与蒙古族人名有关的各种文化禁忌。[⑩] 纳日碧力戈《"中夏有姓、外夷无姓"论商榷》一文，运用史料，经过分析，论证了包括"蒙古人无姓"说在内的"中夏有姓、外夷无姓"论的

---

[①] 《东北地方史研究》1985年第3期。
[②] 《黑龙江民族丛刊》1988年第3期。
[③] 《西北民族研究》1988年第2期。
[④] 《民族研究》1991年第2期。
[⑤] 《中央民族学院学报》1983年第3期。
[⑥] 《新疆大学学报》1982年第3期。
[⑦] 内蒙古人民出版社，1980。
[⑧] 《蒙古语文》（蒙文版）1986年第5期。
[⑨] 《蒙古语文》（蒙文版）1982年第3期。
[⑩] 《内蒙古师范大学学报》1986年第3期。

不确，认为"只要把汉文中有关'姓'的名与实弄清，辨明'姓'字古今含义的差异，只要把姓的演变纳入社会历史的背景下，我们就很容易得出'但凡民族古时皆有其姓'的结论来"①。

毛振林《瑶族的姓氏与命名》一文，在介绍瑶族人名习俗的时候，重点介绍了瑶族的"亚姓"制度，即为了解决婚姻问题，在原来"姓"的基础上，再划分出"亚姓"，形成"亚姓"外婚、姓族内婚的习俗。② 宇晓《亚姓现象的跨文化比较研究》一文指出，"姓氏的主要职能是界定社会公认血缘"；亚姓是在姓氏的演化速度滞后与社会总体发展的情况下，在姓氏开始分化而又未彻底分开的过渡状态中，民族文化所萌生的一种比姓氏更次级的社会公认血缘界分机制。同样，从亚姓还可以继续分衍出与自己形式相似的"准亚姓"。作者进而举例对于汉族、侗族、景颇族、珞巴族和阿昌族的亚姓制度进行了讨论，他指出："从上述几例看来，一个民族的姓氏随着各姓氏间发展的不平衡和其他社会原因，总有可能不断形成亚姓，一旦时机成熟就成为新的独立姓氏。如果分化中发生了族际交往造成的自然的文化涵化和互动，为了族际交往之需，从异族引入成套的新姓氏，那么姓氏分化的自然过程就会受到冲击，结果就会造成引入姓氏与固有姓氏之间形式上构成类似于亚姓的结构。但是，姓氏与其所属'亚姓'之间的界缘不相重合，导致各姓氏盖涵的范围与亚姓盖涵范围互相交错的情况，这种现象已不是纯粹意义上的亚姓，因而姑称之为准亚姓。准亚姓现象大多在本族固有姓氏内在的联系较为松散，而又与一个姓氏制度十分严密的民族相互涵化互动的社区里才易于形成。

"准亚姓的存在应作为民族文化涵化中姓氏分化的特例，它不属于正常的分化环节及其相应的形式。只有严格区分亚姓和准亚姓之

---

① 《民族纵横》，中央民族学院出版社，1991。
② 《民族文化》，1987。

别，才不致产生曲解少数民族形式功能及通婚规范的失误。"①

王贵《藏族人名研究》一书，根据500多个藏族人名，分别叙述和研究了它们的汉文译名、英文译名及其字义。该书还在介绍藏族人名结构的同时，介绍了相当于"姓"的藏族人名。作者针对藏族人名的汉译、英译杂乱不一的情况，从汉语方言差异、藏语方言差异以及南亚特殊英语对译名的影响方面，进行了分类爬梳，提出规范方案。书后附有543个藏族人名的藏文准确写法、各种译写法和意义的对照表，上层人物家族名及尊号等译写对照表，西藏旧官职、僧职等名称译写对照表。该书从音理上探讨藏族人名译写方法以及译写差异，加大了姓名研究中的语言学比重，同时也扩展了姓名研究的领域，颇具姓名学价值。②

范玉梅《我国少数民族的人名》③一文和张联芳主编《中国人的姓名》④一书，比较全面系统地介绍了国内少数民族的姓名，并且得到广泛引用。

范玉梅的文章，首先论述了研究中国少数民族人名的意义："我国少数民族人名为我国少数民族发展提供了丰富有力的佐证"；"我国少数民族的人名有力地说明了我国各民族人民之间团结友爱、相互融合、共同进步的民族关系"；"通过少数民族人名的研究，可使我们了解到我国少数民族人民经济、政治、文化生活的不少情况，而有些情况是很难从文字记载中获得的"；"研究我国少数民族人名，有助于开展我国民族学、历史学、地名学、民俗学等学科的研究工作，因为有关我国少数民族人名方面的知识，是研究这些学科必须具备的基础知识。"作者在概括讨论中国少数民族人名之后指出，姓氏是在母系氏

---

① 《贵州民族研究》1994年第2期。
② 民族出版社，1991。
③ 《民族研究》1983年第5期。
④ 张联芳主编《中国人的姓名》，1992。

族社会产生的,它的形成是因为在母系社会"人们相互交往频繁,为了区别不同的婚姻集团"。先是部落或者部族首领有姓,然后是庶民有姓。在同姓日多的情况下,"地位高的人为了把自己与地位低的人区别开,复在姓之后立氏"。作者对于姓氏本义及其关系未作涉及,但显然继承了"姓以别婚姻"、"氏以明贵贱"的传统说法。文章把中国少数民族有无姓氏以及姓名先后顺序的情况划分为三类:

1. 姓名兼有,姓先名后。在作者所举的例子中,有一个特例:"黎族的姓与名都在一个音节内,声母是姓,韵母及声调是名。"

2. 有名无姓。这个类型包括连名制和只有单名两种情况。值得注意的是,作者把蒙古族、藏族、裕固族等民族归入"有名无姓"类。

3. 有姓无名。例如,德昂族取名时,按照排行再冠以姓氏称呼,如李老大、李老二、何老大、何老二之属。作者显然认为这种排行不属于普通人名,至于它们是否属于排行名,文章未作说明。

该文第三部分介绍了中国少数民族的连名制。第四部分,以丰富的材料介绍了中国少数民族的命名范围,并且划分出18类:地名、他人姓名、物件名、动植物名、宗教名或迷信名、排行名、干支名、数字名、韵母及声调名、机遇名、本人特征和性格名、情感名、他族人名、十二生肖名、吉名、出生时间名、五行名、父母意愿名等。文章第五部分介绍中国少数民族的人名风俗禁忌,涉及讳名、小名、贱名、改姓名、破姓(为结亲而分姓)、重视辈分的人名称谓、父母与次子次女不连名、讳义及图腾崇拜等内容。作者在最后一个部分总结了中国少数民族姓名的主要特点:地域性、宗教迷信性、稳定性、多民族性、多次性（多次命名的特点）、男女有别、有限性、阶级烙印等。

张联芳《中国人的姓名》一书，除介绍汉族姓名外，还介绍了中国55个少数民族的姓名及其相关文化。他在该书序言中把国内少数民族的姓名分为古代的和当代的两大部分，并重点介绍前者。他对中国境内55个少数民族的姓名制度作了三种分类：有姓有名、无姓有名、连名制。他认为："我国现代少数民族的姓，一般出现时间较晚，大多是在汉族文化的影响下产生的。"《中国人的姓名》的一个重要特点是，写作者的队伍阵容强大，其中有许多人是民族学家、历史学家、语言学家和其他相关学科专家；一些写作者本身是少数民族，对于自己的姓名文化了如指掌。

罗之基著《佤族社会历史与文化》一书，其中第四章第一节专门介绍和讨论佤族的家庭、家族和姓氏。[1] 作者以云南阿佤山地区佤族的父子连名制为例，对其姓氏的传说来源、含义、发展演变以及构成作了详尽介绍。佤族姓氏常常反映过去的生产活动、交换行为、部落械斗、社会习俗、创业过程、英雄事迹等。[2] 该书是作者多年民族学田野调查的结晶，资料丰富、详细，多为第一手，所举佤族姓氏附有国际音标转写，提供了较好的姓名研究原始资料。

此外，中国国内近年来出版的论述汉族姓名的论著，或多或少地涉及了少数民族的姓名文化。不仅如此，在许多历史、民俗、民族文化等方面的著述中，也常常涉及少数民族的姓名。就少数民族姓名材料来说，最值得推崇的，是我国民族工作者在五六十年代民族大调查基础上，撰写的关于国内少数民族社会历史的调查报告，它们所提供的第一手少数民族姓名材料，翔实可靠，为有关研究提供了方便。80年代以来，涉及少数民族姓名的书籍，已经有了明显增加。这些书的

---

[1] 罗之基：《佤族社会历史与文化》，中央民族大学出版社，1995。
[2] 罗之基：《佤族社会历史与文化》，第238~242页。

主要特点是集趣味性、普及性和学术性于一身,这与当时的"文化热"不无关系。

徐一青、张鹤仙《姓名趣谈》[①] 一书,是着眼于跨民族姓名研究的著作。该书分"姓篇"、"名篇"、"避讳篇"和"巫术篇"等四个部分,列举和分析了姓名的文化现象,其中的"巫术篇"比较有特点。作者认为,人名避讳与人名巫术,是"一件事情的两个方面",消极地阻止某事发生的是避讳,积极地鼓动以期某事发生的是巫术。名字的巫术,作为假的科学、不成功的艺术,不仅在原始社会后期以至奴隶社会、封建社会的漫长时期中,与宗教迷信伴随在一起而大量存在,就是在新中国成立前,特别是在一些边远的文化不甚发达的少数民族中仍有遗留,表现在文学作品和历史典籍中的也不少。[②]

王泉根《华夏姓名面面观》,是一部富于知识性、趣味性的书,文风活泼,叙述生动,属普及性读物。该书附录有"新编百家姓"、"中国百家姓英语译音和汉语拼音对照表"、"百家姓排出新座次"、"中国现代文坛常见笔名和原名对照表"以及"漫话外国文学家的笔名"等内容。全书分六辑:第一辑"姓与氏",以对汉族姓氏的来源及其沿革的论述为主;第二辑"取名种种",研究从古至今人名用字的特点及其社会、时代和地域特征;第三辑"字、号及其他",介绍古今人名中的字、号、地望称、官衔称、室名、笔名、艺名、诗名、法名和道号;第四辑"帝王的庙、谥、年、讳",介绍古代帝王的称谓制度;第五辑"少数民族的姓名",介绍中国部分少数民族的姓名风俗;第六辑"姓名学拾贝",系作者对一些与姓名研究有关问题的思考。该书的另一个特点,是按照专题行文,独立成篇,但"各个专辑之间有着内在联系"。不过,该书也有其弱点,即它对于少数民族

---

① 上海文艺出版社,1987。
② 徐一青、张鹤仙:《姓名趣谈》,第120~121页。

姓名的论述,有的属于对个别人的临时访谈,未经考证和研究,因此难免牵强。王泉根《中国人姓名的奥秘——王泉根教授谈姓氏》一书除根据范玉梅的《我国少数民族的人名》,用大量篇幅介绍国内少数民族姓名以外,还介绍了少数民族姓氏文化的研究,尤其介绍了由杜若甫主编的《中国少数民族姓氏》。①

《中国少数民族姓氏》是国内外第一部介绍中国少数民族近代姓氏的辞书性质的专著。除了维吾尔等6个没有姓氏的民族外,其余49个少数民族每一民族为一章。最后第50章为"未识别民族与特殊族群",包括僜人等12个未识别民族和特殊族群。在每一章中,首先对该民族概况(包括族源、起源、人口、分布、语言文字与宗教信仰等)作简要说明,并对该民族的姓氏制度作一概述。然后对该民族的本民族姓氏与采用的汉式姓逐条进行说明。本民族姓的每一条目中尽量包括异译、原义、起源、变化、分布、人物等;汉式姓的每一条目,则尽可能包括采用该汉式姓的本民族的姓、分布、人物等。在每一章的最后,则列出参考文献目录。《中国少数民族姓氏》共收集8761个民族姓及其异译6055个,以及汉式姓6168个,如将不同少数民族中相同的汉式姓合并计算,则汉式姓为1190个。②

蔡萌《怎样起名·姓名趣谈》③ 在涉及中外姓名的一些特点的同时,举例介绍了31种取名方法。此外,作者还对中国一些少数民族姓名和国外某些民族的姓名作了介绍。作者在"开场白"中认为:"起名无好坏标准,可以随心所好";"起名应该说纯属私事,旁人不

---

① 民族出版社,2011。
② http://www.amazon.cn/%E4%B8%AD%E5%9B%BD%E5%B0%91%E6%95%B0%E6%B0%91%E6%97%8F%E5%A7%93%E6%B0%8F/dp/B0055BL7ZG/ref=sr_1_1?ie=UTF8&qid=1407308213&sr=8-1&keywords=%E4%B8%AD%E5%9B%BD%E5%B0%91%E6%95%B0%E6%B0%91%E6%97%8F%E5%A7%93%E6%B0%8F,2014年8月6日登录。
③ 华夏出版社,1988。

应干涉。"① 不过，这种说法显然是忽略了姓名作为交际辅助工具的主要社会功能，因而是值得商榷的。

## 五　外国人名的研究

张联芳主编的《外国人的姓名》一书，具体介绍了41个国家和域外民族的姓名的起源、演变和构成方式。同时，该书对于姓名学概念，其研究对象、范围、方法、意义，以及与相邻学科的关系，国外姓名学的发展状况等，作了简明综述。该书的体例基本是按照国别分专文论述，各自独立成篇。张联芳撰文《关于姓名学的几个问题》附于书后。该文认为："姓名作为人的个体名称，一般具有标志社会成员个人、性别和所属家族系统等作用。但姓名既非从来就有的，也非是一成不变的。它是人类社会发展的产物。自从人类创造了文字以后，姓名才得以传播和遗留后世。"② 作者还在文章中介绍了国外学者对姓名学的定义，即姓名学属于专名学的一个分支，而专名学又是语言学的一个分支；它研究地名、人名及其产生、发展的历史。另一种观点认为，姓名学属于民族学或民俗学。作者进一步指出，在原始社会，人们用居住环境里的景物作为姓名，"氏族成员都有使用个人名和族称姓的权力"；在封建社会，"姓名作为称呼人的符号，除具有便利社会交往的功用外，也具有了明贵贱、别等级的功能"。姓名作为社会现象，其发展变化受到社会历史的影响，同时也从另一个侧面反映社会内容。一方面，作者指出，姓名学可以借鉴诸如语言学、历史学、民族学、民俗学、社会学，以及其他相关学科的语义分析、词源考证、实地调查、系谱推定、阶级分析、比较之类的研究方法；另一方面，他又指出，姓名学的研究对象有其独特规律，研究方法也有自

---

① 蔡萌：《怎样起名·姓名趣谈》，第2页。
② 张联芳主编《中国人的姓名》，第455页。

己的特点。作者在这篇文章的第二部分，对国外姓名学研究历史做了回顾。他认为："姓名学的科学研究，是在十九世纪中期达尔文的'进化论'影响下开始的。"摩尔根的《古代社会》一书对姓名做了许多正确的论述，"但是，摩尔根认为当母系社会为父系社会取代成为不可避免后，仅需要更改子女命名方式便可实现这一历史性过渡，未免过于简单化了"①。作者在介绍德国、英国、苏联、日本等国的姓名研究状况后，对姓名的历史演变进行了追溯。他指出："最初的人名，大约是在人类开始有了语言之后，为了协调集体劳动而诞生的。"② 原始人名和语言一样，有两个构成要素，即语音和语义，同样也是劳动的产物；原始人名的具体形式与图腾崇拜有关；在原始社会，人名可以任意选词，而在奴隶社会，奴隶被剥夺了使用姓名的权力；宗教、各种立法规定对姓名发展产生了重要影响；姓最初常与个人单名混在一起，"是近亲血缘团体的标志"，姓主要出自氏族社会的图腾符号或氏族族称、族徽等。作者指出，姓是不同民族在不同社会发展过程中创造的，因而各民族的姓概念相去甚远。中国是亚洲最早出现姓的国家，而在欧洲，姓较早出现于古罗马的父系氏族社会，但是，长期未能固定下来。西方殖民主义时期，亚洲一些国家和地区的姓受到了影响。作者认为，世界各族姓名结构大体可分三类："一段式"，即只有名或姓；"两段式"，即姓+名或名+姓；"三段式"，即名+父名+姓。作者在文章结尾总结了姓名学研究的社会意义："姓的起源与母子和父子连名制，有力地印证了母权制社会的长期存在及其向父权制转变的历史"；家谱姓名材料是我们探讨民族史的重要依据；"姓名有时也可以反映民族来源和宗教信仰"；姓名研究对其他各个社会科学领域也具有程度不同的意义。

---

① 张联芳主编《中国人的姓名》，第464页。
② 同上书，第469页。

## 六 姓名与图腾的研究

在中国的姓名研究中，进行得比较多的一个方面，是有关姓氏图腾的研究。20世纪20年代，郭沫若在《甲骨文字研究》中指出，凤姓来源于凤鸟图腾，古代的凤姓之国，是以凤为图腾的古民族。黄文山《对于"中国古代的图腾文化"之我见》"跋"[1]、钟道明《中国古代氏族社会之研究》[2]、李玄伯《中国古代社会新研》[3]、吕振羽《史前期中国社会研究》[4]、孙作云《诗经与周代社会研究》[5]、丁山《中国古代宗教与神话考》[6] 等著述，也都对中国古姓与图腾的关系作了多方面考证与论述。

董家遵《古姓与生肖同为图腾考》一文，探讨了中国一些古姓与十二生肖的演化关系，认为姓是重要的社会制度，要了解今姓的性质就必须考察古姓的由来。作者试图论证古姓是图腾的化身，或者说图腾就是古姓的原型。他指出，人与图腾的关系有三：

1. 同名性：如人类用图腾名做社群符号。
2. 一体性：如初民相信图腾兽被杀后，图腾群体也要受害，还相信图腾神即部落保护神。
3. 关联性：如初民相信图腾群体是图腾后裔，同图腾者即同族。[7]

---

[1] 《新社会科学季刊》1934年第1卷第1期。
[2] 《东方杂志》1934年第31卷第1号。
[3] 开明书店，1949。
[4] 三联书店，1961。
[5] 中华书局，1966。
[6] 上海龙门联合书局，1961。
[7] 《社会科学》1946年第3卷第1期。

中国国内较早专文研究姓名与图腾的文章，还有陶云逵《大寨黑彝之宗教与图腾制》①一文，它论证了云南元江三马头天宝山一带彝族图腾制的存在。卫惠林《中国古代图腾制度论证》②一文，专门对图腾名号进行了讨论。他认为，在中国古代的三皇五帝的名号中，太昊、伏羲为太阳图腾，炎帝神农氏为火图腾，黄帝有熊氏为熊图腾，帝舜有虞氏为虎图腾。马学良《从㑩㑩氏族名称所见的图腾制度》③和《彝族姓名考源》④等两篇论文，对彝族氏族名与其信仰图腾之间的对应关系作了考证。陈宗祥《西康傈僳水田民族之图腾制度》一文认为，这两个族群的图腾是区别氏族的简单工具，并指出："傈僳与水田两民族，同姓绝对不婚，完全采取氏族外婚制。"⑤

何星亮《图腾名称与姓氏的起源》一文，对姓氏与图腾的关系作了论述。作者认为，最早的社会组织名称，就是图腾名称。他指出，图腾发生之前的原始游群，由于互相间联系较少，"无群体自我意识，无你、我、他之分"，故"他们不需要名称，也不可能产生名称"。"图腾产生之后，人类才意识到各群体之间的不同。每一个群体都以图腾——某种有生物或无生物——作为群体的名称和标志，以资区别。于是，人类最早的社会组织名称便产生了。"作者进一步指出："图腾产生之前，各群体没有自己的标志和名称。图腾产生之后，首先用来区分的标志和名称，便是图腾徽帜和图腾名称。"在中国，早在汉代，人们就已经知道"姓"来源于"生人之物"，即图腾。作者最后总结道："姓氏是随着图腾名称的产生而产生的，最古的姓氏就是图腾名称；姓氏源于图腾名称，是姓氏形成的一条重要途径。"⑥这

---

① 《边疆人文》1943 年第 1 卷第 1 期。
② 《民族学研究集刊》1943 年第 3 期。
③ 《边政公论》1947 年第 4 卷第 6 期。
④ 马学良：《民族语文教学文集》，四川民族出版社，1988。
⑤ 《边政公论》1948 年第 7 卷第 1 期。
⑥ 《民族研究》1990 年第 5 期。

篇文章的特点是列举了丰富的国内汉族和少数民族的姓名材料来论证自己的观点,利用了前人的研究成果。作者的另一篇文章《图腾与人名的起源》,介绍了姓名研究者的一个重要观点,即在原始社会早期,个人沉沦在群体中,无个人意识,从而也无"私名";群体内以亲属称谓互称,图腾族名也代表个体;后来,"私名"随着个体意识的产生而产生,"私名"的产生基于图腾名称。①

值得注意的是,马松舲在《凉山倮族的系谱》一文中指出,凉山彝族(倮族)的姓氏与图腾信仰无关。②杨希枚在《联名与姓氏制度的研究》一文中,也认为彝族的姓氏可能出自其所居地的生态现象,不一定与图腾信仰有关。③

## 七 姓名的多学科研究

姓名研究的另一个特点是,随着中国人文学科的发展,姓名研究与其他学科结合,不断吸取它们的研究成果和方法,并形成风气。

罗常培《语言与文化》④ 是一部中国国内比较有开创性的语言民族学著作之一。该书第六章"从姓氏和别号看民族来源和宗教信仰",用语义分析方法,研究了人名及其文化内涵。作者认为,"中华民族原来是融合许多部族而成,尽管每个部族华化的程度已经很深,可是从姓氏上有时还可以窥察他的来源。"⑤ 例如,回族的马姓,由"马沙亦黑"缩减而成,源自阿拉伯文 Shaikh Marhmmad 的音译,Shaikh 义为"老人",系阿拉伯人对长者的敬称。阿拉伯人习惯于把尊称放在人名前,而汉族人对此不习惯,将人名提前,称为"马哈麻·沙亦黑",简作"马沙亦黑",于是,"马"成姓,"沙亦黑"成名。

---

① 《西藏民族学院学报》1990 年第 3 期。
② 《民族学研究集刊》1946 年第 5 期。
③ 《中央研究院历史语言研究所集刊》1957 年第 28 辑。
④ 北京大学出版社,1950;语文出版社,1989。
⑤ 1989,第 66 页。

吕叔湘《南北朝人名与佛教》一文，通过研究考证南北朝时期佛教人名的流行现象，揭示了佛教文化对中国社会的深刻影响，反映了当时的家世信仰和社会风尚。他指出："一种语言的历史和使用这种语言的人民的历史分不开，尤其是词汇的历史最能反映人们生活和思想的变化。词汇不仅指一般用词，也包括专名。例如地名能反映居民迁徙的经过，街巷名能反映过去的工商业活动，人名能反映人们的意识形态，其中包括生活理想、道德准则以及宗教信仰。佛教在中国流行近二千年，南北朝是它已臻强盛而尚未丧失活力的时期，单从当时人的命名用字上也可以看出它的影响多么广泛而深入。"[1]

赵艳霞《中国早期姓氏制度研究》[2] 在前人研究的基础上，综合分析古籍和古文字中有关资料，利用学科理论、方法和考古新成果，试图说明姓和氏的本质，探讨中国姓氏制度的起源、发展、演变及其历史作用。

王建华《文化的镜象——人名》[3] 一书，从文化语言学角度对人名进行研究。作者认为，人名作为人类文化的一个组成部分，是一个"显性样式和隐性样式"的综合体，人们的语言文字形式，以及人名的结构模式，属于人名的显性形态，人名形式和结构反映的信仰、习俗、道德观、价值观、文化心理、美学观念等，"则是其隐性内涵"。作者进一步认为，可以按照系统论将人名看作一个系统，其内部因素包括姓、氏、名、字、号、谥、笔名、小名、尊称、艺名、化名、附加名、父名、教名、爱称、简称、冠称等，它们形成的关系网络，在外部同文化、社会、历史、生活等因子发生联系，构成人名系统外部的关系网络。"前者的关系网络表现为人名文化的显性的、表层的形

---

[1] 《中国语文》1988 年第 4 期。另载邵敬敏主编《文化语言学中国潮》，语文出版社，1995。

[2] 天津古籍出版社，1996。

[3] 吉林教育出版社，1990。

态，后者则积淀成人名文化的隐性、深层的内涵。把人名的表层形态和深层内涵之间的对应关系揭示出来，正是人名学研究的目的。"① 作者指出，人名与一般语言现象比较，具有特指性、符号性和变异性三个特点。其中的特指性指"每一个人名都与具体的所指对象联系，都是某个人的特定标志"；符号性指"任何语言材料在语库中都有其特定的含义，而用于人名的语言材料都有一个约定：它们大都失去了其在语库中固有的词汇意义，只作为一种指别的符号"；变异性指"人们在命名时常常会突破'专名学'的符号性特点，而有意识地使人名带上某种含义，或着意追求某种'美名'"；"人名的主要功能是指别，一个人名特指一个具体的人"，但是这种特指性也会发生偏离，出现变异现象（功能变异），同时，人们语音上也存在变异性。② 作者认为，人名不仅仅是语言想象，它在本质上还是文化现象，其表现在：

1. 人名与文化共生；
2. 人名的历史同语言本身一样古老；
3. 人名是文化的载体和镜象；
4. 人名和文化互相影响、互相作用。③

以上四个命题中的第二个，似乎还有必要作进一步讨论，而且，其立论是否成立，也还取决于对人名的定义。此外，作者还认为，人名也是一种个人的社会性行为，反映人的心理。④ 该书在语音、语法、意义及其文化相关性方面，对人名进行了观察。对人名进行多角度、

---

① 王建华：《文化的镜象——人名》，第 9~10 页。
② 同上书，第 10~14 页。
③ 同上书，第 16~19 页。
④ 同上书，第 142 页。

· 323 ·

多层次的探讨，力求在理论上有所深入，是该书的主要特点。王建华另撰《人名与文化》一文，再次从"文化的形态与人名的系统"、"作为语言现象的人名"、"作为文化现象的人名"等三个方面，对人名进行了多层面讨论。①

晓章《绰号》② 一书，按照作者本人的说法，从社会学、现象学、修辞学、分类学、历史学、审美学和文化学角度，对绰号做了专题研究，这是比较独特的。作者认为，较稳定的绰号最合于绰号"对象"的"本质"，最能满足文化圈中对其"本质"的认识，它符合一定时期的社会环境，体现社会关系。③ 绰号的产生和传播，既与绰号对象和叫绰号的人有关，也与绰号自身有关，即"绰号"不仅需体现特点，概括明确，同时，作为一种标志形式，自身也要具备一些特点。④ 绰号是现实生活的反映，"当用生活的特定内容概括、说明特定的人时，绰号便形成了一种比喻，而这比喻也必然是特定的"⑤。绰号可以依人而不同，由不同标准可以作出各种分类。作者认为，当我们讨论绰号问题时，"展现在面前的将是一个从远古到今天的漫长历史过程"⑥。绰号与指称对象共存亡，它作为一种表现形式，"是创作主体的审美结果及其表现"。"绰号是一种文化现象。"

杨庭硕《人群代码的历时过程——以苗族族名为例》⑦ 一书，以作者的硕士论文为基础，根据长年的田野民族志工作，结合符号学理论，充分利用丰富的民族史资料，突出自称型族名，研究苗族族名的历时过程，堪称一部内容翔实、论证有力、颇有创意的跨学科佳作。

---

① 邵敬敏主编《文化语言学中国潮》，语文出版社，1995。
② 辽宁人民出版社，1990。
③ 晓章：《绰号》，第15页。
④ 同上书，第59页。
⑤ 同上书，第89页。
⑥ 同上书，第167页。
⑦ 贵族人民出版社，1998。

该书分"导论"、"族名研究的对象和方法"、"当代苗族族名的含义"、"苗族族名的历时过程"、"苗族支系名称的演化"、"苗族支系名误用及校正"、"存疑待考汇编"、"支系及亚支系界定的参考性原则"等八章,还附有参考书目和后记。

纳日碧力戈《民族姓名的语言制约析要》[①]一文,是一个把姓名研究和语言学相结合的尝试。作者认为,民族姓名由形式和内容两部分组成,姓名形式反映语言特点,姓名内容反映社会特点,前者相对稳定,后者富于变化,随着社会的发展变化而发展变化。民族姓名形式包括语音、语义、语法三个方面。作者还认为:"不同民族的语音特点影响不同民族姓名的选择及其特点";"原生的亲子连名制中亲名前连或后连,相应于特定民族语言中名词性修饰语相对于被修饰中心词的位置"。作者在对姓名的语义制约因素进行分析时,提出如下见解:语义可以划分为"基本语义"和"社会语义"两类,以及"基本意义"、"组合意义"、"象征意义"三个层次。"基本意义"指词汇的词典义项;"组合意义"指词汇组合产生的一般扩大意义,这两个层次共属基本语义;"象征意义"指"词组或词在特定语境下产生的特殊象征意义",它属于词汇的社会语义方面。这些范畴之间的关系常常发生变化,对命名行为有制约作用。纳日碧力戈《试论姓名的显性意义与隐性意义》[②]一文,则试图将义项语言学基本概念运用到姓名研究中。该文指出,"为了便于深入研究,我们把少数民族人名的意义分为显性意义和隐性意义两方面。此外还有必要引入三个重要概念:第一能指—所指、第二能指—所指和第三能指—所指。"其中,第一能指—所指表示词典意义上的声音和概念的关系;第二能指—所指表示在前者的基础上出现的符号和社会文化、社会心理的超语言本

---

① 《民族语文》1990 年第 4 期。
② 《西藏民族学院学报》1990 年第 4 期。

体关系；第三能指—所指表示准语言的、存在于人名词汇中的声音与个体之间的代码关系。在这三对范畴中，"第一对和第三对在不同程度上表现为约定俗成，不可论证"；"第二对范畴则受特定时代的社会心理和文化环境的制约，往往是可论证的"。根据该文分析，姓名的显性意义指第二对能指—所指关系中表现出来的人文意义，姓名的隐性意义存在于第三对能指—所指关系中。作者最后指出："人名的价值不在于人名符号本身，而在于这些符号所指的、人类为它们赋予的社会意义。"

## 第四节　中国姓名研究展望

展望中国姓名研究，一个多学科、多角度的视野正在显现。不仅原有的诸如姓氏本义的研究将继续进行下去，而且新的领域也会开拓出来。

### 一　开展多学科的综合研究

自从20世纪初西方人类学传入中国，尤其是摩尔根的民族学思想被介绍进来后，中国姓名研究进入了一个新阶段，其标志是研究领域的扩大，视野的拓宽和研究方法的更新。

过去中国传统姓名研究，在对象上主要限于汉族姓名，以汉字为体，考证为据，多重资料收集与汇编，重形式源流、家谱世系，拘于训诂。只是到30年代以后，姓名研究才有了新的发展，与其他一些相关人文学科发生交叉关系。像凌纯声、罗常培、芮逸夫、杨希枚等学者，便是从历史学、民族学和语言学结合的角度来研究姓名，并取得了较好成绩。正如近年来学者们指出的那样，姓名学的丰富内容及其与其他学科的密切关系，决定了它借鉴和利用相邻学科的可能性，如语言学、民族学、历史学、民俗学、社会学、心理学等，都可以为姓名研究提供新的角度和新的方法,从而使姓名学成为整个社会科学的一个有机组成部分,为一些宏观性的人文科学理论提供论点和材料上的佐证。自丁文江《爨文丛刻》发表以来,经凌纯声《东南亚的父子连名制》,罗常培《三论藏缅族的父子连名制》,马学良《从倮㑩氏族名称中所见的图腾制度》,杨希枚《台湾赛夏族的个人命名制》、《联名与姓氏制度的研究》、《从名制与亲子联名制的演进关系》等名篇的面世,直至今日中国姓名学的多学科综合研究,表明中国姓名研究已经取得显著的成就。

值得注意的是,姓名的多学科综合研究,并不是简单地用其他学科的现成东西,拾其皮毛,而是将其中一些关键性的概念和具有普遍理论意义的术语,导入姓名研究中来。美国人类学家克拉克洪用于文化分析的一对概念"显性文化"和"隐性文化",对当前中国的姓名研究产生了重要影响。按照林顿的解释,显性(型)文化包括物质文化、制度文化、行为;隐性(型)文化指心理义化。前者直观,"而后者则只能凭判断推测才能了解"[1]。前举王建华《文化的镜象——人名》、纳日碧力戈《试论姓名的显性意义与隐性意义》,便是在这方面的探索。有的学者还试图将系统论、现象学、审美学、修辞学、分类学等引入姓名研究[2],他们做了积极而有益的工作,为中国姓名研究注入更多的活力。

可以预测,今后中国的姓名研究将以语言学、人类学—民族学、社会学为主要学科,以其他一些有关人文学科为辅助学科来发展。在姓名研究中,语言学与民族学的连接点在于语义,故语义学及语义分析的方法,将对中国今后的姓名研究起重要作用。在这个方面,中国有传统的"名字训诂学"可供继承发扬。其他如系统论、历史学、心

---

[1] 陈国强主编《简明文化人类学词典》,浙江人民出版社,1990,第358页。
[2] 参见王建华《文化的镜象——人名》;晓章:《绰号》。

理学等学科，将围绕姓名语义学形成姓名研究的外围网络，使姓名学的特点更加突出，视野更加开阔，理论更加深入。

## 二　重视研究少数民族的姓名

前文已经提到，中国古代姓名研究，主要局限于以汉族姓名为主，以汉字为体，考证为据。虽然族谱、名谱材料丰富，但多前后因袭，缺乏新意。只是到了20世纪40年代之后，原来以汉族姓名研究为主的中国姓名研究，终于有了重要发展。一个新的领域得到重视和开发：中国少数民族的姓名及其制度。在中国少数民族姓名系统中，存在大量丰富的民族社会文化和语言材料，为推溯一些古代文化制度乃至社会组织，提供了一个重要窗口。仅举中国少数民族连名制来说，便有父子连名，母子连名，子连父名、女连母名，子连母名、女连父名，连父母名两可，女连母名、子连父名再连母名，祖父子三代连名，以及三字连名、四字连名、二字连名等类目，而根据杨希枚研究，连名制由从名制演化而来。于是，从这些多种多样的连名制类型，我们可以倒推其从名制，从而解决与之有关的社会组织问题。

按照国外民族学老传统，民族学的研究对象是那些没有文字的"史前民族"，故那些学习西方民族学或文化人类学的中国民族学家们，便自然地把目光转向国内少数民族，而当时的抗战形势也恰好更多地提供了这种机会。[①] 中国少数民族姓名研究，就从那时起开展起来，并且其领域不断扩大，这使国内整个姓名学充满了新活力。

如果说，四五十年代中国少数民族姓名研究集中在连名制上，并且多由民族学家、语言学家所从事的话，那么，当今中国少数民族姓名，已经或者正在得到全方位的透视和分析。目前国内少数民族姓名

---

[①] 中国抗日战争时期，中国的政治和文化中心，一度迁到西南地区，而居住在那里的诸多少数民族，也就成为民族学家们的研究对象。

研究，主要集中在两个方面：一是宏观理论分析，二是某个民族姓名的具体研究，且以后者为多见。如前举徐悉艰《景颇族的姓名》一文，把景颇族的姓名与相应的家庭、婚姻、传说、民族接触等社会文化及背景联系起来进行研究，是一个好的视角。

中国少数民族姓名研究领域的扩展，将主要表现在语言、文化和方法三个方面。语言作为姓名的物质外壳，是姓名最直观的方面。语音、语义和语法特点，都会在姓名上反映出来。像黎族姓名，姓与名同在一个音节的结构，便很有特点；亲子连名制原型与语言名词性修饰语相对于中心词的位置要一致；等等。民族文化是个广泛的概念，它必须通过语言的符号处理，方能真正获得人文意义。同时，它也必须通过民族语义系统来表达、传承、变迁。因此，民族语义系统和民族文化，尤其是精神文化或无形文化，在很大程度上表现为互为因果的关系，而这种关系能够直接或间接地反映到民族的姓名上。要研究姓名，就要联系文化，而研究文化，有时也要涉及姓名。从方法上看，姓名研究也需要多方位、多层次的视角，需要一些涉及姓名各组成部分的其他学科的研究方法来充实自己，像语义分析一类的语言学方法、系谱分析一类的民族学方法等，都会成为姓名研究的新的乃至必要的方法。

总之，少数民族姓名上表现出来的多种多样的语音、语法和语义特点，以及不同的文化价值，亦即与之相应的各种现代的和传统的研究方法，都使少数民族姓名研究的视野得到扩展，同时也就使整个姓名研究领域得到开拓。

## 三　中国姓名学的课题与任务

中国姓名学已经初具规模，多学科综合研究也成为它的特色；它虽然与其他许多学科比较仍显幼稚，但具有深厚的中国传统学术和近现代新兴学科相结合的潜在优势，呈现中西合璧、古今交融的底蕴。

面对国际上人文科学与现代社会的同步发展，中国姓名学应当关注如下一些课题和任务。

**1. 姓名研究要借鉴其他学科的理论并形成自己的理论体系**

众所周知，民族学的文化平行论认为，有一些文化现象，虽然难以看出它们之间有地理上和源流上的联系，却表现出相类似性。古典进化论者认为，这是由于人类具有心理一致性的结果；传播学派则认为是"文化传播的结果"；而美国历史学派认为："人类所能创造出的技术和文化条件是有一定限度的，因而其表现形态不可能是无限多样的，文化生态学则把它归于生计技术的相似和这种生计技术所作用的不同生态环境中特定部分的相似。"① 与文化平行论密切相关的是"文化辏合"，即"地理上不相邻的民族的文化中不同的特征，经过一段时间之后，达到某种程度的相似或相同，但并无传播涵化之类的因素，促成此种相似"②。上述理论直接关系到包括姓名模式在内的种种文化现象。仅举中国少数民族的连名与姓氏制度来说，其连名序列、类型、姓名的演化、功能等，不仅为我们提供了丰富的研究内容，也为我们通过分析、比较和研究来印证或辨伪一些社会科学的宏观理论提供了可能，从而使姓名研究达到进一步的理论化高度，取得与其他学科并立和交流的地位，真正成为整个人文科学系统的一个组成部分。具体来说，汉族的姓氏制度与少数民族的姓氏制度，在近些年来的趋同，是否属于"文化并行"或"文化辏合"，抑或"文化传播"、"文化融合"？亲子连名制中亲名相对于子名的位置的类同等（如台湾原住民一些族群的亲名后置的亲子连名制，与欧洲的父名后置的父子连名制），是否也可以用上述某一理论解释？

美国语言学家拉波夫认为：

---

① 陈国强主编《简明文化人类学词典》，"文化平行论"条。
② 芮逸夫主编《云五社会科学大辞典·人类学》，台湾商务印书馆，1975年第4版，"文化辏合"条。

（1）方言差别不仅在于地域，也在于社会；社会结构和社会层次也会造成方言差别。

（2）语言差异只出现在特定社会环境中。

（3）语言本身无优劣之分；对语言的评价，和语言使用者的社会地位及其文化修养等社会因素有关。[①]

我们完全可以借鉴这些理论来观察和分析丰富的姓名材料，从姓名文化分衍出姓名形式的地域性、社会性、变异性、阶层性、职业性等维度。总之，由于姓名研究在中国尚未形成完整、系统的理论，所以，借鉴其他相关学科的理论成果和研究方法，结合自身的特点，逐渐形成体系，是十分必要的。

**2. 姓氏研究有待进一步深入**

由于民族语言的差别，"姓氏"一词作为姓名研究的关键词，在中国姓名研究中，使用还比较混乱。其主要表现是，用汉文化背景下的姓去推论其他民族的姓，以今义推古义，以民俗用法代替学术用法，结果使姓名研究的领域大受限制，甚至有导入歧途的可能。例如，姓字本义原为血族，是实体，故亦称姓族，后来才变为一种符号之称。尤其是在姓氏合一之后，姓已经虚化为家庭和个人的区分符号。现代都市的汉姓，更是一种个人符号，其"别婚姻"的功能已经丧失过半，同姓相婚者大有人在。但是，对应许多少数民族来说，他们氏族或者家族的称号，即姓，仍然具有"别婚姻"的功能，故不能用现代汉姓强为比拟。说一些少数民族缺乏现代意义上的汉姓，无疑是对的；但若说他们缺乏古义汉姓，那就值得商榷了。更何况有些少数民族兼有汉姓、本族姓，以本族姓"别婚姻"。正确认识姓之本义，有利于姓名研究深入，也有利于把姓氏制度与婚姻制度、亲属称谓制度乃至社会制度联系起来，充分发挥姓名研究的边缘学科或交叉学科

---

① 祝畹瑾编著《社会语言学概论》，湖南教育出版社，1992，第91~138页。

的优势。

以亲属称谓为例,现代汉族称母之兄弟和妻之兄弟作"舅",母之姊妹和妻之姊妹,都作"姨",冯汉骥认为"这是从儿称呼的影响所致"①。由此看来,从名制和汉族亲属称谓有着一定的相关性,也可以进一步说,姓名与亲属称谓有着某种关联,而研究这种关联则是我们今后姓氏研究的课题之一。

萧遥天等姓名学家将早期的姓称为公名,人名称为私名,这是一个重要的理论观点。但是,在这里需要指出的是,过去作为公名的姓,现在也已经向私名过渡,观察和研究姓氏的这种变化,也是姓氏研究的课题之一。

**3. 少数民族姓名的系统研究**

目前,中国国内发表了不少涉及少数民族姓名的著作、论文和材料,但其中做系统研究的少,而注重趣味性的多;深入研究的少,而普及性的多。另一个倾向是把少数民族姓名研究仅作为汉族姓名研究的副产品,往往在系统全面介绍或研究了汉姓、汉名后,才略穿插介绍一些少数民族姓名。就拿萧遥天《中国人名的研究》一书来说,其材料固然翔实,理论也多公允,不乏精彩之处,但通篇写的主要是汉族人名,对少数民族姓名只有零星介绍,而且还仅限于一些建立过重要王朝的少数民族。这不能不是一大缺憾。在中国这片土地上,生活着如此之多的少数民族,其分布如此之广,其文化如此之博,其历史如此之久,其姓名如此之殊,这是我们在介绍中国姓名的时候绝不能忽视或轻视的。从目前的姓名研究着眼,系统全面地介绍少数民族的姓名,把他们的姓名与他们的社会历史、文化、风俗习惯、婚姻制度、民族交往等背景联系起来进行研究,必然会使中国斑斓的多元文化走向世界,从而也促进各民族之间的互相了解、互相尊重。

---

① 《中国亲属称谓指南》,徐志诚译,上海文艺出版社,1989,第52页。

其实，中国国内少数民族姓名的系统研究，已取得一定成就。民族语言学家和民族学家，通过辛勤的劳动和创造性的工作，已经发表了大量涉及少数民族姓名的多种研究成果。国内各少数民族基本上都有了有关自己语言、社会历史、文化和经济的简史、简志。少数民族语言语境和文化研究，也已达到较高水平。所有这些都为中国少数民族姓名的深入、系统的研究，奠定了良好基础。前面已经提到，王泉根《中国人姓名的奥秘》对少数民族姓名研究高度重视，用相当篇幅做了初步介绍和分析。

**4. 加强对外交流，吸收国外有关姓名研究的最新成果**

中国国内的姓名研究者大多同意，有关姓名的科学研究，始于美国民族学家摩尔根和其他一些西方学者。摩尔根在《古代社会》中对印第安人姓名做了比较深入的研究，正是他把姓与姓族（氏族）、图腾、社会制度的变迁联系起来，使姓名研究摆脱了限于本体研究的狭隘性，对后世产生了深刻影响。在德国，19世纪在语言学家雅各布·格林的倡议下，《德国专名学》问世。在同一个时代，英国的卡农·巴兹莱和威克莱先后出版了《英国人的姓名》、《姓名传奇》和《姓氏》等书，"用科学的方法对姓名学进行了研究，才结束了以前对姓名学研究的非科学时代"[1]。国际专名学委员会于1949年成立，大大推进了国外姓名学的发展。"近三十年来，（前）苏联姓名学家逐渐把注意力从过去分析姓名的起源转向研究姓名与人类社会历史的相互作用上来。"[2]

中国有关姓名的科学性研究，虽然在继承前人姓名研究优良传统的基础上，已经有了长足进步，但是，其总的状况还不尽如人意，不仅与国外交流很少，而且国内同行之间也缺乏应有的交流。国外有关

---

[1] 张联芳主编《外国人的姓名》，第466页。
[2] 同上书，第467页。

专名学、姓名学的书籍，无论是原著，还是汉译本，都比较少见。国内姓名研究成果较少能够介绍到国外，而国外的姓名研究成果也难得介绍进来，这种情况当然应予改变。不过，国内姓名研究的落后状态，也有其客观原因，即国外的姓名学还不如其他许多学科那样引人注目；国内的姓名研究历史也不算长，既无专门刊物，也无专门学术组织机构。

尽管存在以上种种客观原因，我们还是要在主观上多做努力，充分利用现有条件，扬长补短，边研究边创造条件，努力与国外沟通信息，促进国内姓名研究，使姓名学在确立其学科地位的同时，进入一个全新境界。

# 参考文献

## 一 中文论著

**著作类**

〔法〕爱弥尔·涂尔干、马塞尔·莫斯:《原始分类》,汲喆译,上海人民出版社,2000。

蔡萌:《怎样起名·姓名趣谈》,华夏出版社,1988。

策·哈斯毕力格图采录《鄂尔多斯婚礼歌》,民间文艺出版社,1983。

〔美〕查尔斯·莫里斯:《指号、语言和行为》,罗兰、周易译,上海人民出版社,1989。

陈国强主编《简明文化人类学词典》,浙江人民出版社,1990。

陈捷先:《中国的族谱》,台北"行政院文化建设委员会",1984。

陈梦家:《殷墟卜辞综述》,科学出版社,1957。

陈明远、汪宗虎:《中国姓氏大全》,北京出版社,1987。

陈垣:《元西域人华化考》,世界书局,1962。

邓献鲸编著《中国姓氏集》，台湾至大图书教育用品股份有限公司，1970。

丁山：《中国古代宗教与神话考》，上海龙门联合书局，1961。

杜建春：《中华万姓溯源》，山东人民出版社，1995。

杜若甫主编《中国少数民族姓氏》。

独龙族简史编写组：《独龙族简史》，云南人民出版社，1986。

恩格斯：《家庭、私有制和国家的起源》，人民出版社，1972。

额尔登泰、乌云达赉校勘《蒙古秘史》，内蒙古人民出版社，1980。

冯汉骥：《中国亲属称谓指南》，徐志诚译，上海文艺出版社，1989。

冯舒、丁菲、殷丽：《中国姓名学全书》，新疆青少年出版社，1998。

冯志伟：《现代语言学流派》，陕西人民出版社，1987。

〔苏〕符拉基米尔佐夫：《蒙古社会制度史》，刘荣焌译，中国社会科学出版社，1980。

郭沫若：《中国古代社会研究》，科学出版社，1960。

郭锡良：《汉语古音手册》，北京大学出版社，1986。

汉语大字典编辑委员会：《汉语大字典》第六卷，四川辞书出版社、湖北辞书出版社，1989。

《哈萨克族简史》编写组：《哈萨克族简史》，新疆人民出版社，1987。

〔苏〕海通：《图腾崇拜》，何星亮译，上海文艺出版社，1993。

何晓明：《姓名与中国文化》，人民出版社，2001。

何晓明：《中国姓名史》，武汉大学出版社，2012。

〔英〕詹姆斯·乔治·弗雷泽：《金枝》上下卷，徐育新等译，中国民间文艺出版社，1987。

〔英〕杰克·理查兹等编著《朗曼语言学词典》,刘润清等译,山西教育出版社,1992。

〔美〕克利福德·格尔茨:《文化的解释》,纳日碧力戈等译,上海人民出版社,2000。

孔繁志:《敖鲁古雅的鄂温克人》,天津古籍出版社,1989。

〔波斯〕拉施特主编《史集》第一卷第一、二分册,余大钧、周建奇译,商务印书馆,1980。

李玄伯:《中国古代社会新研》,开明书店,1949。

李幼蒸:《理论符号学导论》,中国社会科学出版社,1993。

〔法〕列维-布留尔:《原始思维》,丁由译,商务印书馆,1985。

〔法〕列维-斯特劳斯:《野性的思维》,李幼蒸译,商务印书馆,1985。

林明峪:《台湾民间禁忌》,台湾联亚出版社,1970。

凌纯声:《中国边疆民族与环太平洋文化》,台湾联经出版事业公司,1979。

(唐)令狐德等撰《周书》,中华书局,1971。

(东汉)刘熙:《释名》,上海古籍出版社,1984。

柳诒徵:《中国古代文化史》上下册,上海古籍出版社,2001。

罗常培:《语言与文化》,语文出版社,1989(1950)。

罗维:《初民社会》,吕叔湘译,商务印书馆,1935。

罗之基:《佤族社会历史与文化》,中央民族大学出版社,1995。

《马克思恩格斯全集》第42卷,人民出版社,1979。

马克思:《摩尔根〈古代社会〉一书摘要》,中国科学院历史研究所翻译组译,人民出版社,1965。

马丽:《"三国志"称谓词研究》,中国社会科学出版社,2010。

马学良主编《增订爨文丛刻》,四川民族出版社,1986。

〔德〕麦克斯·缪勒:《比较神话学》,金泽译,上海文艺出版社，1989。

〔美〕摩尔根：《古代社会》，杨东莼、马雍、马巨译，商务印书馆，1977。

慕容翊：《中国古今姓氏辞典》，黑龙江人民出版社，1985。

纳日碧力戈：《语言人类学》，华东理工大学出版社，2010。

芮逸夫主编《云五社会科学大辞典·人类学》，台湾商务印书馆股份有限公司，1975。

钱大昕：《十驾斋养新录》卷十二，上海书店出版社，1983。

钱杭：《血缘与地缘之间：中国历史上的联宗与联宗组织》，中国社会出版社，2001。

任继愈主编《中国哲学史》，人民出版社，1973。

〔瑞士〕索绪尔：《普通语言学教程》，高名凯译，商务印书馆，1982。

史禄国：《北方通古斯人的社会组织》，赵复兴译，内蒙古人民出版社，1984。

孙作云：《诗经与周代社会研究》，中华书局，1966。

〔美〕T. 丹齐克：《数：科学的语言》，苏仲湘译，商务印书馆，1985。

台湾"政府新闻处"编印《台湾姓氏源流》，1971。

唐全发、唐景莉编《中外姓氏名号趣闻》，广西民族出版社，1989。

滕绍箴：《清代八旗子弟》，华侨出版社，1989。

〔美〕托马斯·E. 希尔：《现代认识论》，刘大椿等译，中国人民大学出版社，1989。

王彬：《禁书·文字狱》，中国工人出版社，1992。

王贵：《藏族人名研究》，民族出版社，1991。

王建华：《文化的镜象——人名》，吉林教育出版社，1990。

王建华：《人名文化新论》，中国社会出版社，2010。

王泉根：《华夏姓名面面观》，广西人民出版社，1988。

王泉根：《中国人姓名的奥秘——王泉根教授谈姓氏》，当代中国出版社，2011。

王泉根：《中国人姓名的奥秘——王泉根教授说名号》，当代中国出版社，2011。

王铁：《中国东南的宗族与宗谱》，汉语大词典出版社，2002。

王永宏编著《十二生肖流年运程》，中州古籍出版社，1994。

汪泽树：《姓氏·名号·别称》，四川人民出版社，1993。

乌热尔图主编《鄂温克风情》，海拉尔文化出版社，1993。

肖萐父、李锦全主编《中国哲学史》上卷，人民出版社，1982。

萧遥天：《中国人名的研究》，国际文化出版公司，1987。

萧启庆：《元代史新探》，新文丰出版公司，1983。

晓章：《绰号》，辽宁人民出版社，1990。

徐俊元等：《贵姓何来》，河北科学技术出版社，1985。

徐寿椿主编《文字比较研究散论》，中央民族学院出版社1993年版。

（东汉）许慎：《说文解字》，（宋）徐铉等校，上海古籍出版社，2007。

徐一青、张鹤仙：《姓名趣谈》，上海文艺出版社，1987。

杨宽：《古史新探》，中华书局，1964。

杨庭硕：《人群代码的历时过程——以苗族族名为例》，贵族人民出版社，1998。

姚薇元：《北朝胡姓考》，中华书局，1962。

袁玉骝：《中国姓名学》，光明日报出版社，1994。

袁裕业：《中国古代氏姓制度研究》，商务印书馆，1936。

张慧英：《语言与姓名文化：东亚人名地名族名探源》，中国社会

339

科学出版社，2002。

张联芳主编《中国人的姓名》，中国社会科学出版社，1992。

张联芳主编《外国人的姓名》，中国社会科学出版社，1987。

张孟伦：《汉魏人名考》，兰州大学出版社，1988。

张书岩、王保福：《起名指南》，群众出版社，1991。

赵华富：《徽州宗族研究》，安徽大学出版社，2004。

赵瑞民：《姓名与中国文化》，海南人民出版社，1988。

赵艳霞：《中国早期姓氏制度研究》，天津古籍出版社，1996。

（清）赵翼：《廿二史札记》，中国书店，1987。

中国社会科学院民族研究所国家民族事物委员会文化宣传司编《中国少数民族文字》，中国藏学出版社，1991。

朱风、贾敬颜：《汉译蒙古黄金史纲》，内蒙古人民出版社，1988。

（清）朱俊声：《说文通训定声》，中华书局，1984。

朱胜华：《最新姓名学》，台湾大众书局，1985。

祝畹瑾编著《社会语言学概论》，湖南教育出版社，1992。

## 论文类

布·官其格：《蒙古族姓氏简述》，《蒙古语文》（蒙文版）1986年第5期。

蔡志纯：《元明清蒙汉间赐名赐姓初探》，《民族研究》1989年第4期。

陈章太：《汉语的人名和人名用字》，《语文导报》1985年第7期。

陈宗祥：《西康倮倮水田民族之图腾制度》，《边政公论》1948年第7卷第1期。

楚伦巴根：《与蒙古族族源有关的一些匈奴词新解》，《内蒙古社会科学》（蒙文版）1986年第5期。

达·巴特尔：《呼和浩特市蒙古族居民三代人名比观》，《蒙古语言文学》（蒙文版）1986年第5期。

丁山：《姓与氏》，《新建设》1951年第3卷第6期。

董家遵：《古姓与生肖同为图腾考》，《社会科学》1946年第3卷第1期。

范玉梅：《我国少数民族的人名》，《民族研究》1981年第5期。

何多奎：《灯塔县满族分布及其姓氏》，《东北地方史研究》1985年第3期。

何星亮：《图腾名称与姓氏的起源》，《民族研究》1990年第5期。

何星亮：《图腾与人名的起源》，《西藏民族学院学报》1990年第3期。

洪金富：《数目字人名说》，《中央研究院历史语言研究所集刊》1987年第58辑。

黄文山：《对于"中国古代的图腾文化"之我见》"跋"，《新社会科学季刊》1934年第1卷第1期。

李巨炎：《爱新觉罗后裔冠汉字姓略考》，《黑龙江民族丛刊》1988年第3期。

凌纯声：《东南亚的父子连名制》，载《中国边疆民族与环太平洋文化》，台湾联经出版事业公司，1979年。

凌纯声：《父子连名制在东南亚的分布》，《民族学研究专刊》1961年第1期。

吕叔湘：《南北朝人名与佛教》，《中国语文》1988年第4期。另载邵敬敏主编《文化语言学中国潮》，语文出版社，1995。

罗常培：《论藏缅族的父子连名制》，《边疆人文》1944年第1卷第3、4期。

罗常培：《再论藏缅族的父子连名制》，《边政公论》，1944年第

3 卷第 9 期。

罗常培：《三论藏缅族的父子连名制》，《边疆人文》1944 年第 2 卷第 1、2 期。

马松舲：《凉山倮族的系谱》，《中央研究院历史语言研究所集刊》1957 年第 28 辑。

马学良：《从倮㑩氏族名称所见的图腾制度》，《边政公论》1947 年第 4 卷第 6 期。

马学良：《彝族姓名考源》，载《民族语文教学文集》，四川民族出版社，1988。

毛振林：《瑶族的姓名与命名》，《民族文化》1987 年第 5 期。

纳日碧力戈：《民族与民族概念再辨正》，《民族研究》1995 年第 3 期。

纳日碧力戈：《民族姓名的语言制约析要》，《民族语文》1990 年第 4 期。

纳日碧力戈：《试论姓名的显性意义与隐性意义》，《西藏民族学院学报》1990 年第 4 期。

纳日碧力戈：《从皮尔士三性到形气神三元：指号过程管窥》，《西北民族研究》2012 年春节卷。

纳日碧力戈：《"中夏有姓、外夷无姓"论商榷》，载和龚主编《民族纵横》，中央民族学院出版社，1991。

纳日碧力戈、左振廷、毛颖辉：《姓名的人类学研究》，《民俗研究》2014 年第 4 期。

潘光旦：《姓、婚姻、家庭的存废问题》，《新月》第 20 卷第 11 期。另载《潘光旦文集》第二卷，北京大学出版社，1994。

屈六生：《清代玉牒》，《历史档案》1984 年第 1 期。

芮逸夫：《瑞岩泰雅族的亲子联名制与倮㑩么些的父子联名制比观》，载《中国民族及文化论稿》，台湾大学人类学系，1972。

石继昌：《漫谈旗人姓名》，载《学林漫录》（初集），中华书局，1980。

索特那木道尔吉：《蒙古族的人名禁忌习俗》，《内蒙古师大学报》（蒙文版）1986年第3期。

陶云逵：《大寨黑彝之宗教与图腾制》，《边疆人文》1943年第1卷第1期。

徐阳春：《先秦名实观散论》，《绍兴师专学报》1992年第4期。

王建华：《人名与文化》，邵敬敏主编《文化语言学中国潮》，语文出版社，1995。

王明珂：《过去、集体记忆与族群认同：台湾的族群经验》，载中研院近代史研究所编《认同与国家》，中研院近代史研究所，1994。

王泉根：《中华姓氏的当代形态》，《社会》1992年第1期。

卫惠林：《台湾土著社会的世系制度》，《中央研究院民族学研究所集刊》1946年第5期。

卫惠林：《中国古代图腾制度论证》，《民族学研究集刊》1943年第3期。

杨希枚：《〈左传〉"因生以赐姓"解与"无骇卒"故事的分析》，《中央研究院院刊》1954年第1辑。

杨希枚：《台湾赛夏族的个人命名制》，《中央研究院院刊》1956年第3辑。

杨希枚：《先秦赐姓制度理论的商榷》，《中央研究院历史语言研究所集刊》1955年第26辑。

杨希枚：《联名与姓氏制度的研究》，《中央研究院历史语言研究所集刊》1957年第28辑。

杨希枚：《姓字古义析证》，《中央研究院历史语言研究所集刊》1951年第23辑。

杨希枚：《先秦赐姓制度理论的商榷》，《中央研究院历史语言研究所集刊》1955年第26辑。

杨希枚：《从名制与亲子联名制的演变关系》，《中央研究院历史语言研究所集刊外刊》，1961。

亦邻真：《元代蒙语音译汉字的惯例》，《内蒙古大学学报》（蒙文版）1982年第4期。

宇晓：《亚姓现象的跨文化比较研究》，《贵州民族研究》1994年第2期。

赞巴拉苏荣：《蒙古人的姓名》，《蒙古学情报与资料》1988年第3期。

张鸿翔：《明外族赐姓考》，《辅仁学志》1932年第3卷第2期。

张书岩：《现代人名用字面面观》，《文字改革》1985年第4期。

张锡禄：《白族姓名初探》，《民族学研究》第5辑，民族出版社，1983。

钟道明：《中国古代氏族社会之研究》，《东方杂志》1934年第31卷第1号。

## 二　外文论著

Alice S. Rossi, "Naming Children in Middle-Class Families", *American Sociological Review*, Vol. 30, 1965.

Colin Fraser and George Gaskell (eds.), *The Social Psychological Study of Widespread Beliefs*, Oxford: Clarendon Press, 1990.

D. Maybury-Lewis (ed.), *Dialectical Societies: The Gê and Bororo of Central Brazil*, Cambridge, MA: Harvard university Press.

David Parkin (ed.), *Semantic Anthropology*, London: Academic Press.

D. Schneider, *American Kinship: A Cultural Account*, Englewood

Cliffs, NJ: Prentice-Hall.

E. E. Evans-Pritchard, *The Nuer*, Oxford: Oxford University Press, 1940 (1969).

Geoffrey Leech, *Semantics*, New York: Penguin Books, 1974.

Godfrey Lienhardt, *Divinity and Experience*, Oxford: Clarendon Press, 1961.

Harvey A. Farberman, "The Foundations of Symbolic Interaction: James, Cooley, and Mead", Ken Plummer (ed.), *Symbolic Interactionism*, Cheltenham: Edward Elgar, 1991, Vol. II.

Gabriele vom Bruck and Barbara Bodenhorn (eds.), *The Anthropology of Names and Naming*, Cambridge: Cambridge University Press, 2006.

Geoffrey M. White, "Moral Discourse and the Rhetoric of Emotions", Caterine A. Lutz and Lila Abu-Lughod (eds.), *Language and the Politics of Emotion*, Cambridge: Cambridge University Press, 1990.

E. E. Evans-Pritchard, *The Position of Women in Primitive Societies and Other Essays in Social Anthropology*, London: Faber & Faber, 1965.

Gregory Bates, *Naven: A Survey of the Problems Suggested by a Composite Picture of the Culture of a New Guinea Tribe Drawn from Three Points of View*, Palo Alto, CA: Stanford University Press.

Janet L. Dolgin, David S. Kemnitzer, and David M. Schneider (eds.), *Symbolic Anthropology*, New York: Columbia University Press, 1977.

John Lyons, *Semantics*, Cambridge: Cambridge University Press, 1977.

John S. Mill, "Systems of Logic", *Collected Works of John Stuart Mill*, Volume 7, J. M. Robson (ed.), Toronto Buffalo: University of

Toronto Press, 1974.

Lee Whorf, *Language, Thought and Reality*, John B. Carroll (ed.), Cambridge: MIT, 1956.

Marilyn Strathern, *Partial Connections* (updated edition), Walnut Creek: ALTAMIRA Press, 2004.

Nicholas B. Dirks, Geoff Eley, and Sherry B. Ortner (eds.), *Culture/Power/History: A Reader in Contemporary Social Theory*, Princeton, New Jersey: Princeton University Press, 1994.

P. H. Gulliver, *The Family Herds: A Study of Two Pastoral Tribes in East Africa, the Jie and Turkana*. London: Routledge & Kegan Paul, 1955.

P. Kelvin, *The Bases of Social Behaviour. An Approach in Terms of Order and Value*, London: Holt, Rinehart and Winston, 1969.

Paul Connerton, *How Societies Remember*, Cambridge: Cambridge University Press, 1989.

Pierre Bourdieu, *Outline of a Theory of Practice*, trans. by Richard Nice, Cambridge: Cambridge Unversity Press, 1977.

Pierre Bourdieu, *Language and Symbolic Power*, trans. by Gino Raymond and Matthew Adamson, Cambridge: Polity Press, 1991.

Plato, Cratylus, *The Loeb Classical Library*, Vol. IV, trans. HN Fowler, London: W. Weineman.

Raymond Firth, "Personal Names", *LSE Quarterly*, Vol. 1, No. 3, 1987.

Richard Alford, *Naming and Identity: A Cross-Cultural Naming Practices*, New Haven, Connecticut: HRAF Press, 1988.

Rodney Needham, *Symbolic Classification*, Santa Monica, California: Goodyear Publishing Company, 1979.

S. A. Tyler (ed.), *Cognitive Anthropology*, New York: Holt,

Rinehart and Winston, 1969.

Sherry B. Ortner, "On Key Symbols", *American Anthropologist*, Volume 75, Issue 5, 1973, pp. 1338 – 1346.

S. A. Tyler (ed.), *Cognitive Anthropology*, New York: Holt, Rinehart and Winston, 1969.

Stephen Wilson, *The Means of Naming: A Social and Cultural History of Personal Naming in Western Europe*, London and New York: Routledge, 1988.

Thomas A. Sebeok (ed.), *Dictionary of Semiotics*, Tom 1, New York: Mouton de Gruyter, 1986.

Thomas Crump, *The Anthropology of Numbers*, Cambridge: Cambridge University Press, 1990.

Tom Bottomore (ed.), *A Dictionary of Marxist Thought*, Second edition, Cambridge: Basil Blackwell, 1991.

# 索 引

## 一 关键词索引

### A

爱称 76, 108, 109, 248, 251, 258, 322

阿尔泰语系 94, 198

### B

白马非马 6

标指 7, 9, 18, 55, 57, 261, 308

辈分 34, 91, 92, 107, 193, 313

标准化 35, 38, 146, 168, 182, 247, 256, 260

本名 11, 12, 25, 42, 66, 76, 88, 99, 104, 106, 112, 115, 116, 120, 121, 134, 135, 141, 150, 151, 159, 161, 197, 200, 203, 218, 283, 284

部落名 74, 76, 127, 256

别名 81, 147, 229, 245

辨物 83, 273

### C

从名制 12, 17, 25, 73, 98, 99, 101, 102, 134, 159, 175, 176, 198, 200, 279, 281, 285, 288~291, 327, 328, 332, 344

从子名 11, 12, 16, 25, 34, 44,

48，64，68，98，99，101，102，
133，134，159，229，263，280，
281，288～291

从孙名　16，48，263

从死者名　11，12，25，44，133，
134，159

绰号　45，58，63，68，74，75，
84，136，147，177，236～238，
242，243，245，246，248，255，
257，260，263，265，267，303，
324，327，339

赐姓　39，42，43，57，58，80，
119，120，128，210，270，272，
278，297，300～302，309，340，
343，344

赐名　39，119，206，210，309，
340

成丁礼　46，66，81

崇拜　8，54，61，71，126～132，
228，285，294，295，313，318，
336

重名　68，144，173～180，236，
238，248，249，305

从亲名子制　98～102，288～290

从子名亲制　98，99，101，102，
288～290

传播　10，111，116，200，202，
205，209，237，283，286，317，
324，330

传说　59，125，127，135，272，
296，314，329

## D

多名制　22，23，62，73，74，
111，116，165，204，244，250，
251

多音节　192，195，198，290

单音节　198，290

地缘　39，42，80，144，247，
261，307，338

对象　3，5，7，18，20，31，32，
38，43，47，50，54，57，73，
78，80，127，133，136，143，
156，169，178，217，261，262，
266，301，307，317，323～326，
328

大名　45，76，79，116，180，
229，239

对文　83，273

地理　26，109～111，205，208，
261，330

动植物　10，12，49，109，125～
127，131，132，181，244，285，
313

单姓　146，147，185，188，190

叠韵　185，188

地域　70，212，214，235，294，

295，313，315，331

地位　16，24，35，36，39，40，42，48，49，64，66，114，120，123，127，148，157，160～163，165，176，182，202，204～206，221，228，239～242，244，251，261，264，275，290，306，313，330，331，334

## F

符号　3～5，10，12，13，18～20，22，24，27，31～35，38，39，41，42，45，51，52，54，55，57，58，65，72，76，78～80，95，102，104，111，121～123，126，133，136，139，142，146，147，157，160～163，168～170，204，228，230，231，255，265，269，285，293，296，297，303，305，317～319，323～326，329，331，337

符号资本　39，42，54，122，168，228

符号霸权　228，231

父子连名　37，44，73，74，79，80，94，96～98，127，134，136，153，177，180，199～201，203，236，248，250，262，279～

289，314，318，327，328，330，341，342

夫妻连名　44，80

父名　41，45，48，52，53，64，74，76，87，96～98，100，134，139，151，153，159，197，200，201，203，218，233，242，246，264，279～281，283～285，288，318，322，328，330

夫名　6，76，238

非洲　36，37，48，50，53，90，94，120，126，151，198，243，257，258，260，261，286，290

复姓　81，101，146，147，170，172，173，175，188

分姓　2，155，156，284，313

方言　70，71，107，208，212～214，217～220，231，261，312，331

父系　76，100，203，236～239，263，281，285，289，295，300，301，318

封建　17，39，58，66，83，85，92，122，123，138，139，142，147，157，160，161，163，168～170，182，228，232，233，250，295，301，306，315，317

·350·

索　引

## G

感情　24，26，32，38，49，122，125，146，147，181

国家意识　35

归类　18，21，35，36，49，50，67，83，260

改姓　40，41，58，60，125，128，139，169，313

公名　29，35，39，58，83，188，236，242，250，303，332

更名　23，68，115，135，230，252，263

改名　43，115，119，210，228，242，249，258，266

官号　80，83

干支　61，79，81，105，313

共性　69，132，133

## H

诨名　23

魂名　120，121

婚姻　16，33，37，38，42，48，49，66，76，78～80，95，116，143，153～157，159，160，163，170～172，191，238，269，271，276，293，294，311，313，329，331，332，342

讳名　16，41，58，66，68，80，83，137～139，141，142，147，184，210，228，232，233，274，278，288～291，313

汉唐　57，58，80，297，300，301

汉藏语系　94，184，198

互渗　20，126，132

华化　309，321，335

汉化　23，112，139，146，208

汉字文化圈　44，209

汉字　9，44，78，85，88，104，185，188～191，194，195，209～212，270，296，309，326，328，341，344

皇帝　34，39～41，84，93，106，139，142，148，150，181，210，223，231，239～242

## J

家族相似性　6，104

结构主义　11，13，33，137

聚合　27，28，112

家谱　34，50，98，123，125，275，276，292，307，318，326

禁忌　17，39，59，71，131，135，137，139，213，228～230，264，

274,288,289,310,313,337,
343

交际 18,22,24,35,38,45,
67,71,111,133,143,144,
146,151,167~169,175,178,
181~184,190~192,204,205,
208,303,317

交流 2,3,5,7,12,15,17,
24,26,45,54,103,122,
146,209,256,292,330,333

家姓 39,42,81,88,163,252,
302,315

舅甥连名 44,80,98,135

经济原则 69,144,146,147,
150~152,169

集体记忆 20,50,343

结构性失忆 20,25,50,52

假名 136,177,211,212,229,
285

基础 18,19,24,27,33,39,
43,48,55~57,89,122,131,
146,229,291,304,306~308,
311,312,314,322,324,325,
333

借词 201~203,207,208,226

舅名 76

家族名 34,76,153,161,239,
312

近东 94,198,286

假借 9,35,49,128,185,186,
273

借用 45,104,111,122,169,
200,209,243

节孝 123

集体表象 126

季节命名制 72,89

基督教名 245~247

# K

跨性别人名 17

跨文化 67~69,155,252,259,
262,311,344

# L

六书 9

历史 2,3,7,30~32,37,39,
40,51,52,57,58,60,65,
72,74,76,80,84,87,96,
98,102~107,109,111~113,
116,121,122,127,135,142,
146,147,152,155,160,164,
172,181,184,186,188,194,
201,204,205,207,214,217,
220,221,225,228,231,232,
254,257,265,267,269,275,

索　引

278，280，282，285，288，290，292，293，297，301~304，306，307，309，311，312，314，315，317，318，321~324，326，327，330，332~334，337，338，341~344

连义　83，94，273

罗马化　242，243，245

喇嘛教　117

连名制（联名制）

## M

命名　1，2，4，6，7，9~16，21，22，24~27，29，35~38，42，46~52，55~59，61，64~69，71，72，76，81，86~93，95，102，104，105，108，109，111，121~123，125，133~137，139，147，153，155~157，159，164，172，173，175~178，181，191，200，213，228~231，233，234，240，242，243，245，247~250，252，253，255，257~263，266，268~270，272，274，276，283~286，288，289，294，303，308，311，313，314，318，322，323，325，327，342，343

命名过程　10~12，16，24，26，35，36，52，55，57，65，71，122，136

命名制度　11，13，36，37，49，50，102，133，159，164，176，242，263

民族　1，5，7，9，10，12，17，20~23，26，31，32，34，35，37，39，45，54，57，58，60，67，69~76，78~80，86，90，91，94~96，98，101，102，104~107，109，111~116，120~122，124~126，128~133，141，143，145，146，152，155，161，169，175，181，182，192，196~198，203~207，209，211，217，218，221，227，229，246，260~262，265，267，277~283，285~287，289，290，292，294，296，300，304，305，307~321，324~333，336~344

民族学　1，5，10，20，21，26，35，58，94，112，121，206，209，211，279，280，287，289，292，296，310~312，314，317，320，321，325~330，333，339，341~344

母子连名　44，74，79，80，98，136，279，280，287，328

民族国家　39

· 353 ·

名号　61，62，80，81，129，147，156，161，167，170，188，190，202，213，214，225～227，240，270，300，304，308，320，338，339

名库　64，65，180，239，249，258

名框　64，65

名用　34，42，44，61，64，65，104，173，182，187，191，192，211，212，214，216，217，221，226，230，232，244，247，251，258，260，264，305，315，322，340，344

母名　48，74，76，96，141，177，233，264，265，280，281，283，288，328

庙号　80，83，84

民间知识　23，58，143

母系　39，49，121，127，135，203，237，239，263，270，289，294，295，300，301，312，313，318

# N

南亚语系　94，198

喃字　210

奴隶　4，43，53，89，120，121，182，235～237，239，241，242，245，257，258，261，299，315，318

# P

排名制　14，39，72，91，93，122～124，281，284，286

排行　34，42，61～63，72，76，81，84～87，92，105，107，134，163，164，284，303，313

谱牒　70，122，269，270，274，275

# Q

亲属制度　9，12，134，159

情感　10，13，23～26，31，45，102，103，119，126，143，169，172，182，261，313

群体　1，3，10，15，20，24，26，30，33～35，39，46，47，50，55，58，70，76，80，122，143，147，152，153，157，168，173，260，271，305，319～321

亲名　48，71，74，83，92，94，96，98～102，175，198～200，233，279，284，286～291，325，330

权力 2，9，65，102~104，119，141，159，162，163，228，239，259，260，262，266，293，302，317，318

区分功能 69~71，143，144，147，170

亲名前连 74，94，198，199，279，286，287，290，325

妻名 76，264

亲名后连 74，94，96，198，199，286，287，290

## R

人名 8，9，12~14，16，17，21，25，29，33~35，37，43~50，52，53，55，58，59，61~68，72，74~76，79，81~90，96，99~101，104~111，116，121，124，125，127，131，135，136，139，145，146，150，152，159，161，164，165，168，174，175，177~181，184，185，187~189，192，193，196，197，200~202，208~211，213，214，217，219，221，222，225~228，231，234~236，238，241~249，251，252，254~259，263~265，267，268，272~274，278，281，284，285，288，296，303~313，315~318，321~327，332，338~341，343

人类学 1，2，5，7，10，13，14，20，21，26，30，35，50，56，58，64，70，73，95，103，122，137，171，234，259，260，263，269，278，280，283，288，292，301，308，326~328，330，335，338，342

人观 16，259，261，267

认同 22，23，26，35，50，53，70，111，113，132，157，171，183，204，218，343

日耳曼名字 245~247

## S

社会记忆 2，10，13，15~17，20，25，38，50，52，103，121，123，137，141，156，157，257，259，308

社会分类 2，24，29~31，33，35，39，42，65，69，143，182，234，308

社会资源 35，168

社会结构 11，24，25，35，36，50，56，71，103，121，136，168，304，305，331

三元观 7

所指 3，4，7，10，20，27，29，
  38，46，52，54，66，69，126，
  151，172，231，259，260，264，
  323，325，326
社会控制 11，36，37，40，103，
  123，168，228，231，266
社会管理 15，35，182
双语制 70，203～205，209
双名制 22，23，70，73，74，78，
  111，116，181，203～205，208，
  251
所属格 45，180
上层建筑 56，57
实践 1，3，11，13，17，24，26，
  50，54，56，67，69～71，102，
  103，133，150，151，157，158，
  252，259，260，262，308
释象 18，57
三性 7，18，57，342
时尚 63，119，248，250，258，
  303
谥号 41，44，63，80，83，84，
  152，164，210，212，302，303
身份 1，14，16，21～23，35，
  36，38，42，52，67～69，71，
  76，111，143，144，158～162，
  165，176，182，198，221，236，
  240～243，245，252，253，258～
  263，266，288，290

数目字人名
生辰名 85，120
三代连名制 74，98，281
三名制 74，235～237，240～243
三字名 139，140，215，240，280
甥名 76
室号 23，80
属相命名制
氏族 21，30，34，36，38，40，
  48～50，57，74，76，78，91，
  92，101，107，113，115～118，
  122，123，126～128，132，145，
  146，153，155，156，159，160，
  171，218，235～238，271，275，
  277，282，283，295，301～303，
  305，312，317～320，327，331，
  333，342，344
双声 185，188

# T

图腾 12，13，20，21，30，34，
  46，47，49，50，54，55，57，
  61，71，126，127，131，132，
  157，292，296，300，301，303，
  313，318～321，327，333，336，
  340～343
图腾名 20，21，34，49，50，54，
  55，57，71，126，303，319～

321，341

投射　2，33，54

同名　24，35，41，64，75，104，136，151，169，173～175，178，200，229，230，248，261，263，281，284，285，288，290，294，297，304，319

同训　82，273

同化　112，119，120，309

天象　125

通名　2，6，58，80，230，251

## W

文化　1～3，5，9～11，13，14，16～24，26，31，33，36，37，39，44，45，48，52，54，56～59，65～73，79，80，93，95，96，102～104，106，109，111，112，114，116，121，122，125，133，139，141，143，152，155，166，169，174，175，181，182，184，186～188，191，197，199～205，207，209～212，214，217，221，226～228，234，239，242，245，246，251，252，256，259，261～263，265，266，269，276，278～283，285，286，291，292，303，304，306～308，310～312，

314～316，319，321～333，335～344

文化接触　102，111，197，203，204，209

五行　31，61，62，88，92，105，313

五格剖象　185，190，191

五行偏旁　92

巫咒　125

## X

姓　1～3，7～24，26～29，33～47，52～62，64～67，69～81，84～91，93～98，100～104，107～111，115，116，119～125，127～129，131～134，136，137，139～175，177～192，195～198，200，201，203，204，207～215，217～219，221，227，228，231～234，236～243，246～249，251，252，255，256，258～262，264～266，269～272，274，276～279，284～322，325～336，338～344

姓名　1～3，7～24，26～29，34～36，38，39，41～47，52～59，61，62，64～67，69～76，78～80，84～91，93～95，97，98，102～104，107～111，119～125，

·357·

127，128，131～134，136，137，
139～155，158～174，179，181～
192，195～198，200，201，203，
204，207～214，218，219，221，
227，228，231～234，237，239～
243，246，249，252，256，258～
261，264～266，269～271，274，
276～278，284，285，287，291～
293，295，297，302～310，312～
318，320，321，325～336，339，
340，342～344

姓名五格　190

姓氏　14，17，33，35，39，40，
42，45，52，53，57，58，60，
62，65，74～81，94，96，97，
100～102，108～110，115，127，
129，141，142，146，149，151～
161，163，164，167，169～174，
180，188～190，196，210～214，
217，228，236，238，239，246～
248，251，252，255，256，258，
262，264，265，269～272，276，
277，279，284～289，292，294～
316，318，320～322，326，327，
330～333，335，336，338～341，
343

象似　7～9，15，18，57，308

象征　7～11，15，18，29，32，
36，40，57，59，65，66，92，

93，103，122～124，127，152，
157，158，160，163，169，185，
239，252，261，266，285，308，
325

小名　23，60，76，79，80，83，
105，116，229，260，303，313，
322

血统　39，40，42，53，76，142，
144，162，171～173，294，295，
306

血缘　42，58，69，71，76，114，
125，142～144，152～155，157～
160，168，171，172，271，272，
286，288，294，295，302，305，
307，311，318，338

血族　49，76，143，145，295，331

姓族　42，58，76，78，153，156，
157，177，270，276，284，290，
295，298，301，302，311，331，
333

姓名形式　43～45，54，55，69，
71～73，75，80，84，85，121，
132，133，136，140，141，152，
169，181，242，325，331

姓名政治　260，261

习俗　12，21，24，34，42，43，
46，85，86，88，115，131，
136～138，145，151，155，178，
228～231，245，270，284，307，

310，311，314，322，343

先秦 5，57，58，80，153，160，188，297，300～302，343

心理 18，20，22，24～26，43，58，86，102，104，111，121，122，131～133，143，152，169，181，182，188，205，226，229，283，286，303，304，322，323，325～327，330

信息革命 119

系谱 116，117，122，123，275，281～283，289，317，321，329，342

信仰 9，10，43，107，116，125，127，131，143，229，244，250，261，265，284，285，295，316，318，320～322

形态 44，70，96，126，152，184，198，274，285，286，304，322～324，330，343

## Y

意义 1～5，7，9～13，18～29，32～36，38，39，43，46，50，52，54，55，57，58，66～72，76，77，80，82，83，86，100，102～104，110，112，121，122，125～127，129，134，137，146，

147，151～153，157，158，160，168，172，173，181，182，184，191，199，202，203，215，221，225，228，231，234，235，243，249，255，259，260，262，264，267，300，301，306，308，311，312，317，318，323，325～327，329，331，342

隐喻 12，13，24～26，38，56，57，65～67，88，89，103，122，131，182

语用 7，9，21，27，28，45，147，194，201，248，259

语言材料 5，9，18，27，28，43，45，54，56，57，70，184，186，323，328

仪式 7～12，21，24，32～34，37，50，68，121，122，125，126，136，147，155～157，240，262，263，267

应答名 121

语法 5，12，18，33，45，56，71，72，100，147，184，193，196～200，208，260，323，325，329

语言学 5，19，21，27，64，94，144，213，269，278，279，292，305，312，314，317，322，324～331，333，336～338，340，341，

343

语义学 3,18,327,328

原住民 73~75,96,102,136,256,286,287,330

以王父字为氏 102,279,285,286,288

原始社会 55,125,143,145,146,157,315,317,318,321

音译 22,75,104,181,194,208,321,344

义译 181

语音 12,18,45,70~72,100,147,184,186,192,196,198,208,219,266,284,318,323,325,329

语义 3,18,46,57,70~73,123,147,184,190,213,221,224~231,233,266,317,318,321,325,327~329

御名 211

译名 22,146,181,218,219,312

## Z

专名 2~4,10,12,21,28,34,53,58,70,80,125,134,141,142,234,240,259,260,264~266,317,322,323,333

指号 1,7,17,18,26,55,57,69,308,335,342

组合 19,27~29,34,35,43,45,57,65,70~72,76,80,96,102,136,169,180,184,198,227,228,284,325

整合功能 69~71,143,169

自然 1,4,5,10,12,16,26,30,32,33,40,43,48,56,65,71,86,109,110,125~127,129,131,132,136,142,144~146,149,155,157,172,196,228,230,238,252,264,286,293,311,328

族谱 17,34,39,40,91,92,113,116,123,124,142,275,276,283,304,328,335

宗法 34,59,66,122,123,168,170,232,275,303,306,307

宗族 34,63,76,157,158,307,339,340

祖孙连名 44,282,286

子名 6,11,12,16,21,25,34,44,48,64,68,71,74,92,97~99,101,102,133,134,149,159,190,198,200,229,263,279~281,285,288~291,330

专名政治 53

征象 18，57

祖名 74，76，87，97，100，109，175～177，203，281，285，287，288

族名 21，34，36，48，49，57，58，66，76，100，113，123，125，127，128，130，135，153，155，161，164，181，205，218，236，238，239，264，284，297，300～302，307，312，320，321，324，325，327，339，342

指实 58，83，273

字数术 89

字辈 34，91，93，124

征服 114，119，120，242，247

宗谱 37，123，275，276，307，339

正字法 146，266

字形 9，18，62，123，124，184，185，188，190，191，260，292，294，304，322

中世纪 234，245，246，251，287

胙土命氏 301

# 二 人名索引

## A

奥尔福德 67，252，253，257，259，262

俺答汗 117

奥古斯都 240

阿利亚 195，266

阿尔热奥 266

阿斯托利亚 267

阿萨拉图 310

## B

贝特森 13

八思巴 117，129

伯颜 78，114，115，148，221

博登霍恩 259

柏拉图 234，264

巴特勒 258，261，266

布·官其格 310，340

## C

陈国钧 145

· 361 ·

蔡萌　93，148，149，166，316，
　　335
曹雪芹　185
曹操　82，105，232
陈捷先　276，304，335
陈明远　302，335
陈垣　309，335
蔡志纯　309，340
陈宗祥　279，320，340
陈国强　327，330，335

## D

丁文江　278，327
丁山　295，319，336，341
邓献鲸　302，336
杜建春　302，336
丁菲　34，308，336
杜绍源　310
达·巴特尔　193，310，341
杜若甫　316，336
董家遵　319，341

## E

额尔登泰　77，107，310，336

## F

弗雷格　3，4，234

弗雷泽　30，132，136~138，141，
　　142，229~231，264，289，292，
　　336
范根内普　33
弗斯　14
冯志伟　144，336
范玉梅　76，98，109，203，310，
　　312，316，341
冯·布拉克　259
冯舒　34，308，336
冯汉骥　332，336

## G

公孙龙　6
格尔茨　16，33，263，337
郭锡良　187，336
郭沫若　80，166，298，319，336
格林　333

## H

哈恩　266
洪金富　87，228，309，341
何多奎　309，341
黄文山　319，341
何星亮　54，320，336，341

索　引

## K

克拉提鲁斯　4

孔融　232

凯撒　74，235，240，243，257

克洛德　265

## L

罗素　4，234

罗维　100，189，197，288，289，337

老子　5，6

列维-布留尔　8，9，126，132，260，337

列维-斯特劳斯　1，10～13，21，32，33，35～37，46～50，131，132，134，234，260，264，292，337

里奇　18，19

雷锋　28，29

李锡厚　59，85，160，163，164，166

拉施特　76，337

凌纯声　14，96～98，136，279，286，291，306，326，327，337，341

罗常培　1，14，37，279，281，286，291，306，321，326，327，337，341，342

刘熙　292，337

李巨炎　309，341

罗之基　314，337

李玄伯　319，337

拉波夫　330

## M

穆勒　3，13，19，234

墨子　6

马学良　1，14，94，128，278，320，327，337，342

莫里斯　26，335

马克思　43，56，107，159，337

毛泽东　29，91，92，187

摩尔根　145，159，171，234，267，292，318，326，333，337，338

缪勒　1，125，126，130，337

马尔丁内　144

门肯　265

慕容翙　81，302，338

马丽　307，337

毛振林　155，311，342

马松龄　321，342

## N

尼达姆　31~33
纳日碧力戈　7，16，39，57，122，308，310，325，327，337，338，342

## P

皮尔士　7，18，57，308，342
潘光旦　292，293，296，306，342

## Q

钱大昕　76，84，278，338
钱杭　307，338
屈六生　309，342

## R

芮逸夫　95，279，281，283，326，330，338，342
热外都拉　310

## S

苏格拉底　4，234，264
施奈德　14，33
索绪尔　27，28，338
斯特拉森　104
苏洵　123，275
孙休　148
石玉新　297，299
石继昌　76，152，309，343
索德那木道尔吉　310
孙作云　319，338

## T

涂尔干　30~33，218，335
滕绍箴　115，338
陶宗仪　148
陶云逵　320，343

## W

武则天　40，41，149，274
威尔逊　74，234，238，252，258，259
维特根斯坦　55，104
王贵　90，161，165，178，179，219，221，275，312，338
王泉根　124，213，297，304，307，308，315，316，333，339，343

汪泽树　80，81，156，170，188，190，213，214，304，339

王保福　170，174，175，187，216，340

王建华　174，175，187，188，214，217，306，322~324，327，338，339，343

王彬　231，232，338

威克利　264

汪宗虎　302，335

王铁　111，307，339

乌云达赉　77，310，336

卫惠林　289，320，343

## X

荀子　6

萧遥天　59，61，82，84，104，105，124，139，164，174，185，188，189，273，303，332，339

西塞罗　74，235，240，241

徐一青　44，84，87，89，90，127，142，145，149，169，233，315，339

徐俊元　80，297，299，302，339

徐悉艰　45，94，154，310，329

晓章　324，327，339

## Y

杨希枚　14，57，74，79，80，94~99，101，102，136，137，153，175，177，198，200，279，283~285，287~291，297，299~302，321，326~328，343，344

亚伯拉罕　89

俞樾　163，164，273，278

袁裕业　1，294，306，339

杨宽　295，339

袁玉骝　308，339

殷丽　34，308，336

姚薇元　309，339

宇晓　155，311，344

杨庭硕　324，339

## Z

郑樵　38，101，271，275，277，282，306

朱熹　92，105，124

张鸿翔　119，120，309，344

张联芳　1，44，47，59，79，85，86，90，91，93~95，97，98，107，109，110，128，134，135，139，140，150，151，154，160，

· 365 ·

162~166，170，200，201，203，207~212，227，293，295，305，306，312，314，317，318，333，340

赵翼　41，104，112，206，278，340

查嗣庭　142

张鹤仙　44，84，87，89，90，127，142，145，233，315，339

张书岩　170，174，175，187，213，214，216，340，344

朱元璋　15，87，232

朱骏声　271，292

张占军　297，299

赵艳霞　301，322，340

赵瑞民　304，340

张孟伦　304，340

朱胜华　185，190，304，340

赵华富　307，340

张慧英　307，339

钟道明　319，344

### 图书在版编目(CIP)数据

姓名论/纳日碧力戈著.—修订本.—北京：社会科学文献出版社，2015.10
（社科文献学术文库.社会政法研究系列）
ISBN 978-7-5097-7900-2

Ⅰ.①姓… Ⅱ.①纳… Ⅲ.①姓名学-研究-中国 Ⅳ.①K810.2

中国版本图书馆CIP数据核字（2015）第182466号

---

社科文献学术文库·社会政法研究系列
## 姓名论（修订版）

著　　者／纳日碧力戈

出 版 人／谢寿光
项目统筹／王　绯
责任编辑／单远举

出　　版／社会科学文献出版社·社会政法分社（010）59367156
　　　　　地址：北京市北三环中路甲29号院华龙大厦　邮编：100029
　　　　　网址：www.ssap.com.cn
发　　行／市场营销中心（010）59367081　59367090
　　　　　读者服务中心（010）59367028
印　　装／三河市东方印刷有限公司
规　　格／开　本：787mm×1092mm　1/16
　　　　　印　张：24.25　字　数：320千字
版　　次／2015年10月第1版　2015年10月第1次印刷
书　　号／ISBN 978-7-5097-7900-2
定　　价／168.00元

本书如有破损、缺页、装订错误，请与本社读者服务中心联系更换
▲ 版权所有 翻印必究